현대일본의
요괴문화론

박전열·임찬수 외

제이앤씨
Publishing Company

현대일본의 요괴문화론

초판인쇄 2014년 5월 19일
초판발행 2014년 5월 27일

편 자 박전열·임찬수
발행처 제이앤씨
발행인 윤석현
등 록 제7-220호

주 소 서울시 도봉구 창동 624-1 북한산현대홈시티 102-1106
전 화 (02) 992-3253 (대)
전 송 (02) 991-1285

전자우편 jncbook@daum.net
홈페이지 http://www.jncbms.co.kr
책임편집 김선은

ⓒ 박전열·임찬수, 2014. Printed in KOREA.

ISBN 978-89-5668-430-7 03380　　　**정가** 25,000원

■ 본서에 사용된 그림 및 사진들을 제공해 주시고 직·간접적으로 게재를 허락해주신 분들께 감사를 표합니다.
■ 부득이 저작권자와 연락이 닿지 않아 허가를 구하지 못한 그림에 있어서는 연락주시면 적법한 절차로 진행하여 드리도록 하겠습니다.

일본의
요괴관에 대하여

고마쓰 가즈히코小松和彦*

일본에서는 이미 오래전부터 요괴에 관한 관심이 컸다. 지금은 현대 일본문화의 한 부분으로 완전히 자리매김한 듯하다. 여름이 되면 이곳 저곳의 박물관과 미술관에서 요괴 전시가 열리고, 요괴에 관련된 만화 나 애니메이션, 소설이 연달아 출판되기도 한다. 게다가 그 대부분이 베스트셀러에 오르며, 그 영향으로 요괴문화에 관한 계몽서와 연구서 도 서점의 한 코너를 장식하게 되었다.

오늘날의 요괴 붐에 불을 지핀 계기는 미즈키 시게루水木しげる의 만 화 〈묘지의 기타로墓場の鬼太郎〉가 〈게게게의 기타로ゲゲゲの鬼太郎〉로 이름 을 바꾸어 TV 만화로 방영되었던 일이라고 할 수 있다. 〈게게게의 기 타로〉에 등장하는 요괴들의 이미지는 대체로 현대 일본인들 대부분이 생각하는 요괴의 이미지이다.

그러나 많은 일본인들이 상상하는 요괴 이미지가 〈게게게의 기타 로〉를 통해 형성되었다 하더라도, 일본 요괴문화사의 관점에서 생각해 본다면 그 요괴 이미지는 현대 요괴관의 일부에 지나지 않는다. 미즈 키 시게루가 등장하기까지 이미 방대한 요괴문화가 축적되었으며, 미

---

* 국제일본문화연구센터 소장. 문화인류학자, 민속학자. 요괴론, 샤머니즘, 민간신앙 등 현대일본의 요괴문화연구 대표적 연구자.

즈키도 그 축적된 데이터를 여러모로 활용하며 자신만의 요괴 이미지, 요괴 이야기를 만들어냈다고 할 수 있다.

그렇다면 일본의 요괴란 무엇인가. 일본 '요괴'의 가장 큰 특징은 많은 종류의 요괴가 존재한다는 것이다. 이러한 요괴의 특징을 생각할 때 그 바탕에 있는 신앙적 관념과 문화적 배경을 이해하는 것이 매우 중요하다.

그 중요한 특징에 대해 이야기해 보기로 하자.

1 고래 일본 신앙의 바탕에는 이른바 애니미즘이라는 관념이 있다고 생각한다. 애니미즘이란 자연계의 모든 사물은 구체적인 형상을 가지고 동시에 각각 고유의 영혼이나 정령 등 초자연적 존재, 즉 영적 존재(신, 영, 혼)가 깃들어 있기 때문에, 사물이 만들어내는 여러 가지 현상에는 그 영적 존재의 의사가 반영되어 있다고 보는 신앙이다. 그 관념이 중요한 까닭은 영적 존재는 인간과 같이 의사를 가지고 사고하며, 희로애락을 느낀다고 여기기 때문이다. 예를 들어 산, 강, 나무, 물, 바위 등에는 영혼이 깃들어 있어, 그 영이 인간에게 잘못된 생각이나 악의를 품고 재앙을 일으킨다면 그 영은 모두 '요괴' 혹은 '요괴적 존재'가 된다. 즉 자연계에 존재하는 모든 사물의 영혼은 잠재된 요괴적 존재라 할 수 있다. 자연 정령이 상징화된 것, 요괴화된 것으로 뱀과 여우, 거미와 새(솔개) 등을 예로 들 수 있다.

2 일본에서는 여러 가지 괴이현상에 이름을 지어 붙였다. 이 '이름 짓기'에는 괴이 현상을 일으키는 영적 존재를 상정하고 그 영적 존재의 이름을 이용하여 이름을 붙이는 경우와 괴이 현상의 상태를 그대로 설명하여 이름을 붙이는 경우가 있다.

4 현대일본의 요괴문화론

예를 들면 깊은 산에서 나무가 쓰러지는 듯한 괴상한 소리가 나는 경우 그것을 나이 든 나무꾼의 영이 만들어내는 소리라고 생각하여 늙은 나무꾼이라는 뜻의 '후루소마古杣'라고 괴이 현상을 명명했다. 깊은 산골짜기 이쪽에서 '어-이'라고 소리를 지르면 계곡 건너편에서 '어-이'하고 대답이 돌아온다. 이러한 괴이 현상을 산사람, 즉 '야마비코' 혹은 메아리라는 뜻으로 '고다마'라 불렀다. 이는 괴이한 소리를 내는 것은 산에 사는 사람 혹은 나무의 정령이라고 생각했기 때문이다.

괴이현상의 상태를 그대로 설명해주는 이름을 지었던 예로서는 팥씻는 요괴라는 뜻의 '아즈키아라이小豆洗い'가 있다. 이것은 깊은 산에 머물 때 계곡에서 팥을 씻는 듯한 괴상한 소리가 들려오는 현상이다. 이를 '아즈키아라이' 혹은 '아즈키도기'라 부른다. 이 명칭은 그 기괴한 소리가 팥을 씻는 소리와 비슷하기 때문에 명명했을 뿐이다. 하지만 얼마 되지 않아 이를 '존재화'시켜 초자연적 존재가 일으키는 현상으로 보고, 더불어 그 초자연적 존재를 '아즈키아라이'로 부르게 되었다.

즉 '아즈키아라이'라는 현상은 '아즈키아라이'라는 요괴가 일으키고 있는 괴이 현상으로 인식되었다. 이러한 현상의 존재화에서 반드시 유의해야 할 점은 '아즈키아라이'라는 요괴는 팥을 씻는 행위만이 가능한 요괴이고, 이 특징이 요괴의 캐릭터화로 이어졌다는 것이다.

3 이러한 애니미즘적 관념은 일본에서는 자연물을 가공하여 만들어낸 기물이나 도구까지 확장되었다. 즉 기물이나 도구에도 영혼과 정령이 깃들어 있어 어떻게 사용하느냐에 따라 인간에게 재앙을 불러일으킬 수도 있다고 여긴 것이다. 다시 말해 기물이나 도구의 영혼은 잠재적으로 요괴적 존재라고 할 수 있다. 이러한 관념에 의해 수많은 기물이나 도구의 요괴가 탄생되었는데, 이를 '쓰쿠모가미つく も神'라 부른

다. '쓰쿠모'란 '99'를 의미하며, 오래된 도구의 혼백은 스스로의 힘으로 요괴로 변할 수 있다는 것을 의미한다.

4 영적 존재의 악의가 시각적으로 드러날 때, 고대에서 중세의 일본인은 보통 그것을 귀鬼라는 한자를 써서 '오니' 혹은 '귀신'이라 불렀다. 오니란 여러 가지로 사악한 모습으로 변한 영혼, 정령의 총칭이다. 이런 '오니'가 밤이 되면 무리를 지어 이동하는 모습을 '백귀야행百鬼夜行'이라 한다. 따라서 오니는 오늘날의 '요괴'에 해당된다.

또한 당시의 '오니'는 오늘날의 오니처럼 뿔이 있고 체격이 좋은, 획일화된 귀신의 이미지로 고정되지 않고 그 태생을 암시하는 속성을 가진 모습으로 표현되었다. 그 결과 요괴 그림도 다양화되었다. 이후 '오니'와 '쓰쿠모가미'를 구별하는 경향이 생겨나지만, 원리적으로는 '쓰쿠모가미'도 오니의 일부이다.

5 중세에서 근세에 이르는 과정에 초자연적 존재, 요괴적 존재에 대한 신앙심, 즉 요괴가 실재한다고 믿는 관념이 쇠퇴하였다. 소설가나 화가들은 미야자키 하야오宮崎駿가 만든 애니메이션 〈이웃집 토토로〉에서 '토토로'나 '스스와타리'와 같은 정령(요괴)을 만들어낸 것처럼 과거부터 전해지는 요괴의 모습을 참고하면서 자신의 상상을 덧붙여, 지금까지는 존재하지 않았던 새로운 요괴를 만들어 내고 그것을 즐기게 되었다.

이렇게 소설가와 화가들이 만들어낸 요괴들은 다시 많은 사람들에게 수용됨으로써 일본 요괴문화사의 일부를 차지하게 되었다. 즉 허구 속의 요괴들도 일본 요괴의 일부라고 할 수 있다. 지금도 옛날 요괴들과 함께 새로운 요괴들이 탄생하고 있으며, 미즈키 시게루의 요괴들도 일부분을 차지하고 있다고 할 수 있다.

현대일본의 요괴문화론

6 '유령'이란 죽은 사람의 혼이 생전의 모습으로 이 세상을 떠돌고 있는 것이다. 유령도 요괴의 일종이다. 이 세상에 출몰하는 이유는 제각각이다. 부인이나 남편, 사랑하는 사람에의 미련 때문에, 혹은 생전의 약속을 지키기 위해, 또는 원한을 풀기 위해서 등등 다양하다.

그중에서도 '원령'의 경우에는 예부터 '오니'의 모습으로 출현한다고 여겼다. 그러나 에도시대 이후 원령은 개성이 있는 인간의 모습을 지닌 이미지로 그려지는 경우가 많았다. 이는 오니가 되기까지 개인사가 불분명하기 때문에 획일화된 이미지로 그려지는 것이지만, 유령의 경우 출현하는 이유가 명확한 개인사가 중시된 결과이다. 따라서 유령의 종류는 급격히 많아졌다. 그 예를 들자면, '도카이도요쓰야괴담東海道四谷怪談'의 주인공 오이와お岩, '반초사라야시키番町皿屋敷'의 주인공 '오키쿠お菊' 등이 있다. 이와 같이 구체적인 개인사를 지닌 여러 유령에게서 각각의 개인사를 배제한다면 모두 '유령'이라는 이름으로 집합적 요괴 카테고리에 흡수될 것이다.

지금까지 간단하게 요괴관을 이루고 있는 중요한 특징에 대해 이야기해보았다.

일본의 요괴문화사, 그중에서도 요괴화의 전통은 이러한 신앙적 전통과 문화적 특징 안에서 생겨난 것이다. 따라서 요괴문화를 읽고 해석하는 데는 다각적인 관점에서 접근할 필요가 있다. 최근 요괴문화사의 복원이 시도되고 있다. 그에 따른 요괴 그림의 발굴이 활발히 진행되고 있다. 하지만 아직 충분하다고는 할 수 없는 상태이다. 앞으로 그 전모가 확실히 밝혀진다면 일본문화가 얼마나 요괴와 깊은 관계가 있는지 알 수 있게 될 것이다. ❀

차례

003 |서문| 일본의 요괴관에 대하여   고마쓰 가즈히코

제1부 요괴론의 기초지식

012 요괴를 즐기며 가꾸어가는 나라 일본   박전열

023 트리즈로 보는 요괴의 창작방식   임찬수

042 오늘날에도 변형을 거듭하는   나카자토 료헤이

     눈 속의 여자요괴, 설녀

057 캐릭터에 대한 열망 '모에'와 요괴만화의 만남   박미리

074 일상 언어 속에서 살아 숨 쉬는 요괴의 이미지   곽은심

제2부 끝없이 전개되는 일본인의 상상력과 그 표현

098 일본 요괴의 고향 이와테현 도노시 기행   김용의

112 요괴를 만들어내는 사람 미즈키 시게루   정성욱

132 학교괴담, 교문 너머의 요괴 이야기   박소은

154 소설가 미야자와 겐지가 창조한 요괴 캐릭터   임유희

제3부 요괴는 시대의 파도를 넘어

170 이야기와 민간신앙을 통한 도깨비의 삶 엿보기 　　　　　　김종대

187 한국 초등학생의 요괴·귀신관 형성 경로 탐색 　　　　　　　김정숙

211 에도의 요괴, 판화로 깨어나다 　　　　　　　　　　　　　　변재희

229 스크린 위를 활보하는 요괴들 　　　　　　　　　　　　　　최중락

251 일본판 도플갱어, 생령 　　　　　　　　　　　　　　　　　나귀자

270 오랜 역사 속에 축적된 중국의 요괴 캐릭터 　　　　　　　　서려나

제4부 오늘도 맹활약하는 전통적인 요괴들

290 술을 아주 좋아하는 덴구와 너구리 　　　　　　　　　　　　류희승

309 신성과 속성을 오가는 변화무쌍한 요괴 뱀 　　　　　　　　최인향

329 그로테스크에서 큐티까지 오니 묘사의 스펙트럼 　　　　　　최정은

348 '현대'라는 뭍으로 올라온 이야기꾼 갓파 　　　　　　　　　김도연

369 요괴 누라리횬의 가족관계 　　　　　　　　　　　　　　　　양예린

382 M교수의 일본요괴론 – 슈텐도지 강의노트 　　　　　　　　　박기태

401 요괴 명칭 일람
405 참고문헌
410 후기
412 찾아보기

현대일본의 요괴문화론

제 1 부 요괴론의 기초지식

요괴를 즐기며
가꾸어가는 나라 일본

박전열朴鈺烈*

1
하늘이 보여준 요괴

고구려 왕위를 찬탈한 것만으로도 모자라 갖은 악정을
다하던 차대왕. 148년 7월 무당이 무참한 죽음을 당하는 일이 있었다.
『삼국사기』의 이 대목은 우리나라에 '요괴'라는 단어가 쓰인 오래된 기
록이라는 점에서 주목하지 않을 수 없다.

> 가을 7월에 왕이 평유平儒들에서 사냥을 하는데 흰 여우가 따라오며 울
> 어 왕이 활을 쏘았으나 맞지 않았다. 무당에게 물으니 대답하기를 "여우라
> 는 것은 요사스런 짐승으로 좋은 징조는 아닙니다. 하물며 그 색이 희니
> 더욱 의심스럽습니다. 그러나 하늘은 타일러 말을 하지 못하므로 '요괴'를
> 보여 준 것은 임금께서 두려워하며 수양하고 반성하여 스스로 새로워지라
> 는 것입니다. 임금께서 만약 덕을 닦는다면 화를 바꾸어 복을 만들 수 있
> 습니다." 하였다. 왕이 말하기를 "흉하면 흉하고, 길하면 길할 것이지, 네
> 가 이미 요사스럽다고 하였다가 또 복이 된다고 하니 어찌 그렇게 꾸며대
> 느냐?" 하고 그를 죽였다.

---

* 중앙대학교 교수. 일본문화론 전공. 일본의 연극, 요괴, 다도론 연구.

『삼국사기』의 흰색 요괴는 왕에게 경고를 보내는 하늘의 사자이자 여우의 모습이었다. 여우는 요사스러운 짐승으로 변신하는 초능력이 있어 사람을 홀린다는 설화는 이미 동아시아 전반에 뿌리를 내린 모티브의 하나였다. 혹정에 시달린 백성들의 원망이 하늘을 움직였고, 요괴 여우의 출현을 예고편으로 이후 차대왕은 살해당하고 말았다.

『조선왕조실록』에는 요괴라는 단어가 자그마치 58번이나 나타난다. 그러나 대개 '요사스럽고 괴이하다' 라는 형용사로 기술되고 있다는 점이 흥미롭다. 1400년 정종 때 '비가 오고, 천둥이 치고, 번개도 쳤다. 이튿날 정종이 문하부사 하윤河崙에게 묻기를, "어제 비 오고 천둥 치고 번개가 친 것은 어떠한가?" 하니, 하윤이 말하였다. "봄의 우레는 요괴妖怪가 아닙니다. 만물이 진동하는 것이 바로 이러한 때입니다." 하였다.
　여기서 요괴란 자연이변이라는 의미로 쓰이고 있다.
　요괴라는 말이 어떤 형태를 지닌 존재로서의 요괴가 아니라 요사한 것 기괴한 것이라는 의미로 쓰인 기록이 여러 차례 있는데, 숙종 때 1701년 인현왕후가 승하한 뒤, 희빈이 거처하고 있던 '취선당'에 신당神堂을 설치하고 민비가 죽기를 기원한 사실이 발각된다. 결국 숙종은 사약을 내리고 장희빈은 오빠 장희재와 함께 죽음을 당했다. 이때 공모한 시녀들이 문초를 당하여 자백하기를 '죽은 인현왕후의 옷은 처음에 무녀巫女의 말을 따라 만들었는데, 모양이 작았으므로 보는 사람이 반드시 요괴妖怪스럽게 여길 것이기 때문에 불태워버렸다.'라고 했다.
　남을 해치기 위한 목적으로 옷이나 인형을 만들어 해코지를 하는 주술적인 행위는 동서고금에 있는 일이다. 그런 목적으로 만든 옷이고 보니 '누가 보아도 섬뜩하고 괴이한 느낌을 받는다見者必以爲妖怪'는 의미로 요괴라는 단어를 썼다.

한편, 1783년 정조 때, 사간 이제만李濟萬·정언 홍낙항洪樂恒이 상소문을 올리기를, "정치달鄭致達의 아내가 저지른 극도에 도달한 흉악凶惡과 신광수申光綏가 저지른 가지가지의 '요괴妖怪'에 대하여 누군들 복수復讎하고 싶지 않겠습니까"라는 기사가 있다.

여기서 요괴란 남을 해치는 요사스럽고 괴이한 행위라는 의미로 쓰이고 있다.

오늘날 한국의 대표적인 국어사전인 국립국어원의 『표준국어대사전』에는 '요괴—명사: 요사스러운 귀신. 요사스럽고 괴이함. 비슷한 말: 요마妖魔', '요사하다—형용사: 요사하고 괴이하다'라고 정의했다. 이것만으로는 요괴의 구체적인 이미지를 떠올리기 힘들지만, 여러 가지 예문을 들어 문학작품이나 실생활에 일반화된 용어로 널리 쓰이고 있음을 알 수 있다.

12 '요괴'는 형용사에서 이미지나 조형을 지칭하는 용어로

요즈음 우리나라에서 요괴라는 단어는 별 위화감 없이 회자되고 있다. 그 유명한 캐릭터 '머털도사' 이야기는 인기에 힘입어 1990년에 극장용 애니메이션 '머털도사와 108 요괴'로 나와 화제가 되기도 했다. 주인공 머털이가 호기심에서 봉인을 뜯어버린 항아리에서 108요괴들이 쏟아져 나와 해괴한 일을 벌이자, 그 요괴들을 다시 잡아 가두기 위해 동분서주하다가 도박을 좋아하는 요괴에게 내기를 걸어 지혜를 써서 단번에 남은 요괴들을 잡아들인다는 이야기이다.

요괴는 무섭거나 음침한 인상을 주지만, 기본적으로 사람의 모습을

현대일본의 요괴문화론

지니고 있다는 점이 주목된다.

실제 소설이나 만화 혹은 영화나 음악의 제목에 요괴라는 용어가 널리 통용되며, 학술적으로도 논문의 주제로 빈번히 다루어지고 있다.

일부 학술논문의 제목만 뽑아보면 '요괴 캐릭터 연구—요괴 이미지의 생성원리를 중심으로', '요괴퇴치설화의 유형 분석', '요괴 도깨비와 한국의 민속우주', '한국 고대 소설에 나타난 요괴 퇴치 설화', '신들의 행차와 요괴들의 행렬—상상계의 정치성', '중국 상상력의 시각에서 본 일본 문화산업 속의 요괴 모티프' 등에서 직접 요괴를 논하고 있다.

요괴를 주인공으로 등장시키는 문학 작품이나 만화로는 '혜통—요괴를 항복시키다', '요괴천국', '요괴처리인 트라우마', '요괴소년 텐마', '얼음요괴 이야기', '요괴박사', '요괴탐정단', '서유기2 요괴와의 대결' 등등 이루 헤아리기조차 어려울 정도로 많다.

요괴가 등장하는 영화 가운데 '천녀유혼'2011(홍콩영화)에서는 출세의 욕심을 버리고 오로지 훌륭한 퇴마사가 되려는 청년 연적하가 도를 닦기 위하여 흑산을 찾아간다. 하지만 흑산의 난약사라고 불리는 사찰에는 오래된 요괴들이 살고 있었다. 연적하는 흑산의 요괴들이 인간을 살해하고 원기를 빼앗지 못하게 하기 위해 하루하루 격렬한 전투를 벌인다. 이 때문에 주민들은 사찰에 들어가길 꺼린다. 연적하는 원래 인간이었지만 죽은 후 천 년 묵은 나무 요괴의 영향으로 영혼의 자유를 빼앗긴 섭소천과 사랑을 나누게 된다.

여기서 요괴는 인간의 목숨을 빼앗는 능력을 지니고 있으며, 나무 요괴는 사람의 영혼을 조정한다는 설정으로 부정적인 이미지로 묘사되었다.

그렇다면 이런 요괴의 출신성분과 국적은 과연 어떠한가.

조선시대의 요괴라면 여러 가지 도깨비나 다양하게 변신하는 여우나 귀신 등을 쉽게 떠올릴 수 있지만, 오늘날 우리나라 이야기나 그림 속에 등장하는 요괴는 도대체 언제부터 이처럼 다양한 모습을 지니게 되었는가. 이에 대한 꼼꼼한 해답을 찾기는 쉽지 않다.

조선시대에는 유교적인 가르침, 특히 논어에서 확실히 검증할 수 있는 것이 아니면 논하지도 말고, 세상을 어지럽히거나 사람을 현혹하는 귀신에 관한 것을 논하는 것은 비생산적인 것으로 여겼다. 논어 옹야편雍也篇에 나오는 '괴이한 일이나 귀신에 관한 이야기는 입에 담지도 말라子不語怪力亂神'라는 구절을 엄격하게 지키려 했기에 구체적인 개성을 지닌 요괴가 생성되기 어려운 환경이었다고 생각된다.

그러나 일본강점기에 일본문화와 더불어 일본의 요괴도 대량유입되었던 사실은 여러 가지 문헌과 상황으로 보아 잘 알 수 있다. 당시의 서적이나 신문 잡지 혹은 영화나 연극을 통하여 일본의 요괴가 흥미의 대상으로 한국에 소개되면서 일본의 요괴가 직접 혹은 한국의 요괴로 번안되어 정착되었던 것이다.

해방 이후 일본의 요괴는 새로운 경향으로 생성되기 시작하였고, 이는 대중문화로서 한국에 착착 전래되었다. 오늘날 다양한 모습을 지닌 대중문화의 한 가지로 생성·유통되고 소비되는 요괴는 이미 불쾌한 이미지나 공포 분위기를 벗어버리고, 사회적 수요에 맞추어 대중의 호기심을 만족시켜주는 문화적 소비재의 한 가지로 자리 잡고 있다.

◀ 도깨비
자료 그린이 안휘수

16

13 일본의 요괴에 대한 기본인식 3단계

오늘날 일본에는 요괴를 다룬 수많은 이야기, 글, 그림, 연극, 영화, 물건, 장소 등이 도처에 자리 잡고 있다. 원래 요괴는 인간의 무지나 어둠과 미지의 세계에 대한 공포나 시원하게 설명할 수 없는 불가사의한 현상에 대한 경외심에서 비롯되었다. 과학의 발달과 더불어 어딜 가도 밝은 조명이 있기 때문에 요괴는 사라져야 할 존재이겠지만, 오히려 오늘날도 다양한 요괴가 생산되며 이를 생활을 윤택하게 해주는 정신적 소비재로 인식하고 있음이 사실이다.

요괴는 상상의 세계에서 창작된 것이기 때문에 사람에 따라서 달리 생각하며, 의미도 애매할 수밖에 없다. 일본에서도 넓은 의미로는 신비로운 것, 괴상한 것, 요사한 것, 불가사의한 것, 음산한 것, 기분 나쁜 것 등의 형용사적 의미를 지니는 어떤 것, 즉 명사적인 존재를 가리킨다.

일본에서 요괴를 논할 때, 대개 요괴론의 구성은 3단계로 설명한다. 현상으로서의 요괴, 이야기 속의 존재로서의 요괴, 조형화·시각화된 요괴 등이다.

첫째, 현상으로서의 요괴란, 설명하기 어려운 소리나 현상이나 체험 등을 공포감이나 신비감을 바탕으로 설명할 때, 반복적으로 이야기하는 과정에 특정한 이름을 붙임으로써 하나의 실체처럼 인식을 공유하게 되는 일을 말한다. 결과적으로 어떤 현상에 대한 설명이 구체적인 명칭으로 유통되면서 실존하는 요괴처럼 독립적인 이미지를 지니게 된다는 것이다.

둘째는 요괴를 어떤 초자연적인 존재로 인식한다는 것이다. 인간의 힘으로 다스릴 수 없는 어떤 존재가 있고, 그 영적인 존재는 초능력을 지니고 기괴한 현상을 일으킨다고 생각한다. 이 경우는 구체적인 모습과 개성을 지니며, 특정한 지역이나 사람들에게 나타난다는 특징을 지닌다.

셋째는 개성을 지닌 요괴가 이야기의 세계라는 추상적인 공간에 머물지 않고, 제사나 의례의 대상으로 모셔지기도 하고, 그림이나 연극의 등장인물로 설정되기도 한다. 여기에 이르면 각 요괴는 강한 개성을 지닌 이름과 모습으로 정착되어 이미지가 고정되기에 이른다. 오늘날 일본의 요괴는 대부분 셋째 단계에 있는 것으로, 시각성이 강한 인쇄물이나 조형물로 만들어지는 경우가 많다. 일단 고정된 이미지로 정착되면, 다음 단계에는 기본적인 이미지는 유지하되 다양한 배리에이션을 만들기 시작한다. 예를 들면 갓파, 다누키, 덴구, 오니 등의 요괴는 수많은 캐릭터를 형성하여 이야기의 세계에 머물던 요괴를 즐거움의 대상, 관광자원, 문화콘텐츠로 활용되기에 이른다.

14 민간이 만들고, 국가가 관리하는 나라 일본

일본이 근대국가를 지향하던 시기에는 퇴치의 대상, 박멸의 대상, 미신으로 타파해야 할 대상으로 인식되던 요괴. 오늘날 요괴는 일본의 중요한 대중문화의 영역으로 인식되며, 산업의 영역에서 관광자원이 되기도 한다. 또한 인문학의 중요한 연구테마이자 일본의 아이덴티티를 드러내는 문화유산이라는 차원에서 요괴는 새롭게 각광받고 있다.

쇼핑객을 유치하기 위하여 요괴와의 특별한 인연을 캐치프레이즈로 하는 요괴 상점가가 여러 곳이 있는가 하면, 승객을 모으기 위한 요괴

전차가 운행되고, 즐비한 요괴 브론즈상으로 꾸민 요괴 스트리트를 만들어 관광도시로 꾸미기도 한다. 각처에서 요괴를 실재하는 존재처럼 그럴듯하게 설명하는 전시회나 요괴상품 판매회가 열리고, 요괴를 다룬 영화와 만화 소설이 현대의 대중문화 취향을 반영하며 끊임없이 재생산되고 있다.

여기에는 요괴에 대한 일반인의 친밀감과 흥미가 전제되어 있음은 더 말할 나위가 없다.

이와 같은 친밀감이나 흥미는 어디서 오는 것이며, 어떤 의미를 지니는가에 대한 학문적인 탐구도 날로 심화되어가고 있다. 많은 요괴 창작자, 요괴자료 수집가와 요괴 연구자가 개별적으로 혹은 공동작업으로 연구 성과를 축적하고 있다. 인터넷상에 많은 노력과 시간을 들여 정확한 정보를 전하는 본격적인 사이트가 여럿 있고, 특정 요괴를 깊이 있게 다루는 마니아도 적지 않다.

◀ 국제일본문화연구센터 요괴 괴이
데이터베이스
자료 http://www.nichibun.ac.jp/Youkai
GazouMenu/

이 가운데서도 교토에 소재한 국가의 인문학 연구기관인 국제일본문화연구센터의 '요괴 괴이 데이터베이스'는 자료를 체계 있게 분류하여 연구자와 문화콘텐츠 창작자에게 원천소스를 제공하는 데 기여하고 있다. 전문 연구자에 의하여 운영되어 신뢰성이 높은 이 데이터베이스는 각종 문헌과 조사 자료를 체계화하여 누구나 쉽게 활용할 수 있도록 공개하고 있다. 요괴의 출신지역과 혈통이나 친족관계, 이력과 분포, 배리에이션, 자료의 출전 등을 명기하고 있기 때문에 달리 말하면 국가가 관리하는 요괴 호적 대장이라고 비유할 수 있다.

15 현대 일본의 요괴문화를 종횡무진 누비는 사람들

사실 오늘날 한국에는 일본의 요괴가 많이 들어와 있다. 즉 요괴를 다룬 수많은 작품이나 상품이 들어왔다가 더러는 스러지기도 하고, 더러는 맹위를 떨치며 화제에 오르기도 하고, 더러는 슬그머니 한국화되어 수명을 연장하기도 한다.

가까운 일본 대중문화로서의 요괴는 한국에 일정한 팬을 확보하고 있다고 해도 과언이 아니다. 영화 〈이웃의 토토로〉가 그렇고, 〈센과 치히로의 행방불명〉에도 많은 요괴가 등장하여 사람들과 매우 자연스럽게 공존한다.

이런 상황 속에서 일본의 요괴에 대한 문화론적인 탐구는 인문학의 중요한 과제가 되기 때문에 여러 방면에서 일본의 요괴에 흥미를 지닌 신진 연구자와 중견 연구자가 뜻을 모아 이 책을 엮게 되었다. 출발은 중앙대학교 대학원의 일본요괴연구모임이 핵심이 되어 각자 테마를 전하고 자료의 수집과 분석 정리를 해나가는 동안에 외연이 넓어지게 되어, 요괴 연구에 업적이 있는 외부의 학자를 영입하면서 연구테마는 종횡무진 다양성과 심도를 더하게 되었다.

현대일본의 요괴문화론

이 책은 기승전결 4부로 구성하였다.

Ⅰ. '요괴론의 기초지식'에서는 요괴의 창작방식과 요괴를 언어적으로 표현하는 방식을 논의함으로써 연구의 방향과 이론적인 배경을 확실하게 표명하고자 했다. 경제학이나 공학계에서 활용되는 생산이론을 요괴의 생성 과정에 비추어보는 시도, 요괴의 새로운 버전을 만들며 그 당위성을 함께 꾸며내려는 창작자의 무의식 세계를 추출하려는 시도가 새롭다.

Ⅱ. '끝없이 전개되는 일본인의 상상력과 그 표현'에서는 민속학에서의 요괴에 대한 인식, 현대 만화가의 상상력을 추적했다. 현대인의 공포와 이상이 샘솟는 상상력을 통해서 소설과 애니메이션으로 전개되는 사례와 그 의미를 추구하며, 문화산업의 소스로 활용되는 요괴문화의 실천적 사례를 분석하고자 했다.

Ⅲ. '요괴는 시대의 파도를 넘어서'는 국경과 시대를 초월하는 일본 요괴와 한국과 중국의 요괴를 동아시아의 인문학적 시야에서 접근하고자 했다. 1,000년 전의 요괴가 아직도 생명력을 지니고 현대에 새로운 모습으로 등장하는 현상을 재구성하고, 한국, 일본, 중국 3국을 넘나드는 요괴라는 테마에서 루트를 찾아보는 흥미로운 작업을 전개하려는 것이다.

Ⅳ. '오늘도 맹활약하는 전통적인 요괴'들은 문화변용론적 시각에서 보는 개별 요괴연구라 할 수 있다. 다누키라 불리는 요괴 너구리, 성聖과 속俗을 겸비하는 요괴 뱀, 도깨비와 유사한 모습으로 신출귀몰하는 오니, 물가에 서식하다가 이제는 뭍으로 올라왔다는 갓파, 혈혈단신 외톨이가 아니라 가족이 있어 더욱 강력해졌다는 요괴 누라리횬, M교수의 강의에 알게 된 술꾼 요괴 슈텐도지의 정체 등은 강한 개성을 지니면서도 요괴의 속성을 잘 드러내는 존재라는 점이 흥미롭다.

일본의 요괴는 모든 문화가 그렇듯이 생성, 변화, 사멸한다는 대원칙을 따르며 오늘도 문화환경의 변화에 따라 끊임없이 새로운 요괴가 등장한다. 또한 사람들의 관심과 사회를 반영하며 변형을 거듭하고, 더러는 효용을 상실하여 사라져버리기도 한다.

미지의 세계에 대한 사람들의 호기심은 영원한 것이라 생각된다. 미지의 세계는 아름다운 판타지로 혹은 그로테스크한 이미지로 형상화하며 일본인의 멘탈리티가 반영된다. 이런 의미에서 일본의 요괴문화에 대한 연구는 현대의 일본·일본인을 이해하며 문화콘텐츠를 연구하는데 중요한 소재로써 의미를 지닌다.

일본의 요괴문화에 대한 나의 학문적 흥미는 한국의 각설이 타령 연구의 외연과 맞닿아 있다. 음식을 얻으려 떠도는 거지이자 떠돌이 예능인인 각설이는 사회의 최하층민으로서 고통스러운 유랑생활로 나날을 보내는 존재였다. 이들을 맞이하는 마을 사람들에게 각설이란 멀리하고 싶고 무서운 이방인이자 즐거운 노래와 촌극을 보여주는 흥미로운 예능인이었다. 마치 요괴처럼.

일본에서 연극학의 한 분야인 유랑예능인을 테마로 유학하는 동안, 유랑예인이 정주민 사회에 찾아가서 어떤 방식으로 수용되는가에 대한 논리적 틀을 모색했다. 즉 유랑예인은 정주민 측에서 볼 때 미지의 존재이자 부정적인 이미지를 지닌 배제의 대상이면서도 호기심의 대상이 된다는 이율배반적인 성격에 주목하였다. 『요괴의 민속학』, 『이인론異人論』 등의 선행연구에서 많은 힌트를 얻어, 유랑예인을 보는 시각에 요괴를 오버랩 해보는 학문적 즐거움이 대단하다. ✿

트리즈로 보는 요괴의 창작방식

임찬수林瓚洙*

1 일본의 요괴 이미지

일본의 문화콘텐츠는 다양한 모습으로 이미지화되어 있다는 점이 두드러진 특징이라고 해도 과언이 아닐 것이다. 문화유산을 계승하는 방법의 하나로서 '형태' 그 자체의 계승발전이 자주 거론되곤 하는데, 현재 요괴도 문화콘텐츠 중 시각화된 형태로 발전과 계승이 잘 이루어진 예로 제시되고 있다. 사실 요괴라는 두 글자를 머릿속에 떠올렸을 때, 실제로 본 사람은 없고 두려움과 공포의 대상으로, 때로는 놀이의 상대로 인식하고 있기도 하다. 따라서 그 모습을 구체적으로 상상하긴 어려울 것이다. 그런데 일본에서는 이를 각 지역의 특성과 어울려 무섭고 두려운 존재로서, 또는 신령한 힘을 발휘하는 숭배의 대상으로 나름의 특징을 살린 모습을 갖게 하였고, 이를 계승하면서 다양한 형태로 활용하고 있다.

요괴의 이미지는 하루아침에 완성될 리 없다. 오랜 기간 동안 사람

---

* 중앙대학교 교중앙대학교 교수. 일본 시가詩歌문학 전공. 일본의 요괴문화, 전통연극 노能에도 관심.

들의 입에서 입으로 전해진 요괴 이야기들은 그림으로 창작되고 표현되어 사람들에게 널리 퍼지게 된다. 그리하여 많은 사람들은 이미지화된 요괴들을 보고 즐기며 또는 변형하여 하나의 시각화된 형태로서, 게다가 새로운 요괴를 창조하며 지금까지 전승시키고 있다. 데라다 도라히코寺田寅彦는 "인간문화의 진보 과정에서 발명 혹은 창작된 여러 작품에서도 '요괴'가 가장 뛰어난 걸작으로 전승되어야만 한다."고 언급하였는데 그 정도로 일본의 요괴는 귀중한 문화 산물인 것이다.

『지도와 줄거리로 보는 일본의 요괴전설志村有弘, 『地図とあらすじで読む 日本の妖怪伝説』, 2008, pp.8-9』에서는 일본의 대표적인 요괴를 기록하고 있다.

위의 그림지도에는 일본 47현을 대표하는 요괴들이 표시되어 있다. 각각의 요괴들은 오늘날 각 지역의 마스코트나 수호신, 관광 자원으로써 활용되고 있을 정도이다. 이처럼 일본의 요괴는 인간의 생활 속에 공존하고 있는 문화의 한 양식이며 일본을 대표하는 문화라고도 해도 틀린 말이 아닐 것이다.

그림에는 일본 전 지역을 대표하는 요괴 74종류가 망라되어 있다. 우리에게도 친숙한 꼬리가 아홉인 구미호나 설녀雪女, 뱀, 인어 등은 물론, 설화에서 존재하는 요괴들이 총망라해 있다.

2 에마 쓰토무의 요괴 분류법

일본의 요괴학자 에마 쓰토무江馬務는 요괴를 먼저 단독적인가 또는 복합적인가로 분류하고, 하위분류로서 동물, 식물, 기물器物, 건축, 자연물로 나누었다. 이 방법으로 그림지도에 나타난 요괴들을 분류하면 단독적인 요괴가 가장 많고, 그중에서도 인간적인 모습을 한

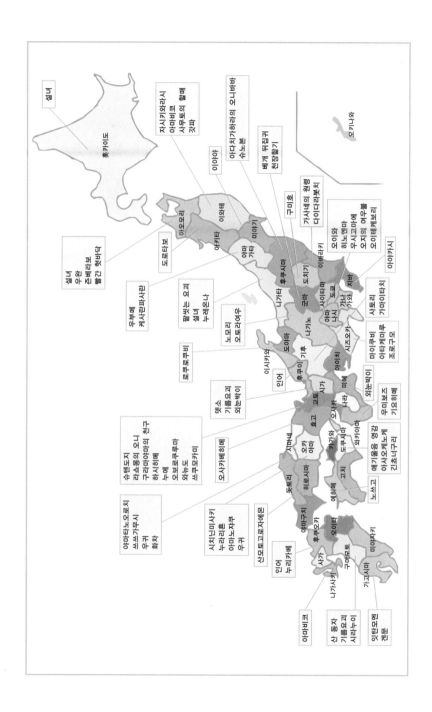

요괴가 29종류였다. 다음으로 동물의 모습이 13종류, 기물이 2종류, 자연물·건축물이 각각 1종류였다. 또한 복합적인 모습을 지닌 요괴는 〈인간+동물〉의 형태를 띤 것이 11종류, 〈인간+기물〉이 4종류, 〈동물+자연물〉이 2종류에 해당하는 것을 발견하였다.

특이하게도 요괴 그림이 없는 것도 7종류나 있다. 이처럼 요괴의 모습은 기본적으로 인간과 동물을 축으로 하고 있다는 점을 발견한다. 이는 요괴의 출현이 인간과 깊은 관련이 있기 때문인 것으로 생각한다. 인간에 대한 원한이 있다거나 장난을 치기 위해서, 또는 인간의 행위와 관련된 설화나 전설에 기인하여 출몰하므로 교훈이나 징계를 주기 위해서도 인간적인 요소가 반영되지 않으면 안 되기 때문에 인간적인 모습을 지닐 수밖에 없었을 것이다.

▼ 에마 쓰토무 방식으로 요괴를 분류한 표

지 역		분 류	이 름
홋카이도北海道	홋카이도	인간	설녀雪女
도호쿠東北	아오모리青森	인간	설녀
			우완うわん
			즌베라보ずんべら坊
		동물+자연물	빨간 혓바닥赤舌
	아키타秋田	인간	도로타보泥田坊
	이와테岩手	인간	자시키와라시座敷童子
		건축물	아마비코マヨヒガ
		자연물	사무토의 할매サムトの婆
		인간+동물	갓파河童
	야마가타山形	인간	우부메うぶめ
		자연물	케사란파사란ケサランパサラン
	미야기宮城	인간	이야야否哉
	후쿠시마福島	인간	아다치가하라의 오니바바安達ヶ原の鬼婆
		인간+동물	슈노본朱の盤

간토関東	이바라기茨城	인간	카사네의 원령累の怨霊
			다이다라봇치だいだらぼっち
	도치기栃木	인간+동물	구미호九尾の狐
	군마群馬	인간	베개 뒤집기枕返し
		인간+동물	천장핥기天井舐
	사이타마埼玉	–	–
	도쿄東京	인간	오이와お岩の怨霊
			히노엔마飛縁魔
		동물	우시고마에牛御前
			오지의 여우불王子の狐火
		인간+동물	오이테케보리おいてけ堀
	지바千葉	동물	아야카시あやかし
	가나가와神奈川	–	–
쥬부中部	니가타新潟	인간	팥 씻는 요괴小豆洗い
			설녀
		인간+동물	누레온나濡れ女
	도야마富山	인간	로쿠로쿠비ろくろ首
	이시카와石川	–	–
	후쿠이福井	인간	인어人魚
	야마나시山梨	–	–
	나가노長野	동물	노모리野守
			오토라여우おとら狐
	기후岐阜	인간+동물	사토리覚
		동물+자연물	가마이타치カマイタチ
	시즈오카静岡	인간	마이쿠비舞首
		기물	아타케마루安宅丸
		인간+동물	조로구모女郎蜘蛛
	아이치愛知	–	–
주고쿠中国	돗토리鳥取	–	–
	시마네島根	동물	야마타노오로치ヤマタノオロチ
			쓰쓰가무시恙虫
			우귀牛鬼
		동물+기물	화차火車
	오카야마岡山	인간	시치닌미사키七人みさき

트리즈로 보는 요괴의 창작방식

			누라리횬ぬらりひょん
			아마노쟈쿠天邪鬼
		동물	우귀
	히로시마広島	인간	산모토고로자에몬山本五郎左衛門
	야마구치山口	–	–
긴키近畿	미에三重	동물	외눈박이一目連
	시가滋賀	인간+동물	뎃소鉄鼠
		인간	기름요괴油赤子
			외눈박이ひとつ目小僧
	교토京都	인간	슈텐도지酒呑童子
			라쇼몬의 오니羅城門の鬼
			구라마야마의 덴구鞍馬山の天狗
			하시히메橋姫
		동물	누에鵺
		인간+기물	오보로쿠루마朧車
			와뉴도輪入道
			쓰쿠모카미付喪神
	오사카大阪	–	–
	효고兵庫	인간	오사카베히메長壁姫
	나라奈良	–	–
	와카야마和歌山	인간+동물	우미보즈海坊主
			기요히메清姫
시코쿠四国	도쿠시마徳島	인간	애기울음 영감子泣き爺
			아사오케노케麻桶の毛
		인간+동물	긴쵸너구리金長狸
	에히메愛媛	인간	노쓰고ノヅゴ
	고치高知	–	–
	가가와香川	–	–
규슈九州	후쿠오카福岡	인간+동물	인어
		인간+기물	누리카베塗り壁
	사가佐賀	–	–
	나가사키長崎	인간+동물	아마비코アマビコ
	구마모토熊本	인간	산 동자山童
		인간+자연물	기름요괴油ずまし

현대일본의 요괴문화론

			시라누이不知火
	오이타大分	-	-
	미야자키宮崎	-	-
	가고시마鹿児島	(인간, 동물)+기물	잇탄모멘−反木綿
		동물+기물	겐문ケンムン
오키나와沖縄	오키나와	-	-

〈인간+동물〉의 경우에도 인간의 모습에 동물의 일부분을 접목하여 그로데스크한 모습을 강조하였다. 동물도 주변에서 쉽게 발견하는 새, 고양이, 물고기, 소, 거미 등이 과장되거나 일부분이 확대 적용되었다. 〈인간+자연물〉은 자연현상과 기구 등을 덧붙여 생활과 밀접한 관련성을 부각시키고 있다. 이렇듯 요괴는 당시의 생활상과 떼내어 생각할 수 없는 문화현상인 것이다.

나아가 창의적 문제 해결 이론인 트리즈TRIZ의 40가지 원리를 적용하여 보면 어떠한 과정을 걸쳐 현재의 형태와 같이 표현되게 되었는지, 또는 소멸되어 가는지를 보다 체계적으로 파악할 수 있다.

2_를3 요괴도감과 트리즈

요괴 이미지의 변화를 알아보기 위해 적용한 도구는 바로 트리즈TRIZ와 『요괴도감妖怪図巻』이다. 이 책은 교고쿠 나쓰히코京極夏彦와 다다 가쓰미多田克己가 편집한 것으로, 에도시대에 제작되었다고 추측되는 4가지의 요괴 그림두루마리絵巻인 「바케모노 모음집化物づくし(30종류)」, 「백괴도감百怪図巻(30종류)」, 「백귀야행 두루마리 그림百鬼夜行絵巻(22종류)」, 「바케모노 그림두루마리化物絵巻(28종류)」가 수록되어 있다. 이 책의 특징은 도감 형식으로 편성되어 있으며, 한 종류씩 별개로 그려져 있다.

『요괴도감』에서 중심이 되는 「바케모노 모음집」과 「백괴도감」은 30종류의 요괴가 서로 일치하며, 대부분이 도리야마 세키엔鳥山石燕이 제작한 『도감 백귀야행画図百鬼夜行, 1775』에도 포함되어 있다. 편저자인 교고쿠 나쓰히코는 이러한 점을 근거로 도리야마 세키엔이 「바케모노 모음집」과 「백괴도감」을 참고하여 모사模写 혹은 답습하였을 가능성도 있다고 서술하였다. 이와 같이 서로 영향관계에 있는 요괴 그림을 한 권의 책으로 모아 놓은 『요괴도감』이야말로 요괴의 형태화와 전승 변이 발전관계를 정확하게 파악할 수 있는 최적의 자료라고 생각한다.

발명이론 트리즈TRIZ는 러시아어 'Teoriya Resheniya Izobretatelskikh Zadatch'를 줄인 용어로, 겐리흐 알트슐러Genrich Altshuller, 1926~1998가 제창한 창의적 문제 해결에 대한 체계적 방법론이며, 발명을 위한 발상법이다.

겐리흐 알트슐러가 1940년대 구소련 해군에서 특허를 심사하는 업무를 할 당시, 군 관련 기술적인 문제를 해결하면서 발명에는 어떤 공통의 법칙과 패턴이 있음을 알게 되어 만들기 시작하였다. 알트슐러와 그의 제자들이 전 세계 특허 150만 건 중에서 창의적인 특허 4만 건을 추출·분석한 결과가 바로 '트리즈 40가지 원리'인 것이다.

『요괴도감』에 수록된 4종류의 그림두루마리 속에 공통적으로 표현되어 있는 총 30종류의 요괴 형태를 트리즈 40가지 원리에 입각하여 각각의 항목을 적용·조사하여 보았다. 그 결과, 총 17개 항목이 요괴의 이미지를 만들어 내는데 적용되었다는 것을 알 수 있었다. 각 항목에 대한 빈도수는 비대칭(04) 23번, 추출(02) 21번, 복합재료(40) 18번, 국소적 성질(03) 17번, 속성변화(35) 13번, 색깔변경(32) 10번, 포개기(07) 6번, 폐기 및 재생(34) 4번, 역동성(15) 4번, 상전이(36) 3번, 구형화(14)

▼ 트리즈 TRIZ 40가지 원리

01	분할 Segmentation	11	사전 예방 Cushion in Advance	21	고속처리 Rushing Though	31	다공질 재료 Porous Material
02	추출 (빼내기/회수/제거) Extracting/ Retrieving/ Removing	12	높이 맞추기 Equipotentiality	22	전화위복/ 해로움을 이로움으로 Convert harm into benefit	32	색깔 변경 Changing the color
03	국소적 성질 Local Quality	13	반대로 하기 Do it Reverse	23	피드백 Feedback	33	동질성 Homogeneity
04	비대칭 Asymmetry	14	구형화 Spheroidality	24	매개체 Mediator	34	폐기 및 재생 Rejecting and Regenerating Parts
05	통합 Consolidation	15	역동성 Dynamicity	25	셀프서비스 Self service	35	속성 변환 Transformation of Property
06	범용성/다용도 Universality	16	과부족 조치 Partial or Excessive Action	26	복제 Copying	36	상전이 Phase Transition
07	포개기 Nesting	17	차원 바꾸기 Transition Into a New Dimension	27	일회용품 Dispose	37	열팽창 Thermal Expansion
08	평형추 Counterweight	18	기계적 진동 Mechanical Vibration	28	기계시스템의 대체 Replacement of Mechanical system	38	산화가속 Accelerated Oxidation
09	선행 반대 조치 Prior Counteraction	19	주기적 작동 Periodic Action	29	공기식/수압식 구조물 Pneumatic or Hydraulic Constructions	39	불활성 환경 Inert Environment
10	선행조치 Prior Action	20	유익한 작용의 지속 Continuity of Useful Action	30	유연한 막 또는 얇은 필름 Flexible Membranes or Thin Films	40	복합재료 Composite Materials

2번, 분할(01) 2번로 나타났으며, 열팽창(37), 동질성(33), 매개체(24), 차원 바꾸기(17), 사전예방(11)은 각각 1번씩 나타났다. 그에 따른 빈도수를 간단하게 정리하면 아래의 표와 같다.

트리즈TRIZ 40가지 원리	
해당원리	요괴출현 빈도
04. 비대칭	23
02. 추출	21
40. 복합재료	18
03. 국소적 성질	17
35. 속성 변환	13
32. 색깔 변경	10
07. 포개기	6
34. 폐기 및 재생	4
15. 역동성	4
36. 상전이	3
14. 구형화	2
01. 분할	2
37. 열팽창	1
33. 동질성	1
24. 매개체	1
17. 차원 바꾸기	1
11. 사전예방	1

이 중에서 가장 많은 빈도수를 차지하는 항목은 비대칭(04), 추출(02), 복합재료(18), 국소적 성질(03), 속성변화(35), 색깔변경(32) 순이다. 가장 많은 빈도수를 나타낸 비대칭은 30종류의 요괴 중 23종류가 이에 해당하며, 가장 많이 사용된 원리였다. 대표적인 예로는 누레온나濡れ女, 산 동자山童, 누라리횬ぬらりひょん을 꼽을 수 있다.

누레온나는 상반신은 길고 젖은 머리카락을 늘어뜨린 여인의 모습

　　　　　　　　　　　　현대일본의 요괴문화론

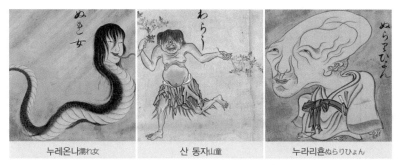

▲ 비대칭의 원리가 적용된 요괴

　자료 http://ja.wikipedia.org/wiki/百怪図巻

을 하고 있다. 혀는 뱀의 혀처럼 길게 되어 있고, 하반신도 큰 뱀의 모습으로 묘사하였다. 두 개의 다른 개체를 합쳐 새로운 이물異物이 창조하였는데, 뱀도 아니고 여인의 모습도 아닌 비대칭 구조로 되어 있다. 두 번째의 산 동자는 일본의 서쪽 지방에서는 가을이 되면 갓파라는 요괴가 산으로 거처를 옮긴다고 생각하였다. 산으로 옮겨간 모습이 산 동자이다. 따라서 산에 거주하는 모습에 걸맞게 양손에는 나뭇가지를 들고 있으며, 10세 정도의 어린 남자아이의 모습으로 표현되는 것이 특징이다. 얼굴에는 두 개의 눈이 비대칭적으로 그려져 있는데, 한쪽 눈만을 그려 괴기스럽고 장난스러운 모습을 보여주고 있다. 누라리횬 또한 기본적으로는 노인의 모습을 나타내고 있지만, 얼굴과 신체의 비율이 비상식적이다. 얼굴이 몸체보다 과장되게 돌출되어 있고, 얼굴의 모습도 비대칭으로 묘사됨으로써 두려움을 자극하고 있다.

　두 번째로 많이 사용된 추출의 원리는 형체에서 일정한 부분만 뽑아내어 과장되게 표현하거나 필요한 부분만을 강조한 것이다. 여기에 해당하는 요괴는 21종류이며, 대표적인 예가 가미키리髪切り, 외눈박이目一つ坊, 오토로시おとろし이다.

　가미키리는 밤중에 찾아와 묶어 놓은 머리카락을 싹둑 잘라가는 요

가미키리髪切り	외눈박이目一つ坊	오토로시おとろし

▲ 추출의 원리가 사용된 요괴

자료. http://ja.wikipedia.org/wiki/百怪図巻

괴로서, 마치 가위처럼 생긴 손을 이용한다. 얼굴의 형태는 새처럼 큰 부리와 눈을 가지고 있으며 몸통은 동물의 모습이다. 하지만 그림에서 강조하고 있는 부분은 가위처럼 생긴 손이다. 손의 모양은 머리카락을 쉽게 자를 수 있도록 가위처럼 그렸다. 이 부분이 가미키리의 대표적 특징이다. 외눈박이는 중의 모습이다. 커다란 눈이 얼굴 한가운데에 하나만 있고, 긴 코, 깊고 굵은 주름살, 기다란 얼굴 모양이 특징이다. 사람들에게 두려움을 주려는 조치이다. 오토로시란 뜻은 사람을 놀라게 한다는 의미이다. 검고 덥수룩한 머리칼을 뒤덮고 있으며, 납작하게 그려진 몸통 그리고 붉은 입 모양이 괴이한 형상을 자아낸다. 가끔은 머리칼로 사람의 피를 뽑아 먹는다는 설도 있다. 때문에 머리카락을 길게 늘어트린 모습으로 묘사하였고, 입술을 빨갛게 그리고 옆으로 길게 찢어진 모습으로 만들었다.

복합재료의 원리란 동질의 재료로만 구성되어 있는 것이 아니라 다양한 종류의 재료가 사용된 것을 의미한다. 이에 해당하는 요괴는 18종류이며, 대표적인 예로는 화차火車, 얼굴 없는 부처ぬりぼとけ, 우귀牛鬼 등이 있다.

화차는 두 가지 매개체가 사용되었다. 하나는 불로 만들어진 수레이

34 현대일본의 요괴문화론

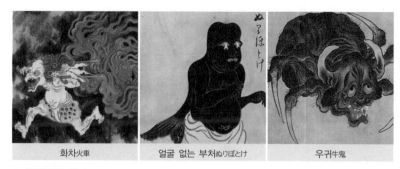

| 화차火車 | 얼굴 없는 부처ぬりぼとけ | 우귀牛鬼 |

▲ 복합재료 요괴

자료 http://ja.wikipedia.org/wiki/百怪図巻

고, 다른 하나는 수레를 끌고 있는 요괴이다. 이 요괴 모습은 새의 부리를 가지고 있으며 고양이 혹은 호랑이 무늬의 가죽을 두르고 달리고 있다. 이 두 가지의 매개체가 합쳐져 표현되었기 때문에 화차의 역동적인 모습이 탄생하게 된 것이다. 얼굴 없는 부처는 중의 모습이다. 상의를 걸치지 않았으며 몸뚱이를 검은색으로 표현했다. 또한 두 눈알이 튀어나와 대롱대롱 매달려 있는 것 같다. 특징으로는 등에서부터 엉덩이까지 긴 머리카락 모양처럼 생긴 물고기의 지느러미가 달려 있다는 점이다. 이것은 중의 모습과 물고기의 꼬리가 합쳐진 복합개체이다. 마지막으로 우귀는 거미의 몸뚱이에 소의 얼굴과 뿔이 달려 있으며 오니의 특징 중 하나인 이빨을 검게 칠한 하구로齒黑를 한 얼굴이다. 우귀는 3가지 개체가 복합적으로 사용되었다.

국소적 원리가 적용된 요괴는 아래의 그림처럼 이질적인 요소가 포함되어 있다. 국소적 성질의 원리란 물체나 외부환경(작용)의 구조를 동질적인 것에서 이질적인 것으로 바꾸거나 물체의 여러 부분들이 서로 다른 기능을 수행하도록 배치하는 것을 말한다. 이에 해당하는 요괴는 17종류이며, 그 대표적인 예로 쇼케라しょうけら, 로쿠로쿠비ろくろ首, 효스베ひょうすべ가 속한다.

| 쇼케라しょうけら | 로쿠로쿠비ろくろ首 | 효스베ひょうすべ |

▲ 국소적 성질의 원리가 적용된 요괴
  자료 http://ja.wikipedia.org/wiki/百怪図巻

　쇼케라는 십간십이지의 57번째 경신庚申의 날에 신사나 절에 모여 제
사를 지내고 밤새워 먹고 마시며 노는 고신행사庚申待에 나타나는 요괴
이다. 이날 잠을 일찍 자게 되면 쇼케라가 나타나서 세 개의 손가락으
로 벌을 내린다고 한다. 쇼케라의 특징은 손가락이 3개로, 몸뚱이는 인
간처럼 묘사했고 얼굴 형상은 개의 모습이다. 가장 특징적인 모양이
세 개의 손가락을 앞으로 내밀고 꾸부정하게 서 있는 형상이다. 로쿠
로쿠비의 특징은 보통 인간의 모습과 동일하나 구불구불 길게 늘어나
는 목에 있다. 여인의 목은 빙글빙글 돌리거나 어느 정도 길게 빼는 것
도 가능하다. 그리고 늘어난 목은 병풍을 넘을 수도, 방문 밖으로 목을
늘어뜨릴 수도 있을 정도로 길게 묘사된다. 이질적이며 상상을 초월한
모습이다. 효스베는 동남아시아에 서식하고 있는 긴팔원숭이를 모델
로 했다고도 한다. 다리보다 팔을 길게 묘사하고 배와 다리 부분에 진
하게 털이 나 있는 것이 특징이다. 보통의 짐승 털은 전염병을 일으키
지 않으나, 효스베는 이와 달리 자신과 직접 혹은 간접적으로 접촉한
사람들에게 병을 옮긴다는 점이 특징이다.
　다섯 번째로 많이 사용된 원리는 속성 변환이다. 속성 변환 원리란
물리적 상태, 농도, 밀도, 유연성의 정도 혹은 온도나 부피를 바꾸는 것

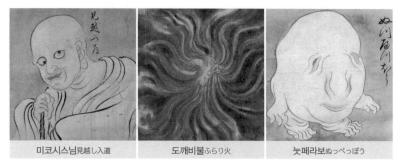

| 미코시스님見越し入道 | 도깨비불ふらり火 | 늣페라보ぬっぺっぽう |

▲ 속성변환의 원리가 적용된 요괴
자료 http://ja.wikipedia.org/wiki/百怪図巻

을 의미한다. 이에 해당하는 요괴는 13종류이며, 미코시 스님見越し入道, 도깨비불ふらり火, 늣페라보ぬっぺっぽう를 들 수 있다.

　미코시 스님은 높은 병풍이나 울타리 또는 나무 위에서 몰래 훔쳐보는 중의 모습이다. 보통의 인간보다 몇 배나 키가 늘어나며 목도 자유자재로 늘어나는 특징을 가지고 있다. 눈동자 또한 자유자재로 돌릴 수 있고 인간으로서는 도저히 흉내 내기 어려운 유연성과 탄력을 가지고 있다. 도깨비불은 일정한 모양 없이 타오르는 불의 모습이다. 불 한가운데 개의 얼굴이 그려져 있으며 새의 깃털과 같은 형태로 몸이 구성되어 있다. 화폭 한가운데 빨갛게 타오르는 모습으로 표현된 불의 모양은 역동적이면서도 무서울 정도의 열기를 내뿜고 있다. 늣페라보는 눈, 코, 입, 귀가 정확하지 않다. 어떠한 개체를 모티브로 표현하였는지 불분명하지만 보통의 요괴들과는 다른 농도와 밀도이다. 얼굴 모양이 신체의 대부분인 1등신이며, 지나가는 행인에게 사람인 척 다가가 갑자기 본래의 모습으로 변하여 사람들을 놀라게 하는 특성을 가지고 있다.

　마지막으로 색깔 변경에 해당하는 요괴이다.

　색깔 변경의 원리는 물체나 외부 환경의 색깔을 바꾸거나 투명도를

▲ 색깔 변경 원리가 적용된 요괴
자료 http://ja.wikipedia.org/wiki/白怪図巻

조정하는 것을 말한다. 10종류가 여기에 속하며, 대표적인 예가 빨간 입赤口, 유령幽靈, 우완うわん 등이다. 빨간 입은 흉일凶日을 의미하는데, 빨간색은 불이나 피의 색을 연상케 한다. 불을 조심하고 출혈의 위험성이 높은 직업을 가진 사람들이 특히 주의해야 하는 날로 여겨졌다. 빨간 입은 검은 연기와 같은 몸체, 지나치게 강조된 빨간 큰 입과 빨간 눈을 가진 요괴로 그려졌다. 우완의 특징은 검은 치아에 있다. 보통 이빨을 하얗게 표현하는데, 검은 이, 즉 하구로로 표현하여 좀 더 무서운 오니의 얼굴로 보이도록 하였다. 하구로는 우귀에도 나타난 특징이며 오니의 대표적인 특성 중 하나이다. 유령은 사후에도 생전의 모습 그대로 나타나지만, 생전의 모습과 크게 다른 점은 하반신이다. 다리는 보이지 않고 하얀 색감으로 투명하게 묘사하고 있다. 이러한 모습은 현재에도 유령의 대표적인 특징으로 묘사되고 있다.

현대일본의 요괴문화론

24   요괴를 다시 생각하며

   수많은 형태의 요괴가 등장하는 일본은 보이지 않는 대상을 이미지화하여 공포의 대상인 동시에 친숙한 존재로 만들었으며, 아울러 인간의 호기심과 상상력을 자극하였다. 이는 요괴가 실재하느냐는 문제와 별개이다. 현대인의 생활에 활력소가 되기도 하면서 불길하고 재수 없다고 여기는 일이나 사건 등을 지난날의 요괴 전설이나 그림을 통해 액을 풀어내는 역할도 한다. 지금은 도시화에 따라 새롭게 도시괴담 형식으로 변화하고 있다. 이러한 다양한 요괴는 만화, 애니메이션, 영화 그리고 테마파크의 주인공 내지는 조연, 장난감, 인형, 스티커 등에서 만나볼 수 있으며, 마을에 생기와 활력을 불어넣는 마쓰리의 주제로 선정되기도 한다.

   요괴가 주요 테마로 등장하는 마쓰리에서는 대개 무병장수를 기원한다든가 악귀나 역병, 악령을 퇴치하는 내용으로 구성되어 있다. 요괴를 주제로 마쓰리를 새롭게 만들기도 하는데, 이런 경우는 이전부터 전승되어 오는 이야기를 바탕으로 하고 있다. 이처럼 일본에서 요괴는 풍부한 상상의 세계로 이끄는 중요한 문화요소의 하나이다. ✿

▼ 〈참고〉 요괴를 테마로 한 전통적인 마쓰리

마쓰리명	요괴의 모습	장소와 시기	종류와 역할
슈조오니에 修正鬼会		오이타현 히가시쿠니 大分県 東国東郡東町 1월 5일	오니 오니에게 맞으면 무병장수. 귀신을 쫓아내는 형식으로, 귀신과 만나는 것은 조상과 대면하는 것이다.
네부타마쓰리 ねぶたまつり		아오모리시 青森市 8월 5일	오니 악령을 퇴치한다.
멘호리유 面浮立		사가현 카시마시 佐賀県鹿島市 9월 둘째 일요일	오니 전승戦勝무용의 시초. 오니는 강한 힘을 나타낸다.
우에노 덴신마쓰리 上野天神祭		미에현 우에노시 三重県 上野市 10월 23일 – 25일	오니 역병을 퇴치한다.
하나마쓰리 花祭り		아이치현 기타시타라군 愛知県 北設楽郡 11월 중순 – 3월 중순	악령·오니 재물과 행운을 가져다준다.
데라노히욘도리 寺野ひょんどり		시즈오카현 하마마쓰시 静岡県 浜松市 1월 3일	오니 빨간 오니, 검정 오니, 파란 오니가 등장하여 격렬한 춤을 춘다.
슈조오니에 오니마쓰리 修正会鬼祭		사가현 다라초 佐賀県 太良町 1월 상순	오니 연초에 생명의 소생을 기원하는 마쓰리. 오니는 방해자. 섬의 젊은이들이 오니를 제지한다.
오니스베 鬼すべ		후쿠오카 다자후 福岡県 太宰府 1월 7일	출세를 기원하고 액을 물리치며 복을 부른다.

현대일본의 요괴문화론

나마하게 세도마쓰리 なまはげ 柴灯まつり		아키타현 오가시 秋田県 男鹿市 정월보름날 밤	오니 각 집을 돌아다니며 악행에 벌을 주고, 재난을 물리치고, 축복을 주 고 떠난다.
오니세쓰분 鬼恋節分祭		군마현 후지오카시 群馬県 藤岡市 입춘 전날	오니 전국 각지에 쫓겨난 좋은 귀신을 불러들인다. 콩을 뿌리며 잡귀를 쫓는다.
오니마쓰리 鬼まつり		아이치현 도요가와 愛知県 豊川市	오니·덴구 일본신화를 덴가쿠田楽에 도입해 서 신에게 제사를 지내는 내용으 로 농작물의 풍작을 기원한다.
돈키마쓰리 どんきまつり		아이치현 도요가와 愛知県 豊川市 12월 17일	여우·덴구 스님과 여우 가면, 덴구 가면 등을 쓴 사람들이 행렬한다. 덴구는 야 쓰데八手라는 부채를 쥐고 어린 이를 쫓아가면서 흥겨운 마쓰리 가 된다.

▼ 요괴를 테마로 한 현대적 마쓰리

마쓰리 명칭	등장하는 요괴	일정	장소
미요시모노노케마쓰리 三次市もののけまつり	이노 헤타로 稲生平太郎와 요괴	8월 27일	히로시마 미요시시 広島 三次市
요괴모미지마쓰리 妖怪もみじまつり	애기울음 영감 子泣き爺	11월 중	도쿠시마현 徳島県
우스키아카네코마쓰 うすき赤猫まつり	빨간 고양이	골든위크 4월 말 - 5월 초	우스키시 臼杵市

오늘날에도 변형을 거듭하는
눈 속의 여자요괴, 설녀

나카자토 료헤이中里亮平[*]

3 1 눈 내리는 밤에 나타나는 하얀 여인

현대 일본 사람들은 요괴의 존재를 전면적으로 믿고 있지
않다. 어느 시대까지 요괴의 존재를 믿고 있었는지에 대한 질문의 답
은 구하기 어렵다. 현대 일본 요괴란 '옛사람들'이 믿고 있었던 것으로,
다양한 의미로 이미지가 고정화되었고, 나아가 캐릭터화되어 소비되
는 존재가 되었다. 여기에는 현대 일본을 살아가는 사람들과 요괴 사
이의 이중적 의미의 단절이 있다.

그러나 한편으로 조사현장에서는 요괴에 관한 이야기를 적지 않게
들을 수 있다. 필자는 요괴에 관하여 집중적으로 조사를 실시한 것은
아니지만, 여러 화제 가운데에서 문득 요괴에 관한 이야기를 듣는 경
우가 있었다.

본고에서는 현대 일본의 요괴에 관해 고찰하면서 '그럴싸한' 이야기,
즉 그럴싸하게 새로 꾸며내는 이야기에 주목하기로 한다. 이에 관련된
개념이 '전승의 합리화'이다.

---

* 중앙대학교 교수. 일본 민속학 전공. 일본의 마쓰리현장 연구.

'전승의 합리화'란 간단히 정리하자면 '이제까지 전승을 이어온 공동체 속에서 당연한 것으로 믿고 있었던 전승이 시대의 변화에 따라 합리적이지 않은 것으로 변해 가면 그 전승 자체가 소멸하거나 또는 '합리화'되어 재해석되는 일'이다.

　이 개념을 사용하여 본고에서는 설녀雪女라는 요괴를 사례로 들고 현대 일본에서의 요괴의 존재에 대해 논하고자 한다. 설녀의 일본어는 '유키雪'와 '온나女'를 합쳐서 '유키온나'라고 한다.

▲ 사와키 스시佐脇嵩之 『백귀도권百鬼図巻』 중 설녀雪女

3 2   설녀 이미지의 고정화

여기에서는 설녀라고 불리는 요괴를 사례로 든다. 설녀에 관해서는 여러 가지 전승이 있는데 이러한 전승을 몇 가지 타입으로 분류하여 현대의 설녀상에 큰 영향을 끼친 그리스 출신의 일본연구가 라프카디오 헌Lafcadio Hearn이 1906년에 출간한 『괴담怪談』에 나오는 설녀를 소개한다. 이어서 에도江戸 시대에 그려진 요괴 그림의 설녀와 현대 일본에서 캐릭터화된 설녀에 관해서 비교하고 그 변화를 정리하고자 한다. 마지막으로 필자가 조사하다가 들은 설녀 이야기를 제시하여 그 '그럴싸한' 이야기를 바탕으로 현대 일본에서의 요괴에 대해 고찰한다.

설녀의 전승

설녀란 어떤 존재인가. 『다이지센大辞泉』에서 찾아보면 '설국의 전설로 눈 내리는 밤에 하얀 옷을 입은 여자의 모습으로 나타난다는 눈의 정령. 유키무스메雪娘. 유키조로雪女郎.(계절 겨울)'이라 정의되어 있다. 이름 그대로 눈에 관련된 요괴이며 또한 계절감을 나타내는 말로 쓰일 정도로 유명한 존재임을 알 수 있다.

그러나 현대 일본에서의 요괴란 이와 같이 고정화된 이미지만의 존재가 아니다. 사전에서 이와 같이 정의되는 시점에서 미처 소개되지 못한 여러 요소가 있음은 물론이다. 이러한 점을 근거로 하여 아래에서는 『신화전설사전』을 참고로 각지에 전해 내려온 설녀 전승을 정리·분류해 보았다.

❶ 아내 타입

니이가타현新潟県 오지야 지방小千谷地方에서는 아름다운 여자가 남자

에게 찾아와 여자 스스로가 원하여 아내가 되지만, 싫다는 아내를 억지로 목욕하게 하자 모습이 사라지고 주변에는 얼음 기둥조각만이 떠 있었다는 이야기가 있다. 아오모리현青森県과 야마가타현山形県에도 같은 이야기가 있으며 「시가마 아내しがま女房」 등으로 불린다.

❷ 방문자 타입

야마가타현山形県 가미노야마 지방上山地方의 설녀는 눈 내리는 밤에 노부부를 찾아가 화롯불을 쬐게 해 달라고 부탁한 뒤 새벽에 다시 떠나려 했으나, 할아버지가 처녀의 손을 잡고 가지 못하게 했더니 오싹할 정도로 차가웠고, 순식간에 처녀는 연기가 되어 굴뚝으로 빠져나갔다고 한다.

❸ 우부메 타입

우부메姑獲鳥와의 접점도 있는데, 눈보라 치는 밤에 설녀가 아이(어린아이의 모습을 한 눈의 정령)를 안고 서 있다가 지나가는 사람에게 아이를 안아달라고 부탁한다는 이야기가 전해 내려오고 있다. 그 아이를 안고 있노라면 점차 아이가 무거워지면서 사람은 눈에 파묻혀 동사한다고 한다. 부탁을 거절하면 계곡 사이로 떨어뜨린다고도 전해진다.

히로사키弘前에서 어느 무사가 설녀에게 부탁을 받았다. 그러나 단도를 입에 물고 아이의 머리 쪽으로 칼끝이 향하도록 안았더니 그 괴이를 피할 수가 있었고 무사가 아이를 설녀에게 돌려주자 그 보답으로 많은 보물을 얻었다고 한다. 또한 끝까지 안은 자는 괴력을 얻는다고도 한다.

❹ 노파 타입

나가노현長野県이나 지방伊那地方에서는 설녀를 '유키온바ユキオンバ'라고
도 부르고 눈 내리는 밤에 야마우바山姥(산속에 사는 마귀할멈)의 모습
으로 나타난다고 믿고 있다. 마찬가지로 에히메현愛媛県 요시다吉田에서
는 눈이 쌓인 밤에 '유킨바ユキンバ'가 나타난다고 하여 아이를 집밖에 못
나가도록 한다. 또한 이와테현岩手県 도노 지방遠野地方에서는 정월 대보
름인 1월 15일 또는 보름달이 뜬 밤에는 설녀가 많은 동자들을 데리고
들에 나와 놀기 때문에 아이들의 외출을 삼간다고 한다. 이처럼 설녀
를 야마우바와 같이 취급하는 곳도 많고, 많은 동자를 데리고 다닌다
는 다산多産의 상징성도 야마우바와 유사하다.

❺ 식인 타입

이와테현이나 미야기현宮城県의 전승에서는 설녀는 인간의 정기를
뺏는다고 하며, 니이가타현에서는 아이의 생간을 빼고 인간을 동사시
킨다고 알려져 있다. 아키타현秋田県 니시모나이西馬音内에서는 설녀의
얼굴을 보거나 말을 주고받으면 잡아먹힌다고 한다.

반대로 이바라키현茨城県이나 후쿠시마현福島県 이와키지방磐城地方에서
는 설녀가 부르는데 대답을 안 하면 골짜기로 떨어뜨린다고 한다. 후
쿠이현福井県에서도 고시무스메越娘라 하여 부를 때 대답하지 않고 등을
돌린 자를 계곡으로 떨어뜨린다고 한다.

위에서는 『신화전설사전』 등을 바탕으로 하여 설녀 전설을 다섯 가
지 타입으로 분류하여 설명하였다. 설녀라고 불리는 요괴는 지역별로
다양한 전승이 있고 그 모습은 일정하지 않다. 전승되고 있는 것은 설
녀적 존재를 만들고, 거기에 설녀라는 이름을 붙여 이미지를 고정화한

것은 후세의 인간들이다.

이것은 설녀뿐만이 아니라 일본의 많은 요괴에 해당되는 이야기이다. 이미지의 고정화를 추진한 것은 야나기다 구니오柳田國男와 같은 연구자이기도 하고, 미즈키 시게루水木しげる와 같은 만화가이기도 하고, 영화와 같은 미디어 등 다양한 형태를 취하고 있는데, 설녀의 경우에는 한 사람의 소설가가 대단한 영향을 끼쳤고 그 이미지를 고정화시켰다는 점이 특징적이다. 아래에서는 소설가 고이즈미 야쿠모小泉八雲에 대해서 정리하고 그 설녀상에 대해 기술하고자 한다.

고이즈미 야쿠모『괴담』속의 설녀

고이즈미 야쿠모의 본명은 패트릭 라프카디오 헌이며, 1850년 6월 27일에 태어나 1904년 9월 26일에 사망하였다. 그리스 출신의 신문기자(탐방기자), 기행문작가, 수필가, 소설가, 일본연구가이며 동서양 양쪽에 살았다고 한다. 1896년에 일본국적을 취득하여 고이즈미 야쿠모라 개명하였다. 야쿠모는 한때 시마네현島根県 마쓰에시松江市에 살았고 그 지역의 옛 이름인 이즈모노쿠니出雲国의 수식어인 '야쿠모八雲' 즉 '많은 구름이 일어나다'에서 유래한 것이라 한다. 마쓰에중학교, 도쿄대학 등에서 영어영문을 가르치는 한편 일본문화를 연구하고 해외에 소개하였다. 저서에는『알려지지 않은 일본의 모습知られざる日本の面影』,『마음心』,『괴담』등이 있다.

이 가운데『괴담』에서 묘사된 것이 설녀이며, 이 소설에 나타난 설녀상이 설녀의 이미지를 고정화하는 데에 커다란 영향을 끼친 것이다.

무사시武蔵 지방의 어느 마을에 모사쿠茂作와 미노키치巳之吉라는 나무꾼이 살았다. 모사쿠는 이미 늙었으나 미노키치는 아직 일을 배우고 있는 젊은 청년이었다.

어느 겨울날 눈보라가 심해서 집으로 돌아가지 못하게 된 두 사람은 가까운 오두막에서 추위를 피하여 하룻밤을 묵게 되었다. 그날 밤 얼굴에 불어 닥치는 눈 때문에 잠을 깬 미노키치는 무서운 눈을 가진 소복 차림의 아름다운 여자를 보았다. 미노키치 곁에서 자고 있던 모사쿠에게 여자가 하얀 입김을 불자 모사쿠는 얼어 죽어 버렸다.

여자는 미노키치에게도 입김을 불며 덮치려 하더니, 잠시 동안 미노키치를 바라본 뒤 미소를 띠며 이렇게 속삭였다. "너도 저 노인처럼 죽이려 했지만 너는 젊고 잘생겼으니 살려 주기로 했다. 다만 너는 오늘 밤 일을 누구에게도 말해서는 안 된다. 누군가에게 말했다가는 네 목숨은 없을 것이다."

그 후로 몇 년 뒤에 미노키치는 '오유키'라는 아름답고 가녀린 여성을 만났다. 두 사람은 사랑에 빠져 결혼을 하고 열 명의 아이를 낳는다. 오유키는 매우 훌륭한 아내였지만 이상하게도 몇 년이 지나도 늙지 않았다.

어느 날 밤, 아이들을 재운 오유키에게 미노키치가 말했다. "이렇게 너를 보고 있으면 열여덟 살 때 겪은 신기한 일을 떠올리게 되는구나. 그날 너를 쏙 빼닮은 아름다운 여자를 만났단다. 무서운 일이었지만 그게 꿈이었는지 아니면 설녀였는지……."

미노키치가 이렇게 말하자 오유키는 갑자기 일어서면서 말했다. "그때 네가 본 것은 바로 나다. 나는 그때 너에게 이 일을 다른 사람에게 말하면 죽인다고 했다. 하지만 여기서 자고 있는 아이들을 보고 있으면 어찌 너를 죽일 수 있겠는가. 부디 아이들을 잘 돌봐주길 바란다……."

이렇게 말하더니 오유키의 몸은 순식간에 녹아 흰 안개가 되어 굴뚝으로 사라졌다. 그 이후로 오유키의 모습을 본 사람은 아무도 없었다.

이것이 고이즈미 야쿠모가 그린 설녀이다. 앞서 분류한 바로는 ❶ 아내 타입과 ❺ 식인 타입을 합쳐 놓은 인상을 준다. 아름다운 여성이다, 사람을 냉기로 죽인다, 주인공을 살려주지만 타인에게 발설하지 말라고 경고한다, 주인공과 결혼하여 아이를 낳는다, 늙지 않는다, 주인공이 무심코 말해 버려서 사라진다와 같은 이야기의 요소는 매우 잘 짜여 있고, 고이즈미 야쿠모의 설녀는 다양한 설녀에 관한 이야기의 전형이 되었다. 어린이를 위한 그림책이나 『일본 옛날이야기日本昔話』 등의 애니메이션 작품에도 사용됨으로써 고이즈미 야쿠모의 설녀를 중심으로 설녀의 이미지가 고정화되어 갔던 것이다.

영상으로 보는 설녀의 이미지 변화

여기서는 사와키 스시佐脇嵩之의 『백괴도권百怪図巻』, 도리야마 세키엔鳥山石燕의 『화도백귀야행画図百鬼夜行』 등 에도시대의 요괴 그림과 현대의 애니메이션·만화 등에서 캐릭터화된 설녀의 이미지를 비교한다.

에도시대의 요괴 그림은 머리카락이 긴 여성의 이미지를 바탕으로 그려져 있다. 또한 하반신은 그리지 않고 우부메나 유령의 이미지와도 가깝다. 당연히 배경에는 눈이 그려져 있지만, 그것 외에는 큰 특징이 없다. 현대인에게 요괴 그림만을 골라 무엇을 그린 것인지 물어보면 설녀라고 금방 대답하기는 어려울지도 모르겠다.

다음으로 현대에 캐릭터화된 설녀의 영상을 살펴본다. 여기서는 시이바시 히로시椎橋寛의 「누라리횬의 손자ぬらりひょんの孫」에 등장하는 설녀 캐릭터 「쓰라라つらら」, 오카노 다케시岡野剛의 「지옥선생 누베地獄先生ぬ~べ~」에 등장하는 설녀 캐릭터 「유키메雪女」, 나가이 고永井豪의 「도로론 염마군どろろん閻魔くん」에 등장하는 설녀 캐릭터 「유키코히메雪子姫」를 사례로 든다. 이들은 모두 만화를 원작으로 하여 애니메이션화된 작품이며 일본에서는 지명도가 높은 작품과 캐릭터들이다.

이와 같이 다양한 작품에 등장하고 있다는 점만으로도 현대 일본에서 설녀라는 요괴가 일반화되어 캐릭터로 정착하고 그 이미지가 고정화되었다는 것을 잘 알 수 있다. 또한 개별적으로 캐릭터를 상세히 살펴보면 거기에는 공통된 이미지가 부여되고 있음을 알 수 있다.

영상적인 면에서 보자면 푸르고 긴 머리카락, 기모노, 일본식 짚신이라는 점이 공통적이다. 긴 머리카락과 기모노라는 점은 에도 시대의 설녀 이미지를 답습하고 있다고 할 수 있다. 머리카락 색깔은 애니메이션이라는 콘텐츠의 특성상 캐릭터 구분을 쉽게 하기 위하여 검은색에 비교적 가까운 파란색을 골랐다고 추측할 수 있다. 마지막의 일본식 짚신을 신은 모습은 에도 시대의 설녀 이미지와는 크게 다른 점이다. 에도 시대의 설녀 이미지는 유령과 비슷하다고 기술하였듯이 다리가 없다. 요괴와 같은 존재를 사람 모양으로 묘사할 때 그 규칙에 변혁이 발생하였는지 모르겠지만 이에 대해서는 자세하게 논하지 않겠다. 실체가 있는 땅에 발을 디딘 캐릭터로서 설녀가 정착되었다는 것을 증명하고 있다고도 할 수 있을 것이다.

캐릭터의 내면을 살펴보면 여기에 공통된 것은 이야기의 여주인공 격으로 등장하며 정이 두터운 캐릭터로 그려진다는 점이다. 영상적인 면보다 이러한 점에서 라프카디오 헌의 설녀의 이미지가 강하게 영향을 끼치고 있다고 할 수 있다. 라프카디오 헌의 설녀는 젊고 아름다운 여성으로, 인간과 사랑에 빠지고 아이를 낳는가 하면 약속을 어긴 인간을 죽이지 못하여 아이를 맡기고는 사라진다. 이 이야기가 일본의 설녀 이미지를 고정화시키는 데에 큰 역할을 했다는 사실은 현대에 캐

현대일본의 요괴문화론

릭터화된 설녀상을 통해 증명할 수 있을 것이다.

위에서는 일본 각지에 전해지는 전승, 이야기가 전해지는 시점에서는 젊은 여성이기도 하고, 노파이기도 하고, 사람을 죽이는 사악한 존재이기도 하고, 사람에게 힘을 주는 존재이기도 하면서 다양한 모습을 지니고 있던 설녀가 고이즈미 야쿠모라는 탁월한 작가를 통하여 이미지가 고정화되어 갔다는 점을 밝혔다.

이어서 아래에서는 필자가 실제로 조사현장에서 접한 설녀의 사례를 들면서 현대 일본에서의 설녀에 대해 논하고자 한다.

3 설녀에 관한 실제 이야기

조사지역

여기서 기술하는 것은 필자가 실제로 들은 설녀에 관한 이야기이다. 먼저 조사지역의 개요를 정리하자면, 조사지역은 야마가타현山形県 쓰루오카시鶴岡市 소에가와지구添川地区이며, 조사 시기는 2003년이다. 이 야기를 해 준 사람은 당시 70세의 전직 초등학교 교사였던 여성이며, 이 지역에서 행해지고 있는 염불 수행에 관한 조사를 하면서 조사지역의 지리와 겨울 정경에 관한 화제가 나왔을 때에 들은 이야기이다.

조사지역인 소에가와는 야마가타현 쓰루오카시 후지시마지구藤島地区에 있으며 호수는 153개, 인구는 652명이다. 원래 벼농사를 주로 하면서 밭농사와 산림을 부업으로 하고 있었으나, 현재는 직장인이 많고 쇼나이庄内 일원의 시와 마을로 통근하는 사람도 상당수 있다. 쇼나이 평야 끝에 있는 하구로羽黒 산록의 기슭에 위치하며, 바람이 강하고 길가에는 바람을 막기 위한 판자가 줄지어 있다. 겨울에는 적설량이 많

고 동해에서 부는 바람의 영향으로 눈이 흩날리는 지역이다. 취락은
남북으로 뻗어 있다.

설녀 이야기

염불 수행 등 불교에 관한 화제
가 일단락되자 이야기 가운데 겨울
에 눈이 흩날리는 일이 화제에 올
랐다. 그녀의 집은 마을을 가로지
르는 비교적 큰길 가에 있고 취락
의 초등학교까지는 외길로 2, 300
미터 정도의 거리에 있었다. 초등
학교 교사였던 그녀는 겨울에 집에
서 학교까지의 2, 300미터에 불과
한 길에서 조난당할 뻔한 적이 있
다고 말했다. 그리고 그 이야기 끝
에 설녀가 등장한 것이다.

▲ 도리야마 세키엔鳥山石燕
『화도백귀야행画図百鬼夜行』 중 설녀雪女

"눈이 흩날려서 앞이 전혀 보이지 않는 가운데 학교까지 걸어가려고 했
으나 아무리 걸어가도 학교에 도착하지 못했다."

"교장선생님이 마중을 나와서 겨우 살아날 수 있었지만 같은 장소를
뺑뺑 맴돌고 있었다."

"깊은 눈 속을 걸을 때 시야가 흐려지면 인간은 자연히 밟아 굳혀진 자
신의 발자국 위를 걷게 되는데 그것이 원의 모양이 되어 같은 장소를 뺑
뺑 돌게 된다."

"옛날 사람들은 그런 상황에 놓이면 설녀를 만났다고 했을 것이다."

현대일본의 요괴문화론

문장으로 정리하면 간단하지만 필자에게는 상당히 흥미진진한 이야기였다. 우선 '설녀를 압니까?' '설녀 이야기를 해 주세요.'라는 부탁을 한 것도 아닌데 자연스러운 대화 속에서 문득 설녀라는 요괴가 등장한 것에 놀랐다. 이제까지 여러 곳에서 필드워크를 하고 여러 사람의 이야기를 들으면서 필자에게 익숙한 현대 일본과는 멀리 떨어진 이야기를 들을 기회는 여러 번 있었으나, 고정화된 이미지가 부여된 존재였던 설녀라는 요괴가 이야기 속에 우연히 등장한 것은 곤혹스럽기도 하고 놀랍고 기쁘기도 했던 것이다.

이어서 신경이 쓰였던 것은 '옛날 사람들'이라는 말이다. 이 말이 가장 상징적이기는 하지만 이 이야기에서 설녀라는 요괴 자체는 전혀 모습을 드러내지 않았다. 어디까지나 주제는 눈 때문에 조난할 뻔했다는 이야기인 것이다. 전직 교사였던 화자가 지역의 오래된 이야기를 듣고자 도쿄에서 찾아온 필자에 대해서 서비스 정신을 발휘하여 설녀라는 알기 쉬운 고정화된 이미지를 화제로 삼았을 가능성도 있을 것이다. 그리고 그녀는 설녀라는 요괴의 존재를 믿고 있는 것도 아니고 그 실재를 증명하려고 하는 것도 아니다. 현대 일본에서 생활하는 필자에게 같은 현대 일본에서 생활하는 화자가 이 지역에서 겨울에 일어나는 눈보라 현상을 설명하기 위해서 설녀라는 요괴를 예로 들어 '옛날 사람들'은 자연 현상에 대한 지식이 적었기에 이 현상을 요괴 때문이라고 생각한 것이 아닐까 하고 설명해 준 것이다. 여기에 존재하는 것은 현대 일본인의 과학적인 자연 현상에 대한 시선이며, 설녀라는 존재는 그것을 알기 쉽게 타자에게 설명하기 위한 고정화된 이미지를 동반한 도구에 불과한 것이다.

또한 '깊은 눈 속을 걸을 때 시야가 흐리면 인간은 자기가 밟아 굳혀진 자기의 발자국 위를 걷게 되면서 그것이 원의 모양이 되어 같은 장소를 뱅뱅 돌게 된다'라는 그럴싸하게 꾸며낸 이야기에도 주목하기 바란다. 시야가 흐리면 밟아 굳혀진 발자국 위를 걷는 게 더 쉽다는 것은 납득이 가지만, 그럼 왜 그것이 원의 형태가 되느냐는 점에는 의문이 남는다. 여기에는 이전에 요괴라고 불리던 현상을 자신은 믿지 않으며, 그것은 그럴싸한 과학적이고 현대적인 해석을 덧붙여 설명하려는 화자의 의도를 알아차릴 수가 있다. 설녀라는 존재를 믿고 있었던 것은 어디까지나 '옛날 사람들'이고, 현대 일본을 살아가는 화자와의 사이에는 단절이 존재하는 것이다.

이러한 '그럴싸한' 이야기의 한 예로 이 외에도 해마다 거대화되어 바라보면 눈이 안 보이게 된다는 비불秘仏의 정체가 금의 광맥이 아닐까 하는 이야기를 들은 적도 있다. 요괴라는 존재를 이야기할 때 현대 일본을 살아가는 화자는 그 존재에 대해서 이야기하면서도 화자와의 사이에는 명확한 단절이 있다는 것을 제시하며 그 존재를 믿지 않는다고 주장하고 있는 것이 아닐까.

앞서 기술한 바와 같이 '전승의 합리화'라는 개념은 '이제까지 전승을 이어온 공동체 속에서 자명한 것으로 믿고 있었던 전승이 시대의 변화에 따라 합리적이지 않은 것으로 변화해 가면 그 전승 자체가 소멸하거나 또는 '합리화'되고 재해석되는 일'이다. 이 개념은 설녀 이야기에서의 '옛날 사람들'이라는 말과 '그럴싸한' 이야기라는 단절을 설명하기에 적합한 것이라 할 수 있을 것이다. 필자가 들을 수 있었던 설녀는 바로 '전승의 합리화'를 거친 것이었다.

이상 필자가 조사현장에서 들었던 설녀와 그 이야기에 대한 분석을 마쳤다. 여기서 보여 지는 것은 '옛날 사람들'이라는 말과 '그럴싸한' 이야기에 의한 '전승의 합리화'를 거친 현대 일본에서의 설녀의 모습이다.

$3\overset{\circ}{4}$ 현대판 캐릭터로 그럴 듯하게 다시 꾸며지는 설녀

본고에서는 설녀라는 요괴를 사례로 들고 이미지의 고정화와 '그럴싸한' 이야기를 중심으로 현대 일본의 요괴에 대해 논하였다.

전승, 구전의 차원에서는 다양한 모습을 지니던 설녀가 도상화되고 나아가 소설의 제재가 되고 캐릭터화됨으로써 이미지의 고정화가 이루어졌다. 또한 거기에는 고이즈미 야쿠모라는 개인이 큰 역할을 하고 있다.

▲ 나가이 고永井豪 원작 TV애니메이션 「도로론 염라군ㅏㅁ로ㄴえㅅ魔くん」 2011 등장 캐릭터 중 설녀 캐릭터 유키노 공주雪子姫

자료 http://news.mynavi.jp/photo/news/2010/10/01/001/images/004l.jpg

이와 같이 이미지의 고정화가 이루어진 설녀가 현대 일본의 필드워크 현장에서는 어떻게 이야기되고 있었던 것일까. 거기에는 '옛날 사람들'과 화자 사이에 단절이 있고, 화자는 설녀의 정체에 관한 독자적인 '그럴싸한' 이야기를 가지고 있었다. 현대 일본에서 요괴를 타자에게 이야기할 때에는 자신은 믿지 않는다는 것을 전제로 하고 '그럴싸한' 이야기를 가지고 있으며 '전승의 합리화'가 이루어지고 있는 것이다.

현대 일본을 살아가는 사람들과 요괴 사이에는 이미지의 고정화와 '전승의 합리화'라는 '이중의 단절'이 있고, 여러 차원에서 요괴는 어디까지나 가공된 픽션의 존재이며, 믿고 있었던 것은 '옛날 사람들'이지 우리는 아니라고 여겨지고 있다. 그러나 요괴는 현대 일본에서도 다양한 형태로 캐릭터화되어 애용되고 있으며, 또한 조사현장에서 요괴를 이야기하는 사람들도 실제로 존재하고 있다. 현대 일본에서의 요괴의 존재에 대해 정리하자면 요괴는 두 번 죽임을 당했다고도 할 수 있을 것이며, 아니면 요괴는 죽지 않는다고도 할 수 있을 것이다. 아무튼 이해하기 어렵고 기묘하고도 매력적인 요괴는 현대 일본에도 엄연히 존재하고 있는 것이다. ✿

현대일본의 요괴문화론

캐릭터에 대한 열망
'모에'와 요괴만화의 만남

박미리パクミリ*

4‑1 요괴를 소재로 다룬 요괴만화, 그리고 모에

1960년대 미즈키 시게루水木しげる의 『게게게의 기타로ゲゲゲの鬼太郎』이후 일본에서는 요괴를 다룬 만화작품들이 꾸준히 등장하게 되었다. 이러한 작품들은 '요괴만화'라고 불리며 대중들에게 많은 인기를 얻기도 했다. 이렇게 만화 속에서 그려지는 요괴들은 일본의 요괴문화가 가지는 회화성이라는 특성을 가장 잘 보여주고 있는 사례 중 하나로, 현대 일본의 요괴문화를 연구하는 데 빼놓을 수 없는 대상이라고 생각된다. 또한 만화에서 등장하는 요괴들은 과거와는 또 다른 새로운 모습과 성격을 가진 존재로 변모해가면서, 이를 읽는 사람들의 요괴에 대한 인식에 큰 영향을 미치고 있다고 할 수 있다.

한편, 1990년대 후반부터 만화를 비롯한 서브컬처 전 분야에서 '모에萌え'라는 개념이 커다란 영향력을 가지게 되었다. 이는 요괴만화 역시 예외가 아닐 것이다. 1990년대부터 등장하기 시작한 모에한 요괴 캐

---

* 중앙대학교 석사. 요괴·괴이가 등장하는 만화론 연구.

릭터들은 2000년대에 들어와 많은 작품들 속에서 그 모습을 찾아볼 수 있게 되었다. 이에 2000년대 이후 모에가 만화 속 요괴들의 조형 및 성격, 그리고 요괴만화 자체에 어떠한 영향을 미쳤는지를 살펴보고자 한다.

⁴2 만화 속 요괴들에게서 보이는 모에 이미지

모에란 무엇인가

어린 시절 일본만화를 보며 컸던 세대들이라면, 일본 만화 속 '미소녀'라고 들었을 때 큰 눈동자, 작은 입과 코를 가진 특유의 캐릭터 조형을 떠올리게 될 것이다. 또한 90년대 이후의 만화, 애니메이션에 빠졌던 사람들이라면 『디지캐럿デ·ジ·キャラット』의 캐릭터들처럼 귀와 꼬리를 가지거나 메이드복 차림을 한 귀여운 소녀, 『신세기 에반게리온新世紀エヴァンゲリオン』의 아야나미 레이綾波レイ처럼 푸른빛 머리에 무표정하고 말이 없는 소녀 등, 비슷한 외형이나 성격을 가진 캐릭터들이 다양한 작품에서 나타나는 것을 느꼈을 것이다. 말하자면 그러한 캐릭터들이 모에 캐릭터라고 할 수 있다.

모에는 일반적으로 만화·애니메이션 등에 등장하는 캐릭터에게 특별히 애틋한 감정을 품는 것을 뜻한다. 신어, 유행어 등의 단어도 포괄적으로 다루고 있는 용어사전인 『현대용어의 기초지식現代用語の基礎知識』에서는 모에를 다음과 같이 정의한다.

❖ 모에モエ : 감탄사로서 [귀여워] [멋있다] [감동적이야~] [멋진걸~]과 같은
　　기분을 나타낸다.

❖ 모에루萌える : 만화, 애니메이션의 작중 캐릭터에게 열광하다. 무언가
　　에 열중하고 고집하는 것.

(『현대용어 기초지식現代用語の基礎知識』 자유국민사, 2009)

　　즉 모에는 만화, 애니메이션 속 캐릭터에게 느낀 매력을 표현하는
감탄사의 일종이며, 모에의 동사형인 '모에루'는 그러한 감탄을 자아내
는 캐릭터에 열중하는 행위라고 볼 수 있다. 이러한 모에는 오타쿠 문
화에서 생겨난 것으로, 현실에서의 이성관계에 만족하지 못한 오타쿠
들의 열망이 만화나 애니메이션 속의 여성 캐릭터들에게 향한 결과로
여겨지기도 한다.

　　모에한 캐릭터들이 인기를 얻으면서 어떠한 캐릭터가 모에를 불러
일으킬 수 있는지가 중요해졌고, 이에 소비자의 모에를 효율적으로 자
극하기 위해 8, 90년대에 쏟아져 나온 미소녀 캐릭터들에게서 다양한
특성들이 추출되었다. 이러한 것들이 데이터베이스화된 것이 '모에 요
소'라고 할 수 있다. 귀여운 미소녀의 모습에 동물의 귀를 붙이거나 메
이드복을 입히는 것이 모에 요소에 포함된다. 모에 요소는 외견적인
속성은 물론이고, 캐릭터의 성격, 배경 설정 등 다양한 속성을 포함하
고 있다. 그리고 캐릭터 창작자는 이 모에 요소 중에 몇 개를 추출하여
조합하는 것만으로 충분히 모에한 캐릭터를 만들 수 있게 된 것이다.
아즈마 히로키東浩紀에 의하면 모에 캐릭터는 작가의 개성이 만들어낸
고유의 디자인이라기보다는 오히려 미리 등록된 요소가 조합되어 작
품의 프로그램에 따라 생성되는 일종의 출력 결과로 볼 수 있다고 한
다. 그리고 이 모에 요소를 바탕으로 2000년대의 수많은 모에한 캐릭
터들이 양산되었다고 할 수 있을 것이다.

유키메　　　　　하야메

◀ 『지옥선생 누베』의 설녀 캐릭터
유키메ゆきめ와 인어 캐릭터 하야메速魚
미인에 노출도가 높은 캐릭터 디자인을 통해 성적 매력
을 가진 요괴캐릭터들로 그려지고 있다.
지료 마쿠라 △真倉翔, 오카노 다케시岡野剛 『지옥선생 누
베獄先生ぬ〜べ〜』一 1993, 슈에이샤集英社

　　이러한 모에는 일본에서는 이미 오타쿠들의 영역을 넘어 보통 사람
들에게도 인지도가 있는 단어가 되었다. 한편 국내에서는 일본 서브컬
처에 관심이 많은 사람들이 모이는 인터넷 사이트 등에서 심심찮게 볼
수 있는 것으로 보아, 오타쿠들에게는 인지도가 있는 단어인 것으로
보인다. 이 모에라는 단어는 일본의 오타쿠 문화에서 생겨난 것으로
그 단어 그대로 들어와 국내 오타쿠들에게 사용되고 있기 때문에 별다
른 번역 없이 사용하도록 한다.

모에화된 요괴 캐릭터들

　　모에는 2000년대 이후 캐릭터 조형에 가장 큰 영향을 미친 개념이며
이는 요괴 캐릭터 역시 마찬가지일 것이다. 2000년대에 들어서면서, 만
화나 애니메이션 속 요괴들도 모에 요소의 결합으로 만들어진 캐릭터
들이 상당수 눈에 띄게 되었다. 물론 모에한 요괴들이 등장하기 이전
에도 친근감 있고 귀여운 요괴들은 이미 60년대 중반 『게게게의 기타
로』 시절부터 요괴만화 속에 등장하고 있었다고 할 수 있다. 그러나 이
시절의 요괴들은 이성으로서 매력이 있는, 모에를 느낄 수 있는 캐릭
터였다고 보기는 힘들다.

　　요괴 캐릭터가 작품 속에서 매력적인 이성으로 등장하기 시작한 것

은 90년대 이후부터로 보인다. 이는 90년대의 요괴만화들이 요괴와 인간의 경계를 뛰어넘은 인연을 하나의 테마로 다루기 시작했기 때문이다. 80년대부터 소년만화계에서 큰 인기를 끌기 시작한 배틀만화는 시간을 거치면서 보다 화려하고 파워풀한 전투를 연출하기 위해 오라나 영적 능력, 마력 등 인간의 인지를 뛰어넘는 신비한 능력들을 다루게 되었다. 이러한 배경에서 80년대 후반 이후 요괴, 혹은 요력 등이 등장하는 배틀만화들이 등장했다고 볼 수 있다. 그리고 배틀만화를 통해 '강적이라고 쓰고 친구라고 읽는다.'라는 특유의 정석대로 강적과의 싸움을 통해 함께 싸우는 동료들과의 우정을 키우며, 또한 전투를 통해 서로 이해하고 공감하는 모습들이 그려지게 된 것이다. 이러한 과정을 거쳐 만화 속에서 요괴는 인간과 우정을 나눌 수 있는 동료로, 그리고 애정을 나눌 수 있는 연인으로까지 그려지기에 이르렀다. 예를 들어 90년대의 대표적인 요괴만화 중 하나라고 할 수 있는 『지옥선생 누베地獄先生ぬ~べ~』의 유키메ゆきめ란 캐릭터는 요괴인 설녀雪女이지만 작품 내에서 주인공 누에노와 연인관계로 발전한다. 유키메는 10대 후반 정도의 젊고 아름다운 외모에 늘씬한 몸매, 상냥한 마음씨, 누에노에 대한 일편단심 등 남성독자들이 성적 매력을 느끼는 캐릭터로 그려지고 있다.

이렇듯 모에한 요괴 캐릭터는 이미 90년대부터 그 모습을 드러내고 있었던 것이다. 그리고 2000년대 이후 본격적으로 모에 요소가 요괴 캐릭터의 조형에도 이용되면서 다양한 모에 요괴 캐릭터들이 등장하게 되었다고 할 수 있다.

귀와 꼬리 등으로 귀여움을 더한 동물형 요괴 캐릭터들

▲ 좌|『카노콘』의 미나모토 지즈루(여우요괴)
    자료 니시노 카츠미西野かつみ 글·RIN YAMAKI 그림 『카노콘』2010, 서울문화사
  우|『늑대와 향신료』의 호로(늑대요괴)〉
    자료 하세쿠라 이스나支倉凍砂 글·아야쿠라 쥬우文倉十 그림 『늑대와 향신료』2010, 학산문화사

  왼쪽은 니시노 가쓰미西野かつみ의 라이트노벨이 원작인 만화『카노콘
かのこん』의 여주인공 미나모토 지즈루源ちずる라는 캐릭터이다. 그녀는
작품 내에서 400년 이상을 살아온 강력한 힘을 지닌 여우요괴妖狐로 등
장한다. 그러나 그녀는 인간에게 두려움을 주거나 해를 끼치는 요괴의
이미지와는 크게 동떨어진, 긴 머리에 동그랗고 큰 눈, 글래머한 체형,
교복 차림의 여고생이라는 전형적인 미소녀 캐릭터의 모습으로 등장
한다. 이는 오른쪽의『늑대와 향신료狼と香辛料』라는 작품의 여주인공인
호로ホロ 역시 마찬가지이다. 그녀는 몇백 년을 넘게 살아온 거대한 늑
대 요괴이지만, 평소에는 10대 중반 정도의 아름다운 소녀의 외형으로
생활한다.

  이 두 캐릭터의 외견적인 공통점으로 들 수 있는 것은 동물의 귀와
꼬리를 가지고 있다는 것이다. 이러한 동물의 귀 및 꼬리와 같은 속성
은 위에서도 살펴보았듯이 모에 요소 중 하나라고 할 수 있다. 이러한
속성들은 원래는 미소녀 캐릭터에 개나 고양이 등의 귀나 꼬리를 붙임

으로써 애완동물의 순종적이고 귀여운 이미지를 덧붙이는 기능으로 쓰였을 것으로 보인다. 그러던 것이 고양이 요괴, 개 요괴, 여우 요괴 등 동물이 둔갑한 헨게変化 캐릭터들이 이러한 모에 요소와 결부되면서 위와 같은 캐릭터들이 등장했다고 할 수 있다.

다만 모에라는 개념이 기본적으로는 이성에 대한 감정에 가까운 것이므로, 요괴라고 하더라도 인간형에서 크게 벗어나는 외형을 가진 경우는 없다고 볼 수 있다. 동물의 귀나 꼬리와 같은 비인간적인 요소는 어디까지나 미소녀에 덧붙여 모에의 정도를 더하는 형태일 뿐 이것이 주라고 볼 수는 없다는 것이다. 그렇기에 귀나 꼬리와 같은 요소가 지나치게 돋보이는 경우는 거의 드물다고 할 수 있다. 특히 만화 속 요괴들의 인간형 모습은 기본적으로 인간 세계에서 눈에 띄지 않기 위한 것이기에 실제 작품 속에서 귀나 꼬리를 대놓고 드러내는 경우는 드물다고 할 수 있다. 예를 들어 『늑대와 향신료』의 호로는 귀는 모자로, 꼬리는 치마 속에 감추고 다니는 것을 볼 수 있다.

이렇게 동물의 속성(귀나 꼬리)을 가진 미인이라는 외형의 요괴 캐릭터는 2000년대 이후의 요괴만화에서 비교적 쉽게 찾아볼 수 있다. 또한 동물 속성이 더해진 미인 캐릭터 이외에도, 2000년대 이후에는 모에 요소들을 바탕으로 구성된 미인에 비인간적인 속성(뿔, 날개 등)을 더한 요괴 캐릭터들이 다수 등장하고 있다. 이러한 요괴로서의 속성은 일종의 비일상을 나타내는 속성으로 기능하면서 동시에 미인 캐릭터를 더욱 모에한 캐릭터로 만드는 속성으로도 기능하고 있다고 할 수 있다.

파워풀한 미모의 요괴 캐릭터들

◀ 『이누카미!いぬかみっ!』의 주인공인 요코와 게타
강력한 힘을 지닌 요괴 여주인공이 인간 남주인공을 지키며 싸워
나간다는 이야기를 다룬 작품이다.
자료 아리사와 마미즈有沢 まみず 『이누카미!いぬかみっ』 2008, 서울문화사

신비한 힘을 가지고 있다거나 겉보기와는 다르게 오랜 세월을 살아
왔다는 것과 같은 요괴 캐릭터들이 가지는 속성들은 그 자체로 모에
요소로 작용하기도 한다. 특히 2000년대 이후의 요괴만화에서 보이는
주인공과 요괴와의 관계 중 주목할 만한 것으로 강력한 힘을 가지고
인간 주인공을 돕는 여성 요괴 캐릭터들을 들 수 있다. 위쪽의 이미지
는 아리사와 마미즈有沢まみず의 라이트노벨을 원작으로 하는 만화『이
누카미いぬかみっ』이다. 작품의 주인공인 게타는 유서 깊은 이누카미술
사犬神使い 일족의 후예로 여주인공인 요코와 주종의 계약을 맺는다. 요
코는 사실 여우요괴이지만, 게타와 함께 놀면서 처음으로 즐거움이라
는 것을 느낀 뒤로 견신이 되어 그와 함께 할 것을 결심한다. 요코는
강력한 전투 능력을 보이며 적과 싸우고 게타를 지킨다. 더불어 주인
공 게타와도 점점 깊은 관계로 발전하면서 인간의 상냥한 마음과 따뜻
한 애정을 배우는 모습을 보인다. 아름다운 소녀가 강력한 힘을 구사
하여 주인공 남성을 돕는 모습이나 주인공에게 일편단심으로 애정을
보이는 면모는 남성독자들에게 모에를 느끼게 하는 요소들이라고 할
수 있다.

이러한 구도는 앞서 언급한『지옥선생 누베』시절부터 이미 존재했

던 것으로, 2000년대 이후 모에한 요괴들의 등장과 함께 다양한 작품에서 비슷한 구도가 나타나게 되었다. 특히 소년이 무언가 특별한 사정이 있는 소녀를 만나 그녀의 주위에서 벌어지는 일들을 함께 헤쳐나가며 연인관계로 발전한다는 전형적인 'Boy Meets Girl'의 구도에 따라, 인간 소년이 여성 요괴 캐릭터와 만나 여러 사건들을 거쳐 우호관계, 혹은 연인관계로까지 발전하는 스토리의 작품들이 상당수 눈길을 끈다. 여기서 주목할 점은 일반적인 'Boy Meets Girl' 구도의 작품들은 대체로 소녀를 지키는 소년의 모습을 그리는 경우가 많지만, 'Girl'로 여성 요괴 캐릭터가 등장하는 요괴만화에서는 반대의 양상이 많다는 것이다. 예를 들어 『우리 집의 여우신령님我が家のお稲荷さま』에서는 인간 소년 형제의 수호신이 되어주는 아름다운 여우요괴가 등장하며, 『늑대와 향신료狼と香辛料』에서는 젊은 상인에게 지혜와 힘을 빌려주는 미소녀 늑대요괴가 등장하고, 『세토의 신부瀬戸の花嫁』에서는 주인공 소년을 돕기 위해 요력이 담긴 노래를 부르는 인어 소녀가 나온다. 이렇게 만화 속 여성 요괴들은 요력 등의 신비하고 강력한 힘, 뛰어난 신체적 능력, 오랜 세월 살아오면서 쌓인 지혜 등을 이용하여 남성 캐릭터 이상의 파워풀한 전투력과 강한 모습을 보인다.

일본만화나 애니메이션 속 여성상은 시대를 거치면서 종전의 순종적·종속적·자기희생적·소극적이라는 일률적인 성격에서 벗어나 다양한 캐릭터들이 등장하게 되었다. 그중에서도 '싸우는 여성'이란 캐릭터가 등장하는데, 그녀들은 지켜지는 쪽이 아니라 지키는 쪽으로써, 기존의 여성 캐릭터들과 달리 남성에 기대지 않는 주체적인 캐릭터들로 그려진다. 그리고 이러한 '싸우는 여성'은 모에 요소 중 하나로 취급되곤 한다.

즉 요괴만화 속의 강력한 여성 요괴 캐릭터들도 이러한 '싸우는 여성' 캐릭터의 연장선이라고 할 수 있다. 일반적인 소녀들이 갖추기 힘든 육체적, 혹은 정신적인 강함과 주인공을 적극적으로 돕는 태도 등을 갖춘 캐릭터로서 요괴가 선택을 받았던 것이다. 2000년대 이후의 만화 속에서 주인공의 든든한 아군이 되어주는 아름다운 여성 요괴들이 등장하게 된 것은 이러한 흐름 속에서 이해할 수 있을 것이다.

요괴도 모에 속성의 하나?

2000년대 이후의 요괴만화의 상당수에서 모에 요소의 조합으로 창조된 미모의 요괴들을 볼 수 있다. 이는 '요괴'라는 속성 역시 하나의 모에 요소로써 작용하고 있기 때문이라고 생각해 볼 수 있을 것이다.

사실 모에 요소에는 현실의 여성들에게서는 찾아보기 힘든 비현실적인 것들이 상당수 포함되어 있다. 혹은 현실에서는 그것이 과연 이성에 대한 매력으로 작용할 수 있을지 의심스러운 것들도 많다. 예를 들어 만화나 애니메이션 속에서 등장하는 여동생 캐릭터가 종종 모에의 대상이 되곤 하지만, 현실에서 이들이 성적 매력을 가진 대상으로 존재하기는 어렵다. 오타쿠들이 모에하다고 느끼는 요소에는 현실에서는 금기시되거나 존재하지 않는 것들이 포함되어 있다는 것이다.

혹자는 모에 캐릭터는 현실에서 이루기 힘든 욕망이 표현된 것이며, 그러므로 사람이 아닌 모습을 취하기도 한다고 이야기한다. 모에 요소 중에는 '인간이 아닌 존재써'라는 것이 있는데, 여기에는 로봇, 외계인, 의인화된 동물 등이 포함되며 요괴 역시 여기에 포함될 수 있다. 이러한 캐릭터들은 현실에서는 존재하지 않는, 그야말로 환상 속의 캐릭터들이다. 캐릭터들이 가지는 비현실, 비일상적인 속성이 오타쿠의 모에를 자극할 수 있는 모에 요소로써 기능하며 요괴 또한 이에 해당하는 것이 아닐까 생각된다.

현대일본의 요괴문화론

4/3 일상물 속의 이웃 같은 요괴들

2000년대 요괴만화 – 인간과 요괴의 공존

◀ 『우리집의 여우신령님我が家のお稲荷さま』의
여우요괴인 덴코 구겐
자료 시바무라 진柴村仁 글·호덴 에이조放電映像 그림
『우리집의 여우신령님我が家のお稲荷さま』2008, 학산문화사

　앞에서 모에 요괴 캐릭터가 등장하는 작품의 예로 다루었던 『우리
집의 여우신령님我が家のお稲荷さま』을 한 번 더 자세히 살펴보기로 하자.
2004년부터 미디어웍스에서 간행되고 있는 시바무라 진柴村仁의 라이트
노벨이 원작인 이 작품에는 덴코 구겐天狐空幻이라는 여우 요괴가 등장
한다. 미즈치三槌 가문의 수호신으로 봉인되어 있던 구겐은 오랜 세월
을 살아온 강력한 힘을 가진 여우 요괴이다.

　어느 날 구겐이 있는 곳에 미즈치 가문의 후손인 다카가미高上 형제
가 찾아오면서 이야기가 시작된다. 동생인 다카가미 도오루高上透는 물
을 다스리는 사제 가문인 미즈치가의 영력을 강하게 물려받아 요괴에
게 위협을 당한다. 이에 미즈치 가문의 수호신인 구겐의 힘을 빌리기
위해 외가에 찾아온 것이다. 구겐은 형제들의 어머니인 미야코美夜子와
의 인연을 떠올리며 그들을 돕기로 한다. 작품 속에서 구겐은 귀와 꼬
리가 달린 무녀복 차림의 미녀의 모습으로 변한다는 외형적인 모에 요
소와 강력한 요력을 지니고 주인공 형제들을 지킨다는 설정상의 모에

요소를 가진 요괴 캐릭터로 등장하고 있다. 남녀 모두의 모습으로 변할 수 있음에도 불구하고 작품 내에서 여성의 모습으로 변해 나오는 경우가 더 많은 이유 중 하나가 아닐까 생각된다.

한편, 구겐의 도움으로 도오루는 무사히 위기를 넘기고 형이자 미즈치 가문의 당수인 다카가미 노보루高上昇는 동생을 지켜준 구겐을 미즈치 가문의 봉인에서 해방시킨다. 이에 구겐은 너희들이 마음에 들었으니 개인적으로 다카가미 형제의 수호신이 되어주겠다고 제안하고 형제들은 이를 기꺼이 받아들인다. 즉 요괴인 구겐은 인간과의 관계에서 그동안의 봉인이나 계약에 의한 관계에서 벗어나 호감과 신뢰를 전제로 한 새로운 관계를 형성하게 된 것이다. 그 매개체 혹은 중재자로 등장하는 것이 다카가미 형제라고 할 수 있다. 작품 내에서 자신을 습격한 요괴들의 대부분을 이해하려 하거나 용서해주는 형제들의 모습에서도 이러한 면모를 찾아볼 수 있다.

이러한 에피소드로 시작하는 이 작품은 다카가미 형제를 따라 인간 세상에서 뒤섞여 살게 된 구겐, 그리고 요괴와 함께 살게 되면서 인간이 아닌 자들의 일에 자주 얽히게 되는 형제들의 이야기를 그리고 있다. 인간과 요괴가 함께 살아가는 모습은 2000년대의 요괴만화에서는 쉽게 찾아볼 수 있는 장면이다. 인간과 깊은 감정교류를 나누던 1990년대 배틀만화에서의 요괴들이 2000년대에 와서 보다 친근한 이웃, 혹은 공존해야 할 대상으로 발전한 것이라고 볼 수 있다. 혹은 근래의 환경파괴에 대한 경각심이 생태주의 등에 대한 관심으로 이어진 것도 하나의 배경이 될 수 있다. 김용의2011에 의하면 원래 일본설화는 신(요괴), 인간, 자연(동물)이라는 삼자의 관계가 원환적이자 가역적인 양상을 나타내는 경우가 많다고 하는데, 자연물에서 비롯된 경우가 많은 신이나 요괴들과의 공존을 그림으로써 자연과의 공존을 표현하고자

현대일본의 요괴문화론

했다고 볼 수도 있을 것이다. 또한 작품 내에서 다카가미 형제는 요괴와 인간 사이를 잇는 역할을 담당하고 있는데, 이러한 중재자적인 역할의 캐릭터가 등장하는 경우가 많다는 것도 2000년대 요괴만화의 한 특징이라고 할 수 있다.

모에한 요괴 캐릭터의 일상을 다룬 작품들의 등장

◀ 『이누×보쿠いぬ×ぼく』 2권
자료 후지와라 코코아藤原ここあ
『이누×보쿠いぬ×ぼく』2012, 학산문화사

위의 『우리 집의 여우신령님』은 앞서도 언급하였듯이 인간사회에서 살게 된 요괴 구겐과 다카가미 형제들 주위에서 벌어지는 이야기를 다룬 작품이다. 이 외에도 인간이 아닌 자들이 인간사회에 섞여서 사는 모습은 이 시대의 요괴만화에서 비교적 쉽게 찾아볼 수 있다. 다음에 예로 드는 작품인 후지와라 코코아藤原ここあ의 『이누×보쿠SS妖狐×僕SS』에서도 이는 마찬가지이다. 2009년부터 『월간 강강JOKER月刊ガンガンJOKER』에서 연재를 시작한 이 작품은 요괴의 피가 섞여 있는 후예들이 모여서 사는 '메종 드 아야카시メゾン・ド・章樫'를 배경으로 여기에 거주하고 있는 캐릭터들의 이야기를 그리고 있다.

명문가 시라키인白鬼院 가문의 아가씨인 시라키인 리리초白鬼院凜々蝶가 어느 날 메종 드 아야카시에 이주해오면서 이야기는 시작된다. 시라키인 가문은 오니鬼의 피가 섞인 집안으로 집안의 후예들은 보통 평

범한 인간이지만, 간혹 선조인 요괴의 외모와 능력을 물려받은 아이들이 태어나는데 이를 선조회귀先祖返り라고 부른다. 메종 드 아야카시는 겉으로는 엄정한 심사를 거친 사람만 거주할 수 있는 고급맨션으로 알려져 있지만, 실상은 이 선조회귀들이 모여 사는 건물이었던 것이다. 선조회귀들은 순혈 요괴들에게 습격을 받을 위험이 있기에 같은 선조회귀인 시크릿 서비스SS들과 페어를 이루어 이 맨션에 모여 사는 것이다. 시크릿 서비스란 경호원을 뜻하며, 각 시크릿 서비스들은 자기와 페어를 이룬 선조회귀를 위험으로부터 지키는 것이 임무이다. 단 작품 내에서 그 관계가 꼭 고용자와 고용된 경호원이라고만은 할 수 없으며, 주인공 커플의 경우는 양갓집 아가씨-집사에 가까운 관계로 그려지고 있다.

한편, 이 맨션에 거주하는 주민들은 하나같이 모에 캐릭터적인 면모를 가지고 있다. 여성 캐릭터는 물론이고 남성 캐릭터들도 여성 독자들의 취향에 맞춘 모에 속성들을 보인다. 주인공인 리리초는 긴 흑발에 보랏빛 눈과 작은 체구, 속마음과는 달리 새침한 태도를 보이는 츤데레ツンデレ적인 성향을 가지고 있으며, 리리초의 SS이자 여우 요괴의 선조회귀인 남주인공 미케쓰가미 소시御狐神双熾는 여성 캐릭터 이상으로 반짝이는 외모에 항상 온화한 표정과 신사적인 태도를 유지하지만 음험한 부분이 있다는 이중적인 면모를 가지고 있다. 그 외에도 트윈테일에 항상 멍한 표정의 미소녀인 가샤도구로がしゃどくろ의 선조회귀 로로미야 가루타髏々宮カルタ와 불량이라고 떠들고 다니지만 귀여운 외모에 헨게하면 조그만 너구리가 되는 마메다누키豆狸의 선조회귀인 와타누키 반리渡狸卍里, 글래머한 몸매의 미녀이지만 미소녀 페티시즘이라는 설정을 가진 설녀의 선조회귀 유키노코지 노바라雪小路野ばら 등이 등장한다. 외모는 물론, 성격이나 설정적인 면에서도 모에 요소를 도입

시킨 캐릭터들이 대부분으로, 이러한 다양한 모에 캐릭터들이 벌이는 일상을 배경으로 하여 이야기를 진행시켜 나가고 있다. 또한 각 캐릭터들이 가지고 있는 설정이 이야기를 만들어내는 데 중요한 역할을 하고 있다.

이렇게 2000년대 이후의 요괴가 등장하는 작품들 중에는 뚜렷하게 큰 줄거리가 없이 작중 캐릭터들의 조금 특이한 일상이나 생활을 면밀하게 그려낸 것들이 상당수 존재한다. 특히 요괴가 인간세계에서 살아간다는 설정은 그 자체로 끌어낼 소재가 많기에 이러한 경향의 작품들이 연이어 나타나게 된 것은 어쩌면 당연한 것일 수도 있을 것이다.

일상계 만화들의 인기가 요괴만화에 준 영향

사실 2000년대 이후에는 이렇게 그 자체로 매력이 있거나 독특한 설정을 지닌 캐릭터들의 일상이나 생활을 그리는 작품들이 다수 등장하게 된다. 이런 작품군들을 통틀어 공기계空気系, 혹은 일상계日常系라고 부른다.

공기계란 주로 2000년대 이후 일본의 오타쿠계 콘텐츠에서 볼 수 있는, 미소녀 캐릭터들의 일상적인 대화나 생활을 중점적으로 그려낸 작품군을 칭한다. 이는 2000년대의 모에 문화와 깊은 관련성을 가지는데, 개개의 이야기가 등장인물을 낳는 것이 아니라 등장인물의 설정이 먼저 있고 그를 바탕으로 이야기를 포함한 작품이나 기획을 전개시키는 전략이 일반화되면서 나타나게 된 장르라고 볼 수 있을 것이다. 즉 작품 내에서 캐릭터의 매력이 이야기를 전개시키는 주 요소로 등장하게 된 것이다.

보통 공기계 작품이라고 하면 중심이 되는 이야기의 부재 외에도 미소녀 캐릭터들의 등장, 실제 일본의 어딘가를 무대로 한다는 점 등을

특징으로 들 수 있다. 그러나 공기계 작품들이 인기를 얻으면서, 『남자고교생의 일상男子高校生の日常』과 같이 미소녀 캐릭터가 등장하지 않는 작품, 혹은 『스즈미야 하루히 시리즈涼宮ハルヒシリーズ』와 같이 외계인, 초능력자 등의 캐릭터가 등장하는 다소 평범하지 않은 일상을 소재로 한 작품도 등장하게 되었다.

즉 공기계, 혹은 일상계라고 불리는 작품들은 각 작품마다 다소의 차이는 있겠지만 작품 내 캐릭터의 일상을 다룬다는 공통점이 있다. 요괴가 등장하는 작품들 중 작중 캐릭터들의 일상을 그리는 작품들이 많아진 이유 중 하나는 모에 캐릭터들의 인기와 함께 등장하게 된 이 공기계 작품들의 영향도 있을 것으로 보인다. 캐릭터들의 일상을 그린 작품들의 인기, 인간과 요괴의 공존이라는 테마, 그리고 요괴 만화에서의 모에 캐릭터 등장과 같은 배경이 결합하여, 모에하거나 혹은 친근하고 매력 있는 요괴 캐릭터가 인간계에 섞여 사는, 평범하지 않을 수도 있는 일상을 그린 작품들이 늘어나게 되었다고 볼 수 있을 것이다.

4.4 요괴 캐릭터와 모에, 모에와 요괴만화

2000년대에 요괴만화는 서브컬처 전반에 커다란 영향을 미치게 된 모에라는 개념과 맞닥뜨렸다. 이를 통해 요괴 캐릭터는 남성 독자들의 눈길을 끌 만한 모에 캐릭터로서 등장하게 되었다. 또한 모에가 등장하면서 캐릭터의 매력으로 작품을 이끌어나가는 공기계와 같은 장르들이 인기를 얻게 되었고, 이는 요괴 캐릭터의 일상을 다루는 만화들의 등장으로도 이어졌다. 이렇게 요괴가 모에의 대상이 될 수 있었던 것은 1990년대까지의 흐름을 통해 요괴가 인간들과 감정을

현대일본의 요괴문화론

공유할 수 있는 친근한 존재로 발전했기 때문이기도 하다. 무엇보다 2000년대의 모에한 요괴 캐릭터들의 등장은 요괴가 캐릭터 문화의 일종이라는 것을 증언한 것이라고도 볼 수 있다. 요괴라는 것이 독자들에게 충분히 매력을 가진 모에 요소로 다가올 수 있었기에 만화 속 많은 요괴들이 모에의 대상이 되었다고 할 수 있을 것이다. ✿

일상 언어 속에서
살아 숨 쉬는 요괴의 이미지

곽은심郭銀心*

5 1 설화에 나타나는 요괴의 이미지

일본의 설화에는 요괴가 등장하는 이야기가 많이 있다. 일본의 특징적인 요괴이자 자주 등장하는 요괴로는 오니, 뱀, 여우 요괴, 고양이 요괴 등을 들 수 있다. 오니는 한국의 도깨비와 주로 대응하며, 나머지 세 가지 요괴도 한국 설화에 등장하는 친숙한 요괴들이다. 이 가운데 오니를 제외한 세 가지는 본래 동물의 모습을 하고 있다가 요괴로 변신하는 것들이다. 이들 요괴는 설화뿐만 아니라 속담과 관용구를 비롯한 일상의 언어 표현에도 자주 등장하기 때문에 다른 요괴들에 비해 우리 생활에 밀접한 존재라고 할 수 있다.

본고에서는 한일 양국에 잘 알려진 요괴 중에서 이들 네 가지를 골라 설화 속에 나타나는 이미지를 먼저 살펴보고, 이어서 언어 표현 가운데 어떻게 이미지가 변화되었는지에 대해 고찰하고자 한다.

＊ 중앙대학교 강사. 한·일 2개 언어 병용에 관한 연구.

모습은 닮았지만 성질이 다른 오니와 도깨비

일본의 요괴 오니鬼는 옛 설화집부터 현대의 동화집에 이르기까지 다양한 문학작품에 등장한다. 『일본국어대사전 제2판(소학관)』에 따르면 오니의 어원은 「隠」의 옛 자음字音인 /on/의 말미에 모음/i/가 첨가된 형태로 눈에 보이지 않는 것을 나타내는 의미로 사용되었다고 한다. 오니라는 말은 헤이안平安 시대에 처음으로 문헌에 나타난다. 헤이안 초기의 『다케토리이야기竹取物語』에는 「오니와 같은 것이 나와 죽이려고 했다鬼のやうなるもの出て来て、殺さんとしき」와 같은 예가 보인다. 그리고 『일본국어대사전』에서는 오니를 죽은 자의 망령, 사람을 괴롭히는 원령, 불교의 영향으로는 얼굴 모습이나 몸의 생김새가 괴상하고 사나운 야차, 나찰, 옥졸을 뜻하고, 비유적으로는 오니와 같은 성질을 가지는 사람, 오니의 모습과 유사한 사람, 용맹한 사람, 무자비한 사람, 강하고 무서운 사람, 일에 심혈을 기울이는 사람, 이형異形 또는 거대함 등을 나타낸다고 정의하고 있다.

일본의 오니와 같은 형상을 하고 있는 한국의 요괴로는 도깨비가 있다. 『새국어사전 제4판』(두산동아)에서는 도깨비를 사람의 형상을 하고서 이상한 힘과 재주를 가지고 사람을 호리기도 하고, 험상궂은 짓이나 짓궂은 장난을 많이 하는 잡된 귀신의 한 가지라고 정의하고 있다. 도깨비는 도채비, 돗가비, 독갑이, 도각귀 등으로도 불리며, 지역에 따라서는 돗재비, 또개비, 토째비 등으로 불리기도 한다. 도깨비는 예로부터 변신에 능하다고 알려져 있다. 바위나 나무 같은 자연물이 밤이 되면 도깨비로 둔갑하여 사람을 홀리기도 하고 손때 묻은 빗자루나 부지깽이, 절굿공이 등이 도깨비로 변하기도 한다. 또한 설화에서 보이는 도깨비는 똑똑한 체하다가 당하고 마는 멍청한 일면을 지니기도 하며 일본의 오니와 같이 잔인하거나 폭력적이지 않다.

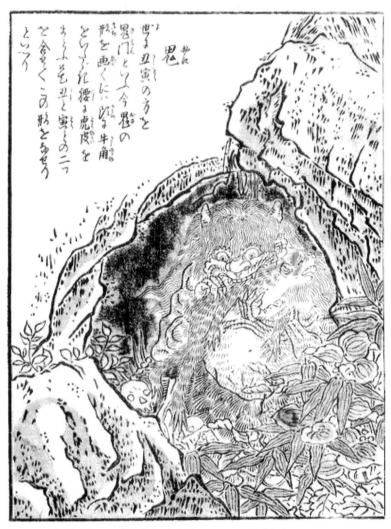

▲ 도리야마 세키엔鳥山石燕『금석화도속백귀今昔画図続百鬼』 중 「오니鬼」
오니는 원래 눈에 보이지 않는 이 세상의 것이 아닌 존재를 의미하며, 사람의 능력을 벗어난 힘을
가지고 재앙을 가져다주는 요괴로 인식되었다.

현대일본의 요괴문화론

일본의 오니와 한국의 도깨비는 시각적으로는 공통된 이미지를 가지고 있지만, 언어 표현상으로는 공통된 점이 그다지 없다. 일본의 오니가 무서움과 잔인함으로 표현된다면, 한국의 도깨비가 가지는 가장 일반적인 이미지는 변화와 변덕스러움일 것이다. 또한 비유 표현에서도 오니와 도깨비의 이미지는 상이하게 나타나며, 번역할 때에도 오니와 도깨비가 대응하는 경우는 거의 없다.

▲ 한국의 도깨비 이미지
자료 그린이 안휘수

뱀의 이중적 이미지

고대 일본인들은 농업을 중심으로 생활해 왔고, 농업에서 가장 중요한 요소인 물을 다스리는 신은 뱀이었다. 또한 뱀은 겨울잠을 자다가 봄이 되면 깨어나고 끊임없이 탈피를 하는 탄생과 재생의 상징으로 숭배되기도 하였다. 이처럼 생산, 탄생, 풍요의 상징으로 숭배되는 뱀이지만, 그 이미지가 항상 긍정적인 것은 아니다.

뱀은 일본어로 헤비蛇라고 하는데, '거짓말과 여자의 질투심은 조심해야 한다'는 말이 있듯이 흔히 질투심이 강한 여성의 이미지를 헤비에 빗대어 표현하기도 한다. 일본의 설화집인『곤자쿠 이야기今昔物語集』에는 뱀이 등장하는 이야기가 50개가 넘고, 뱀은 다양한 이미지로 나타난다. 여기서 뱀의 성은 남성이기도 하고 여성이기도 한데, 불교 경전의 영향으로 여성천시 풍조가 뱀의 사악하고 음탕한 이미지와 결합되어 성적유혹자로서의 부정적인 이미지로 묘사되는 경우가 많다. 또한『우게쓰 이야기雨月物語』는 일본 괴담소설의 대표작으로 손꼽히는데, 그

▲ 사와키 스시佐脇嵩之 『백괴도권百怪図巻』 중 「누레온나濡れ女」
　주로 바다와 강가에 나타나는 요괴로, 항상 머리카락이 젖어 있다. 누레온나한테 잡힌 뱃사람은 영원히 집으로 돌아갈 수 없게 된다고 알려져 있다.

중 「뱀녀의 음욕蛇性の婬」에서는 인간으로 변신한 뱀이 남자에게 반해 집착하다가 결국 비극으로 끝나는 내용이 담겨 있다. 이와 같이 남자에게 집착하고 시기 질투를 하는 여성을 뱀으로 묘사한 작품들은 봉건사회에서 감정을 숨기고 인내와 순종으로 살아가기를 강요당한 여성들이 만약 본성을 드러내면 뱀과 같은 흉측한 모습으로 변할 것이라는 남성중심 사상에서 비롯된 이중적인 뱀의 이미지를 드러낸 것이라 볼 수 있다.

상사병에 걸린 뱀

한국에서도 뱀을 신성한 동물로 여기고 있었다. 『삼국유사』를 비롯한 여러 설화에서도 뱀은 여성과 관련지어 많은 이야기가 남아 있다. 「구렁이 색시 이야기」에서는 천하절색으로 변한 구렁이가 가난한 남자를 부자로 만들어준다는 내용으로, 부를 불러오는 상징으로 뱀이 그려져 있다. 이처럼 뱀은 여성의 생산적 능력을 통해 풍요를 가져다주는 존재로 여겨져 왔으며, 암컷 구렁이가 재생과 부활의 의미를 동시에 가지고 재복을 가져다주는 상징적인 존재로 표현되고 있다.

한편, 뱀은 사악하고 음탕한 이미지와 결합되어 부정적으로 묘사되는 경우도 많다. 설화 「사람 잡아먹는 구렁이」는 해가 저물어 집에 갈 수 없게 된 남자에게 낯선 여인이 나타나 자신의 처소로 가자고 유혹한 뒤에 구렁이로 변신하여 남자를 잡아먹으려고 했지만, 남자는 지혜로 위기를 모면하고는 부자가 된다는 이야기이다. 여기서는 남성을 유혹하려고 하다가 파멸하는 여성의 모습을 구렁이에 비유하여 그리고 있다. 또한 「이순신 장군과 상사병에 걸린 처녀」에서는 이순신 장군을 사모한 처녀가 상사병에 걸려 죽은 뒤에 구렁이가 되는데, 이처럼 한국에는 상사병 때문에 여성이 뱀으로 변신한다는 설화가 많다. 물론 여성뿐만 아니라 남성이 상사병으로 인해 뱀이 되는 경우도 있지만, 유교사상의 지배를 받던 당시 여성들은 자신의 감정을 표현하지 못하고 사모하는 남자를 기다리다 지쳐서 품게 된 한을 죽음에 이르러서야 풀 수 있었다. 이에 비해 일본의 설화에 등장하는 여성들은 비교적 자유롭게 구애하며 자신의 감정을 보다 적극적으로 표출하다가 원망을 품고 죽음을 맞이한다는 점에서 차이가 있는 것 같다.

▲ 사와키 스시佐脇嵩之 『백괴도권百怪図巻』 중 「야호野狐」
규슈九州 지방에서는 야호에게 홀린 사람은 병들어 죽거나 대대로 홀린 상태가 지속되어 정신착란을
일으킨다고 전해 내려진다.

여우는 신인가 성적유혹자인가

일본에서의 여우의 모습은 신앙 숭배의 대상에서 남성을 유혹하는
요부의 모습까지 매우 다양하게 그려지고 있다. 여우를 신체神体로 섬
기거나 여우를 그 사자로 믿는 민간신앙으로는 나라奈良 시대에 시작된
「이나리稲荷」 신앙이 있다. 이나리란 오곡의 신인 「우카노미타마노카미

倉稲魂神」 또는 그 신을 모시는 신사를 뜻하는데, 헤이안 시대 후기에 이 나리의 본체는 여우라고 믿어지면서 급속히 신앙이 전파되었다. 일반적으로 여우는 기쓰네狐라고 하지만, 이미 일본인에게 친숙해진 이나리라는 말은 여우의 다른 이름으로 널리 쓰이기도 한다.

이렇게 여우는 다산과 풍요, 부를 기원하는 대상인 반면에 변신술로 둔갑하여 인간을 속이고 성적으로 유혹하는 존재로 그려지기도 하는데, 일본에서는 「다마모노마에玉藻前」 전설이 유명하다. 이는 헤이안 시대 말기에 도바 상황鳥羽上皇을 모시던 궁녀가 여우의 요괴였다는 이야기로, 무로마치室町 시대 이후에 노能와 가부키歌舞伎, 인형조루리人形浄瑠璃 등의 연극으로 상연되어 인기를 끌었다. 이와 같이 여우는 신으로 모셔지기도 하고, 사람을 홀리는 악하고 불길한 요괴로서 사람을 해치기도 하는 이중적 이미지로 나타남을 알 수 있다.

한국의 설화 중에는 강감찬 장군의 탄생에 얽힌 여우 이야기가 유명하다. 늦도록 자식을 얻지 못한 강감찬의 아버지는 전국을 돌아다니면서 정성을 들였고, 집에 돌아오는 길에 주막집 여자의 집요한 유혹으로 동침하게 된다. 그 여자는 자신이 아들을 낳을 것이며 그 아이는 앞으로 훌륭한 인물이 될 것이라 예언한 뒤 약속한 날짜에 아이를 데려다 주고 사라졌는데, 그 여자가 바로 여우였다는 내용이다. 이 설화에서 볼 수 있듯이 여우는 풍요와 다산 그리고 지혜를 동시에 나타낸다. 그러나 민간 설화에서 보면 여우는 사악한 동물로 그려지는 경우가 대부분이다. 무덤을 파서 송장을 먹는다고 하여 우리에게 잘 알려진 「구미호」는 저승사자의 이미지를 가지고 있으며, 이 외에도 남성을 유혹하여 인간에게 해를 끼치는 부정적 이미지로 굳어져 있다.

사랑받는 애완동물 네코

고양이는 일본과 한국 양쪽에서 곡물을 갉아 먹는 쥐의 해를 막기 위해 길러 왔다. 그러나 실제로 일본에서의 고양이의 이미지는 한국과는 사뭇 다르다. 일본의 경우 고양이는 개와 더불어 애완동물로서 인기가 있으며, 헤이안 시대의 문학인『마쿠라노소시枕草子』,『겐지 이야기源氏物語』에서도 볼 수 있듯이 귀족의 애완동물로서 귀엽고 우아한 이미지로 묘사되고 있다. 고양이는 일본어로 네코猫라고 하는데, 중국에서 들어온 희귀한 고양이는「가라네코唐猫」라 불리며 귀족의 독점물로 부의 상징이기도 했다.『겐지 이야기』에서도「가라네코」가 등장한다. 흠모하는 여인을 대신하여 고양이를 사랑하고 돌보던 남성이 마음을 다스리지 못해 밀통을 하고 마는데, 결국 자신의 죄에서 벗어나지 못한 남성은 죽음으로 사랑을 끝맺는다는 내용이다. 여기서 남성이 흠모하는 여인을 대신하여 사랑하던 고양이는 악마나 창부와 같은 관능적 존재로 표상되고 있다.

또한 서민에게는 곡물이나 누에 등 인간의 재산을 보호하는 고마운 동물로 인식되었고, 이러한 고양이의 긍정적 이미지는「마네키네코招き猫」와 같이 복스러운 존재로 상징되기도 하였다. 한편, 우아한「가라네코」와는 달리 일본 재래종 고양이는 야성을 지닌 공포의 대상으로 묘사되기도 한다.『쓰레즈레구사徒然草』에서는 산속에 살며 사람을 잡아 먹는 고양이 요괴「네코마타猫又」가 등장한다. 네코마타는 꼬리가 두 갈래로 갈라진 늙은 고양이가 자주 변신하여 사람에게 해를 가하는 요괴이다. 그 후 에도江戸시대에는 마성을 지닌 공포의 대상으로 가부키나 교겐狂言 등에서 고양이 요괴인「바케네코化け猫」가 등장하는데, 사람들의 생활 속에서 친숙한 고양이는 오히려 공포감을 즐기기 위한 도구로서 오락의 대상이 되었다고 할 수 있다. 또한『일본민담대성角川書店』

현대일본의 요괴문화론

▲ 도리야마 세키엔鳥山石燕 『화도백귀야행画図百鬼夜行』 중 「네코마타猫又」
왼쪽에는 얼굴을 내밀고 있는 보통 고양이, 오른쪽에는 아직 두 발로 설 수 없어 툇마루에 다리를
걸치고 있는 고양이, 가운데에는 세월이 많이 흘러 두 다리로 설 수 있는 고양이가 그려져 있고, 보통
고양이가 세월과 함께 네코마타로 변신하는 과정을 묘사하고 있다.

일상 언어 속에서 살아 숨 쉬는 요괴의 이미지

에서는 사람에게 은혜를 갚거나 사람의 소원을 들어주기 위해서 인간으로 변신하는 고양이도 등장하며, 인간을 도와주는 신비한 힘을 지닌 존재로 묘사되고 있다.

은혜를 모르는 불길한 고양이

반면에 한국에서의 고양이에 관한 자료는 일본에 비해 수가 매우 적다. 『한국문화상징사전(두산동아)』에서는 고양이를 뜻하는 「猫」라는 한자를 분석하여 '사악한 것을 물어 죽이는 사냥꾼'이라 해석하고 있다. 이처럼 예로부터 고양이는 사기邪氣를 제거하고 쥐를 잡는 동물로서 곡물이나 과실, 누에 등을 지키기 위해 길러져 왔다. 한편, 궁중에서 고양이를 길렀다는 자료는 아직 명확히 밝혀지지 않았다고 한다.

한국에서는 오랫동안 유교사상이 중심이 되어 왔으며 충에 관한 덕목을 가르칠 때 주로 비유되는 동물은 개이다. 그러나 개에 비해 주인을 잘 따르지 않는 고양이는 은혜를 모르는 동물로서 부정적인 이미지로 그려지는 경우가 많았다. 또한 주로 집안에서 머무는 시간이 많은 고양이와 여성은 동일시되는 경향이 있었으며, 여기에는 유교에서 비롯된 남존여비 사상이 근원에 있다고 할 수 있다.

울릉도에는 「고내기 각시 이야기」라는 설화가 있다. 보통은 여우가 여성으로 변신하는 이야기가 많은데, 울릉도에는 섬이라는 지리적 특수성 때문인지 고양이가 등장한다. 백 년 묵은 고양이가 사람으로 변신하여 남의 집 아이를 데려가기 위해 하룻밤을 묵으려 하다가 아이가 심하게 우는 바람에 들통이 나고 말았다는 이야기이다. 그리고 제주도에는 생선을 훔쳐 먹는 고양이를 때렸더니 훗날 살쾡이로 변신하여 복수한다는 「현명한 며느리 이야기」가 전해지고 있다. 그러나 다른 동물에 비해 설화나 문학 작품에서 고양이가 등장하는 경우는 매우 드물며, 한국에서의 고양이는 불길하고 얄미운 부정적 이미지가 강하다.

5<u>2</u> 언어 표현에 나타난 요괴의 이미지
변덕스러운 요괴들

요괴는 인간이나 물건으로 변신하는 재주를 가지고 있으며 그 변덕스러운 성질이 언어 표현에도 나타난다. 먼저 도깨비를 살펴보면, 변신을 자주 하는 도깨비에게 홀려 영문을 모르는 상태가 되거나 하는 짓의 정체가 분명하지 않고 갈피를 잡을 수 없다는 뜻으로 쓰이는 한국의 관용표현이 있다.

❶ 도깨비에 홀린 기분이다
❷ 도깨비 장난 같다

그리고 변화와 변덕스러움을 나타내는 표현으로는 「도깨비—, 도깨비 같은—」이 쓰인다.

❸ 도깨비 날씨, 도깨비 살림, 도깨비놀음, 도깨비 종목
❹ 도깨비 같은 팀, 도깨비 같은 장마

도깨비의 변덕스러움은 상품명에도 반영되어 있다. 최근 몇 년 사이에 인기를 끌고 있는 여행 상품 중에서 주말을 이용하여 밤에 출발하는 근거리 해외여행을 흔히 「밤도깨비 여행」이라고 부른다. 주로 밤에 활동하는 도깨비의 성질과 2박 4일 동안 마치 도깨비에 홀린 것과 같이 눈 깜짝할 사이에 다녀올 수 있는 여행 스케줄을 도깨비의 '변화,

변덕스러움'의 이미지와 결부시켜 나타내고 있다.

도깨비와 마찬가지로 여우도 변덕스러움을 나타낸다.

❺ 여우가 시집간다狐の嫁入り: 날씨는 맑은데 비가 뿌리는 기묘한 상태를 말한다.

한국에서는 '여우비, 여우가 시집가는 날' 외에도 관용적으로 '호랑이 장가가는 날'이란 표현이 쓰이기도 한다. 또한 여우와 함께 고양이는 여성에 비유되는 경우가 많은데, 여성의 변덕스러운 마음에 빗대어 일본에는 다음과 같은 속담이 있다.

❻ 여자의 마음과 고양이의 눈女の心は猫の目: 여자의 심리는 변하기 쉽고 변덕스럽다는 점을 빛에 따라 변화하는 고양이의 눈에 비유

한편, 한국 속담에서는 뱀의 긴 신체적 특징에 빗대어 예측할 수 없는 여성의 속마음이나 예측 불가능한 상황을 나타내고 있다.

❼ 여자 마음속은 뱀 창자다
❽ 구멍에 든 뱀 길이를 모른다: 남의 숨은 재주나 가지고 있는 보물은 얼마나 되는지 알 수가 없다.

무엇이든 척척, 만능 도깨비

도깨비에게는 변덕스러움 외에도 무엇이든지 다 해낼 수 있다는 만능의 이미지가 있다. 우리에게 잘 알려진 설화 중에 등장하는 「도깨비 방망이」는 무엇이든 소원을 이루어 주는 힘을 가지고 있는데, 이 「도깨비 방망이」의 이미지는 비유 표현에도 그대로 살아 있다.

현대일본의 요괴문화론

⑨ △△ 선수가 휘두르는 도깨비 방망이
⑩ 도깨비 회사: 어떤 사업이든 성공하는 회사

　도깨비의 만능 이미지는 상품명에서도 볼 수 있다. 핸드 믹서기 중에 「도깨비 방망이」라는 제품이 있는데, 뭐든지 잘 갈리고 편리하게 사용할 수 있다는 점을 강조하고 있다. 그리고 주로 탈취제나 방향제 등을 생산하는 업체 가운데 도깨비의 신비한 능력과 이를 상징하는 도깨비 방망이를 캐릭터로 도입하여 제품의 탁월한 탈취 효과를 강조하고 도깨비가 지니는 만능의 이미지를 효과적으로 사용하고 있는 곳도 있다. 이 외에도 연수기와 정수기를 생산하는 업체 중에 「물도깨비」가 있으며, 이것도 역시 도깨비의 만능 이미지에서 연상된 것이라 할 수 있다.

역시나 무서운 요괴들

　일본에서는 냉혹하고 엄한 사람에 대해서 「오니－鬼-, 오니와 같은－鬼のような-」이라고 표현하는 경우가 많다. 그러나 이 표현들을 한국어로 바꿀 경우에는 도깨비가 아니라 「호랑이 같은－」으로 번역된다. 앞서 기술한 바와 같이 오니와 도깨비가 서로 대응하지 않는 예로 볼 수 있다.

⑪ 호랑이 형사鬼刑事, 호랑이 감독鬼監督, 무서운 며느리鬼嫁, 인정머리 없고 심술궂은 노파鬼ばばあ
⑫ 호랑이와 같은 상사鬼のような上司, 호랑이와 같은 선생님鬼のような先生

　그리고 오니의 무서움과 무자비함은 다음과 같은 속담에도 나타나 있다.

⑬ 오니의 눈에도 눈물鬼の目にも涙: 무자비하고 냉혹한 사람도 가끔은 자비심을 일으킨다는 의미로 쓰인다.

⑭ 오니가 없는 사이에 세탁하기鬼のいぬ間に洗濯: 주인이나 윗사람 등 무서운 사람이 없는 동안 잠시 숨을 돌리거나 휴식을 취한다.

또한 오니의 무서움과 강인함은 상품명에도 잘 나타나 있다. 오니가 많이 사용되는 상품으로는 쌀로 빚은 일본 전통주인 니혼슈日本酒를 예로 들 수 있다. 니혼슈는 전국 각지의 술 곳간에서 수백 종류 넘게 제조되고 있는데, 그중「오니코로시鬼殺し」라는 브랜드명으로 수십 종류가 출고되고 있다.「오니코로시」란 오니를 죽인다는 뜻인데, 이는 오니를 죽일 만큼 술맛이 맵다고 하여 탄생한 명칭이라 한다. 술이 맵다는 것은 와인 맛을 표현할 때처럼 단 맛sweet, 甘口이 아니라 쌉쌀한 맛dry, 辛口을 뜻한다.

▲ 일본의 술 '오니고로시鬼殺し'
달지 않고 쌉쌀한 맛이 특징인 니혼슈에 붙은 상품명으로, 일본 전국에서 수백 종류가 출고되고 있다.
자료 http://urltokyo.com/ggfs1/5084354.jpg
http://masuya1971.com/wp-content/uploads/2013/06/008-2.jpg

현대일본의 요괴문화론

뱀의 겉모습을 보고 사람들이 느끼는 두려움을 나타낸 속담에는 아래와 같은 것이 있다.

⑮ 뱀 앞에서 꼼짝 못하는 개구리蛇に見込まれた蛙: 달아날 수도 없고, 대항할 수도 없어 겁에 질려 꼼짝 못함의 비유.

⑯ 뱀에 물리고 나면 썩은 밧줄을 봐도 겁을 먹는다蛇にかまれて朽縄におじる: 위험한 경험으로 인해 병적으로 공포심이 들어 기가 죽어 버리는 상황을 뜻한다.

⑰ 장님은 뱀을 무서워하지 않는다めくら蛇に怖じず: 모르는 사람이 오히려 대담하다는 뜻이다.

이와 같이 뱀에 대한 이미지는 징그러운 외모와 사람을 문다는 두려움에서 부정적으로 표현된 속담이 많다.

교활하고 간사한 요괴들

일본 설화에서 여우는 종종 인간으로 변신하여 사람을 속이는 교활한 존재로 묘사되는데, 그만큼 속담에도 많은 표현들이 존재한다. 그리고 예로부터 여우와 함께 너구리도 변신의 귀재로 잘 알려져 있음을 볼 수 있다.

⑱ 여우에게 홀리다きつねにつままれる: 의문을 모르고 어안이 벙벙해지다.

⑲ 여우와 너구리의 서로 속이기狐と狸の化かし合い: 교활한 것들끼리 서로 속임을 비유하고 있다.

그래서 여우는 교활하기 때문에 신용할 수 없다는 부정적 이미지도 강하다.

❷⓿ 여우에게 팥밥을 주다狐に小豆飯: 좋아하는 것을 눈앞에 두면 금방 손을
대기 때문에 방심할 수 없다.

❷❶ 여우를 말에 태운 것 같다狐を馬に乗せたよう: 항상 동요하고 침착하지 못
하며 신용할 수 없다.

한국 속담에는 여우의 교활함과 간사함을 여성에 비유한 다음과 같
은 표현들이 있다.

❷❷ 계집이 늙으면 여우가 된다: 여자는 나이를 먹을수록 요망스러워진다
는 뜻.

❷❸ 여자는 사흘을 안 때리면 여우가 된다: 여자는 간사한 짓을 부리기 쉽
다는 뜻.

일상적인 언어 표현에서도 간사하거나 약아빠진 사람을 두고 '여우
같은 인간' 또는 '백여시'라고 말하기도 하는데, 이것은 여우의 영악스
러움을 반영한 것이라 할 수 있다.

다음은 고양이의 교활함을 비유한 표현들이다. 고양이는 여우와 마
찬가지로 부정적인 이미지가 강한데, 여기에는 고양이의 형상과 사람
에게 선뜻 다가오지 않는 성질이 영향을 끼친 것으로 생각된다.

❷❹ 고양이 기름종이 노리듯 한다: 무엇을 얻으려고 기회를 노리고 있다.

❷❺ 고양이가 쥐 생각한다: 고양이가 쥐를 생각해 줄 리 없듯이 도저히 기
대할 수 없음을 이르는 말로, 당치도 않게 남을 위해 생각해 주는 척하
는 것을 비유한 말.

일본에는 고양이의 거짓말을 하는 속성을 나타낸 속담이 있다. 실제
로 고양이가 거짓말을 하는 것은 아니지만 고양이에 대한 이미지가 그

　　　　　　　　　　　　　현대일본의 요괴문화론

만큼 부정적이라는 것을 알 수 있다.

- ㉖ 여자가 무서워하는 것과 고양이가 배고프다고 하는 것은 수법에 불과
  하다女の寒いと猫のひだるいは手の業
- ㉗ 고양이의 탈을 뒤집어쓰다猫を被る: 본래의 성격이나 성질을 감추고 얌
  전한 척하는 모습.

또한 앞서 『일본민담대성』에서는 사람에게 은혜를 갚거나 사람의
소원을 들어주기 위해서 인간으로 변신하는 고양이가 등장한다고 기
술하였으나, 속담에서는 은혜를 잊어버리는 부정적인 이미지로만 표
현되고 있다.

- ㉘ 고양이는 삼 년간 길러 준 은혜를 삼 일 만에 잊어버린다猫は三年の恩を
  三日で忘れる

한국 속담에서도 고양이는 은혜를 모르는 동물로 비유되고 있다. 특
히 ㉚은 고양이와 며느리를 비교하여 고양이보다도 못한 며느리의 신
세를 나타냈으며 남성에 비하여 상대적으로 낮았던 당시 여성의 지위
를 엿볼 수 있다.

- ㉙ 고양이 덕 모르고 아비 덕 모른다: 자식이 출세하면 어버이 덕인지 모
  르고 순전히 제힘으로 큰 줄 안다는 말.
- ㉚ 고양이 덕은 알아도 며느리 덕은 모른다: 고양이가 쥐 잡아주는 고마움
  은 알지만 며느리가 시어머니 극진히 보살피는 공은 알지 못한다는 말.

섹시하게 변신한 요괴들

일본 속담에는 여성을 뱀에 비유한 표현이 많이 있으며 뱀의 속성을 여성의 강한 집착에 비유해서 사용하는 경우가 많다. 뱀의 형상이 길고 감겨 붙는 속성에서 비롯된 집요하다는 이미지가 집착으로 해석된 것이다.

> ㉛ 여자의 근성은 뱀의 성질女の根性は蛇の下地
> ㉜ 독사는 보아도 여인은 보지 마라毒蛇を見るとも女人をば見るべからず

또한 뱀은 죽을 때까지 돈에 대한 강한 집념을 보인다 하여 욕심을 부리면 자멸한다는 뜻으로 쓰이기도 한다.

> ㉝ 뱀이 자신보다 큰 것을 삼키려 하다 입이 찢어진다蛇(くちなわ)の口裂け: 욕심을 과하게 부린 탓에 자멸한다.

한편 한국 속담에서는 뱀을 일본과 같이 여성의 집착과 욕심을 상징하는 존재로는 표현하고 있지 않다. 그러나 일상적 언어 표현에서는 뱀은 종종 여성으로 비유되며, 남자에게 의도적으로 접근하여 몸을 맡기고 금품을 우려내는 여자를 속되게 이르는 말로 '꽃뱀'과 같은 단어가 사용되고 있으며 부정적 이미지가 강하다.

그럼 다른 요괴들은 어떠한가. 오니와 도깨비는 성의 구별을 하지 않고 양성 모두 사용되고 있으며, 한일 양국 모두 섹시한 이미지와는 거리가 멀다. 여우의 경우를 살펴보면 먼저 일본에서는 「여우 눈きつね目」이란 표현이 남녀 모두에게 사용되며, 특히 1984년에 어느 식품회사에 대한 협박사건을 일으킨 용의자가 여우와 같이 위로 찢어진 눈을 하고 있었다는 데에서 널리 알려지게 된 표현이다. 일본에서는 여전히 「여우와 같은─ きつねのような─」이라는 표현은 부정적 이미지가 강하다고 볼 수 있으며, 여우 눈을 가진 여성을 섹시하다고 보지는 않는 것 같다.

반면에 근래 한국에서의 여우는 섹시하고 애교가 넘치는 여성으로 상징되는 경우가 많다. '여우하고는 살아도 곰하고는 못 산다'는 말이 있듯이 여우 같은 여자는 애교가 있고 자기관리가 철저하며 눈치가 빠른 존재로 인식이 변화되었다. 물론 '여우 짓을 하다', '꼬리가 아홉 개 달렸을 것 같다'라는 표현이 사용되듯이 여성 사이에서는 눈총을 받는 교활한 존재라는 이미지가 남아 있지만, 반대로 남성이 바라보는 여우 같은 여자는 매력적이고 섹시하다고 할 수 있다.

다음으로 고양이의 경우를 살펴보면 속담에서는 주로 부정적인 이미지만이 강조되고 있지만, 현대 일본에서의 고양이는 문학과 영화, 애니메이션에도 자주 등장하는 귀엽고 앙증맞은 소동물로서 남녀노소 모두에게 인기가 있다. 고양이를 비유한 언어 표현들을 찾아보면 「고양이와 같은 크고 둥근 눈猫のようなくるりとした目, 아양을 일절 떨지 않는 고양이 같은 여자媚びることを一切しない猫みたいな女」와 같은 표현이 사용되며 이는 결코 부정적이 아니라 오히려 귀엽거나 섹시함을 나타내고 있음을 알 수 있다. 현대 일본인들에게 고양이와 같은 눈은 크고 둥근 매력적인 눈이며, 고양이와 같은 성격의 여성은 매력적이고 자립심이 강한 긍정적 이미지로 해석되고 있는 것이다.

한편, 한국에서의 고양이의 이미지는 속담에서 알 수 있듯이 전통적으로는 불길함, 얄미움 등의 부정적인 면이 강했다. 그러나 최근 들어 젊은 층 사이에서는 서서히 이미지가 호전되는 경향을 볼 수 있는데, 여기에는 여성들을 중심으로 고양이를 애완동물로 키우는 사람들이 많아진 것이 하나의 요인으로 작용하고 있는 것 같다. 고양이를 여성에 비유하여 「도도한 고양이 같은 눈, 까칠한 고양이 같은 여자」와 같은 표현들이 쓰이며 도시적 이미지의 섹시한 여성을 뜻하는 경우가 많다. 여전히 고양이를 여성에 비유하는 점에는 변함이 없으나, 고양이의 부정적 이미지는 시대의 흐름에 따라 한일 양국 모두 긍정적으로 변화했다고 볼 수 있다.

53 나날이 변해가는 요괴들의 이미지

다음으로는 요괴가 가지고 있는 설화 속의 이미지가 속담 및 일상적 언어 표현에서 어떻게 변화해 왔는지에 대해 살펴보고자 한다.

설화 속의 요괴의 이미지는 다음 그림에서도 알 수 있듯이 풍요와 탄생, 보은과 같은 긍정적 이미지와 무서움과 강인함, 성적유혹자와 같은 부정적 이미지가 함께 공존한다. 그중에서도 뱀과 여우는 한국과 일본 모두 공통의 이중적 이미지를 가지고 있음을 알 수 있다. 그러나 속담에서는 긍정적 이미지가 사라지고 변덕스러움과 교활함 등의 부정적 이미지가 대부분을 이루게 되었고, 심지어 보은 설화가 있던 일본의 고양이는 망은의 상징이 되어 버렸다. 특히 뱀, 여우, 고양이는 종종 여성으로 비유되면서 더욱 그 부정적 이미지를 강화시켰다. 여기에는 오랜 세월 동안 가부장적 사상과 남존여비 사상이 깊이 뿌리내린 한일 양국의 문화적 배경이 요인이 되었다고 할 수 있다.

한편, 현대에 들어와서는 일부의 요괴에 한하여 긍정적 이미지가 새롭게 나타나기 시작했다. 먼저 여우를 보면 일본에서는 여전히 교활하고 약삭빠르다는 부정적 이미지가 강하지만, 한국에서는 여성을 비유할 때 기존의 이미지와 동시에 애교가 많고 센스 있는 여성으로 나타

현대일본의 요괴문화론

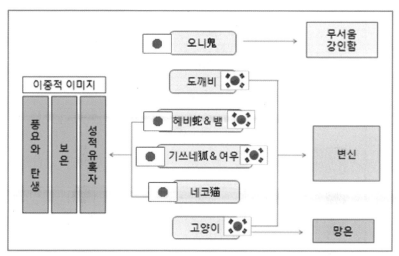

▲ 설화 속의 요괴 이미지

내기도 한다. 한국에서 여우의 이미지가 긍정적으로 변화하고 '여우 같은 여자'가 사랑받게 된 것은 순종적 여성상을 이상형으로 삼던 과거와는 달리 자립심이 강하고 당당한 여성상을 선호하는 경향이 강해졌기 때문이라고 할 수 있다.

여우와 마찬가지로 고양이를 여성에 비유하는 경우에는 한국과 일본 모두 귀엽거나 섹시한 이미지로 묘사된다. 속담에서도 주로 여성으로 비유되는 여우와 고양이가 일상적 언어 표현에서는 기존의 부정적이미지를 벗고 긍정적으로 바뀌게 된 것에는 가부장적 사상이 점차 힘을 잃어가고 동시에 여성을 경시하는 풍조가 희석되고 있는 시대적 변화를 요인으로 들 수 있다.

반면에 오니와 도깨비의 이미지가 거의 변하지 않는 이유로는 실존하지 않는 가공의 요괴이면서 성별을 구별하지 않는다는 점을 들 수 있다. 물론 뱀, 여우, 고양이도 요괴이긴 하지만 이 세 가지는 원래 현실 세계에 존재하는 동물이 바탕이 되고 있으며, 특히 고양이는 야생

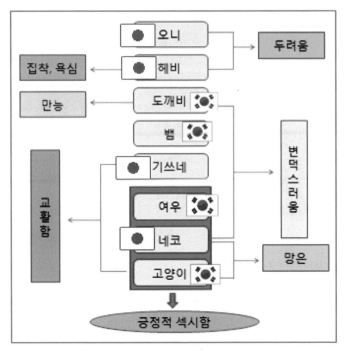

▲ 속담과 일상표현 속에서 변화된 요괴 이미지

동물인 뱀과 여우와는 달리 인간과 가깝게 생활하는 동물이기에 이미지의 변화가 가장 크게 나타난 것 같다.

　이와 같이 요괴의 이미지가 설화에서 속담을 거쳐 일상 언어 표현에서 변화하게 된 것은 시대의 흐름에 따라 사람들의 생각이 바뀌고 이들 요괴가 우리에게 더욱 친숙한 존재로 다가왔기 때문이라 생각된다. 지속적으로 발달하는 현대 사회에서 앞으로도 요괴의 이미지가 어떻게 변화할 것인지 관찰하는 것은 흥미 있는 테마가 될 것이다. ❂

제2부

끝없이 전개되는

일본인의 상상력과 그 표현

일본 요괴의 고향
이와테현 도노시 기행

김용의金容儀*

<u>6</u>1 '요괴의 고향' 도노시

2009년 11월, 나는 일본의 이와테岩手현 도노遠野시를 찾았
다. 이곳에 위치한 「도노 모노가타리 연구소」에서 주최하는 심포지엄
에 참석하기 위해서였다. 「도노 모노가타리 연구소」는 일본의 저명한
민속학자 야나기타 구니오柳田國男가 편찬한 『도노 모노가타리遠野物語』
를 기념하기 위해서 설립한 연구소이다. 심포지엄을 전후해서 도노시
곳곳을 둘러볼 기회가 있었다. 나는 『도노 모노가타리』를 한국어로 번
역하여 소개한 적이 있어서, 도노시 방문은 현지에서 설화의 현장을
자신의 눈으로 확인해 볼 수 있는 좋은 기회가 되었다.

도노시는 이와테현에 속하며 일본 동북지방의 중심지 센다이仙台에
서 약 180킬로미터 떨어져 있다. 시의 총면적이 825.6평방킬로미터이
며 인구는 2009년 현재 3만 명을 약간 넘는 곳이다(통계 자료는 도노시
에서 2009년도에 발행한 「도노시세요람遠野市勢要覽」에 따른다).

＊ 전남대학교 교수. 일본민속학 전공. 한일 비교문화 연구. 동아시아의 설화, 일제강점
기 문화변동, 오키나와 민속문화 연구.

현대일본의 요괴문화론

도노는 야나기타 구니오가 편찬한 『도노 모노가타리』로 유명해진 곳이다. 『도노 모노가타리』는 도노 출신의 사사키 기젠佐々木喜善이라는 사람이 이 지역에 전승되던 이야기를 구술하고, 야나기타 구니오가 이를 채록하여 성립한 일종의 구전설화집이다. 이 『도노 모노가타리』는 흔히 일본의 민속학자 사이에서 일본 민속학의 출발을 알리는 기념비적 작품으로 평가된다.

『도노 모노가타리』에는 총 119편에 이르는 매우 흥미로운 이야기가 수록되어 있다. 여기 수록된 이야기 중에서도 특히 요괴에 관한 이야기가 널리 알려져 있다. 『도노 모노가타리』에 등장하는 다양한 요괴 이야기 중에서 물의 요괴 갓파河童, 산속의 요괴 덴구天狗, 집안의 요괴 자시키와라시座敷童子, 동물 요괴 여우를 주목하여 살펴보기로 한다.

▲ 도노 거리에 세워진 야나기타 구니오柳田國男의 흉상
흉상 뒤로 민화촌昔話村의 입구가 보인다.

▲ 사사키 기젠佐木喜善의 생가 입구에 세워진 안내판

6 2 『도노 모노가타리』의 갓파 이야기

도노역을 나서자 '민화의 고향民話のふるさと 도노에 오신 것을 환영'이라고 쓰인 입간판이 눈에 들어온다. 도노역 부근에는 『도노 모노가타리』의 명성에 걸맞게 이와 관련된 여러 시설물들이 설치되어 있다.

뿐만 아니라, 도노시 곳곳에는 '도노유산遠野遺産'이라는 이름으로 이 지역의 문화재가 보존되어 있다. 그 문화재는 대부분 관광코스로 개발되어 있다. 도노시에서는 도노시에 소재한 문화재를 발굴하여 '도노유산'을 지정하였다. 도노유산의 종류는 유형유산, 무형유산, 자연유산, 복합유산으로 구별한다. 해마다 지역 주민 및 단체로부터 추천을 받아 지정 종목을 늘려가고 있다고 한다. 2009년 현재 80종목이 '도노유산'

현대일본의 요괴문화론

으로 지정되어 있다. 도노시가 지정한 '도노유산' 중에는 『도노 모노가타리』와 관련된 곳이 많다(「도노유산」의 목록에 관해서는 도노시민센터 문화과에서 발행하는 「공식 가이드북公式ガイドブック」을 참조). 예를 들면 갓파 이야기가 전해지는 '갓파부치かっぱ淵'라는 연못(하천)이 있다.

〈사례 1〉 갓파의 장난

고가라세천小烏瀬川의 오바코姥子 연못 부근에는 신야新屋라는 집이 있었다. 어느 날 연못으로 말을 씻기려고 끌고 갔는데 마부가 다른 곳에서 놀고 있는 사이 갓파가 나타나서 말을 물속으로 끌어들이려 했다. 그러다가 오히려 말에게 끌려와서 마구간 앞에서 말구유를 뒤집어쓰고 있었다. 이 집 사람들이 말구유가 뒤집혀 있는 것을 이상케 여기고 살짝 들어 들여다보았더니 갓파의 손이 나와 있었다. 마을 사람들이 모여서 죽일 것인지 살려줄 것인지를 의논했다. 결국 앞으로는 마을의 말들에게 장난을 치지 않겠다는 굳은 언약을 받고 풀어주었다. 그 갓파는 지금은 마을을 떠나 아이자와노다키相沢の滝 연못에 살고 있다고 한다. 비슷한 유형의 이야기가 전국적으로 많이 있다. 적어도 갓파가 살고 있다는 지역에는 반드시 이 이야기가 전해진다. 무엇 때문인지.

(본문 인용 : 『도노 모노가타리』, 김용의 역, 2009년, 전남대학교출판부)

〈사례 1〉은 『도노 모노가타리』 제58화이다. 『도노 모노가타리』에는 갓파에 관한 이야기가 모두 5편이 수록되어 있다. 〈사례 1〉은 그중의 1편이다. 〈사례 1〉에 등장하는 연못은 '갓파부치'라는 이름이 붙여졌다. 도노시 쓰치부치초土淵町에 위치하며 '도노유산 제22호'로 지정되었다. 다음의 사진은 '도노유산 제22호'로 지정된 '갓파부치'의 안내판이다. 그리고 이어지는 사진은 '갓파부치'의 현재 모습이다. 하천 옆에 '갓파부치'라고 쓰인 푯말이 세워져 있다. 이곳을 찾는 사람들로 하여금

갓파가 출몰한다는 갓파부치 ▲

▲ '도노유산 제22호' '갓파부치'의 안내판

마치 이제라도 갓파가 얼굴을 내밀 것 같은 착각을 하도록 만든다.

〈사례 1〉은 듣는 이로 하여금 웃음을 자아내게 만드는 재미있는 이야기이다. 갓파가 말을 물속으로 끌어들이려다가 오히려 자신이 말에게 끌려가서 목숨을 잃을 뻔했다. 갓파는 다시는 말을 물속으로 끌어들이는 장난을 치지 않겠노라고 굳게 언약을 한 후에 풀려날 수가 있었다.

그런데 〈사례 1〉은 갓파의 속성을 전하는 전형적인 이야기 중의 하나이다. 즉 말을 보면 물속으로 끌어들이려고 하는 것은 갓파의 대표적인 속성 중의 하나이다. 이런 유형의 갓파 이야기는 〈갓파고마비키河童駒引き〉라는 이름으로 일본 전역에 비슷한 이야기가 전해지고 있다. 〈사례 1〉에서는 갓파가 굳은 언약을 하고 풀려났지만, 일반적으로 이런 유형의 갓파 이야기에서는 갓파가 반성문을 써서 제출하고 용서를 받는 것으로 되어 있다. 이 유형의 이야기를 가리켜 연구자들 사이에서는 〈갓파의 사죄문河童の詫び証文〉이라고 부른다. 지역에 따라서는 갓파가 반성문 대신에 생선을 갖다 바치고 용서를 구하기도 한다.

현대일본의 요괴문화론

그런데 '갓파부치'로 가기 위해서는 조켄지常堅寺라는 절 마당을 지나
쳐야 한다. 이 절은 『도노 모노가타리』 제88화에도 등장하며 조동종曹洞
宗 계열의 사찰이다. '갓파부치'로 가기 위해서 절 입구로 들어서니 불당
앞에 여느 절과 다름없이 고마이누狛犬가 세워져 있다. 고마이누는 절을
지키는 일종의 수호신으로, 일본의 신사나 절에서 흔히 볼 수 있다. 그
런데 이 절의 고마이누의 생김새가 특이하다. 아래의 사진은 조켄지의
불당 앞에 세워진 고마이누이다. 고마이누를 자세히 들여다보면, 머리
정수리 부분이 움푹 들어가 있음을 알 수 있다. 이는 널리 알려진 갓파
의 신체적 특징 중의 하나이다.

▲ 조켄지常堅寺 불당 앞 좌, 우로 세워진 고마이누狛犬

일반적으로 갓파는 정수리가 움푹 들어가 있으며, 등에는 거북이처
럼 등딱지를 짊어지고 있고, 손에는 물갈퀴가 달려 있다고 전해진다.
그 움푹 들어간 정수리에 물이 고여 있을 동안에는 엄청난 괴력을 발
휘한다고 한다. 따라서 갓파와 씨름을 할 때에는 갓파에게 물구나무서
기를 시킨 후에 하는 것이 유리하다고 전해진다. 바로 가까운 곳에 '갓
파부치'라는 갓파 유적지가 있기 때문에, 이 절의 고마이누도 갓파의
캐릭터와 비슷한 형상을 하고 있는 것이다. 이 점을 고려할 때에 도노
라고 하는 곳이 얼마만큼 갓파와 깊은 인연이 있는 곳인지를 짐작할

수 있다.

63 『도노 모노가타리』의 덴구 이야기

『도노 모노가타리』에는 산에 사는 요괴가 가상 낳이 등장한다. 산에 사는 요괴로는 야마히토山人, 야마오토코山男, 야마온나山女, 덴구天狗, 야마하하やまはは 등이 있다. 이들 요괴는 홀로 출현하기도 하고, 야마오토코와 야마온나의 경우처럼 짝을 이루어 동시에 출현하기도 한다. 덴구 이야기를 1편 소개하기로 한다.

〈사례 2〉 덴구모리산의 덴구

마쓰자키촌松崎村에 덴구모리天狗森라는 산이 있다. 그 산기슭의 뽕나무 밭에서 아무개라는 마을의 젊은이가 일을 하고 있었다. 졸음이 자꾸 와서 잠깐 밭두렁에 앉아서 눈을 붙이려고 할 때였다. 아주 크고 얼굴이 붉은 남자가 나타났다. 젊은이는 선선한 성격에 평소 씨름을 좋아했다. 이 정체모를 남자가 버티고 서서 위에서 내려다보는 것이 신경 쓰여 벌떡 일어나 "너는 어디서 온 사람이냐" 하고 물었다. 아무런 대답이 없었으므로 한번 혼을 내줄까 생각하고서 있는 힘을 다해 달려들었다. 손으로 붙잡아 내던지려고 했으나 오히려 자신이 튕겨나가 정신을 잃고 말았다. 저녁에 정신을 차리고 보니 그 남자의 모습은 사라지고 없었다. 집에 돌아가서 사람들에게 그 이야기를 했다. 그해 가을의 일이었다. 하야치네早池峰산 중턱으로 많은 마을 사람들이 함께 갈대를 베러 갔다. 그런데 돌아갈 무렵인데도 앞서 말한 남자만 모습이 보이지 않았다. 모두 놀라서 찾아보았더니 깊은 계곡에 손과 발이 하나씩 뽑힌 채로 죽어 있었다고 한다. 지금부터 이삼십 년 전의 일로, 그때 일을 잘 알고 있는 노인이 지금도 살아 있다. 덴구모리에 덴구가 많이 살고 있다는 것은 옛날부터 사람들이 알고 있었다.

(본문 인용:『도노 모노가타리』, 김용의 역, 2009년, 전남대학교출판부)

〈사례 2〉는『도노 모노가타리』제90화이다. 마쓰자키촌에 위치한 덴구모리라는 산의 기슭에서 마을 젊은이가 덴구를 목격한 이야기이다. 일반적으로 덴구는 신과 요괴라는 양면적 속성을 갖춘 존재이며, 산속에서 수행을 하는 야마부시山伏와 비슷한 복장에 붉은 얼굴, 그리고 코가 길고 날개가 달린 모습으로 정형화되어 있다. 〈사례 2〉에 등장하는 덴구의 모습도 키가 크고 얼굴이 붉은 남자로, 일반적인 덴구의 형상에서 벗어나지 않았다. 덴구를 목격한 그 남자는 나중에 하야치네 산으로 갈대를 베러 갔다가 손발이 뽑힌 채로 죽고 말았다.

　〈사례 2〉를 통해서 도노지역에 덴구와 관련된 이야기가 적지 않게 전해지고 있었음을 짐작할 수 있다.

▲ 덴구의 에마
오른편에 붉은 얼굴에
코가 긴 덴구가 그려졌다.

天狗の
絵馬

明治の初め頃、遠野の万吉という男が、花巻の温泉
で清六天狗と名乗る男と知り合った。天狗よりも先
に温泉を出たはずの万吉が家に帰ってみると、すで
に天狗が家で待っていた。驚いた万吉は酒などでも
てなし、天狗はその後もたびたび酒を飲みに訪れ、最
後に来た時には、衣や下駄などを形見に残していった。
この絵馬は、清六天狗が万吉の家に行く前に酒を買
いに寄った酒屋の東屋が神明神社に奉納したもので
ある。

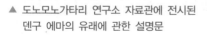

▲ 도노모노가타리 연구소 자료관에 전시된
　덴구 에마의 유래에 관한 설명문

　위의 사진은「도노모노가타리 연구소」의 자료관에 전시되어 있는 덴구의 에마繪馬이다. 이어지는 사진에 설명된 해설에 의하면, 이 에마는 덴구가 신사에 봉납한 것이라고 한다.

6/4 『도노 모노가타리』의 자시키와라시 이야기

『도노 모노가타리』에는 집안에서 인간과 함께 거주한다
는 요괴로 오쿠나이사마オクナイサマ, 오시라사마オシラサマ, 자시키와라시ザ
シキワラシ 등이 등장한다. 이들 요괴는 공통적으로 집안의 화복禍福을 좌
우하는 가택신家宅神이라는 특징이 있다. 따라서 이들과 좋은 관계를 맺
으면 집안에 복이 내리고, 좋지 않은 관계를 맺으면 집안이 몰락한다
고 전해진다. 자시키와라시의 사례를 들기로 한다.

자시키와라시는 일반적으로 한자로 '座敷童子'로 표기한다. 주로 일
본의 이와테현을 중심으로 전해지는 집안의 가택신이자 정령精靈이다.
소년이나 소녀 모습을 하고 있으며 얼굴은 붉은색이라고 한다. 자시키
座敷, 즉 다다미가 깔린 거실만이 아니라 창고에도 출현한다고 해서 구
라와라시('구라'란 창고라는 의미)라 부르기도 한다. 자시키와라시의
기원에 대해서는 여러 설이 존재한다. 일찍이 야나기타 구니오는 자시
키와라시의 기원을 불교의 호법동자護法童子에 비유하여 무녀巫女의 수
호령守護靈으로 간주하기도 하였다. 또한 인류학자인 미나가타 구마구
스南方熊楠는 남녀 아이를 제물로 집에 파묻었던 풍습으로 인해, 그 영혼
을 집안의 주인으로 간주하던 데서 자시키와라시가 유래한다고 보았
다. 이와테현의 긴다이치 온천金田—温泉에 위치한 료쿠후소緑風荘 여관은
자시키와라시가 출현한 곳으로 널리 알려져 있다. 지금도 이곳을 찾는
관광객들이 많다.

〈사례 3〉

　유서 있는 집안에는 자시키와라시ザシキワラシ라는 신이 살고 있는 경우가 적지 않다. 이 신은 대부분 열두세 살 정도의 소년 모습을 하고 있다. 때때로 사람들에게 모습을 드러내는 경우가 있다. 쓰치부치촌土淵村의 이이데飯豊에 사는 이마부치 간주로今淵勘十郞라는 사람의 집에 최근 고등여학원高等女学院에 다니던 딸이 방학을 맞이하여 집으로 돌아왔다. 어느 날 복도에서 갑자기 자시키와라시와 마주쳐 놀란 일이 있었다. 틀림없이 사내아이의 모습이었다. 같은 마을의 야마구치山口에 사는 사사키 씨의 경우는 어머니가 혼자서 바느질을 하고 있는데, 옆방에서 종이가 부스럭부스럭하는 듯한 소리가 들렸다. 그 방은 남편이 쓰는 방으로, 남편은 도쿄東京에 가서 있을 리가 만무하고, 이상한 생각이 들어서 방문을 열어보았으나 아무런 흔적도 없었다. 잠시 그 방에 앉아 있었더니 콧소리(코를 푸는 소리)가 들렸다. 그제야 자시키와라시의 소행이라는 것을 알았다. 이 집안에도 자시키와라시가 살았던 것이다. 오래전의 일이다. 이 신이 살고 있는 집안은 부자가 된다고 전해진다.

　　　　　(본문 인용:『도노 모노가타리』, 김용의 역, 2009년, 전남대학교출판부)

　〈사례 3〉은 자시키와라시를 목격한 두 사람의 이야기이다. 전반부는 쓰치부치촌의 이이데에 사는 이마부치 간주로라는 사람의 딸이 집의 복도에서 자시키와라시와 마주친 목격담이다. 자시키와라시는 사내아이 모습을 하고 있었다고 한다. 후반부는 야마구치에 사는 사사키 씨 어머니의 이야기이다. 전반부의 이야기와는 달리, 직접 자시키와라시를 보지는 않았지만 코를 푸는 듯한 소리를 듣고서 자시키와라시라는 것을 알았다고 한다. 이 코 푸는 소리는 자시키와라시의 가장 뚜렷한 특징이기도 하다.

　〈사례 3〉의 이야기 말미에 "이 신이 살고 있는 집안은 부자가 된다고 전해진다."라는 부분을 통해서, 자시키와라시가 집안의 성쇠를 좌우

하는 가택신이라는 점을 확인할 수 있다. 따라서 자시키와라시가 집에 거주하고 있는 동안에는 그 집안이 번성하지만, 집 밖으로 나가게 되면 그 집안이 쇠락한다고 믿었다. 다음 사례가 이 점을 잘 말해준다.

〈사례 4〉 마고자에몬 집안의 자시키와라시

혹은 자시키와라시가 여자아이인 경우가 있다. 같은 야마구치에 사는 명문 집안인 야마구치 마고자에몬山口孫左衛門이라는 집안에는 두 명의 여자아이 신이 살고 있다고 오래전부터 전해져왔다. 어느 해인가 같은 마을에 사는 어떤 남자가 읍내에서 돌아오는 길에 다리 부근에서 낯선 아름다운 처자 두 명과 만났다. 깊은 생각에 잠긴 듯한 표정으로 이쪽으로 다가왔다. "어디에서 오는 길인가" 하고 물었더니, "우리는 야마구치에 사는 마고자에몬 집에서 오는 길"이라고 대답했다. "어디로 가는 길인가" 하고 물었더니, "건너편 마을의 아무개 집에 간다."고 대답했다. 아무개 집은 마을에서 조금 떨어진 건너편 마을에 있으며, 지금도 집안이 훌륭한 부농富農이다. 이제 마고자에몬 집안도 끝이구나 생각했더니, 얼마 안 있어서 그 집안의 주인과 하인들이 스무 명이나 독버섯을 먹고 하루 만에 죽어버렸다. 일곱 살 된 여자아이 혼자 남았으나 그 아이도 늙도록 자식이 없다가 최근에 병으로 죽었다.

(본문 인용:『도노 모노가타리』, 김용의 역, 2009년, 전남대학교출판부)

〈사례 4〉는 매우 흥미로운 이야기이다. 왜냐하면 야마구치 마고자에몬 집안의 몰락 이유를 자시키와라시의 존재 유무를 통해서 설명하고 있기 때문이다. 여기 등장하는 자시키와라시는 〈사례 3〉에 등장하는 자시키와라시는 다르게 여자아이 모습을 하고 있다. 마고자에몬 집안에는 두 명의 여자아이로 설정된 자시키와라시가 살고 있었으나, 그 여자아이들이 다른 곳으로 옮겨가자 집안이 망하고 말았다는 이야기이다. 구체적으로는 주인과 하인들이 모두 독버섯을 먹고 죽고 말았다

현대일본의 요괴문화론

고 나타난다.

65 『도노 모노가타리』의 요괴 여우 이야기

일본의 요괴 이야기 중에는 동물이 요괴로 변신하여 인간과 다양한 관계를 맺는 이야기가 많다. 『도노 모노가타리』에도 예외 없이 동물 요괴가 등장하여 설화적 재미를 더해준다. 여기에 등장하는 동물 요괴로는 여우, 사슴, 원숭이, 이리 등이 있다. 다음은 그중에서 요괴 여우에 관한 이야기이다.

〈사례 5〉 가헤이 노인과 여우

와노촌和野村에 사는 가헤이嘉兵衛 노인이 꿩 잡는 오두막에 들어가 꿩이 나타나기를 기다리고 있자니 매번 여우가 나타나서 꿩을 내쫓았다. 여우가 미웠으므로 총을 쏘아 잡으려고 잘 겨냥하였으나 여우는 아무렇지 않은 얼굴을 하고 있었다. 그런데 방아쇠를 당겨도 총알이 나가지 않았다. 가슴이 두근거려서 총을 살펴보았더니 어느 틈엔가 총구에서 손잡이가 있는 곳까지 남김 없이 흙이 채워져 있었다.

〈사례 5〉는 여우가 출현하여 꿩 사냥을 방해했다는 이야기이다. 그 여우를 잡기 위해서 총을 겨누고 방아쇠를 당겼으나 잡을 수가 없었다고 한다. 〈사례 5〉에서는 여우의 장난이 노인의 꿩 사냥을 방해하는 데에 그치고 있으나, 여우가 더욱 적극적으로 인간을 희롱하는 이야기도 전해진다.

〈사례 6〉 기쿠조와 여우의 씨름

이 기쿠조菊藏가 가시와자키柏崎에 사는 누나 집에 볼일을 보러 갔다가 잘 얻어먹고 돌아오는 길이었다. 대접받고 남은 떡을 품에 넣고서 아타고 산愛宕山 기슭에 있는 숲을 지날 때였다. 조쓰보象坪의 도시치藤七라고 하는 술꾼으로 기쿠조와 친하게 지내는 친구를 만났다. 그곳은 숲 속이었지만 약간 잔디가 돋아난 곳이었다. 도시치가 싱글벙글 웃으면서 잔디 쪽을 손가락으로 가리키며 "여기서 씨름을 하자."고 한다. 기쿠조가 쾌히 승낙하고 둘이서 잠시 풀밭 위에서 뒹굴었다. 도시치가 너무 힘이 약하고 가벼워서 마음먹은 대로 들어 던지며 세 판을 겨루었다. 도시치는 "오늘은 도저히 안 되겠다. 이제 가자." 하고서 헤어졌다. 기쿠조가 사오 간間 정도 걷다가 생각하니 떡이 보이지 않았다. 씨름하던 곳으로 돌아와서 찾아보았지만 없었다. 비로소 여우에게 홀렸다는 것을 알았지만 창피해서 다른 사람에게는 말하지 않았다. 사오일 지나서 술집에서 도시치를 만났다. 도시치는 그 이야기를 듣고서 "내가 씨름을 할 리가 있겠는가? 나는 그날 해변에 나갔었네."라고 말하는 것이었다. 마침내 여우와 씨름을 한 사실이 분명해졌다. 기쿠조는 여전히 다른 사람들에게는 말하지 않고 감추고 있었지만, 작년 정월에 사람들이 모여 술을 마시면서 여우 이야기를 할 때, "실은 내가 여우와 씨름을 했다" 하고 털어놓자 모두들 크게 웃었다. 조쓰보象坪란 지명이자 일찍이 도시치의 성이었다. 조쓰보라는 지명에 관해서는『석신문답石神問答』에서 연구한 적이 있다.

(본문 인용 : 『도노 모노가타리』, 김용의 역, 2009년, 전남대학교출판부)

〈사례 6〉은 기쿠조라는 남자가 가시와자키에 사는 누나 집에 볼일을 보러 갔다가 여우를 만나서 씨름을 한 결과, 지니고 있던 떡을 빼앗겼다는 이야기이다. 기쿠조는 창피한 생각에 그 사실을 감추고 있다가, 술좌석에서 사람들과 어울리다가 털어놓고 만다.

일본 민속에서 여우는 신령한 존재로 여겨진다. 여우가 신격화되어 신으로 모셔지기도 하고 혹은 신의 사자로 간주되기도 한다. 일본 전역에서 흔히 볼 수 있는 이른바 이나리신사稻荷神社는 여우를 신격화한 대표적인 경우이다. 이 이나리신사에는 반드시 여우 신상이 놓여 있다. 아래의 사진은 도노시에 소재한 이나리신사의 내·외부 모습이다. 나무 사이로 '稻荷堂'이라고 쓰인 현판을 확인할 수 있다. 내부사진을 보면 좌우에 여우 신상이 놓여 있다. 그리고 여우 신상의 옆과 밑에도 여우 신상이 봉납되어 있다.

▲ 도노의 이나리 사당稻荷堂

▲ 도노의 이나리 사당 내부

요괴를 만들어내는 사람 미즈키 시게루

정성욱鄭盛旭*

7 1 그의 손끝에서 되살아나는 요괴들

"게으름뱅이가 되어라"라고 말한 사람이 있다. 열심히 해도 모자란 세상인데 게으름뱅이가 되라고 외치는 사람이 있다니 놀랄 일이다. 그가 누구일까? 일본사람들에게 현시대에도 요괴가 살 수 있게 하였으며, '요괴'라는 단어를 들었을 때 어렴풋하게나마 이미지를 만들 수 있게 도와준 만화가인 미즈키 시게루水木しげる이다.

본명은 무라 시게루武良茂. 남성이며 일본의 만화가이자 요괴연구가이다. 돗토리현鳥取県 사카이미나토시境港市 출신. 현재는 도쿄도東京都 초후시調布市에 거주한다. 1958년 만화가로 데뷔하였으며, 대표작으로는 『게게게의 기타로ゲゲゲの鬼太郎』, 『갓파 산페이河童の三平』, 『악마 군悪魔くん』, 『논논할매와 나のんのんばあとオレ』 등을 발표하여 요괴만화의 1인자가 되었다. 2003년 사카이미나토시에 '미즈키 시게루 기념관'이 개관하였으며, 2013년에는 『미즈키 시게루 만화대전집水木しげる漫画大全集』이 발간되었다.

* 인덕대학교 강사. 한·일 미디어의 네이밍 대조연구.

▲ 돗토리현 사카이미나토시 미즈키 시게루 로드에 설립된 미즈키 시게루 기념비
그의 동상 아래쪽에 '게으름뱅이가 되어라'라고 적혀 있다.

72 인간 미즈키 시게루의 삶과 만화

미즈키 태어나다

1922년 3월 8일 무라가武良家의 차남으로 오사카에서 태어났으며 돗토리현에서 자랐다. 유소년기에는 호기심 왕성한 시기였으며, 다섯 살에 '죽음'에 대해 흥미를 느끼고 세 살배기 동생을 바다에 빠트리려 했지만 근처를 지나던 어른에게 발견되어, 부모에게 혼이 나고 숙모님까지도 뜸으로 벌을 줬다는 일화가 남아 있을 정도이다. 소학교 시절은 공부와는 그다지 인연이 없었다고 한다. 미즈키 본인도 인정할 정도로 남을 신경 쓰지도 않고 이야기를 이끌어나가거나 이해하는 성격인 마이페이스로, 늦게 일어나서 느긋하게 아침밥을 챙겨 먹고, 대략 2교시 정도에 등교하는 보통과는 확연하게 다른 학생이었다.

미즈키 군대에 가다

고등소학교를 졸업하고 직장을 찾아 오사카로 가지만, 선천적인 마이페이스로 인해 결국에는 잘리든지 그만두게 된다. 그 후 그림공부를 본격적으로 하기 위해 다시 학교에 다니지만, 태평양전쟁이 발발하였고 육군 이등병으로 팔라우 기지에 나팔수로 배정받는다. 군 생활 또한 마이페이스로 어려움을 겪었으며, 결국엔 라바울 뉴기니아 전선으로 투입된다. 뉴 브리튼 섬에서의 전쟁체험은 그 후

▲ 『도페토로와의 50년トベトロとの50年』에 그려진 미즈키 시게루의 군생활에 만난 원주민과의 교류
자료 무라카미 겐지村上建司 『미즈키 시게루 전大水木しげる展』2004, 아사히신문朝日新聞, p.33

그의 작품에 큰 영향을 주게 된다. 섬의 원주민에게까지 쫓기는 신세가 된 미즈키는 단검 한 자루와 속옷 차림으로 정글을 며칠간 헤매며 도망치다가 기적적으로 생환한다. 그렇지만 상관은 나라에서 준비해 준 무기를 버리고 도망한 것을 책망하며 '왜 죽지 않았느냐?'고 다그쳤다는 일화도 남아있다. 이러한 사건으로 그는 허무주의적인 생각을 갖게 된다. 부대로 무사생환 후 얼마 지나지 않아 말라리아에 걸려 요양치료 중 연합군의 폭격으로 왼팔에 중상을 입고, 결국에는 왼팔을 절단하는 수술을 받는다. 이 시기에 요양하던 곳에서 섬의 원주민인 트라이족과의 교류가 시작되었다. 1945년 패전의 보고가 날아오지만 미

즈키는 '살아남은 것에 대한 기쁨'으로 기뻐하였다고 한다. 원주민과의 인연으로 현지에서 제대하고 뉴기니아에 정착하려는 생각도 하였지만, 가족과 만나는 것이 좋겠다는 조언을 얻고 원주민들과는 재회를 약속하며 귀국한다.

미즈키 결혼하다 - 게게게의 여보

1961년 40세 가까이 된 미즈키는 여전히 가난한 생활을 하고 있었지만, 부모님의 끈질긴 권유로 이즈카 누노에飯塚布枝와 선을 보게 된다. 선을 본 후 결혼까지 단 5일밖에 걸리지 않았을 정도로 초스피드 결혼이었다. 결혼 후 신체의 부자유에 대해서 한탄하는 것도 없었으며, 무슨 일이든 사람에게 의존하지 않고 헤쳐 나아가는 태도를 보고 누노에는 감탄하였다고 한다.

▲ 미즈키가 그린 부부 자화상
자료 무라카미 겐지村上建司『미즈키 시게루 전大水木しげる展』2004, 아사히신문朝日新聞, p.43

부인은 도쿄로 상경하여 미즈키의 궁핍한 생활에 아연실색하지만, 너무나 열심히 일을 하는 것을 보면서 점점 존경하는 마음을 갖고 여러 가지 일을 돕는다. 또한 손재주가 좋아서 만화의 어시스턴트 일까지 할 수 있게 된다.

가난신 물러가다

귀국 후 가난으로 인해 화가 공부를 포기하고, 생활을 위해 시작한 그림연극 화가를 거쳐, 1958년 대본만화『로켓맨』을 시작으로 1964년『가로』라는 상업지에 데뷔한다. 1965년『테레비 군』이 고단샤 아동

만화상을 수상한 후 대본만화가 시절에 그
렸던 『게게게의 기타로』와 『갓파 산페이』
가 『주간 소년 매거진』과 『주간 소년 선데
이』에 게재되고, 이후에는 요괴를 다룬 만
화작가의 선구자가 되었다. 미즈키 작품의
영향으로 만화, TV, 영화 등의 세계에서 요
괴 붐이 일어났으며, 민속학 전문용어였던
「요괴」가 일반인에게 알려진 계기가 되었

▲ 『테레비 군』의 표지
자료 무라카미 겐지村上建司 『미즈
키 시게루 전大水木しげる展』2004,
아사히신문朝日新聞, p.80

다. 1966년에 미즈키 프로덕션水木プロダクション
이 설립되고, 『악마 군』이 처음으로 TV드
라마로 영상화되었다. 『게게게의 기타로』는 1968년부터 TV애니메이션
으로 방영된다.

오랜 기간 동안 만화와 요괴문화 발전에 대한 공적을 칭송하여 1991
년에 천황이 수여하는 훈장인 자수포장을, 2003년에는 훈장인 욱일소
수장을 수상한다. 2007년 『논논할매와 나』로 프랑스 앙굴렘 국제만화
제에서 일본인 최초로 최우수작품상을 수상한다. 또한 요괴연구가로
서 일본민속학회 회원, 민속예술학회평의 의원을 역임, 초후시 명예시
민, 도쿄도 명예도민을 거쳐 2010년에는 문화공로자로도 선정되었다.

73 요괴연구가 미즈키 시게루

1966년부터 『소년 선데이』에서 연재한 「이상하고 이상하
고 이상한 이야기ふしぎなふしぎなふしぎな話」에서 요괴 그림을 선보인다. 이
윽고 『소년매거진』의 증간에 맞추어 『일본요괴대전日本妖怪大全』을 그리

현대일본의 요괴문화론

고, 1970년에『미즈키 시게루 요괴화집水木しげる妖怪画集』을 간행한다. 그 후에도「요괴도감妖怪図鑑」등의 서적을 다수 집필하고 있다.

미즈키는 요괴를 테마로 하는 작품 집필을 하며 오래된 문헌과 두루 마리 그림 등으로 전승되어 온 많은 자료와 요괴화를 수집하였다. 그리고 도리야마 세키엔鳥山石燕 등의 고전 그림이 존재하는 경우에는 그것을 참고해서 그렸다.「애기울음 영감子泣き爺」,「모래뿌리기 할멈砂かけ婆」,「누리카베ぬりかべ」,「잇탄모멘─反木綿」등 문자의 기록만 있고 고전 그림이 존재하지 않는 것들이 처음으로 형상화되어 그림으로 그려졌다. 대다수는 미즈키가 만들어 낸 형태이며, 현재 일본인이 생각하는 「요괴」의 이미지는 미즈키의 작품에서 크나큰 영향을 받고 있다고 할 수 있다.

2007년 8월에는 요괴연구가인 유모토 고이치湯本豪─가 보유하고 있는 에도시대의 두루마리 그림에 그려진「네모난 개와 같은 요괴四角い犬のような妖怪」가 미국 브리검 영Brigham Young 대학의 도서관에 있는 것과 부합되어「누리카베」의 그림이라고 판명된 것과 같이, 최근까지의 연구에서 미즈키의 창작 이전의 그림이 발견되기도 한 예도 있었다.

1992년에는『컬러판 요괴화담カラ─版 妖怪画談』이 간행되어 화제가 되었으며, 1998년부터는 1,600점 이상의 요괴화를 수록한『요괴화妖鬼化』 (8권)시리즈 간행이 시작되었다. 이 시리즈는 IOS대응 전자사전 어플리케이션으로 출시될 정도로 상당한 반향을 일으킨다.

미즈키는 1995년에 세계요괴협회를 설립하고 회장이 된다. 아라마타 히로시荒俣宏, 교고쿠 나쓰히코京極夏彦, 다다 가쓰미多田克己 등이 회원이 되어 '세계요괴회의'가 사카이미나토에서 개최되었으며, 이후 요괴회의는 각 지역의 지자체와 출판사의 주최로 열리고 있다. 1997년부터는 요괴매거진『가이怪』(가도카와서점)가 간행되었으며, 미즈키도 만

▲ 우타가와 히로시게의 동해도 오십삼차의 니혼바시

▲ 미즈키 시게루의 요괴도 오십삼차의 니혼바시
　위의 유명한 우타가와 히로시게의 우키요에를 패러디하여 본인이 그린 요괴를 등장시킨 작품.
　자료 미즈키 시게루水木しげる 『水木しげる 妖怪道五十三次』2004, 야노만やのまん
　　http://www.yanoman.co.jp/

　　　　　　　　　　　　　　현대일본의 요괴문화론

화를 집필하고 있다.

미즈키는 고전 자료를 활용한 작품을 많이 그렸으며, 요괴명휘와 같은 곳에서 이름만 언급된 요괴는 본인이 창작하여 이미지화하는 작업을 하였다.

미즈키의 작품은 보는 사람을 매료시키는 힘이 있다. 치밀한 점묘와 선화로 표현된 리얼한 배경, 독특한 색을 사용한 채색 등 여러 가지이다. 펜터치나 붓의 움직임 등과 원화에서 작가의 분위기가 전해져오는 것처럼 말이다. 만화작품은 물론, 요괴와 토속적인 신들을 표현한 요괴화는 거의 만화 기법으로 그려져 있다. 그런 원화를 보면 만화 중에서도 화가로서의 재능이 유감없이 발휘되고 있는 것을 알 수 있다. 채색은 일본화 안료를 사용한 독특한 색채의 센스에 의해서 여타 그림과는 다른 분위기를 표현한다.

논논할매와 미즈키

논논할매는 미즈키의 어린 시절 집안일을 도우러 왔던 가게야마 후사景山ふさ라는 노파를 말한다. 당시 돗토리에서는 신불神仏(신과 부처)을 섬기는 사람을 '논논のんのんさん'이라고 하였다. 보통은 민간 종교인으로서 생활을 하며, 때때로 가정부와 같은 일을 하러 무라가에도 자주 다녔던 노파였다. 가게야마 후사는 아이들을 모아놓고서 도깨비나 요괴, 유령 그리고 지옥 이야기를 해주었다. 미즈키는 논논할매를 통해서 신기한 세상에 흥미를 가지게 되었던 것이다. 그녀가 이야기하는 요괴 등의 이야기에 강한 영향을 받은 것이 후에 미즈키 만화의 근본이 되었다. 미즈키는 "이 작은 체구의 할머니가 나의 생애를 결정했다고 해도 과언이 아니다"라고 하였다. 논논할매의 손에 이끌려 가끔 정복사正福寺에 간 미즈키는 다른 세상에 관심을 가지게 된 계기가 지옥과

극락을 그린 육도회도六道繪圖(육도를 나타내는 그림, 육도는 불교의 중생관으로, 여섯 가지의 세계 또는 경계를 그린다 - 지옥도, 아귀도, 축생도, 수라도, 인간도, 천상도)였다고 한다. 네 장이 한 조로 되어있는 그림이야말로 미즈키의 원점이었다고 할 수 있을 것이다. 논논할매는 미즈키가 소학교 5학년 때1933 폐결핵으로 사망하였다. 지쿠마서방에서 1977년 발행된 미즈키 본인의 자전적인 수필인『논논할매와 나』에서는 그의 소년 시절과 논논할매가 이야기해준 도깨비와 요괴 세계의 이야기, 옆 마을 골목대장과의 치열한 공방전과 논논할매의 죽음 등, 주로 미즈키의 소년기의 모습이 즐거우면서도 가슴 찡한 추억으로 생생하게 그려져 있다. 이 작품은 NHK에서 드라마로도 만들어져 방영되었으며, 첫 방송은 1991년, 후속편은『속·논논할매와 나』로 1992년에 방영되었다. 드라마 방영 후에 드라마를 만화화한『논논할매와 나』1991,『속·논논할매와 나』1992가 고단샤에서 간행되었다. 그 후 만화책이 프랑스어로 번역·출판되어 2007년에 제34회 앙굴렘 국제만화페스티벌의 작품대상을 수여하게 된다.

7/4 유령족의 아이 게게게의 기타로

이제 그의 히트작인『게게게의 기타로ゲゲゲの鬼太郎』에 대해서 살펴보자. 게게게의 기타로는 미즈키 시게루가 그린 만화작품의 제목으로, 이를 원작으로 한 일련의 작품군의 총칭이다. 주인공인 유령족 소년 기타로가 요괴들과 펼쳐나가는 이야기로, 제목의 유래는 앞에서도 언급하였듯이 작자가 어릴 때 자신의 이름 '시게루しげる'를 말 못하고 '게게루ゲゲル' 혹은 '게게ゲゲ'라고 한 것에서 착안하여 '게'를 하나

현대일본의 요괴문화론

더 붙여서 만들었다고 한다.

게게게의 기타로가 사람들에게 알려지기까지

『게게게의 기타로』는 다양한 요괴가 등장하는 요괴만화이다. 애니메이션으로 만들어지면서 『묘지의 기타로墓場の鬼太郎』에서 제목이 바뀌었다. 미즈키의 대표작이면서 요괴를 주제로 한 작품 중 대표적인 작품이다. 1954년에 그림연극으로 시작하여, 이야기 그림책, 만화, 애니메이션, 영화, 드라마, 게임 등 반세기에 걸쳐 관련 작품이 끊임없이 나오고 있다.

만화작품은 1965년부터 1997년까지 여러 시리즈로 그려졌으며, 유소년지에서 청년지까지 폭넓게 게재되었다. 초기의 작품은 괴기성이 짙었지만, 기타로와 요괴의 대결을 주로 다룬 내용으로 변화하였다. 요괴붐을 일으킨 애니메이션은 일본 TV 역사상 최다 재방송을 하였다. 1970년 이후 시리즈는 약 11년 주기로 제작, 대략의 규칙성을 가지고 진행되고 있다. 단행본은 지금까지 몇 번이나 출판되었지만, 출판사 별로 수록 상황이 달랐다. 그렇지만 2013년 『미즈키 시게루 만화대전집』을 고단샤에서 발간하여 미즈키의 작품이 총망라되는 계기가 되었다. 1996년 「『게게게의 기타로』외 일련의 요괴만화」가 제25회 일본만화가협회상·문부대신상을 수상하였다.

▲ 『도쿄스포츠東京スポーツ』에서 연재한 4컷 만화 중 「한가한 유령」
자료 무라카미 겐지村上建司 『미즈키 시게루 전大水木しげる展』2004, 아사히신문朝日新聞, p.112

기타로와 그의 친구들은 고향이 어디?

▲ 『게게게의 기타로』에 나오는 주요 캐릭터
자료 http://www.huashan1914.com/exhibition/playing_detail.php?cate=exhibition&id=531

　원작의 초반에는 '요괴'는 등장하지 않고, '요괴만화'로 정착할 때까지는 몇 번의 경위가 있었다. 작품 중에서 명확하게 요괴가 나오기 시작한 것은 1961년의 대본판인 『기타로 야화鬼太郎夜話』2권부터였다. 여기서 야나기다 구니오柳田国男의 『요괴담의妖怪談義』에 수록되었던 『요괴명휘妖怪名彙』에 있는 요괴가 나오지만, 이름뿐이고 모습은 거의 그려지지 않았다. 요괴가 주로 등장하기 시작한 것은 『요괴대전쟁』을 그린 이후인 1966년부터 TV애니메이션으로 방영된 다음연도인 1967년에 걸쳐서이다. 미즈키는 이 시기에 후지사와 모리히코藤沢衛彦의 『요괴화담전집妖怪画談全集』과 도리야마 세키엔의 『화도백귀야행画図百鬼夜行』을 접했다고 한다. 그리고 기타로는 점점 요괴와의 대결노선으로 변화하여 『게게게의 기타로』로 제목을 바꾼 뒤 더욱 현저하게 표현되기 시작하였다. 『요괴명휘』에 실려 있는 요괴의 모습을 기타로 편으로, 『화도백귀야행』에 나오는 요괴를 나쁜 요괴로 그렸다고 한다.

한편, 미즈키는 이 시절을 "아직 요괴라고 하는 것이 독자들에게 알려지지 않았었기 때문에 힘들었다. 오로지 주인공의 적으로 등장하는 것만을 생각할 뿐이었다."라고 회상하고 있는 것처럼, 요괴가 인식되기 시작한 것은 기타로보다 전에 애니메이션화되어서 방영된 『악마 군』과 당시의 괴수 붐 등이 바탕이 되어 오토모 쇼지大伴昌司에 의해 『소년 매거진』을 중심으로 전개된 『요괴화보妖怪画報』 등의 영향이 컸다고 한다. 기타로의 히트와 미디어전략의 뒷받침이 갖추어져 요괴의 개념이 파급되고, 요괴 붐과 기타로의 장기 시리즈화로 연결된 것이다.

유령족인 기타로의 탄생과 그의 아버지가 눈알이 된 사연

주인공 기타로는 인류 중에 유일하게 남아 있는 '유령족'으로 설정되어 있다. 이야기는 기타로가 매회 새로운 요괴와 대결하는 전개로 그려지며, 전후의 이야기는 그다지 연결되는 형식은 아니다. 때로는 크게 모순되는 전개도 있지만, 원작의 기본적인 앞부분은 다음과 같다.

혈액은행에 근무하는 미즈키는 이변이 있던 환자에게 수혈된 혈액의 조사를 명령받는다. 미즈키는 문제의 혈액 공급자가 자신과 같은 주소의 황폐한 절에 사는 것을 밝혀내어 유령족의 부부를 만나게 된다. 유령족은 인류가 탄생하기 이전부터 번영하였지만 멸종 직전에 있었다. 마지막 생존자인 이들 부부는 불치병에 걸려 있었고, 아내는 임신 중이었다. 부부는 적어도 아기의 출생까지만이라도 보고를 늦춰 달라고 애원한다. 이를 승낙한 미즈키는 얼마 후 황폐한 절을 다시 찾아가지만, 부부는 이미 죽어 있었다. 미즈키는 유령족 아내의 시신을 묻어 주지만, 남편의 시신은 부패가 심하여 그대로 방치한다. 얼마 지나지 않은 어느 날 밤, 아내를 묻은 무덤에서 아기가 기어 나온다. 황폐해진 절에 남겨진 남편의 시신에서 안구가 떨어져 나오고, 안구에서 손과 발이 나와 움직이기 시작한다. 눈알로 되살아난 아버지는 무덤에 가서 아기를 기타로라고 부른다. 아버지는 기타로를 미즈키의 집으로 데려 가며, 유령족을 동정한 미즈기는 기타로를 양육하기로 결정한다. 몇 년 후, 성장한 기타로가 아버지와 함께 방랑의 여행을 떠난다는 것이 초반부의 설정이다.

등장 캐릭터

❖ 기타로鬼太郎

본 작품의 주인공. 유령족 최후의 후예. 애꾸눈인 왼쪽 눈을 긴 머리로 숨기고 나막신과 줄무늬로 된 소매 없는 웃옷을 입고 있다. 정의감이 강하고 다양한 초능력을 가지고 있다. 눈알 아버지를 한쪽 눈에 넣어 다닌다.

❖ 눈알 아버지目玉おやじ

기타로의 아버지로, 안구에 몸이 달려 있는 모습을 하고 있다. 신장 9.9cm, 체중 33.25g으로 손바닥에 올릴 수 있는 사이즈. 처음에 질병으로 사망하지만, 기타로를 너무나 걱정한 나머지 눈만 다시 살아난다. 상당히 박식하여 지식 면으로 기타로를 도와줄 때가 많고, 발이 넓다. 취미는 밥그릇에서 목욕하는 것.

❖ 고양이 소녀猫娘

키 136cm, 몸무게 29kg인 반요괴로, 보통은 인간 아이의 모습이지만 물고기와 쥐(생쥐 인간 포함)를 본다든지, 화를 내거나 흥분하면 눈이 금색으로 변하고 찢어진 입에 날카로운 이빨이 나타나는 고양이 형상으로 변한다. 기타로에게 연정을 품고 있다.

❖ 생쥐인간ねずみ男

키 160cm, 몸무게 49kg, 나이 약 360세. 인간과 요괴 사이에서 태어난 반요괴. 쥐를 닮은 얼굴을 하고 있으며, 로브 같은 천 한 장을 몸에 감고 있다. 기타로의 친구이지만 자신의 지위나 안전, 돈을 위해서라면 아무렇지도 않게 배신하기도 하는 캐릭터이다. 매우 불결하고, 입 냄새와 방귀는 무기로도 쓰인다. 고양이 소녀를 무서워한다.

등장 캐릭터 중 주인공 기타로와 눈알 아버지, 고양이 소녀, 생쥐인간 ▶
머리에 수건을 얹고 기분좋게 목욕하고 있는 눈알 아버지. 거기에 뜨거운 물을 부어 주는 기타로. 고양이 소녀, 돈이 되는 일이라면 물불 가리지 않는 생쥐인간과 함께 한가로운 시간을 보내고 있다.
자료 TV애니메이션 「게게게의 기타로ゲゲゲの鬼太郎 제4기」
1996~1998, 도에이애니메이션東映アニメーション
http://www.toei-anim.co.jp/lineup/tv/kitaro_4th/

❖ 애기울음 영감子泣き爺

아기와 같은 얼굴에 수염을 기른 노인 요괴. 나이는 3,100세. 사람이나 요괴에게 달라붙어서 돌로 변하여 점점 체중을 늘리는 것으로 움직임을 봉쇄하는 특기가 있다. 실제 전승된 이야기로는 이 기술로 사람을 죽이는 무서운 요괴이지만, 이 작품에서는 기타로의 보호자와 같은 선한 요괴로서 활약한다.

❖ 모래뿌리기 할멈砂かけ婆

기모노 차림의 노파 요괴. 기타로의 보호자 역할을 한다. 화를 잘 내
지만 정의감이 강하며, 타인을 구하기 위해서라면 자신을 희생하는 스
타일이다. 요괴아파트를 경영하고 있어서 주거를 잃은 요괴를 돌봐주
기도 한다. 다만 방값은 사정이 있어도 전부 받는다. 모래를 사용하는
공격이 특기로, 전투 이외에 요괴의술과 섬을 보는 깃도 특기.

◀ 『요괴화담』에 그려진 애기울음 영감
자료 야마구치 아키오山口昭男 『妖怪画談』2002, 이와나미서점
岩波書店, p.66

『속 미즈키 시게루의 요괴사전』에 그려진 모래뿌리기 할멈 ▲
어두운 숲 속이나 나무 사이를 지나는 사람에게 모래를 뿌리는 요괴
자료 미즈키 시게루水木しげる 『続水木しげるの妖怪事典』1981, 동경당출판東京堂出版

❖ 잇탄모멘-反木綿

하늘을 나는 요괴로, 전장 약 10미터의 긴 천 모양의 요괴. 기타로와
동료를 태우고 하늘을 날아다니는 것이 가능하다. 전승되는 이야기에
따르면 어디선가 튀어 나와 사람의 얼굴을 휘감아서 숨을 못 쉬게
한다는 무서운 요괴.

❖ 누리카베ぬりかべ

거대한 벽 모양을 한 요괴로, 진로를 방해한다. 미장이들이 주로 사용하는 흙손을 가지고 다니면서 자신의 몸속에 적을 가두어 움직이지 못하게 하는 기술을 쓰기도 한다. 용암 속에서도 문제없을 정도로 강인한 몸을 가지고 있으며 이를 살린 공격이 특기로, 싸울 때는 적에게 넘어져서 깔고 뭉개기도 하며, 대량의 물을 머금은 후 뱉어내기도 하면서 기타로를 돕는 역할을 한다.

▲ 잇탄모멘
천으로 되어 있어 불이나 가위에 약하며, 사쓰마 지방의 사투리를 사용.
자료 http://blog.goo.ne.jp/yyttzz2003h

▲ 누리카베
적을 몸 안에 가둘 수 있다

75 그의 고향은 온통 요괴로 관광자원을 삼다

1993년 여름, 미즈키의 고향인 사카이미나토시에 스물셋이나 되는 요괴가 집결하였다. 청동으로 만든 요괴상이 늘어서게 된

'미즈키 시게루 로드'의 완성이었다. 미즈키 시게루 로드는 관광 대응형태의 상점가의 명칭으로, 미즈키가 그린 요괴의 세계관을 테마로 명소가 되어 일본에서는 잘 알려진 곳이다. 인구 감소와 더불어 오랜 불황으로 상권이 줄어들고 있었는데, 요괴를 이용한 마을 활성화 방안으로 전국적으로 알려지게 되었으며, 2003년에는 '미즈키 시게루 기념관'도 개관하였다.

▲ 요나고-사카이미나토를 운행하는 열차
자료 https://www.flickr.com/photos/nakayalog
/412703070

사카이미나토 역에서부터 혼마치 아케이드까지의 800m 거리에 미즈키의 대표 캐릭터를 중심으로 일본 각지의 요괴들을 모티브로 한 동상 및 다수의 오브제가 설치되었으며, 상점가에는 같은 주제, 공통의 이미지 콘셉트로 판매서비스를 하는 등 여러 점포와 시설의 집합체로 성장해 나가고 있다. 1993년에 스물세 개였던 동상 일부가 파손되기도 하고 도둑맞기도 하는 사건이 생기면서 전

▲ 요나고공항의 기타로와 친구들
자료 https://www.flickr.com/photos/cyberwonk
/5356553481

▲ 기타로역으로 명명, 그 아래에 기존의 역이름을 작게 병기하는 형식으로 변경
자료 https://www.flickr.com/photos/irenelam
/3469284329

국 규모로 보도되었다. 그 후 동상의 수는 점점 늘어 1997년 80기, 2012년에는 총합 153기가 되었다.

현대일본의 요괴문화론

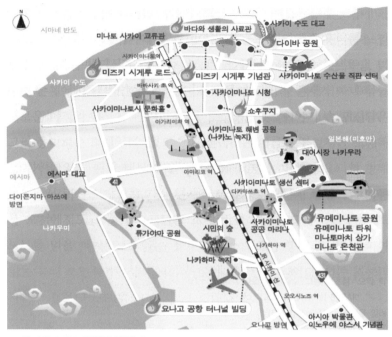

▲ 사카이미나토 주변의 관광지도
자료 http://www.sakaiminato.net/foreign/ko/map.html

　사카이미나토시는 첫해 약 2만 명의 관광객 수가 1994년에는 첫해의 10배 이상인 28만여 명으로 늘었다. 미즈키 시게루 기념관의 개관과 요괴대전쟁 영화의 히트로 요괴 붐이 일어나 관광객 수는 더욱 늘어났다. 2007년에는 제5기 애니메이션과 실사판 영화가 공개되면서 147만 명이 방문하였으며, 2010년 NHK 연속TV소설로 '게게게의 여보'가 방영되자 370만 명이 방문하였고, 제3회 관광청장관표창을 받기도 하였다.

　미즈키 시게루 로드의 최종지점인 미즈키 시게루 기념관은 미즈키 본인의 화가로서의 일과 관련사업을 집대성해 놓은 곳이며, 미즈키 자신이 세계를 돌아다니며 모은 요괴 관련 컬렉션과 독자적으로 제작한 오브제의 전시가 중점이 되고 있으며, 미즈키와 요괴의 세계를 전시·

요괴를 만들어내는 사람 미즈키 시게루　　　　　　　　　　129

소개하는 기념박물관이다. 일본의 연휴인 골든위크나 여름방학 기간
에는 관광객이 장사진을 이루는 곳이다. 한국에서의 여행방법은 인천
과 요나고를 잇는 아시아나항공이 주 3회 운행하고 있어 접근하기 수
월하다. 미즈키 시게루 로드는 JR사카이선을 타고 사카이미나토 역에
서 내리면 갈 수 있다.

요괴 기타로가 일본에서 사는 방법

기타로 관련 제휴 사업으로는 1993년에 JR서일본의 기타로열차가
최초였다. 현재에도 운행 중이며, 기타로를 메인 테마로 한 열차와 눈
알 아버지, 생쥐인간, 고양이 소녀 등과 같은 주요 등장인물이 그려진
열차가 있다. 그 후 기타로를 이용한 여러 가지 사업이 있었지만, 2000
년에 미즈키 시게루 로드에 세워진 요괴신사나 우체국 이름을 미즈키
로드 우체국으로 개명한 것도 재미있는 일이다. 2005년에는 JR서일본
이 사카이선의 전 역에 요괴 이름을 애칭으로 사용하기 시작하였다.
2010년에는 요나고 공항의 애칭으로 요나고 기타로 공항이라는 이름
이 사용되기 시작하였으며, 공항 도착 시 기내 아나운서도 이 애칭을
사용하여 안내하기 시작하였다. 사카이미나토시 곳곳에서 미즈키의
캐릭터가 활용되고 있고, 도시의 활성화에 크나큰 영향을 준다는 점에
서 이러한 방법은 그냥 넘겨서는 안 되며, 다시 한 번 고려하고 활용해
야 할 사항이라고 생각된다.

어릴 적부터 보통 아이들과는 다른 행동을 하던 미즈키. 아이들이라
면 대개 무서워하는 지옥 이야기나 귀신 이야기를 즐겼으며, 그로 인
해 남들과는 다른 새로운 세상과 만날 수 있었다. 군 생활에서의 부상
과 병으로 인해 생을 마감할 수도 있었지만 살아있는 것 자체에 희열
을 느꼈으며, 그것을 깨달을 수 있게 도와준 트라이족과의 교류를 잊

지 않고, 7년 후에 다시 오겠다는 약속의 기한은 지키지 못했지만 27년 만에 늦게나마 찾아가 약속을 지키는 모습에서 볼 수 있는 그의 생각과 행동 하나하나 보통 사람들보다 훨씬 나아 보였다.

왼팔을 잃게 된 것에 대해서 미즈키는 "나는 왼팔이 없어도 다른 사람보다 세 배는 일을 해왔다. 양쪽 모두 있었다면 다른 사람보다 여섯 배는 일할 수 있었을 것이다"라고 할 정도로 긍정적인 생각을 하였으며, "왼팔을 잃은 것에 대해서 슬프다고 생각한 적이 있습니까?"라는 질문에는 "생각한 적 없다. 생

▲ 미즈키 시게루 로드의 기타로와 눈알 아버지 동상
자료 http://ja.wikipedia.org/wiki/
ファイルSakaiminato_Mizuki
_Shigeru_Road_Kitaro_Medam
aoyaji_ Statue_2.JPG

명을 잃는 것보다 한쪽 팔이 없더라도 살아 있는 것이 훨씬 가치가 있다"고 대답하였다. 이처럼 본인에게 없는 것을 한탄하지 않으며 오히려 더욱 선명하게 자신의 세계관을 관철시키고 그려나간 미즈키 시게루. 요괴라는 무의 존재를 유로 탈바꿈시키며, 고전 자료를 활용하고, 그것에 멈추지 않고 모든 상상력을 동원함과 동시에 창조해나가는 방식. 본인이 직접 궁금한 것은 찾아가 보고 참고하는 태도. 그러한 그의 방식을 보고 배우고 따라해 보는 것도 나쁘지만은 않을 것이다. 빠른 시일 내에 한국에서도 그와 그의 요괴 친구들과 만날 수 있는 날이 오기를 기원해본다. ✿

학교괴담,
교문 너머의 요괴 이야기

박소은朴昭恩*

1 "혹시 그 얘기 알아?"

학교에서 집으로 돌아가는 길목, 붉은색의 커다란 마스크를 쓴 여인이 한 아이를 붙잡는다. "나 예뻐?" 묻는 여자는 겁에 질린 아이가 "예뻐요" 대답하자, 쓰고 있던 마스크를 벗어 보인다. 여인은 양쪽 입가가 귀까지 찢어져 소름 끼치도록 기이한 얼굴을 하고 있다.

학창시절, 누구나 한 번쯤 학교에 떠도는 괴담을 들어본 기억이 있을 것이다. '밤이 되면 강당에 걸린 그림 속 여고생들이 밖으로 나와 춤을 춘다', '학교 정문으로 올라가는 언덕 위에 한 여학생이 서 있는데, 가까이 다가가 보면 치마 밑에 있어야 할 다리가 없다' 등과 같이 유행처럼 떠돌던 학교 안의 괴담은 우리에게 너무도 익숙한 추억으로 자리하고 있다. 저마다 하는 이야기는 달랐지만, 공통적인 것은 누구도 그것이 어디서부터 온 괴담인지 그 출처를 알지 못한다는 것이었다.

---

* 중앙대학교 석사. 일본영화 속에 나타난 일본문화 연구.

현대일본의 요괴문화론

◀ 〈여고괴담 1〉 1998
한국의 학교괴담으로 익숙한 〈여고괴담〉 역시 일본의 괴담을 원형
으로 한다.
자료 〈여고괴담 1〉 1998, 박기형, 시네마서비스
　　　네이버 영화 http://movie.naver.com

학교괴담은 어떻게 생겨날까?

괴담이라는 것은 듣는 이에게 공포심을 유발하는 요괴·귀신·유령
등에 관한 초현실적인 이야기로, 민간설화나 전설 등으로 전해 내려오
는 경우가 많다. 일본의 민속학자 쓰네미쓰 도루常光徹는 괴담 중에서도
'학교괴담學校の怪談'의 성립을 '학교의 성립'과 연결 지었다. 학교가 생기
면서 아이들이 하루의 대부분을 같은 연령의 아이들과 같은 장소에서
보내기 때문에, 교실이나 운동장과 같은 학교의 공간들이 그들이 주고
받는 무서운 이야기 속에 빈번히 등장하는 것이 아닐까 추측하고 있는
것이다. 또한 학교괴담이 도시전설의 중심이 되는 가장 근본적인 이유
는 학생들이 도시전설을 전승시키는 주 대상층이기 때문이라고 하는
데, 먼저 학생들이 학교에서 알게 된 이야기가 가정에 전파되고, 그것
이 다시 성인들의 세계로 확산되는 양상이 나타나는 흐름으로 볼 수
있다.

그런데 우리가 익숙하게 듣고 자란 많은 학교괴담은 사실 대부분 일
본의 영향을 받은 것이 많다. 앞에서 등장한 '빨간 마스크 여인'과 같은
괴담 역시 일본에서부터 시작된 도시괴담이라는 것이 그 예로, 일본에
서 만들어져 내려온 이야기들이 한국에서, 그중에서도 학교를 중심으
로 하여 마치 직접 겪은 일인 듯 우리에게 맞게 변형되어 퍼져 나가는

것이다. 또한 한국인에게 익숙한 학교괴담인 〈여고괴담〉 역시 그 중심은 일본의 괴담을 토대로 하고 있다는 점도 주목할 만하다. 즉 학교괴담은 우리가 낯설게 느끼는 일본의 요괴나 괴이 현상을 다룬 이야기들이 아이들의 입을 타고 가장 자연스럽게 흘러들어온 부분이라 할 수 있다.

학교 곳곳에 숨은 요괴들

학교괴담의 성립에서 공간은 중요한 역할을 차지하는데, 공간의 특성에 따라 다양한 이야기가 생겨나고 그 공간을 주로 사용하는 주체에 의해 이야기가 구전된다. 학교에서 일어나는 여러 가지 괴이한 사건들은 크게는 초·중·고등학생으로 나뉘는 연령별 괴담과 작게는 학교 내부의 화장실, 음악실, 운동장 등 다양한 공간을 바탕으로 일어난다. 그런 의미에서 '학교'는 내부 공간의 다양성에도, 이야기를 상상하고 퍼뜨리는 아이들이나 학생이라는 주체에도 자연스럽게 괴담이 만들어지기에 굉장히 적합한 장소라고 할 수 있다. 예를 들어 '초등학교는 공동묘지처럼 저렴한 부지에 지어진다'는 것과 같은 점에서 '밤이 되면 학교에는 무언가가 출몰한다'는 소문의 근거는 탄력을 얻는다.

학교 안의 요괴는 그 형태가 분명한 경우도 있으나, 단순히 '괴이한 현상'이 나타나는 경우도 있다. 기본적으로 학교괴담은 소문에 따라 퍼져 나가기 때문에 그것이 '요괴'인지, '귀신'인지, '유령'인지 그 정체조차 모른 채 서로 다른 것을 이야기하는 것이다. 이와 같이 학교괴담은 모든 이야기의 경계가 애매모호하다는 점에서부터 흥미를 유발해내는데, 그것은 일반적으로 그 출처가 마치 구전동화와 같이 불분명하다는 점, 연령별로 관심요소가 다르다는 점, 상상력의 범위에 차이가 있다는 점 등을 중요한 이유로 꼽을 수 있을 것이다.

8
2 콘텐츠로 재현된 학교괴담

학교괴담은 학교를 중심으로 전파되어 매스미디어를 통해 전국으로 유포된다는 특징이 있다. 이러한 과정은 단시일 내에 동일한 이야기가 전국으로 퍼져 나갈 수 있다는 의미인데, 이미 학교괴담의 대표주자인 일본은 그만큼

▲ 〈학교괴담〉 2012
자료 〈학교괴담〉 2012, 야나기자키 요시오柳崎芳夫, Bee tv

학교괴담을 주제로 하는 영상물, 인쇄물 등이 많이 등장해왔다. 즉 학교괴담 소재의 영화, 애니메이션, 드라마 등을 통해 그들이 주로 다루는 이야기를 파악하는 것이 가능하다는 의미이다.

일본에서 떠도는 학교괴담은 1990년대에 일었던 도시전설의 붐과 동시에 쓰네미쓰 도루가 쓴 「학교괴담学校の怪談」이라는 9권짜리 시리즈 소설로 발간되었는데, 그 후 소설의 리메이크로 네 편의 영화, 세 차례의 애니메이션 시리즈 방영, 일곱 차례의 드라마화 등 다양한 콘텐츠로 공개되었다. 그중 1995년부터 1998년에 걸쳐 제작된 네 편의 학교괴담 영화는 쓰네미쓰 도루의 소설을 원작으로 하며, 초등학생 사이에서 유행했던 학교괴담의 붐을 토대로 만들어졌다. 영화 속에는 다양한 학교괴담의 요괴들이 등장하긴 하나, 아무래도 주체가 초등학생이다 보니 장르적으로는 호러라고 하기보다는 판타지 요소가 섞인 어린이용 모험물에 가깝다.

그에 반해 가장 최근에 방영된 드라마 〈학교괴담〉 2012(이하 〈학교괴담 2012〉)는 15회 전편 중 대부분이 여고생을 주인공으로 하여, 소재는 비슷하지만 공포의 강도 면에서는 이전 작품과 비교하여 훨씬 센 경향을 보인다. 이를 통해 우리는 지금까지 전승되어 내려온 학교괴담을

토대로 현대의 영상매체에서 표현하는 괴담의 양상을 엿볼 수 있을 것이다. 다음 장부터는 드라마 〈학교괴담 2012〉에서 방영된 에피소드의 구조와 소재를 통해 학교괴담에서 다루어지는 이야기들을 살펴보자.

손바닥 안으로 들어온 현대의 학교괴담

일본에서는 월정액을 납부한 후 휴대전화를 통하여 받아볼 수 있는 휴대폰 드라마가 활성화되어 있다. 이러한 매체를 통하여 2012년, 일본에서는 휴대전화로 시청이 가능한 학교괴담 드라마가 방영되었다. 이 작품을 통해 학교괴담 시리즈는 11년 만에 다시 드라마화되었는데, 주연으로는 2008년부터 일본의 도카이東海 지방을 중심으로 활동하는 인기 소녀 아이돌그룹 SKE48이 등장했다.

누군가의 입에서 입으로 구전되던 학교의 요괴는 이제 작은 화면 속에서 몸을 웅크린 채 누군가가 전원을 켜기만을 기다린다. 이윽고 터져 나오는 그 파급력은 의외로 모든 시야를 잠식할 만큼 거대하다. 눈이 커다랗고 가녀린 소녀가 공포를 느끼는 모습도 마찬가지이다. 소녀는 작은 몸짓, 눈빛 하나로 더 쉽게 공포감을 표현하고, 보다 효과적으로 감정을 전달하는 주체라는 것을 부정할 수 없다.

언급하였듯이 학교괴담은 학교를 소재로 한 괴담이 학생들로 인해 널리 퍼지고, 또 매스미디어를 통해 전국으로 유포된다는 특징이 있다. 〈학교괴담 2012〉가 방영된 매체인 휴대전화는 현대인과 가장 가까운 물건이기 때문에 언제 어디서든지 볼 수 있다는 장점이 있다. 또한 주연 배우로 '아이돌'을 등장시켰다는 점에서도 학교 괴담이 충분히 현대인의 삶 안으로 성큼성큼 들어오려는 준비태세를 갖추고 있음을 느낄수 있다.

〈학교괴담 2012〉로 본 열다섯 가지 학교괴담

전 15편인 〈학교괴담 2012〉는 한 편당 5~6분의 짧은 분량으로, 단시간 안에 괴담의 소재와 내용을 보여준다. 열다섯 편의 에피소드에 등장하는 장소와 괴담(요괴) 등은 다음과 같다.

▼ 〈학교괴담 2012〉의 구성

회차	제목	장소	괴담내용
제1화	따라오다	화장실	간호사 요괴에게 쫓기는 화장실 괴담
제2화	층계참의 그림	복도	그림 속 살아 있는 여학생 괴담
제3화	이치마쓰 인형	방	버려도 버려지지 않는 인형 괴담
제4화	범인의 등	묘지,역	자신을 죽인 범인의 등에 매달린 원령 괴담
제5화	인체모형	과학실	복도를 쫓아오는 인체모형 괴담
제6화	이별의 노래	음악실	음악실에서 뛰어내려 자살한 원령 괴담
제7화	조용히 해주세요	도서실	여학생에게 한을 풀어달라며 찾아오는 원령 괴담
제8화	'메리' 씨	교실	'메리'인형에게 걸려오는 장난전화 괴담
제9화	영차	절벽	절벽을 향해 차를 미는 아이 요괴 괴담
제10화	폐교 촬영	폐교	폐교에 나타나는 의문의 요괴 괴담
제11화	짐승	여관	산중여관 괴담
제12화	빨간 방	방	구멍 사이로 보이는 빨간 눈 괴담
제13화	맞거울	방	자신의 죽는 얼굴이 보이는 맞거울 괴담
제14화	2호관의 화장실	화장실	요괴가 출몰한다는 화장실 괴담
제15화	곳쿠리상	폐교, 교실	영혼을 불러내는 주문 '곳쿠리상' 괴담

학교괴담의 장소와 소재는 실로 다양한데, 이는 대부분 복도, 화장실, 과학실, 음악실, 교실 등 학교 내부의 공간에서 이루어진다. 학교가 아닌 외부장소에서 일어나는 이야기들은 대체로 일본에서 유행하던 도시괴담을 변형한 것으로, 그것을 겪는 주체는 마찬가지로 고교생이나 대학생이다.

표에 나타난 〈학교괴담 2012〉의 에피소드를 살펴보면, 복도를 따라오는 '누군가'에 대한 괴담이나 사람을 끌어들이는 그림 속 귀신 괴담,

버려도 버려도 집으로 돌아오는 인형 괴담, 화장실 마지막 칸 괴담, 곳쿠리상(분신사바) 등과 같이 우리에게도 익숙한 괴담들이 눈에 띌 것이다.

드라마 〈학교괴담 2012〉는 공통적으로 주인공이 모두 여학생인데, 15회 중 열한 편은 여고생, 나머지 네 편(3, 9, 10, 14화)은 여대생의 이야기를 다루고 있다. 다음 장부터는 여고생과 여대생의 괴담을 나누어 살펴보자. 환경에 차이가 있는 여고생과 여대생의 괴담은 다른 양상을 보일 수밖에 없는데, 여고생의 괴담에서는 익숙한 추억의 공포가, 여대생의 괴담에서는 피부에 와 닿는 현실적인 공포가 서려 있어 다양한 측면의 학교괴담을 경험해볼 수 있을 것이다.

3 여고 구석구석 도사리는 요괴의 존재

쫓아오다, 지켜보다 – 괴담의 성지 '화장실'

밤 10시가 넘은 시각. 교실에 남아 공부를 하던 여고생은 집에 가려 가방을 챙기다가 복도에서 이상한 소리를 듣게 된다. 소리의 원인을 확인하러 복도로 나간 여고생은 아무런 이유도 모른 채 갑작스레 이동 침대를 끌고 오는 간호사에게 쫓긴다. 궁지에 몰려 화장실 세 번째 칸으로 들어간 여고생. 화장실로 따라 들어온 간호사는 첫 번째, 두 번째 칸을 열어보고는 마지막 칸의 잠긴 문을 미친 듯이 잡아당긴다. 그리고 잠잠해지는 화장실, 여고생은 안심하는데 그 순간 위를 올려다보니 화장실 천장에서 간호사가 소름 끼치는 표정으로 자신을 지켜보고 있다.

이동침대로 시체를 옮기며 복도를 가로지르는 간호사의 원령. 그것은 그 학교가 전쟁 시에 병원이었던 부지에 세워졌을 것이라는 추측에

▲ 〈학교괴담〉2012, 제1화 '쫓아오다'에 등장하는 간호사 유령
　자료 〈학교괴담〉2012, 야나기자키 요시오柳崎芳夫, Bee tv
　　Bee tv 〈학교괴담〉 공식 홈페이지 http://pre.beetv.jp/pg/10000395/

서 비롯된다. 이렇듯 공간은 학교괴담의 형성에 중요한 기반이 된다.

　그렇다면 쫓기는 주체는 어떠한가? 여고생은 아무런 이유 없이 쫓긴
다. 보통 학교괴담 속 여고생은 혼자서 밤늦게까지 남아 열심히 공부
를 하는 모습을 자주 볼 수 있는데, 이는 입시에 대한 스트레스와 등수
에 대한 압박감이 원인 모를 추격자를 만들어 낸 것으로도 볼 수 있을
것이다.

　이와 비슷한 맥락에서 한국에서는 한참 '통통귀신'이라는 것이 유행
했다. 늘 전교 2등만 하던 한 학생은 성적에 대한 질투심에 전교 1등을
옥상 위에서 밀어 죽이고, 1등은 머리부터 땅으로 떨어진다. 그 후 밤
늦게까지 홀로 공부하던 전교 2등은 복도에서 들려오는 이상한 소리를
듣게 된다. '통 통 통, 드르륵, 없네. 통 통 통, 드르륵, 없네…' 겁에 질

린 2등이 책상 밑에 숨자, 머리만으로 복도를 '통통' 튀어온 전교 1등 귀신이 책상 밑을 들여다본다. 이 괴담에 대하여 한 유명연예인이 토크쇼에 나와 실감 나게 그 현장을 묘사했던 것이 아직도 필자의 기억에 깊이 남아 있다. 이 같은 '통통귀신' 괴담은 성적에 대한 스트레스와 강박관념을 반영한 대표적인 학교괴담이라고 할 수 있다. 참고로 일본의 학교괴담 중에는 '데케테케' 요괴라는 것이 있는데, 이것 역시 하반신이 없고 양팔로 복도 바닥을 기어 빠른 속도로 사람을 쫓아온다고 하여 '통통귀신'과 어느 정도 비슷한 양상을 보인다. '데케테케'라는 것은 양팔로 이동할 때 나는 소리를 표현한 말이라고 한다.

마지막으로는 이 에피소드에서 등장한 화장실이라는 공간에 대해 이야기해보자. 화장실은 은밀하고 밀폐된 공간이기에 괴담이 이루어지기에 굉장히 적합한 장소이다. 일본의 화장실 괴담은 일본 각지의 강, 호수, 바다 등에 사는 요괴인 '갓파'에서 출발하였다고 한다. 갓파가 인간의 엉덩이에서 구슬을 빼어 먹거나 장난치는 것을 좋아하기 때문에 볼일을 보려고 앉아 있는 사람의 밑에서부터 손을 내밀어 엉덩이를 쓰다듬었다는 것이다. 화장실에 앉아 있으면 밑에서 손이 튀어나와 "빨간 휴지 줄까? 파란 휴지 줄까?"라고 묻는다는 화장실 괴담의 유래도 여기서부터 시작된 것이라 할 수 있다. 그러나 요즈음에는 수세식 화장실로 그 구조가 변화되면서 밑에서 손이 나오는 것은 불가능해져, 그 대신 천장이 뚫린 구조로 천장에서 누군가가 자신을 쳐다보고 있다는 괴담이 생성되었다. 더불어 화장실에서 "빨간 휴지 줄까? 파란 휴지 줄까?"라는 질문을 받는다는 것은 학교라는 공간의 특성상 테스트를 받는 것에 대한 걱정과 두려움을 내포한 부분이라는 설도 존재한다.

살아나다, 움직이다 – 정지된 사물에 대한 공포

◀ 〈학교괴담〉2012, 제4화 '층계창의 그림'
그림 속에서 튀어나와 여학생을 위협하는 여인의 손

◀ 〈학교괴담〉2012, 제5화 '인체모형'
자료 〈학교괴담〉2012, 야나기자키 요시오柳崎芳夫, Bee tv
Bee tv 〈학교괴담〉 공식 홈페이지
http://pre.beetv.jp/pages/kowai_natsu/

학교에는 위인 혹은 누군가의 모습을 담은 그림과 동상, 혹은 교육을 위한 모형들이 곳곳에 있다. 〈학교괴담 2012〉에서는 그중에서도 그림 한 점과 인체모형에 대한 괴담을 꺼내놓는다.

한 소녀가 의자에 앉아 있는 뒷모습이 그려진 그림 한 점이 복도에 걸려 있다. 여고생은 그림 안의 소녀가 조금씩 뒤를 돌아보는 것만 같은 느낌을 받게 되고, 몇 해 전 행방불명된 한 여학생의 뒷모습이 그림 속 소녀와 닮았다는 소문을 듣는다. 홀로 집으로 돌아가는 길에 여학생은 앞을 보고 서 있는 그림 속의 소녀와 마주친다. 곧이어 그림 속에서 손이 튀어나와 여학생의 얼굴을 감고, 다음 날 아침 복도에서는 그림 속 여학생의 울음소리만이 애처롭게 울린다.

두 번째로 움직이는 과학실의 인체모형 괴담을 살펴보자. 방과 후의 과학실에서 청소를 하던 여학생은 실수로 인체 모형을 쓰러뜨린다. 그 바람에 모형은 부서지고, 서둘러 모형을 끼워 맞추던 한 여학생은 갑작스레 들이닥친 과학 선생님의 등장에 손에 들고 있던 심장 모형을 주머니 속에 숨긴다. 청소가 끝나고 집으로 돌아가려 교문을 나서던 여학생 중 한 명이 두고 온 물건을 찾으러 교실을 들어갔다 나오며 복도를 걸어가던 그때, 뒤를 돌아보자 인체모형이 여학생의 주머니 속 심장을 향해 "돌려줘"를 외치며 무서운 속도로 여학생의 뒤를 쫓아온다.

그림 속의 무언가가 움직이거나 현실로 튀어나온다는 괴이 현상은 여러 가지 형태의 이야기로 존재한다. '음악실에서는 한밤중에 그림 속 베토벤이 나와 피아노를 연주한다'와 같은 괴담이 그 일부이다. 이러한 유형은 가마쿠라 시대에 쓰인 설화집이나 에도시대의 이야기 단편집에도 수록되어 있을 정도로 전통적으로 이어져 내려오는 형태이며, 그것이 약간 변형되어 퍼져 나가는 것이라고 이야기되고 있다.

동상의 경우도 이미 무수히 많은 괴담의 주인공으로 자리 잡고 있다. 일을 하면서도 책을 손에서 떼지 않았다고 하여 '근면'을 상징하는 대표적 인물인 일본의 농정가 니노미야 긴지로二宮金次郎의 동상은 '들고 있는 책의 페이지가 넘어가 있다'거나 '밤이 되면 살아나 교정과 도서관 사이를 걸어 다닌다'는 등의 괴담이 존재한다. 이러한 생명이 없는 동상이나 모형이 밤만 되면 살아 움직인다는 소문에서 비롯된 괴담은 한국에서도 쉽게 발견할 수 있는데, 유관순·세종대왕·이순신 장군 동상에 대한 우스갯소리 같은 괴담은 한국인이라면 누구라도 들어보았을 법한 레퍼토리일 것이다.

정지된 사물 중에서도 사람의 형태나 표정을 자세히 묘사하고 있는 그림과 동상은 상상력을 동원하여 괴담을 만들어내기에 충분한 조건을 가지고 있다. 이는 뒤에서 등장할 '인형 괴담'에서도 언급될 것이지만, 그림 속의 사람 혹은 동상의 시선과 포즈는 미세한 움직임의 변화만으로도 큰 공포심을 불러일으킨다. 이러한 동상 괴담에 대한 것은 주로 초등학교에서 많이 발생되곤 하는데, 이순신 장군의 동상과 세종

현대일본의 요괴문화론

대왕의 동상이 살아나 싸움을 벌인다는 비현실적인 괴담과 같이 상상력의 정도나 관심 요소의 차이로 인하여 괴담의 수준과 현실은 떨어진다고 볼 수 있다.

불러내다, 나타나다 – '곳쿠리상 곳쿠리상', 귀신을 불러내는 주문

〈학교괴담 2012〉의 마지막 에피소드는 세 명의 여고생이 폐교의 교실에 모여 실제로 '곳쿠리상'을 하는 모습을 찍는다는 연출로 시작한다. 책상 위에는 '예', '아니오' 그리고 히라가나를 모두 써놓은 종이 한 장이 놓여 있고, 세 명의 여고생들은 각자의 집게손가락을 한 개의 동전 위로 모은다. 그들은 "곳쿠리상 곳쿠리상 오이데 구다사이(곳쿠리상 와 주세요)"라는 주문을 외운 뒤 여러 가지 질문을 던지고, 곳쿠리상은 종이 위에 자신이 하고자 하는 말이 쓰인 곳으로 그들의 손가락을 옮겨간다. 여고생들은 '무서워', '신기해' 등을 연발한다. 몇 번의 질문이 이어지고, 곳쿠리상이 '(카메라로)찍지 마'라는 글자를 가리키면서 폐교 안 교실의 혼란이 시작된다.

'곳쿠리상'의 '곳쿠리'는 신의 명칭으로, '~씨'를 뜻하는 '~상'을 붙인 '곳쿠리상'은 신을 높여 부른 의미이다. 이는 한국에서 '분신사바'로 알려져 있는데, 이는 본래 '분신分身'이라는 단어에 '~님'의 뜻을 가진 일본어 '사마'를 붙여 '분신사마'여야 할 것이 '분신사바'로 잘못 발음된 형태라고 할 수 있다. 결국 '분신사바'는 용어 자체로는 부정확한 단어이지만, 그 의미는 여러 명이 모여 앉아 귀신을 부르는 주문을 외는 행위를 가리키는 것으로 '곳쿠리상'과 같다.

한국에서도 한때 중고생을 중심으로 굉장한 유행을 몰고 왔던 분신사바는 일본의 것과 그 방법이 약간 다르다. 〈학교괴담 2012〉에서 주인공들이 동전을 사용했던 것과 달리 한국에서는 일반적으로 여러 명이 펜 하나를 잡고 귀신을 부르는 주문을 외운다. 분신사바에 대해서는 '반드시 서로 맞잡은 손 사이에 공간이 있어야 한다', '펜을 잡은 손에 힘을 주면 안 된다', '귀신을 부른 후 중간에 멈추면 안 되는데, 그렇게 되면 귀신이 떠나지 못하고 그 사람에게 계속 붙어 있게 된다' 등과 같이 여러 가지 소문들이 존재한다.

주문을 외는 것만으로 귀신을 불러낼 수 있다는 이러한 주술적 행위는 일본의 경우 음양사와 같은 도사집단에서 행해졌던 것이며, 아무나 가지지 못하는 기이한 능력을 너도나도 쉽게 해볼 수 있다는 흥미로움에 유행처럼 번졌던 것이라고 김종대 교수는 말하고 있다. '곳쿠리상'이 실제로 찾아와 손을 움직이게 하는 것인지는 명확하지 않으나, 분명한 것은 이것이 폐쇄된 교실이라는 공간, 은밀한 행위에 의해 발생하는 공포감으로 인해 학생들이 스트레스를 해소할 수 있다는 것에서 최고의 조건을 가진 학교괴담이라는 점이다.

'곳쿠리상'은 필자가 초등학생이었던 1990년대 후반에서 2000년대 초반 즈음에도 유행하고 있었다. 시끄러운 교실 한가운데에 책상을 붙여놓고 모여 앉은 여학생들이라면 볼 필요도 없이 너도나도 귀신을 불러내고 있는 중이었을 정도였다. 벌건 대낮의 개방된 장소에서 무슨 은밀한 일이 일어나겠느냐마는, 매번 저절로 움직인다고 믿었던 소녀들의 포개진 손끝은 분명 '곳쿠리상'의 존재이자 그 존재를 증명하는 현장이었다.

이러한 '곳쿠리상'은 최근에도 여전히 학생들 사이에서 흔히 행해지고 있다고 한다. 그러나 흥미로운 점은 세월이 지나도 그 틀이 거의 바뀌지 않는다는 사실인데, 일본에서부터 넘어온 괴담들 중 거의 유일하게 한국적으로 바뀌지 않은 것이 바로 '분신사바'라고 한다. 이는 한·일을 불문하고 학생들의 호기심과 상상력이 이승과 저승 간의 경계를 흔들어 놓을 만큼 막강한 것이기 때문이 아닐까 생각해본다. 호기심과 상상력, 그 두 가지에서 비롯된 것이 바로 학교괴담이듯 말이다.

혼자라는 불안감과 여대생이 공유하는 괴담

❖ '인형' 영혼이 깃드는 물건

대학 입학을 위해 도시에서 집을 마련하여 혼자 살게 된 한 여대생은 자유로운 생활에 한껏 들떠 있다. 홀로 짐 정리를 하던 여대생은 이삿짐 상자에서 자신이 챙긴 적 없는 인형을 발견하게 된다. 어릴 적 부모님으로부터 선물받은 것으로, 예전에는 귀여워했지만 이제는 왠지 꺼림칙한 느낌이 드는 그 인형은 결국 집 앞 쓰레기통에 버려지게 된다. 그날 밤, 이상한 기분이 들어 잠을 설치던 여대생은 버렸던 인형이 현관에 놓여 있는 것을 발견하게 되고, 인형은 버려도 버려도 자꾸만 그녀의 곁으로 되돌아온다.

제3화에 등장하는 이치마쓰 인형은 옷을 갈아입힐 수 있는 여자아이의 모습을 한 일본의 전통인형으로서, '이치마쓰'는 아이에게 자주 지어주는 이름에서 따왔다고 한다. 그 외에도 '히나인형'이라는 것이 있는데, 일본에서는 어린 딸의 건강과 행복을 빌기 위한 전통 축제인 히나마쓰리에 딸에게 여자아이 모양의 인형을 사주고 장식하는 등의 전통행사가 이루어지기도 한다. 이러한 환경을 통해 일본에는 어린아이와 관련된 다양한 인형 괴담이 생겨났고, 그것이 폐렴으로 죽은 딸의 영혼이 아끼던 인형 안으로 들어갔다는 이야기나 스님이 신사에 맡긴 인형의 머리카락이 길었다는 이야기 등과 같이 다양한 방향으로 나아가게 된다.

유명한 인형괴담 중 하나인 '메리 인형' 역시 일본 괴담의 단골 소재이다. 한 소녀가 이사를 하면서 외제 인형 '메리'를 버리고 가고, 그날

'리카 인형'
일본의 소녀들 사이에서 유행하며 괴담이 돌기도 했다.
자료 일본 snappy auctions
　　　http://www.snappyauctions.net/news/605/

◀ 〈학교괴담〉 2012, 제3화 '이치마쓰 인형'
버려도 자꾸만 돌아오는 이치마쓰 인형
자료 〈학교괴담〉 2012, 야나기자키 요시오柳崎芳夫, Bee tv
　　　Bee tv 〈학교괴담〉 공식 홈페이지
　　　http://pre.beetv.jp/pages/kowai_natsu/

밤 소녀에게 인형의 전화가 걸려온다. 처음에는 쓰레기통에 있다던 '메리' 인형은 전화를 끊어도 계속해서 걸어오면서 점차 소녀의 집 앞, 마침내는 "너의 뒤에 있어"라는 말을 남기며 이야기는 끝이 난다. 이 같은 '메리 인형' 괴담은 〈학교괴담 2012〉의 8화에서도 다루어진 바 있다.

　이 괴담의 변형으로 생겨난 '리카 인형의 전화 괴담'도 흥미롭다. '리카' 역시 여자아이의 모습을 한 인형으로 소녀들에게 대히트를 쳤고, 실제로 1968년에는 리카 인형의 목소리를 들을 수 있는 전화 서비스가 시행되기도 하였다. 그러면서 혼자 집에서 이 전화서비스를 이용하는 소녀들 사이에서 도시괴담이 생겨났는데, 리카에게 전화를 걸면 '메리 인형'처럼 계속해서 다시 전화가 걸려오며 점점 소녀의 곁으로 찾아온다는 것이다. 이러한 인형 괴담의 유형은 여운을 주는 공포라는 점에서 강점을 가지며 일본에서 개봉된 영화 〈학교괴담〉의 오프닝 장면에 사용되기도 하였다.

어린 시절, 사람들이 집을 나가면 인형들이 살아나 움직일 것이라는 상상을 해보지 않은 사람은 없을 것이다. 필자 역시 인형과 함께 식탁에 앉아 밥을 먹이거나 말을 걸어본 흔한 경험을 가지고 있다. 이렇듯 특히나 여자아이들에게 인형은 누구보다도 소중한 친구이지만, 성인이 되고 난 후에 인형은 영락없이 버려지거나 구석에 방치된다. 그토록 살아 있는 인형을 원하던 소녀에게 이제 그것은 오히려 두려움의 대상일 뿐이고, 자신을 향한 인형의 초점 없는 시선은 혼자가 된 여대생에게 더 큰 공포심을 자극한다. 소중히 여겼던 인형을 미련 없이 버리는 자신에게 인형이 원한을 가질 것이라는 상상력이 부여되는 것이다.

이렇듯 일본인들이 자신의 물건을 소중히 하며 아끼는 애정과 그 안에 영혼이 깃드는 것에 대한 공포심이라는 충돌은 귀여운 것을 좋아하는 소녀가 성인이 되는 과정에서 어쩔 수 없이 동반되어야 하는 갈등인지도 모른다.

❖ '붉은 눈' 일방적인 시선에 대한 공포

여대생의 자취방, 친구가 놀러 와 함께 집을 청소한다. 벽에 붙은 테이프를 떼어내던 친구는 그곳에 뚫려있는 구멍을 발견하고, 집주인 여대생은 '붉은 방' 괴담에 대해 이야기해준다. 붉은 방 괴담이란 구멍 사이로 보이는 '새빨간 방'을 뜻하는데 사실 그 정체가 방이 아닌 '빨간 눈'이라는 것이다. 오싹해진 두 친구는 얼른 잠을 청하기로 하고, 놀러 온 친구는 바닥에 요를 깔고 눕는다. 그런데 무언가를 발견한 듯, 친구는 바닥에서 벌떡 일어나 편의점에 가자며 집에서 여대생을 끌고 나온다. 집을 나온 친구는 "저 집에 다시 들어가면 안 된다"며, 침대 밑에 모르는 남자가 숨어 있는 것을 보았다고 이야기한다.

◀ 〈학교괴담〉 2012, 제2화 '빨간 방'
구멍 속으로 자신을 들여다보는 붉은 눈을 상상하는 여대생
자료 〈학교괴담〉 2012, 야나기자키 요시오柳崎芳夫, Bee tv
Bee tv 〈학교괴담〉 공식 홈페이지
http://pre.beetv.jp/pages/kowai_natsu/

혼자 사는 여대생에게 '옆집에 귀신이 살고 있다'와 같은 괴담은 큰 공포로 다가온다. 그러나 그것보다 더 섬뜩한 것은 자신과 같은 공간에 숨어 있는 누군가, 자신을 해칠 수 있는 사람이 숨어 있다는 이야기일 것이다.

실제로 얼마 전 한국에서 여대생들 사이에서 유명한 괴담 중 '유영철 괴담'이라는 것이 있다. 한 여대생이 낯선 남자와 함께 엘리베이터에 탄다. 여대생보다 한 층 밑에서 내린 남자는 엘리베이터가 닫히자 문에 달린 유리 밖에서 칼을 꺼내 보여주고는 계단을 향해 달려간다. 그 뒤에 이어지는 상황은 이야기하지 않는 편이 듣는 이로 하여금 더 끔찍한 상상을 가능하게 한다. 여기서 미리 칼을 보여주는 행위는 피해자로 하여금 공포감을 극대화시키고자 함이라고 이야기할 수 있을 것이다. 이렇듯 1년간 스무 번의 연쇄 살인을 저지른 실제 살인범인 유영철의 이름을 딴 이 괴담은 여러 가지 형태로 존재하는데, 그 외에도 잔인한 연쇄살인범의 이름을 빌린 괴담들이 지금도 속속 등장하고 있다. 여름마다 등장하여 극한의 공포를 주장하는 호러영화들보다 〈추격자〉 2008와 같이 엽기적인 연쇄살인 범죄를 다룬 영화가 훨씬 더 주목을 받으면서 '무섭다'고 이야기되는 이유도 같은 맥락일 것이다.

학교와 가족이라는 울타리 속에서 벗어난 대학생이 가지는 공포는 비현실적인 학교괴담보다 직접적으로 자신에게 다가올 수 있는 현실에 초점을 맞춘다. 제12화 '빨간 방' 괴담의 여대생은 부모님을 떠나 처음 혼자가 되고, 언제 자신을 찾아올지 모르는, 어딘가에서 누군가가 자신을 지켜보고 있다는 그 무서움을 감당해내야 한다. 아마 이러한 두려움이 여대생에게는 진정한 '괴담'으로 여겨질 수 있는 가장 큰 공포가 아닐까 생각해본다.

'소녀'와 '요괴'가 공존하는 경계

일반적으로 일본의 만화나 영상매체에서는 소녀가 주인공을 맡는 경우가 많다. 일본에서는 예로부터 작고 예쁜 것을 소중히 하고 귀엽다고 여기는 미의식이 내려져 오는데, 이것이 현대의 콘텐츠 속에서도 널리 통용되고 있는 것이다. 참고로 이러한 미의식은 현대에 와서 '귀엽다'를 뜻하는 일본어인 '가와이' 문화로 불리며 캐릭터 산업이나 소녀 만화에 큰 영향을 미치는 기반이 되고 있다.

이러한 소녀의 문화적 의미를 토대로 괴담 속 소녀의 의미를 생각해보자. 〈학교괴담 2012〉에 등장하는 대부분의 주인공은 교복을 입은 소녀이다. 소녀라는 존재는 아주 어린 나이의 여자아이보다는 조금 크고, 완전한 어른이라기에는 아직 덜 성숙한 중간적 위치의 시기라고 할 수 있는데, 즉 애매모호한 경계에 자리하는 존재이다.

그리고 그러한 구조 안에 괴담 속에 등장하는 요괴라는 존재를 대입했을 때, 요괴 역시 죽은 것도 산 것도 아닌, 현실과 저승 사이에 있는 경계적인 존재라는 등식을 발견할 수 있다. 즉 우리는 아이와 어른 어느 쪽에도 속하지 못하는 중간적 위치의 소녀와 죽은 것도 산 것도 아닌, 현실과 이상세계 사이의 경계와도 같은 요괴라는 존재에서 교차점을 찾을 수 있다. 같은 경계 안에서 소녀는 요괴를 보고, 요괴는 소녀에

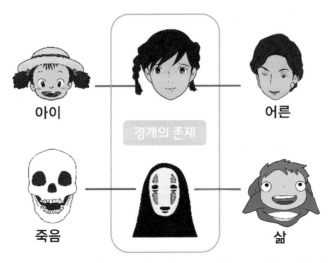

아이와 어른 사이의 시기인 소녀기와 죽음과 삶 사이의 존재인 요괴는 공통적으로 '경계'라
는 중간적 위치에 있다고 볼 수 있다. 그림은 왼쪽 위부터 순서대로 〈이웃집 토토로〉, 〈고
쿠리코 언덕에서〉, 〈센과 치히로의 행방불명〉, 〈폼포코 너구리 대작전〉, 〈센과 치히로의 행
방불명〉, 〈벼랑 위의 포뇨〉 등 모두 지브리 애니메이션에 등장하는 캐릭터를 차용하였다.
'삶'의 자리에 삽입한 캐릭터 '포뇨'는 주인공 남자아이에 의해 죽을 위기에서 살아나 생명
을 얻었기에 삶을 뜻하는 캐릭터로 적합하다고 보았다.

게 나타나는 것이다.

〈학교괴담 2012〉의 에피소드 중 7화 '조용히 해주세요' 편에서는 원령을 보는 여학생이 등장한다. 우연의 일치인지는 몰라도, 학창시절에 '무언가'가 보인다는 친구들은 늘 여학생이었던 경우가 많았다. 필자가 예술고등학교에 재학 중이었던 시절, 늘 아무렇지 않은 표정으로 '무언가'의 존재를 느끼는 친구가 있었다. 모두 함께 극장 청소를 끝내고 창고에 청소도구를 놓으러 들어갔던 그날, "있어?", "어디에?", "몇 명이나?" 등의 질문을 쏟아내던 우리에게 "응" "거기, 그쪽, 저쪽에도" "엄청… 많아"라고 이야기한 그 친구의 대답 때문에 모두가 소리를 지르며 창고에서 도망쳐 나왔던 기억이 생생하다.

이 이야기에 힘입어 조금 더 치우친 관점에서 이야기하자면, 일반적으로 소녀는 또래의 소년들보다 예민하고 성숙하다는 이미지가 강하다. 그런 부분에서 소녀가 괴담이나 요괴의 출현에 의한 공포와 불안에 노출되기에 더 쉬운 존재라는 것을 부정할 수 없을 것이다.

84 불안, 요괴를 깨우다

'곳쿠리상(분신사바)'은 귀신을 불러내는 주술행위이지만, 그것을 하는 학생들의 행위 목적은 자신들의 미래를 알고자 함이다. 물론 '그 아이가 누굴 좋아하는지 알려줘'와 같은 풋풋한 고민상담도 있겠지만, 대부분은 '이번 시험의 1등이 누구인지 알려줘'라든지 '내가 어떤 대학에 가게 될지 알려줘'와 같은 불안한 마음을 담은 궁금함이 앞설 것이다. 밤 열두 시에 맞거울질을 해보면 그 거울 안에서 자신이 죽어가는 얼굴을 볼 수 있다는 '맞거울 괴담' 역시 미래에 대한 궁금함을 담고 있다는 것에서 비슷한 맥락이라고 볼 수 있다.

또한 학교괴담의 주체들은 대부분 홀로 괴담 속 요괴와 맞닥뜨린다. 물론 친구들과 함께 모여 '어떤 장소에서 어떤 시간에 무언가가 나타난다더라' 하는 괴담의 소문을 나누지만, 그것을 감당해야 하는 것은 결국 혼자다. 그리고 〈학교괴담 2012〉에 한해서는 여고생들이 괴담을 겪고 난 이후의 모습은 끝까지 보이지 않는다. 이는 다 함께 같은 곳에 모여 공부하지만, 결국에 자신 홀로 부딪혀야 하는 입시의 문과 비슷한 무게를 가진 부분이라고 볼 수 있을 것이다.

불안하기는 여대생도 마찬가지다. 〈학교괴담 2012〉 중 인형 괴담이나 붉은 방 괴담은 모두 독립한 여대생들에게 일어나는 이야기로, 정체 모를 '요괴'의 존재에 대한 두려움이라기보다 홀로 있는 자신의 신변을 위협하는 존재에 대한 공포감이 주를 이룬다.

학교괴담이라는 거울에 비친 현대사회

학교괴담은 학생들 각자가 가진 압박감과 스트레스로 인한 탈출구의 역할로서 이야기를 만들어 나간다. 얼마 전 한국에서 방영되었던 〈유령〉이라는 드라마에서는 학업 스트레스로 자살한 전교 1등이 전 과목 답이 적힌 답안지를 몰래 사물함에 넣어두어, 그 답안지를 받은 학생은 곧 죽게 된다는 내용을 담은 '전설의 답안지 괴담'이라는 소재를 다룬 에피소드가 방영되었다. 이는 자립형 사립고와 같이 비싼 등록금을 내는 고등학교의 등장과 그 속의 입시지옥이 괴담만큼 무섭다는 것, 즉 괴담보다 무시무시한 '현실의 공포'를 담아내어 현대인들의 좋은 반응을 이끌어낸 신新괴담이라고 할 수 있다.

물론 모든 청소년의 주된 관심사가 대학입시이고, 청년들이 모두 현실적인 공포를 더 무서워한다고 확신할 수는 없다. 그러나 중요한 것은 현재 우리가 살아가고 있는 주변의 삶이 가장 극단적으로 녹아 있는 것이 '도시괴담', 그중에서도 아이들과 학생들로 인해 가장 빠른 속도로 퍼져 나가는 '학교괴담'이라는 사실일 것이다. 그리고 앞에서 이야기했듯 그 대부분은 우리나라에서 생성되기보다는 일본에서 전승되어 넘어오는 것이 많은데, 흥미로운 점은 앞서 이야기한 일본의 다양한 학교괴담들이 우리나라에 자연스럽게 들어와 지금까지도 비슷한 형태로 구전되고 있다는 사실이다. 즉 이것은 학교괴담이야말로 일본의 요괴 및 요괴현상 중 한국인이 가장 이질감을 느끼지 않는 부분이라는 것을 뒷받침하는 사실이 아닐까?

학교괴담의 성립을 현대 일본의 드라마를 통해 짧게나마 살펴본바,

◀ 한국에서 방영되었던 드라마 〈유령〉2012의 한 장면
학교에 떠도는 괴담으로 인해 친구들에게 오해를 받아 왕따
를 당하던 여학생이 투신자살을 선택하고, 소문이었던 괴담
은 현실로 이어진다.
자료 〈유령〉2012, 김형식, SBS
　　　SBS 〈유령〉 공식 홈페이지 http://tv.sbs.co.kr/phantom

학교는 많은 괴담들이 존재하고 있는 장소라는 것을 다시금 확인할 수
있었다. 그러나 학교 곳곳에 자리한 공포는 그 공간만으로는 힘이 없
다. 세월이 지남과 동시에 우리 모두의 고민은 변하지만, 학교괴담만
큼은 세대의 세대를 넘어 비슷한 모양의 이야기가 내려져 오기에 학교
구석에 숨어 있던 요괴는 학생들의 입에서 입을 지나 조금씩 자라나고
있는 것이다. 괴담은 불안감으로 인해 만들어지고, 불안감에 의해 퍼
져 나간다. 결국 괴담 속 요괴는 우리 속에 있는 두려움이 커지기만을
기다리는 존재일지도 모른다. ✿

소설가 미야자와 겐지가
창조한 요괴 캐릭터

임유희林維喜*

9 1 미야자와 겐지의 동화 속의 요괴

시인이자 동화작가 미야자와 겐지宮沢賢治, 1896-1933는 일본의 민간전승을 기록한 『도노 이야기遠野物語』의 배경지가 된 동북東北 출신의 작가로서 향토성 강한 작품으로 높은 평가를 받고 있다. 일본 문학을 잘 모르는 사람일지라도 우주여행을 소재로 한 '은하철도 999'라는 판타지성 강한 일본의 애니메이션은 접해 보았을 것이다. 이 애니메이션 은하철도 999의 모티브가 된 동화 『은하철도의 밤銀河鉄道の夜』이 바로 미야자와 겐지의 작품이다.

겐지 동화작품의 대부분은 동식물의 의인화 기법이 주를 이룬다. 그중 『펜넨넨넨넨 네네무 전기ペンネンネンネンネン·ネネムの伝記』1922(이하 네네무로 표기)는 특이하게 요괴를 등장인물로 다룬 작품이다. 작품 창작시기가 1920년대 초반이며 작가의 고향이면서 작가가 일생을 보낸 곳이 일본 동북부 지방의 산골 마을인 것을 고려하면, 「네네무 전기」에

---

* 신구대학교 강사. 미야자와 겐지의 문학세계 연구.

현대일본의 요괴문화론

등장하는 요괴는 시대적, 지리적 배경에 있어 매우 진보적이라고 말할 수 있다. 또한 그 당시로써는 보편적이지 않은 파격적인 제재의 활용이다. 요괴와 요괴 세상의 묘사 또한 뛰어난 상상력을 발휘하여 절대 현대의 요괴에 뒤지지 않는 장면 묘사가 이어진다. 이국적 요소, 현대 요괴 캐릭터와의 유사성, 그리고 일본적 요소와 이국의 요소를 조화롭게 결합한 특징들 또한 찾아볼 수 있다. 이처럼 시대와 지리적 배경을 초월했으며 당시로써는 매우 기발한 상상력이 돋보이는 문학 작가 겐지가 창조해 낸 독창적 요괴들을 이하에서 살펴보도록 하자.

<u>9</u>2 길기도 한 요괴의 명칭 『펜넨넨넨넨 네네무』

네네무 전기는 미야자와 겐지의 자전적 동화작품으로, 『구스코 부도리 전기グスコーブドリの伝記』1932(이하 부도리로 표기)의 초기 작품이라고 알려져 있다. 두 작품의 스토리 전개과정은 유사하나, 부도리 전기가 인간 세상의 이야기인 것과는 달리 『네네무 전기』는 인간의 이야기가 아닌 '요괴 세상'의 이야기이다. 1920년대 일본 동북부 지방의 극심한 기근이 소재가 된 『네네무 전기』의 전체 작품 줄거리는 다음과 같다.

작품은 1장, 펜넨넨넨넨 네네무의 독립, 2장, 펜넨넨넨넨 네네무의 성공立身, 3장, 펜넨넨넨넨 네네무의 순찰巡視, 4장, 펜넨넨넨넨 네네무의 안심, 5장, 펜넨넨넨넨 네네무의 출현의 총 5장으로 구성되어 있다. 숲 속에서 행복하게 가정생활을 유지하던 요괴 네네무의 가족이었지만, 심각한 기근이 이어지던 어느 날 네네무의 아버지 요괴가 숲에 잠시 다녀오겠다면서 집을 나가 돌아오지 않는다. 그 후 어머니도 집을

나가 숲으로 간 후 돌아오지 않고, 네네무와 여동생 마미미만 숲에 남겨진다. 이때 한 남자가 나타나 여동생 마미미를 납치해 가고, 네네무는 갑자기 나타난 모든 숲의 주인이라는 남자에 의해 10년 동안 나무 위에 올라가 다시마잡이 일을 한다. 다시마는 바다에서 잡을 수 있는 생물이지만, 이처럼 숲 속에서 다시마를 채취한다는 설정을 통해 기본적으로 요괴적 상상력이 가미된 것을 알 수 있다. 그 후 네네무는 10년 동안의 숲 속 다시마잡이 일을 마치고 숲에서 나와 한문문문문 무무네 ハンムンムンムンムンムン・ムムネ라는 도시로 향한다. 노동의 고단함을 경험한 네네무는 무무네 시에 가서 학문을 배워 서기가 될 것을 결심한다.

이하의 원고가 소실되어 자세한 과정은 생략되어 있지만, 무무네 시에서 네네무는 휘버 박사フゥフ＃ボオ博士의 강의를 듣게 된다. 그리고 강의가 끝난 후 시험을 통과한 네네무는 휘버 박사가 가슴에 써 준 '샘 22호セムニ＋二号'라는 글씨를 받아들고 길을 떠난다. 휘버 박사가 써준 글씨는 세계 재판장의 저택 번지로서, 이후 네네무는 세계 재판장으로 임명받아 요괴들을 재판하게 된다. 주인공 펜넨넨넨넨 네네무라는 이름을 비롯하여 저택의 주소 샘 22호, 그리고 무무네 시 등의 작명은 일본식이 아닌 독특한 작명법으로, 일반적인 인간 세상과 다른 요괴 세상의 기괴함을 직접적으로 표현한 것이다. 이러한 명명은 이후에도 계속해서 등장한다.

네네무가 세계 재판장이 되어 처음 판결한 사건은 자시키와라시ザシキワラシ와 우우우웨이ウウウウエイ에 관한 사건이다. 두 요괴의 죄목은 인간 세상에 함부로 출현하여 인간들을 놀라게 했다는 것이다. 이 사건의 전개 과정을 분석해 본다면 『네네무 전기』는 요괴 세상과 인간 세상의 이분화가 전제되어 있다. 즉 경계성이 나타나고 있다. 경계성은 요괴학에서 근본적으로 정의되는 이공간異空間에 관한 인식과 구별에서

비롯되는 것으로, 『네네무 전기』는 이처럼 이공간에 관한 인식이 기본적으로 내재되어 인간 세상과 요괴 세상을 구분하는 경계성이 기본적으로 나타난다. 자시키와라시와 우우우웨이 사건의 재판 과정 이후, 구체적으로 다양하고 다수의 요괴들이 등장한다. 이때 등장하는 요괴의 유형은 집단 요괴, 개인 요괴, 마술기술 요괴 등과 같이 각각의 특징에 따라 분류해 볼 수 있다. 이 요괴들은 다음의 3장에서 겐지가 창조한 새로운 요괴의 유형으로서 분류 및 서술하여 보았다.

네네무는 자시키와라시와 우우우웨이 사건 판결을 시작으로 지혜로운 세계 재판장으로서 명성을 쌓아가던 어느 날, 자신의 성공과 재판장으로서의 현명함에 자아도취되어 들뜬 기분으로 춤추고 노래하다가 자신이 인간 세상에 무심코 모습을 드러내는 범죄를 저지르고 만다. 그 후 요괴 세상에 돌아와 반성하며 세계 재판장 자리를 사임하겠다고 하는 장면을 끝으로 원고의 소실에 의해 이야기는 미완성으로 끝이 나는데, 완전하게 요괴 세계가 기본 구조이다.

9<u>3</u> 겐지의 고향 숲 속에서 노니는 요괴들

『네네무 전기』는 기본 배경을 요괴 세상으로 설정하였기 때문에 전체 등장인물은 요괴라는 것이 전제된다. 제일 초반에 등장하는 네네무 아버지 요괴를 비롯하여 사건 전개를 따라 다양한 개인 요괴 및 집단 요괴가 등장한다. 요괴에 관한 외형 묘사는 단순히 색과 크기에 의한 구분이 주를 이루지만, 캐릭터에 따른 행동 묘사가 나타나는 점이 독특하다. 예를 들면 가장 처음 등장하는 요괴 네네무의 아버지는 '네네무의 아버지 숲 속 청색 요괴', 네네무가 숲을 빠져나와서 제

일 먼저 만나는 황색 그림자 요괴도 별다른 수식 없이 '황색 그림자 요괴, 황색 유령'처럼 외관은 색에 의한 묘사가 주를 이룬다. 그러나 마술 기술을 선보이는 요괴들의 모습은 몸이 두 동강이 났다가 다시 몸이 붙는 등의 기이한 요괴적 행동을 선보이기도 한다. 또한 이름을 주로 가타카나カタカナ로 표기하고 있는 것이 특징적이다. 가타카나에 의한 명칭 표기는 가타카나 쓰기를 자주 시도한 겐지의 창작 기법 중 하나로서도 이해할 수 있지만, 여기서는 전체적으로 고려해 볼 때 외래어 표기 효과 및 이국적 요소라는 것을 표현하기 위해 의도적으로 가타카나 쓰기를 선택했다고 생각된다. 일본에서 가타카나 표기는 주로 외래어를 표기할 때 사용하므로 등장 요괴들의 가타카나 표기는 그 표기 자체만으로도 이질감을 나타낸다. 이로써 구분의 의도가 충분히 반영된 표기인 것이다.

전체 등장 요괴들을 묘사별, 특성별로 구분해보면 개인 요괴 대 집단 요괴의 형태로 크게 분류된다. 그리고 개인 요괴들 가운데 몇몇은 특정 집단군에 속하기도 한다. 이하에서 겐지가 창조한 특징적인 요괴 캐릭터들을 알아보겠다.

❶ 펜넨넨넨넨 네네무

작품의 주인공 네네무는 빨간 머리, 새파란 눈, 부드러운 다리, 반짝이는 귀로 묘사되었다. 이 외형 묘사 이외에 특별히 부각되는 요괴적 행동 요소는 없지만, 작품 내용과 관련하여 이러한 외형묘사를 통해

▲ 본문의 묘사를 참고하여 그린 네네무의 모습
원문에서 색에 의한 묘사가 주를 이루기 때문에 특징적으로 머리카락과 눈의 색이 강조 표현되었다.
자료 그린이 안휘수

　　　　　　　　　　현대일본의 요괴문화론

1920년대 혹은 겐지식 영웅의 모습을 추측해 볼 수 있다. 네네무의 이름 형식이 일본적이지 않은 것 또한 주목된다. 네네무라는 요괴는 동식물의 인격화도 아니고 자연물 변형이나 사물의 왜곡된 모형이 아닌 인간의 형태를 취한 요괴의 모습이다. 이러한 설정 및 발상은 1920년대를 사는 겐지가 우화의 세계를 넘어서서 요괴에 대한 독창적 상상과 개념을 표현하기 시작한 것을 의미한다.

❷ 텐텐텐텐 테지마

테지마는 숲 속에 남겨진 네네무의 여동생 마미미를 납치하는 요괴로서 악한 유형의 요괴이다. 선과 악을 명확하게 구분 짓지 않는 겐지의 창작 습관에 의해 완벽한 악당 캐릭터 구현에는 이르지 못하고 있지만, 초반부에는 납치라는 행위를 저지르며 등장한다. 그때 눈 주변이 붉다는 것이 외모에 대한 특징적 모습이다. 후반부에 마술기술을 선보이는 요괴로 등장한다.

구체적으로 테지마는 눈이 날카롭고, 눈 주변은 빨갛고, 키가 큰 커다란 청색의 남자, 바람처럼 사라지기도 하고 눈빛만으로 다른 요괴를 제압하는 특징으로 묘사되었다. 이처럼 눈에 관한 중점 묘사는 가부키의 구마도리隈取라는 독특한 화장법이 연상된다. 구마도리 화장법은 일본의 전통 무대 예술 가부키에서 초인적 인물 혹은 용맹한 인물을 표현할 때 사용되는 화장법이다. 이 화장법은 테지마의 묘사와 마찬가지로 눈 주위의 화장이 강조된 것을 아래의 그림에서 알 수 있다. 일본의 문화를 활용하여 인물 캐리커처와도 유사한 만화적 요소를 가미하였고 거기에 악당이라는 성격을 부과한 요괴 표현이다. 캐릭터의 특성에 관해 애매모호한 입장을 취했기 때문에 전형적인 악당 캐릭터 구축에는 실패했지만, 악의 속성을 붉은색 눈으로 표현하는 등 하나의 유형

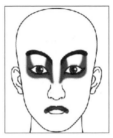

◀ 본문의 묘사를 참고하여 그린 테지마의 외형묘사
가부키歌舞伎 배우의 얼굴 화장 구마도리와 비교했을
때 눈 주변을 강조한 유사성이 보인디. 테지마의 캐릭
터를 표현하기 위한 외형묘사로서 요괴 캐릭터화의 진
행과정과도 비교해 볼 수 있다.
자료 그린이 안휘수
　　　가부키 사전 http://www2.ntj.jac.go.jp/dglib/contents
　　　/learn/edc_dic/dictionary/dic_ka/dic_ka_32.html
　　　가부키 화장 http://ja.wikipedia.org/wiki/ファイル:
　　　Kabuki- makeup.PNG

을 보여주려 했다는 점은 인정된다. 특정 성격을 하나의 요괴에 투영
하고, 그 투영된 성격으로 고유의 캐릭터를 창출하려는 시도가 나타났
다고 말할 수 있다.

　❸ 휘버 박사

　휘버 박사는 키가 100자(1자=약 30cm), 즉 도량형에 따르면 약 3,000cm
로 일반적 개념을 초월하는 신장으로 묘사되었다. 얼굴 길이도 1미터
로서 장신의 요괴를 추구하고 있다. 그러함에도 불구하고 일본의 한
개인이 직접 그린 아래의 그림에서 휘버 박사는 매우 작게 그려져 있
다. 그리고 휘버 박사의 날아다니는 특성을 살려서 새의 형태로 그렸
다. 아래의 그림은 『네네무 전기』의 후기 작품 『구스코 부도리 전기』
를 토대로 2012년 스기이 기사부로杉井ギサブロー 감독이 제작한 애니메이

션에 묘사된 구보 박사(네네무 전기의 휘버 박사에 해당)의 모습이다. 『구스코 부도리 전기』에서 박사는 키가 크다고만 묘사되어 있다.

휘버박사는 네네무가 동경하는 학문을 하는 인물로서 네네무의 관점에서 볼 때 학식이 깊은 위대한 존재이다. 신장을 과장되게 묘사한 것은 위대한 존재를 거대한 크기로 표상화한 것이다.

또한 박사는 양손, 코, 입, 팔꿈치, 머리카락 등 모든 신체를 이용해서 칠판에 글씨를 쓰며 날아다니는 속성이 있다. 변형된 요괴의 형태를 취한 것으로, 이 모습은 센과 치히로의 행방불명에 등장하는 가마할아범이 긴 손을 자유자재로 뻗어서 활용하는 모습이 연상된다. 또 노트를 읽을 때 눈으로 읽는 것이 아니라 노트를 통째로 집어삼키며 읽는 등의 초인적이면서 기괴한 특징이 제시된 요괴이다. 이는 초능력자와도 같은 묘사이다.

스기이 기사부로 감독의 애니메이션(한국명: 부도리의 꿈)에 등장하는 구보 박사의 모습 ▲
자료 〈구스코 부도리의 전기[The Life of Guskou Budori]〉2012, 워너 엔터테인먼트 재팬 제작, 미디어캐슬 수입, 나이너스 엔터테인먼트 배급
부도리의 꿈 공식 홈페이지 http://www.budori.co.kr/

❹ 재판받는 요괴1 – 자시키와라시ザシキワラシ

자시키와라시는 일본 동북지방을 대표하는 요괴로서 집안에 복을 가져다주는 아이 모습의 요괴로 알려져 있다. 만약 사시키와라시가 그 집에서 떠나버리면, 그 집의 복도 함께 떠나버린다고 사람들은 믿는다. 자시키와라시는 자시키봇코座敷ぼっこ라는 이름으로 불리기도 한다. 자시키와라시는 예로부터 아동의 모습을 하고 있거나 그 성별이 불분명하여 정확한 모습은 알 수 없다고 하였다. 애니메이션 〈갓파쿠와 여름방학을〉에 나타난 자시키와라시는 아래의 그림과 같이 여자아이의 모습을 하고 있다. 갓파쿠와 주인공 고이치가 또 다른 갓파를 찾아 하나마키花巻로 여행을 떠나 여관에서 하룻밤을 보내는 날에 만난 자시키와라시의 모습이다. 자시키와라시가 동북지방 고유의 요괴라는 것을 알 수 있는 장면이다. 그리고 2012년에 일본에서 개봉된 〈Home, 사랑스러운 자시키와라시〉 영화에서도 그림과 같이 일본 어린이의 모습으로 등장한다. 오른쪽 그림은『네네무 전기』에 묘사된 문장을 토대로 그려본 자시키와라시의 모습이다.

『네네무 전기』의 자시키와라시는 어린이의 모습이라고 알려진 일반적 속설과는 차이가 나는 다른 모습으로 묘사되었다. 22살 성인의 모습이면서 빗자루를 들고 금기시되는 인간 세상에 출현하여 자시키에 바람을 불어넣으려 했다고 말한다. 어쩌면『네네무 전기』의 요괴 세상에서 22살은 성인이 아닐지도 모른다. 혹은 요괴도 성장을 한다고 하니 요괴 세상에서 장성한 자시키와라시를 표현한 것일 수도 있다. 그렇지만 보편적으로 22살은 성인을 의미하기 때문에『네네무 전기』의 자시키와라시는 어린아이와 비슷한 모습의 일반적인 자시키와라시와는 확연하게 차이가 난다.

자시키와라시는 일본 고유의 요괴임에도 불구하고 자시키와라시의 이름은 가타카나로 표기되었다. 주로 외래어를 표기하는 가타카나 표기로 자시키와라시를 명기하면서 의도적으로 외래종이라는 인식을 주고 있다. 또한 이러한 표기는 겐지라는 작가의 가타카나 쓰기의 특징 중 하나이기도 하지만, 앞에서도 설명했듯이 구분의 의미 또한 포함하고 있는 것이다. 민속학자 야나기타 구니오柳田国男가 쓴 민간전승 기록인『도노 이야기遠野物語』에서도 자시키와라시는 가타카나로 표기되었다. 도노遠野는 겐지의 고향인 하나마키와 근접한 지역이기도 하다. 하지만 겐지와 야나기타 구니오의 직접적인 연관성이나 교류는 전혀 없었다고 전해진다. 그러나 도노 이야

▲ 『네네무 전기』의 본문 묘사를 토대로 표현한 자시키와라시 현재는 기모노를 입은 소녀의 모습으로 자시키와라시를 표현하는 것이 일반적이다.
자료 그린이 안휘수

기의 해설자로 알려진 사사키 기젠佐々木喜善과 겐지는 서로 교류가 있었기 때문에 겐지와『도노 이야기』의 연관성을 완전히 배제할 수는 없지만,『네네무 전기』에 나타난 자시키와라시는 일본 동북지방의 토속적 요괴 자시키와라시에 서양적 요소와 겐지만의 독창적 상상력을 가미한 새로운 형태로 볼 수 있다.

또한 자시키와라시가 인간 세상에 가서 바람을 집어넣으려 했다는 설정은 겐지라는 작가가 다른 작품에 등장시킨 바람 요정 '바람의 마타사부로'의 속성과 연관성이 있다. 바람의 마타사부로는 겐지가 고안해 낸 독창적 요괴로서 바람의 요정을 의미한다. 바람을 인간 세상에 불어넣기 위해 출현한 자시키와라시라는 표현에서 그가 다수의 작품 가운데 제재로 등장시키는 바람 요괴, 바람의 마타사부로가 연상된다.

그리고 이를 통해 자시키와라시와 바람의 마타사부로의 접목을 시도한 것으로 보인다. 이처럼 동북지방의 전통적 요괴이지만, 기존의 자시키와라시와 구별하여 새로운 유형의 요괴로 재탄생시킨 것이『네네무 전기』의 자시키와라시이다.

❺ 재판받는 요괴2 – 우우우웨이ウウウウェイ

우우우웨이는 35세이고, 아프리카 콩고 숲에서 달빛에 춤추며 즐거워하는 사람들 사이에 나타나 사람들을 놀라게 한 죄목으로 자시키와라시와 함께 재판받는 요괴이다. '케로케로'라며 웃는 웃음소리에서 만화 〈케로로 중사〉가 연상된다.

외형은 다갈색과 흰색의 점토로 얼굴을 가부키 화장을 하고, 입이 귀까지 찢어지고, 가슴이나 다리는 벌거벗고, 허리에 두꺼운 도롱이 같은 것을 두르고 있다. 위의 그림은 삽화가 안휘수 씨의 도움을 빌려 우우우웨이의 모습을 재현해 본 것이다. 아프리카의 원주민과도 유사성이 보이며, 일본만이 아닌 다양한 모습의 독창적인 요괴를 창출하려한 흔적이 나타난다.

▲ 재판받는 요괴 우우우웨이
자료 그린이 안휘수

▲ 케로로 중사
자료 http://www.pahoo.org/athome/album/2005/album2005
1009-1.shtm

「네네무 전기」의 본문 묘사를 토대로 표현한 재판받는 요괴 우우우웨이는 아프리카 지역의 토착민과 유사한 모습이다. 우우우웨이는 일본 만화 캐릭터 〈케로로 중사〉와 같은 소리를 낸다.

❻ 그림자 요괴

네네무가 숲에서 나와 한문문문문 무무네 시로 가면서 길에서 만난 요괴로, 그림자 요괴라고 한다. 그림자 요괴는 황색 그림자 요괴라고 만 묘사되었다. 더 이상 구체적인 묘사가 없는 것이 아쉽다. 그런데 그 림자 요괴라는 명명을 통해 그 속성을 유추해 볼 수 있다.

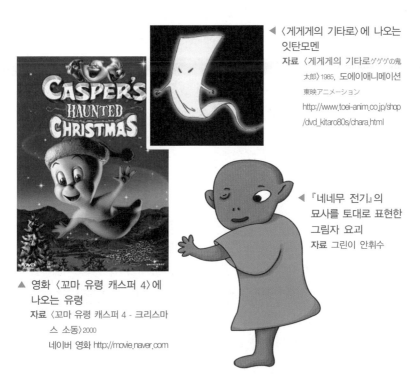

▶ 〈게게게의 기타로〉에 나오는
　잇탄모멘
　자료 〈게게게의 기타로ゲゲゲの鬼
　　太郎〉1985, 도에이애니메이션
　　東映アニメーション
　　http://www.toei-anim.co.jp/shop
　　/dvd_kitaro80s/chara.html

▶ 『네네무 전기』의
　묘사를 토대로 표현한
　그림자 요괴
　자료 그린이 안휘수

▲ 영화 〈꼬마 유령 캐스퍼 4〉에
　나오는 유령
　자료 〈꼬마 유령 캐스퍼 4 - 크리스마
　　스 소동〉2000
　　네이버 영화 http://movie.naver.com

현대의 여러 캐릭터들에서도 위의 그림과 같이 그림자 요괴와 유사 한 발상 혹은 유사한 모습의 요괴들을 찾아볼 수 있다. 그림자 요괴라 는 명명은 새로운 요괴 캐릭터의 창작 흔적을 의미한다. 문학 작가 겐 지의 뛰어난 상상력이 문학 작품을 통해 독창적 요괴를 탄생시켰던 것 이다.

9 4 이쪽의 요괴 세상과 저쪽의 인간 세상이라는 두 공간

작품『네네무 전기』의 요괴를 몇 가지 특징별로 구분해 보면 집단 요괴와 개인 요괴가 등장한다. 또 일본 전통 요괴의 변형이 나타난다. 이것은 좁게는 일본과 서양, 넓게는 동서양의 조화 및 혼합형태를 보인다. 또한 현대 애니메이션에 등장하는 유명 캐릭터 요괴와 유사성도 나타난다. 반드시라고는 할 수 없지만 현대 애니메이션 혹은 요괴 캐릭터에 미야자와 겐지의 영향이 전혀 없다고 말할 수는 없을 것이다. 일본의 애니메이션 거장 미야자키 하야오도 미야자와 겐지의 영향을 받았다고 스스로 말하고 있다. 그렇기 때문에 미야자와 겐지의 요괴적 상상력에서 현재 요괴의 원형을 찾아볼 수 있는 가능성은 열려 있다고 보인다.『네네무 전기』에 등장하는 요괴와 현재 알려진 요괴 캐릭터들의 유사성에서 그 이유를 찾아볼 수 있다. 특히 1920년대와 2000년대라는 시간적 차이 등을 고려할 때 그 의의는 더 크다고 생각된다. 아쉬운 것은 겐지가 요괴의 성격을 중심으로 작품을 쓰지 않았기 때문에, 그리고 어디까지나 문학작품의 등장요소로 요괴가 사용되었기 때문에 요괴의 특성이 보다 더 구체적으로 묘사되지 않았다. 그래서 작품에 나타난 다양한 요괴들이 표면화되지 못한 것은 아쉽다. 그렇지만 1920년대라는 시대적 배경을 고려하면, 과거로부터 현재까지 요괴의 캐릭터화, 요괴의 애니메이션화, 그리고 요괴학적 관점에서『네네무 전기』는 매우 의의 있는 작품 중 하나일 것이다.

『네네무 전기』에는 이쪽 세상=요괴 세상, 저쪽 세상=인간 세상의 두 공간이 분명하게 구분되었다. 이쪽 세계(요괴 세계)의 존재가 저쪽 세계(인간 세계)에 출현하는 것을 금하고 있는데, 이처럼 요괴 세상, 인간 세상 두 경계의 구분이 명확하다. 인간 세상과 요괴 세상을 구분하는 경계성 발언을 통해 요괴학에서 말하는 공간, 경계의 구분에 관한 인식이 기본적으로 전제되었고, 또 명확하게 구축되고 있음을 알 수 있다.

『네네무 전기』의 요괴는 모두 뛰어난 상상력에 의해 탄생되었다. 현대적 관점에서 볼 때도 결코 뒤지지 않는 상상력으로 집단 요괴, 학교 요괴 등 그 유형 또한 다양하게 창조되었다. 일본 동북부 지방의 전통적 요괴를 재현하는 일차적 단계에 머물지 않고 그 이상의 상상을 더해 변용을 시도한 것 또한 독특하다. 서양적 요소를 가미하여 새로운 변형을 꾀하며 기존 요괴와 구별된 요괴 유형이 나타난다. 단지 조금 더 구체적으로 요괴 세상을 구축하지 못한 점은 앞서도 언급했지만 아쉬운 부분이다. 당시로써는 매우 선구적인 요괴의 큰 틀은 제시했지만, 요괴 각각의 특징 묘사에서 섬세함이 부족하다. 그리고 그 각각의 특성을 부각시키는 스토리의 전개가 다소 부족한 것이 아쉽다. 단순하게 색으로만 요괴를 묘사하는 등, 보다 더 구체적인 특징 설정과 그에 의한 완벽한 한 개체로서의 요괴 유형 구축은 실패했다. 하지만 독창적으로 뛰어난 상상력을 발휘하여 다른 문화와의 변용을 통해 기존의 요괴와 다른, 새로운 요괴 세상을 선구적으로 표현하려 했다는 점을 높이 평가하고 싶다. ✿

현대일본의 요괴문화론

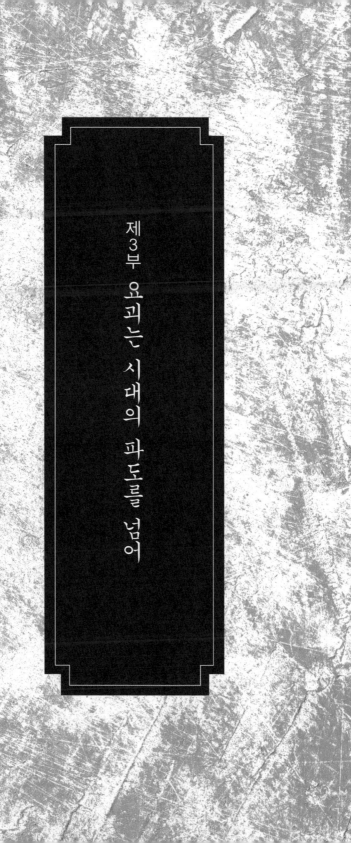

제3부 요괴는 시대의 파도를 넘어

이야기와 민간신앙을 통한
도깨비의 삶 엿보기

김종대金宗大*

10 1 도깨비를 우리는
얼마나 알고 있는가

어린이들이 제일 흥미롭게 생각하는 대상은 도깨비이다. 서점에 나열되어 있는 동화책을 보면 도깨비를 주인공으로 삼은 이야기들이 많은 이유도 이런 사실과 관련이 있다. 하지만 도깨비에 대한 정체는 아직도 완전하게 밝혀지지 못했다.

어린이가 좋아하는 대상인 도깨비가 과연 무엇일까, 도깨비는 어디에 살까, 도깨비는 무엇을 좋아할까, 도깨비는 어떻게 생겼을까, 도깨비에 대한 많은 이야기들 속에서 도깨비들은 어떤 행동을 할까 등등 많은 의문들이 있다. 이런 의문들을 동화책이 시원하게 해답을 주지 못한다. 그렇다면 왜 도깨비를 주인공으로 삼은 이야기만이 많이 생겨났을까.

우리는 도깨비라는 단어에 너무나 친숙해져 있다. 그렇기 때문에 도

---

* 중앙대학교 교수. 민속학 전공. 문화의 상징, 도깨비연구.

깨비를 모르는 사람이 없다. 이 말은 도깨비를 잘 알고 있다는 의미를 내포하고 있다. 진정으로 도깨비를 알고 있는 것일까 하는 의문을 가져본 사람은 별로 없다고 생각된다. 그렇다면 우리에게 도깨비는 어떤 존재였을까 하는 의문부터 풀어나가는 것으로 이야기를 시작하도록 하자. 오늘의 이야기는 그런 점에서 '도깨비 올바르게 알기'이다.

10 2 하루를 통해 본 도깨비의 삶

다리 밑에 서 있던 도깨비는 누군가 다리를 지나가는 소리를 들었다. 발소리를 들어보니 김 서방인 듯했다. 머리를 들어 김 서방을 불렀다. 하긴 도깨비가 알고 있는 성은 김 씨밖에 없으니 김 서방을 부를 수밖에.

마침 김 서방이 도깨비를 쳐다보며 "왜 부르나." 하고 답했다. 도깨비는 김 서방에게 장에 가는 길인가 물었다. 그렇다고 말하자 도깨비는 장에 가거든 고기를 한 근 사 오라고 하였다. 김 서방은 장에서 일을 보고 집으로 오는 길에 아까 만났던 도깨비에게 고기를 전해 주었다.

다리 밑에서 나온 도깨비는 김 서방에게 고맙다는 말을 하고는 나하고 친구가 되는 것이 어떤가 하고 물었다. 김 서방은 친구도 별로 없는데 잘 되었다고 생각하고는 그렇게 하자고 대답했다. 도깨비는 내가 좋아하는 음식은 메밀묵인데, 나한테 가져다주면 잘 해주겠다고 말했다. 김 서방은 집에 가서 메밀묵을 해다 주었다. 그랬더니 도깨비가 돈을 한 보따리 주는 것이 아닌가.

그때서야 김 서방은 도깨비인 줄 깨달았다. 도깨비가 준 돈으로 땅을 사고 집을 사 두었다. 도깨비는 변덕이 심해서 자신이 준 돈을 다시 나뭇잎이나 모래로 만들어 버린다는 이야기를 들은 적이 있었기 때문이다.

오후가 되어 비가 내리려고 하는지, 하늘에 구름이 잔뜩 끼었다. 가랑비도 조금씩 내리고 사방이 깜깜하게 변하자, 도깨비는 불로 변해 버렸다. 왔다갔다 움직이면서 유성처럼, 혹은 비행접시처럼 움직이자 사람들은 도깨비불이 나타났다고 웅성거렸다. 조금 더 날아다니다가 이것도 재미가 없는지 도깨비불은 사라져 버렸다.

어촌에서 고기잡이를 하는 사람들은 도깨비불을 매우 중요하게 여긴다고 한다. 왜냐하면 고기가 많이 잡히는 곳에 도깨비불이 나타나기 때문이라는 것이다. 물론 도깨비가 고기를 좋아하기 때문에 나타난 것이지만, 그 모습을 보고 다음날부터 사람들은 그곳에서 고기를 잡는다.

저녁때 도깨비는 산의 고개로 나갔다. '오늘은 누구와 씨름을 할까, 힘센 사람이 걸려야 재미있게 씨름을 할 텐데.' 속으로 생각하면서 사람을 기다렸다. 마침 한 사람이 지나가는 것이 보였다.

"어이, 지나가는 사람, 나와 씨름 한판 하지."

도깨비가 씨름을 하자고 덤비자 그 사람도 망설이는 기색이 없이,

"좋다. 나도 우리 동네에선 제일 힘센 사람으로 소문이 났는데, 잘 되었군."

한참을 씨름을 했는데 승부가 쉽게 나지 않았다. 새벽이 되어서 도깨비는 갈 시간이 되었기 때문에 지는 척하고 빗자루로 변해 버렸다. 그 사람은 자기가 이긴 줄 알고 빗자루를 나무에 묶어 놓고 집으로 갔다. '그 사람 참 웃긴다. 자기가 이긴 줄 아는 모양이군.' 도깨비는 속으로 웃었다.

　　　　　현대일본의 요괴문화론

10<u>3</u> 도깨비를 잘 알기 위한 몇 가지 단서

사람들은 도깨비가 험상궂고 머리에 뿔도 나고 이빨도 마치 드라큘라처럼 삐져나왔다고 한다. 하지만 도깨비는 우리가 알고 있는 것처럼 무섭지 않다. 〈도깨비의 하루〉에서 나온 것처럼 도깨비가 그렇게 무섭다면 사람들과 어울리지 못할 것이다. 왜냐하면 사람들이 모두 도망갈 것이기 때문이다.

우리가 알고 있는 도깨비의 모습은 사실 일본의 요괴인 오니ぉに다. 이 오니가 우리의 도깨비라고 알려지게 된 이유는 1915년 일본이 우리나라를 강제로 침탈해서 식민지 통치를 할 때부터이다. 즉 국어독본이라는 4학년 교과서에 〈혹 뗀 이야기〉를 수록하면서 삽화로 일본의 오니를 그려 넣었던 것이다. 그 후로 우리의 도깨비는 일본의 오니와 같은 모습을 하게 된 것이다. 이 사실을 보고 일본 사람들이 얼마나 좋아하는지.

도깨비라는 말도 사실은 성인 남자를 가리키는 뜻을 갖고 있다. 도깨비는 '돗+애비'가 합쳐진 말이다. 할머니가 우리의 아버지를 부를 때 '애비야'라고 하는데, 이때의 애비는 바로 성인 남자를 지칭하는 것이다. 그렇다면 '돗'은 무슨 뜻일까. '돗'은 불火이나 씨種子를 뜻하는 어원으로서 재산이 번창하거나 많은 수확을 얻고자 한다는 의미를 갖고 있다. 따라서 도깨비는 부자로 만들어 주는 남자신男神이었음을 알 수 있다.

또한 도깨비는 부를 만들어 줄 뿐만 아니라, 큰 인물이 될 사람을 알아보기도 한다. 조선시대의 유명한 학자였던 양한림이 서당에서 공부하기 싫어 집으로 돌아왔는데, 어머니한테 야단을 맞고 다시 돌아가다가 도깨비를 만나 깨닫고서 열심히 공부했다는 이야기가 있다. 이외에도 도깨비는 명당 자리를 잘 본다는 이야기도 있다. 명당이란 좋은 장소에 조상님의 산소를 쓰면 자손이 번성하고 부자가 된다는 풍속이다.

▲ 소치小癡의 「채씨효행도蔡氏孝行圖」에 나타난 도깨비
자료 소치小癡 「채씨효행도蔡氏孝行圖」 9면, 〈귀화전도鬼火前導〉

도깨비가 좋아하는 음식은 술과 고기, 그리고 메밀묵이다. 이 중에서도 대표적인 음식이 바로 메밀묵이다. 바다에서 고기잡이로 먹고사는 어민들이 도깨비에게 고기를 많이 잡게 해 달라고 고사를 드릴 때, 꼭 바치는 음식이 메밀묵이다. 전라도 지방에서는 도깨비가 내장이 없어 음식을 먹지 못하지만 냄새는 맡을 수 있는데, 메밀묵 냄새를 제일 좋아한다는 말도 있다.

제주도에서는 여자가 병에 걸리면 굿으로 치유하던 방식이 있었는데, 이때 하는 굿놀이가 영감놀이다. 여기에 등장하는 영감은 제주도에서 도깨비를 일컫는 말로, 영감은 술을 매우 좋아하기 때문에 손이 떨리는 수전증까지 생겼다고 한다. 이외에 도깨비는 고기를 좋아하는데, 특히 개고기를 좋아한다. 도깨비를 만났을 때 개고기를 주면 부자가 된다는 말도 있다.

◀ 제주도 '영감놀이'에 나오는 도깨비

현대일본의 요괴문화론

10/4 도깨비의 주거공간과 습성

도깨비가 사는 곳은 사람들이 모여 사는 곳에서 떨어져 있는 공간이다. 그렇다고 해서 도깨비가 일부러 그곳에 자리 잡고 사는 것은 아니다. 오히려 사람들이 도깨비를 쫓아낸 것이라고 할 수도 있다.

도깨비가 사는 곳으로는 산과 물이 있는 강가나 바다가 대표적이다. 이들이 이곳에 살게 된 이유는 아무도 모른다. 그러나 현상적인 관점에서 본다면 이들 지역은 단순한 곳이 아니라 신성한 공간이었다. 산은 과거에서부터 산신이 살고 있던 곳이다. 이러한 사실은 단군이 황해도의 구월산에 들어가 산신이 되었다는 기록으로도 잘 알 수 있다. 그러한 신성공간에서 살고 있는 도깨비는 본격적인 신성함을 갖고 있는 존재로 보기는 어렵고, 그보다는 하위에 위치하는 신격체로 보는 것이 합당하다.

밤중에 고개를 지나가는 사람을 붙들고 씨름을 하자고 하는 행동은 장난기가 많은 개구쟁이를 연상시킨다. 그러나 이 씨름은 항상 사람이 이기게 된다. 중국에서 들어온 다리가 하나 달린 독각귀獨脚鬼라는 존재가 조선시대에는 도깨비의 역할을 하기도 해서, 씨름을 할 때 다리가 없는 쪽을 다리걸기 하면 이길 수 있다는 말이 있다. 하지만 도깨비는 병신이 아니라 다리가 두 개 모두 있는 건장한 신체의 소유자이다. 따라서 도깨비는 시비 걸기나 장난치기를 좋아할 뿐이지, 이기고 지는 승부를 원하는 것은 아님을 알 수 있다.

공동묘지나 덤불에 많이 나타나는 도깨비불은 위의 모습과 달리 형체를 찾아보기가 어렵다. 이 불은 일반적으로 알려진 빨간 불빛이 아니라 푸르스름한, 마치 빛깔이 없는 형태로 나타난다. 이를 사람의 뼈에서 나오는 인불이라고도 하지만, 이 불들이 장난치는 것을 보면 꼭 그렇게 과학적으로 말할 수도 없다.

바다에 나타나는 도깨비도 장난을 좋아하기는 마찬가지이다. 우리나라의 서해안에는 긴 갯벌이 발달되어 있는데, 이곳에 고정된 그물을 치고 고기를 잡는 어부들이 도깨비를 모시는 고사를 지낸다. 즉 도깨비가 고기를 몰아다 준다고 하는 믿음이 있기 때문이다. 만약에 자기를 잘 모시지 않으면 고기를 쫓아버리거나 모래를 뿌리거나 어떤 때는 그물을 찢는다고 한다. 이때 올리는 제물은 겨울밤에 많이 팔러 다니는 메밀묵뿐인데, 이것을 도깨비가 좋아한다고 한다.

도깨비가 나타나는 시간은 대개 밤중이다. 만약에 낮에 나타난다면 자기 주제를 모르는 도깨비라는 욕을 먹는다. 그래서 우리 조상님들은 볼썽사나운 일을 하는 사람을 보고 '낮도깨비 같다', '오죽한 도깨비 낮에 날까'라는 속담으로 비유하기도 했다.

이처럼 도깨비가 많이 나는 곳에서 사람들은 도깨비를 만난다. 어떤 사람은 도깨비와 같이 음식을 먹고 고기를 많이 잡게 되어 부자가 되기도 한다. 어떤 사람은 도깨비를 잘못 건드려서 도깨비에게 농락을 당하는 경우도 있다.

이러한 도깨비는 귀신과 차이가 있다. 귀신은 원칙적으로 사람이 죽어서 되는 존재로 보는 것이 조선시대 성리학의 기본 관점이었다. 김시습의 소설 『금오신화金鰲新話』를 보면 사람이 죽어 귀신이 되는데 '귀자음지령 신자양지령鬼者陰之靈 神者陽之靈'이라고 하였다. 즉 '귀'는 요괴 등과 같은 음기의 영을 갖고 있는 존재로, 신은 양기의 영을 갖고 있으며 받들어 모셔지는 존재로 표현하고 있는 것이다.

그러나 조선시대에 도깨비를 특별하게 이매魑魅나 망량魍魎으로 표현하는 것은 조선시대 후기에 와서이다. 예를 들어 성현의 『용재총화慵齋

현대일본의 요괴문화론

叢話』에는 도깨비불을 귀화鬼火로 표현하고 있으며, 김안노의 『용천담적
기龍泉談寂記』에서 성번중담成蕃仲譚에는 야간에 출현하는 도깨비를 귀鬼
로 적고 있다. 이것은 도깨비와 귀신이 공유하는 요소가 있으며, 그러
한 점에 의해 귀라는 단어로 두루 표현한 것으로 보인다.

하지만 도깨비는 인간세계에 내려와 살기를 원하며, 그에 따라 인간
에게 지속적으로 접근을 시도한다. 이를 위해 도깨비는 인간에게 '부'
라는 욕구를 채워주고, 인간은 이를 이용하여 자기의 욕구를 만족시키
기만 하는 것이다. 결국 도깨비는 인간에 의해 거부되며, 자기 세계에
남을 수밖에 없게 된다.

이쯤에서 도깨비와 일본의 오니를 비교하여 보도록 하자. 현재 도깨
비의 형상은 여러분도 잘 알고 있는 것처럼 머리에는 뿔이 나 있고, 눈
은 부리부리하며 입에는 송곳니가 뾰족하게 튀어나와 있는 형상을 하
고 있다. 그리고 몸은 마치 원시인의 복장과 비슷한 차림을 하고 있으
며, 손에는 못이 박혀 있는 방망이를 들고 있다. 이러한 오니의 형상은
에도江戶시대에 들어와 정착된 것으로 알려져 있으며, 가장 소급될 수
있는 오니의 형상은 699년 『신보왜연대기新補倭年代記』에 나타난 것으로,
여기에서는 수도승의 심부름꾼이라고 한다.

그러나 도깨비는 대체로 방망이를 드는 경우가 별로 없으며, 도깨비
방망이를 얻는 이야기에서만 나타난다. 무엇보다도 도깨비와 오니의
차이는 형상이나 성격에서 크게 다르다는 점을 들 수 있다. 이를 도표
로 표시해 보면 다음과 같다.

구분	도 깨 비	오 니
형상	• 보통의 성인 남자로, 털이 많고 노랑내가 나며 덩치가 큼. • 혹은 도깨비불	• 뿔이 두 개 나고 입이 크며 송곳니가 삐져나온 얼굴 형상 • 몸에 털이 많고 원시인 복장을 함
신격神格	• 어촌 지방에서 풍요신으로 모셔짐 • 지역에 따라 역신으로 나타남 (전남 진도, 전북 순창, 제주)	• 역신疫神이나 악령惡靈 형태의 잡신 (축귀의례逐鬼儀禮로 후유마쓰리冬祭リ, 하나마쓰리花祭リ 등이 있음)
성격	• 숲이 깊고 어두운 곳을 좋아함 • 부富를 창조하는 능력 • 여자를 매우 좋아함 • 사람과 씨름을 하려고 시비를 검 • 단순우직한 성격 • 하룻밤 새 논밭의 자갈을 퇴비로 바꾸는 능력 • 심술궂고 장난이 심함.	• 둔갑할 수 있음 • 상대의 마음을 읽을 수 있음 • 큰 돌을 들어 올리는 등 초능력을 지님 • 개울의 물을 다 마셔버리는 능력 • 냄새에 민감함
싫어하는 것	• 말 피와 말 대가리를 무서워함. • 닭 피를 무서워하는 경우도 있음.	• 주걱과 국자를 싫어함. • 창포, 쑥, 호랑가시나무, 콩을 싫어함.
행동	• 간혹 무리를 지어 다니기도 하지만, 대개 단독으로 행동함.	• 가족구성원을 갖춤

이러한 차이를 보면 오니와 도깨비의 속성이나 출신이 매우 다르다는 것을 명확히 알 수 있다. 따라서 오니의 형상을 하고 있는 도깨비는 겉과 속이 다른 이상한 존재물로 자리 잡아 왔음을 알 수가 있는데, 이러한 도깨비의 오니 형상화는 일제시대에 문화침략의 일환으로 이루어졌던 것으로 보인다. 국민학교 교과서에 '혹 있는 노인'이라는 제목으로 수록된 동화의 삽화로 등장한 것이 그 좋은 증거이다.

10 5 도깨비를 주인공으로 삼은 이야기들

이제는 도깨비를 주인공으로 삼는 이야기를 몇 가지 해보자. 먼저 우리가 잘 알고 있는 〈도깨비 방망이 얻기〉를 보도록 하겠다.

이 이야기는 신라시대부터 전해져 내려올 만큼 그 역사가 깊다. 대개 착한 이는 동생이며, 마음씨가 고약한 사람은 형이거나 이웃사람이다.

　　마음씨 착한 한 사람이 있었는데, 하루는 나무를 하다가 개암을 줍게 되었다. 맨 처음에는 아버님 것을, 두 번째는 어머님 것을, 세 번째는 아내한테, 네 번째는 아이들한테, 맨 마지막은 자기의 순서로 주웠다. 그러다가 날이 어두워지고 비가 내리게 되어 쉴 곳을 찾다가 보니 도깨비들의 소굴로 들어가게 되었다. 얼마 있다가 보니까 도깨비들이 모여와 노는데, 뚝딱 방망이를 두들기면서 온갖 맛있는 음식을 만들어 먹는 것이었다. 자기도 배가 고파서 낮에 주웠던 개암을 먹기 위해 하나를 깨물었다. 깨문 소리에 도깨비들은 집이 무너지는 줄 알고 모두 뿔뿔이 도망을 갔다. 방망이 중에서 하나를 주워서 집으로 돌아왔는데, 이것이 금 나와라 뚝딱 하면 금이 나오는 요술방망이였기 때문에 부자가 되었다.
　　심술궂은 형이 이 소식을 듣고 달려와 자초지종을 듣고, 자신도 똑같이 따라서 산에 나무를 하러 갔다. 역시 개암을 줍게 되었는데, 이때 첫 번째는 내 것, 두 번째도 내 것, 세 번째는 마누라 주고, 네 번째는 아이들 주고, 마지막에 부모님 드릴 것을 주웠다. 그러다가 나무도 하지 않고 낮부터 동생이 가르쳐준 집으로 들어가 있었다. 과연 밤이 되니 도깨비들이 몰려와 노는데, 도깨비 방망이로 온갖 음식을 만들어 먹고 노는 것이었다. 동생이 한 것처럼 개암을 꺼내 깨물었더니 도깨비들이 도망가지 않고 오히려 자기를 찾아내서 방망이를 훔쳐간 도둑놈이라고 마구 때렸다.

이 이야기는 착한 사람은 복을 받고 악한 사람은 벌을 받는다고 하는 권선징악적인 교훈담으로 자주 활용되고 있으며, 어린이들의 동화책 속에서도 쉽게 찾아볼 수 있는 것이다. 흥미로운 것은 지역에 따라 형이 받는 벌로 성기가 열댓 발이나 늘어나는 경우가 있다. 이것은 도깨비의 심술을 반영한 것이기도 하지만, 이러한 내용 때문에 또 다른

이야기와 민간신앙을 통한 도깨비의 삶 엿보기　　　　　179

이야기를 만들어내는 변화를 보여준다. 예컨대 그러한 남자의 성기에 맞는 여자를 만나 아이를 낳았는데, 그 아이가 성장해서 장가를 가는 날 비가 와서 개울이 넘치자 남자의 성기로 다리를 놓아 사람들이 무사히 건너올 수 있었다는 우스갯소리다. 또는 성기의 특징을 이용해서 사냥을 하는데, 여자가 산 밑에서 다리를 벌리고 있고 남자는 성기로 산의 나무를 후려쳐서 여자 쪽으로 동물을 몰아간다는 것이다. 하루는 여자가 배가 아프다고 해서 남자가 여자의 성기 안으로 들어가 보니 웬 할아버지가 짚신을 삼고 있었기 때문이라는 식으로 웃음을 자아내게 한다.

〈도깨비 방망이 얻기〉와 유사한 줄거리를 갖고 있는 이야기로 〈혹부리 영감〉이 잘 알려져 있다. 그러나 이 이야기는 일제침략기인 1915년경에 우리나라에 들어온 일본의 대표적인 민담으로, 국민학교 교과서에 수록되면서 널리 전파되었다. 즉 1915년 보통학교 조선어독본 급한문독본에 수록된 '혹 있는 노인'은 1923년 조선어독본에 '혹뗀 이약이'로, 1930년 조선어독본에도 '혹 뗀 이야기'로 계속 수록된 바 있다. 이것은 해방 이후 1946년의 초등국어교본에는 '혹 달린 노인'이라는 제목으로 계속 수록되기도 했다.

현재 우리나라에서 발간된 동화책을 보면 〈도깨비 방망이 얻기〉보다는 〈혹부리 영감〉이 많이 수록되어 있는데, 이것은 일제가 성공적으로 벌인 문화침략으로서 손님이 주인을 내쫓고 집을 차지한 꼴이다. 이것은 도깨비를 슬프게 하는 현상 중에서도 대표적인 예라고 아니할 수 없다.

이들의 이야기를 비교하면 각기의 이야기들이 형성과정에서부터 차이를 갖고 있음을 알 수 있다.

첫째, 주인공의 차이이다. 도깨비 방망이 얻기에서는 혼인을 한 젊

은이로 부모님을 모시고 있으나, 혹부리 영감에서는 늙은 부부가 주인공으로 등장한다. 이러한 주인공의 차이는 특히 이야기가 노리고 있는 교술적인 차이 때문이기도 하다. 즉 우리나라의 경우 부모를 잘 모시고 공경해야 한다는 효孝가 주제로 제시되지만, 일본의 경우에는 선악善惡이 강하게 나타난다. 물론 우리나라의 경우도 선악에 따른 상벌의 결과를 야기하는 이야기도 많으나, 특히 조선시대 유교가 도덕적 정신적 가치이념으로 자리 잡으면서 충효를 주제로 하는 이야기가 많이 전파된 결과 때문이다. 그러나 일본의 대표적인 민담들이 그러하듯이, 예를 들어 〈모모타로桃太郎〉나 〈가치카치야마かちかち山〉과 같이 대개 주인공이 늙은 부부로 나타나는 특징을 보여주고 있어 우리와는 차이가 있음을 알 수 있다.

둘째는 도깨비를 만나는 방망이를 얻는 과정의 차이이다. 도깨비 방망이의 경우는 개암(개끔)이라는 열매를 통해 방망이를 얻지만, 혹부리 영감은 오니와 노는 과정에서 혹과 방망이를 교환하는 방식으로 설정되어 있다. 특히 혹부리 영감은 혹이라는 신체적인 결함을 제거하여 보통 사람들 속으로 편입하려는 의도가 강하다.

셋째는 주인공들의 성정을 듣는 사람들이 어떻게 알 수 있도록 하는가이다. 도깨비 방망이는 개암(개끔)을 주울 때 부모님부터 앞세운다는 점에서 그가 효자임을 알리며, 이야기가 끝날 때 "그래서 그 사람을 도깨비가 도와준 것이다"라고 부연해서 설명한다. 그러나 혹부리 영감은 서두에 부인과 사이가 좋다는 식으로 말할 뿐이다.

이와 같이 혹부리 영감은 한국의 전통적인 민담이 아니라, 일본에서 문화적 침략의 일환으로 전파된 것이다. 이에 대해 일본의 어느 학자는 혹부리 영감이 한국에 전파된 지가 칠십 년 이상이나 되었기 때문에 그 자체로 한국의 민담이라고 볼 수 있다는 식으로 말한 바 있다.

그러나 구비문학의 연구에서 자연적인 전파의 경우에 대해서는 논의
대상으로 삼고 있기는 하나, 의도적으로 유포시킨 내용에 대해서는 그
다지 다룬 바가 없다. 이 문제에 대해서 본인은 이야기 그 자체가 한국
인들에게 잘 알려진 것이라고 하더라도, 그 본질적인 생성과정에 대해
서는 확실하게 규명하는 것이 바람직하다고 생각되어 보다 구체적으
로 언급하게 되었다.

또 다른 도깨비 이야기로 〈도깨비 이용해서 부자 되기〉를 들 수 있
다. 이야기는 도깨비와 사람이 같이 살다가 부자가 되자 도깨비를 쫓
아버린다는 것이다. 따라서 이 이야기는 도깨비의 멍청함을 드러내는
것이지만, 근본적으로는 사람의 간사함을 역설적으로 표현하고 있는
것으로 생각된다.

여자가 혼자 사는 집에 도깨비가 찾아와 같이 살자고 했다. 여자는 맨
처음에 잘 몰랐으나, 얼마가 지난 후에야 도깨비인 줄 알게 되었다. 밤마
다 도깨비가 찾아오면서 재물을 갖다 주었으나 여자는 점점 야위어 갔다.
여자는 재물로 땅을 많이 사서 부자가 되었지만 도깨비가 싫어져, 하루는
서로에게 무서운 것이 무엇인지를 물어보기로 하였다. 도깨비는 솔직하게
말 피와 말 대가리라고 했으나, 여자는 돈이라고 대답했다. 낮에 여자는
집 주위에 말 피를 뿌리고 대문에 말 대가리를 걸어 놓았다. 그날 밤에 도
깨비가 들어오다가 그것을 보고 놀라 집안에 들어가지도 못하게 되자, 여
자가 무섭다고 한 돈을 집에 뿌리면서 "너도 무섭지. 너도 무섭지." 하였
다. 돈을 뿌렸는데도 여자는 아무렇지 않자 도깨비가 그제야 속은 줄 알고
동네방네 다니면서 큰 소리로 "여자는 믿을 수 없네. 정을 그렇게 주었는
데도 무심하게 나를 쫓아냈다네." 하며 외치고 다녔다는 것이다. 그리고
자기가 준 돈으로 산 땅을 떼어 간다면서 밭의 네 귀퉁이에 말뚝을 박고
지금도 낑낑거리면서 줄을 당기고 있다고 한다.

이 이야기는 도깨비가 여자를 좋아한다는 것을 잘 보여주며, 또한 여자의 냉정한 이해타산을 역설적으로 비판하고 있다. 특히 도깨비를 만난 후에 여자가 야위어 갔다는 소리는 도깨비가 정력이 왕성한 남성임을 알게 한다. 그만큼 여자를 사랑해 주었는데도 불구하고 여자는 자기의 물질적인 욕구를 충족하고는 도깨비를 배반하였던 것이다. 이러한 이야기의 구성은 궁핍한 삶을 살아왔던 민중들의 현실의식을 반영한 결과이다.

이외에도 도깨비가 주인공으로 나오는 이야기는 다양한데, 도깨비를 만나 씨름했다는 〈도깨비와 대결하기〉와 도깨비에게 흘려서 고생했다는 〈도깨비에게 흘리기〉 등의 이야기는 대개가 경험담이다. 이것은 도깨비가 그만큼 우리들의 곁에 가까이 다가와 있음을 알려주는 좋은 예이다.

그리고 민담의 형식을 취하는 이야기로는 도깨비가 어려운 지경에 처해 있는 사람을 도와준다는 〈도깨비가 은인 되기〉가 있다. 이때 도깨비는 대개 지관보다도 탁월한 풍수가로 등장하여 부모님의 못자리를 명당에 앉혀 부자로 만든다. 이 유형의 이야기는 풍수가 우리 민족에게 얼마나 강력한 사상적인 힘을 발휘하여 왔는지를 명확히 알 수 있다.

10 6 도깨비가 신으로 나타나는 신앙

일반에게는 잘 알려지지 않았지만, 도깨비신앙이 서해안을 중심으로 전라도 지방에서 활발한 전승을 보여 왔다. 이것은 『석보상절』에도 나와 있듯이 이른 시기부터 도깨비가 복을 기원하는 神으로 이미 좌정하였음을 보여주는 것이다.

도깨비를 신앙대상으로 모시는 형태는 크게 세 가지로 조사된 바 있다. 첫째는 풍요기원의 神으로 모셔지는 경우, 둘째는 도깨비가 병을 가져다주는 역신疫神으로 좌정한 경우, 셋째는 도깨비불로 인해 화재가 발생하는 것을 방지하기 위한 기원 형태가 있다.

도깨비가 풍어를 가져다주는 신으로 모셔지는 경우는 주로 서해안

▲ 『석보상절』에서 언급된 돗가비

과 남해안의 어촌 지방에서 전승되고 있는 도깨비 고사가 대표적이다. 도깨비 고사는 개인신앙으로서 기복성祈福性을 강하게 띠고 있는 특징을 보인다.

고사를 지낼 때 빠질 수 없는 것이 메밀묵으로, 도깨비가 가장 좋아하는 음식이다. 메밀의 냄새를 가장 좋아하기 때문에 고사음식으로 올린다.

재미있는 것은 도깨비를 참봉이라고 부르는 것인데, 지역에 따라서는 첨지라고도 하며 제주도에서는 가장 높은 격인 제주목사(정이품)에 해당하는 영감令監이라고 부른다. 고시레 때의 축원 내용 중 '물 위에 참봉 물 아래 참봉 차린 음식 많이 먹고 고기 많이 잡게 해주십사'라고 하는데, 이때 참봉이 바로 도깨비를 가리킨다.

도깨비를 역신으로 보는 고사가 행해진 것은 조선시대 초기부터로 생각되는데, 현재 진도에서 행해지고 있는 도깨비 고사를 보면 그런 흔적이 강하다. 특히 진도는 고려 말에서 조선 초기 사이에 왜구들의 침탈이 심했기 때문에 섬사람들을 육지로 소개시켰던 곳이다. 세종 때

현대일본의 요괴문화론

진도에 들어왔는데, 이때 왜구나 고려 삼별초 난 때 죽은 시체들의 귀신이 많이 나타나 사람들을 괴롭혔다는 것이다.

▲ 진도 '도깨비굿'에 등장하는 도깨비

도깨비 굿은 돌림병이 돌 때 시작하는데, 긴 간짓대에 여자 속옷인 중우를 씌우고 사람마다 하나씩 든다. 촌사람들은 월경 묻은 것을 씌우기도 한다. 한 사람이 선소리를 매기면 많은 부인들이 원무를 하면서 받으며, 양푼이나 징 등을 두들기며 집집마다 돌아다닌다. 이때 남자들은 방안에 들어앉아 내다보지 않는다.

전북 순창의 탑리에서도 도깨비를 쫓는 굿이 전승되었으나, 현재는 단절된 실정이다. 이 제의는 남성들에 의한 당산제가 정월 보름에 거행된 후 17일에 행해져 왔다. 제의 장소는 마을로 들어오는 동서남북의 네 곳이다. 일반적으로 당산제가 행해지는 곳과 달리 마을의 주 출입구를 제의 장소로 삼고 있다는 점은 도깨비의 출입을 원천적으로 막아 보려는 사람들의 보편적 인식에 근거한 것이다.

어촌 지방에서는 도깨비불을 보고 고기가 많이 잡힐 곳을 점치는 습속이 전승되는 것과 달리, 전라북도의 내륙 지방에서는 도깨비불에 의해 집에 불이 난다고 믿고 이를 방지하려는 신앙형태가 전승되고 있다. 도깨비불은 어떤 물체에 불을 낼 수 있는 능력을 갖고 있는 것은 아니다. 하지만 도깨비불로 초가에 불이 날 수 있다고 생각하는 것은 불이라는 상징적인 형태와의 연상작용 때문이다. 또한 도깨비가 돌아다니면서 초가에 불을 놓는다고 믿는 경향도 있는데, 이것은 도깨비가 갖고 있는 본래적인 성격인 심술과 장난기를 토대로 이해한 것일지도 모른다.

진북 지방에서는 겨울에 발생하기 쉬운 화재를 방지하기 위한 노깨비 굿이 전승되어 왔다. 주로 임실과 진안, 그리고 무주 등에서 행해진 이 굿 형태는 도깨비 굿이라고 하여 마을 사람들에 의해 모셔지는 마을 제의적 속성을 띠고 있다. 대개 정월 보름을 전후로 해서 모셔지는 이 제의는 여성들로 풍물패를 조직하여 메구를 치고 마을의 사방에 제물을 드리는 절차로 이루어진다. 특히 임실군 관촌면 구암리의 경우에는 음력 10월 1일에 행해지는데, 이것은 불을 가장 많이 사용하게 되는 겨울의 초입에 행해진다는 점에서 제의의 실제성을 보여준다. ❀

한국 초등학생의
요괴·귀신관 형성 경로 탐색
전통적 귀신관의 변화와 일본 영향을 중심으로

김정숙金貞淑*

11 1 귀신담 생산과 전파자로서의 초등학생

피에로 인형의 비밀

한 아이가 엄마와 함께 백화점에 갔다. 아이가 피에로 인형을 갖고 싶어 해서 엄마가 사주었다. 판매원은 "이 인형과 절대 혼자 있으면 안 된다."라고 말했지만, 엄마는 그 경고를 무시했다. 다음날 엄마는 출근을 했고 아이는 혼자 집에서 피에로 인형을 갖고 놀았다. 엄마가 집에 돌아와 보니 아이는 방에서 피를 흘리며 죽어 있었다. 그런데 그 옆에 피에로 인형이 사악한 눈빛으로 보고 있었다. 엄마는 뭔가를 눈치채고 물었다. "너 우리 아이 죽였니?" 그러자 피에로 인형이 대답했다.

"지금 아줌마도 혼자 있는 거 아세요?"

신원찬(대곡초 5)[1]

본 연구는 초등학생[2]들의 요괴 및 귀신관[3]의 형성 경로와 그 의미를

---

* 단국대학교 학술연구교수. 한국한문소설 전공. 한중일 요괴, 귀신담 관련 연구.
1 「2013년 여름방학호 내친구 서울」, 서울특별시 발행, 2013년 7월 12일, 14면.

분석하고, 한국 전통의 귀신, 요괴관이 어떻게 변화하고 있으며, 이 과정에 담긴 일본 문화의 영향을 살펴보는 것을 목적으로 한다.

본고에서 '현재'라는 시점과 '초등학생'이라는 연구대상에 주목하는 이유는 우선 그간 귀신관에 대한 연구가 조선시대의 이중적 귀신관을 중심으로 이루어지고 그것이 현대에는 어떻게 이어졌는지에 대한 논의가 부족했다는 점에 있다. 주지하듯 한국의 전형적 귀신으로 자리 잡은 '소복 입고 피 흘리는 여귀'가 환기하는 '공포'는 전통적 귀신의 전모라고 할 수 없다.[4] 주로 조상 귀신祖靈이 중심이며 그로테스크한 형상이 그다지 두드러지지 않던 조선의 귀신이 근대로 넘어오면서 공격과 파괴, 공포와 슬픔의 이미지로 정착되기까지 겪은 변화와 그 속에 담긴 사회·문화적 맥락에 대한 연구는 고전문학 연구자가 반성적으로 접근해야 할 부분이다.

게다가 현대의 귀신에 대해 논하는 경우에도 연구 대상은 대개 성인에 한정된다. 조선은 물론이고, 아동이 사회의 중요 구성원인 현재에도 납량특집이나 공포영화는 대개 성인을 주요 대상으로 하여, 여름이면 반복적으로 어른들의 꿈자리를 뒤숭숭하게 한다.[5] 물론 한국에서

---

2 본고에서 대상으로 하는 초등학생은 3학년 이후, 집중적으로는 3~4학년의 학생이다.

3 본고에서는 요괴와 귀신이 모두 비인간적 존재(혹은 상황)라는 점은 유사하다고 보지만, 요괴는 귀신에 비해 형상성이 강하며 인간보다는 동물적 속성이 강한 개념으로 사용한다. 귀신은 사람이 죽어서 되는 존재死靈이지만, 때로 죽은 이가 산 자에 대한 무차별적 공격과 파괴적 속성을 보이는 경우, 귀신보다는 요괴적 속성을 지닌다고 할 수 있다. 다만 본고에서는 이 둘을 구분하기 위해 후자의 경우도 귀신으로 포함시킨다. 도깨비의 경우, 원래 일정한 형태가 없고 때로 사람의 형상을 하기도 하며 속성도 다양해 도깨비는 귀신으로 통용되기도 했다. 그러나 현재 도깨비는 사람보다는 동물적 속성을 지닌 형상성이 강조되어 있기 때문에 귀신보다는 요괴로 분류한다. 또한 귀신과 요괴를 포함하는 용어로는 '이물異物'을 사용한다.

4 김정숙(2008).

5 물론 〈여고괴담〉의 경우, 전체 5편 중 2편과 3편은 12세 관람가로 상영되기도 하였으며, 수입 공포영화 중에도 12세 관람가도 적지 않으나 대개의 한국 공포 영화는 15세 관람가 혹은 그 이상으로, 최소한 중학교 3학년 이상을 대상으로 한다.

귀신은 성인 공포영화가 대표적이긴 하지만, 아동들 또한 귀신을 소비하는 또 다른 큰 축이다. 사실 성인 공포물이 여름이라는 특정 시기에 '납량納凉'의 도구로 활용되는 측면이 큰 반면, 아동들의 귀신 이야기에 대한 호기심은 계절을 막론하며 관련 서적과 게임, 애니메이션, 기타 문화상품 속에 거의 필수적으로 등장한다. 모두에 인용한 피에로 인형 이야기는 서울시에서 간행하여 초등학생들에게 배포하는 신문에 실린 이야기로, 여름방학호의 의미를 살리기 위해 여러 학생들의 귀신담을 수록하였는데, 학생들은 3학년~5학년에 해당한다. 이 나이대의 초등학생이야말로 귀신담의 향유와 재생산의 원천이며, 그 이후의 시기와도 구별되는 이 시기만의 특징이다. 이렇듯 현대 사회의 귀신관 및 공포문화를 논할 때 이 시기 아동은 매우 중요하게 다뤄야 할 대상임에도 지금까지 그다지 큰 관심을 갖고 있지 못하다는 점도 되돌아볼 필요가 있다.

현재 아동의 귀신 이야기에 대해서 주목하여 열정적 연구를 진행한 이는 김종대로, 그의 '학교 괴담' 관련 일련의 연구는 괴담 연구의 영역을 확대시킴과 동시에 학교 괴담에 담긴 사회 문화적 의의에 대한 깊은 성찰을 보여주었다.[6] 다만 이 연구는 학교에서 떠도는 괴담을 대상으로 민속학적 측면에서 고찰하여, 그 외에 학생들이 자주 접하는 서적이나 다른 요소에 대한 고려까지 나아가지는 못했다.

본고와 관련한 또 하나의 흥미로운 연구는 신경정신의학 분야에서 이루어졌다. 김선미와 홍강의는 학령전기 아동, 즉 만 4세에서 만 5세의 유아를 대상으로 이들이 지닌 귀신과 도깨비에 대한 개념을 조사하여,[7] 유아기에 이미 귀신과 도깨비의 일반적 관념들이 형성되어 있으

---

6 김종대(2002, 2008, 2008).
7 김선미·홍강의(1983).

며 귀신과 도깨비를 공포의 대상으로 받아들이고 있음을 밝혔다. 이러한 실제 조사는 상당히 흥미로웠지만, 신경정신적 관점에서 유아의 귀신, 도깨비에 대한 공포의 원인을 밝히는 데 초점이 있었기에 귀신관 형성 경로를 어머니에 대한 공포나 오이디푸스 콤플렉스로 설명하고만 것은 아쉬운 점이다.

이 외 초등학생의 도깨비 관련 연구는 그나마 활발하게 이루어졌는데, 그중 일제 강점기부터 현재까지 초등 국어 교과서에 나타난 도깨비 형상을 일본의 오니와 일일이 비교한 박기용은[8] 현재 초등학생을 비롯한 일반인들이 알고 있는 도깨비 형상이 성향상 전혀 다름에도 일본의 오니에서 벗어나지 못하고 있다는 점을 비판하였다. 논자의 비판처럼 현재 가장 한국적인 요괴로 꼽히는 도깨비 형상에 대한 상상은 일본의 오니와 매우 유사하다. 하지만 한국 도깨비의 성향에 대해서는 공포스러운 요괴나 귀신과 다르게 인식하고 있으며, 이는 아동을 독자로 하는 서적이나 영상물에서 도깨비의 모습을 통해 알 수 있다.

본고에서는 이들 선행 연구를 바탕으로 하면서, 초등학생들은 성인과 달리 주로 독서나 또래 집단과의 구술을 통해 귀신담을 향유한다는 점에 주목한다. 초등학교 이전의 아동의 경우, 부모로부터 귀신담을 듣는 경우가 가장 많기 때문에 유아기의 요괴·귀신관은 부모의 영향(부모가 사회문화적 영향에 의해 습득한)이 무엇보다 크게 작용한다. 하지만 초등학교 이후로는 부모보다는 또래 집단의 이야기나 귀신 이야기책을 접함으로써 유아기의 귀신관이 보완 및 변형된다. 따라서 초등학생의 귀신관 형성을 살피기 위해서는 부모로부터 들은 이야기보다 또래 집단과 이야기책에 대해 더 중요하게 분석해야 한다.

---

8 박기용(2010).

현대일본의 요괴문화론

이에 초등학생들의 귀신관이 형성되는 과정을 고찰하기 위해 초등학생을 대상으로 하는 귀신, 공포 서적을 먼저 분석하고, 시각적 매체인 게임 속에 귀신·요괴가 어떻게 반영되는가를 고찰한다.[9] 이후 초등학생 귀신담에 반영된 일본 귀신담의 영향을 살피고, 현재 초등학생의 귀신관이 전통적 귀신관에서 얼마큼 떨어져 있으며 그 의미는 무엇인가를 알아보도록 한다.

11 2 초등학생 요괴·귀신관의 형성과 특징

1 요괴·귀신관의 형성 경로

❶ 요괴·귀신담 관련 서적 – 동화집과 괴담집

아동들이 접하는 요괴·귀신 관련 서적은 크게 두 부류로 나눌 수 있으니, 귀신, 도깨비 이야기를 담은 전래동화집이나 창작동화집 유형과 주로 현대 공포물을 다룬 괴담집 유형이다. 이 중 동화집은 초등학교 이전의 아동부터 초등학교 저학년이 주로 접하며, 이를 통해 전통적 귀신이나 요괴, 도깨비에 대한 일반적 개념을 습득한다. 특히 도깨비는 초등국어 교과서를 비롯하여 아동용 서적에 빈번하게 등장하여 캐릭터화에 성공한 예이다. 도깨비는 '도깨비 방망이'[10]나 '도깨비 손님'[11]처럼 옛이야기를 소재로 한 전래동화와 '수학 도깨비'[12]나 '책 읽는 도깨비'[13], '놀이터에 도깨비가 있대!: 성폭력 예방'[14] 등과 같은 교육용 동

---

9 본고의 분석대상은 기본적으로 한국 자료를 우선으로 하고, 초등학생들의 귀신관에 영향을 준다는 측면에서 일본만화나 애니메이션 등을 비교·검토하기로 하겠다.
10 정차준 글, 한병호 그림, 『도깨비 방망이』, 보림, 1997.
11 이혜숙 글, 정경심 그림, 『도깨비 손님』, 창비, 2010.
12 서지원 글, 우지현 그림, 『수학 도깨비』, 와이즈만북스, 2012.
13 이상배 글, 백명식 그림, 『책 읽는 도깨비』, 처음주니어, 2008.

▲ 도깨비 이야기를 다룬 아동용 서적
　자료 각주 9, 12, 14 참조

화에 자주 등장하여 매우 친숙한 존재가 되었다.

　전통 이야기 속에서 도깨비가 익살맞고 어수룩하여 인간과 유사한 속성을 지니고 있는 것처럼 이들 동화 속 도깨비도 전혀 공포스럽거나 무서운 존재가 아니다. 특히 학습용 동화 속 도깨비는 아이들을 위한 교육 목적을 지녔기에 형상조차 인간과 거의 유사하다.

　전통적 귀신 이야기는 도깨비 이야기에 비하면 그다지 다양하지 않아 '한국 귀신 이야기'[15]나 '귀신 이야기 엿들은 소금 장수'[16], '보이는 세상 보이지 않는 세상'[17] 등에서 전래 이야기 중 귀신담을 뽑아 구성한 것 외에는 수적으로 극히 빈약하다.[18] 흔히 알려진 달걀귀신이나 처녀귀신, 저승사자 등 몇 가지 전형적 귀신 이야기가 있음에도 도깨비 이야기에 비해 활성화되지 않은 이유는 독자가 도깨비담과 귀신담을 대하는 태도가 다르기 때문이다. 즉 도깨비나 귀신은 모두 미지의 존

---

14 구성애·조선학 글, 일러스티 그림, 『놀이터에 도깨비가 있대!: 성폭력 예방』, 올리브 M&B, 2012.
15 신현배 글, 국지승·이연정 그림, 『한국 귀신 이야기』, 홍진P&M, 2008.
16 유소영·박혜숙 글, 홍성찬 그림, 『귀신 이야기 엿들은 소금 장수』, 논장, 2001.
17 이강옥 글, 이부록 그림, 『보이는 세상 보이지 않는 세상』, 보림, 2004.
18 그중에서 귀신 관련 이야기와 귀신에 대한 인식 등을 재미있으면서도 총망라하여 구성한 이현의 『귀신백과사전』(푸른숲 주니어, 2010)은 아동의 눈높이에서 고전을 흥미롭게 풀어내었고 구성 또한 훌륭해 추천할 만한 책이다.

현대일본의 요괴문화론

재로 사람들이 궁금해하는 것들이지만, 사람들에게 도깨비는 이미 과거의 존재이며 타자이기에 옛날 이야기를 들으며 편하게 흥미를 느낄 수 있다. 하지만 귀신에 대한 호기심은 금기를 범하고자 하는 욕망, 미지의 존재에 대한 불안한 호기심이기 때문에 과거의 존재가 아니라 늘 새로운 미지의 대상이다. 따라서 이미 알려진 옛날이야기 속 귀신담은 그리 흥미로운 소재일 수 없으며, 귀신이라는 이름은 붙었지만 도깨비 이야기를 읽을 때의 태도와 별반 차이가 없다.

따라서 귀신 이야기는 가장 현재적 이야기를 다루기 마련이며 아동용 도서에서도 오늘날의 괴담을 소재로 한 경우가 훨씬 많다.

◀ 현대적 귀신 이야기를 다룬 괴담집
자료 글 장길수, 그림 전초성 『으악! 학교에 귀신이!』2002, 문공사
담터미디어 편집부 『죽음을 알려주는 컴퓨터』2009, 담터미디어

표지만 봐도 무서운 이 책들은 학교, 아파트, 택시, 엘리베이터, 병원 등 일상적 공간과 컴퓨터나 거울, 사진 등 익숙한 물건들이 갑자기 끔찍한 공포의 대상이 된다는 내용의 만화이다. 특히 앞의 '으악!…'은 학교, 아파트, 병원 시리즈로 연달아 출판되면서 초등학생 사이에 큰 인기를 얻고 있다.[19]

상당히 자극적이고 선정적인 그림과 내용은 어른의 입장에서는 그

---

19 장길수 글, 전초성 그림, 『으악! 학교에 귀신이!』(문공사, 2002); 남춘자 글, 전초성 그림, 『으악! 아파트에 귀신이!』(문공사, 2002); 박종관 글, 이동호 그림, 『으악! 병원에 귀신이!』(문공사, 2002).

리 권장할 만하지 않지만, 시각적 자극에 민감한 아동의 구미를 끌기
에는 충분해 보인다. 여기에 그려진 귀신 이야기야말로 현대적 귀신
이야기의 전형으로, 아동들은 이러한 책들을 접하고 다시 또래 집단과
의 공유를 통해 유아기에서 발전된 귀신관을 형성해 나간다.

▲ 어린이 문방구용 괴담집

　위의 만화책들이 아동들에게 큰 인기를 끌지만 가격상 아동들이 직
접 구매하기는 어렵다면, 가격이나 접근성 면에서 초등학생들에게 훨
씬 인기를 얻고 있는 것은 소위 '문방구 괴담집'이다. '문방구 괴담집'은
아이들 손바닥만 한 작고 얇은 괴담집으로, 거의 학교 앞 문방구에서
판매한다. 크기는 가로 7.5cm, 세로 10.5cm로 대개 한 권은 50여 개의
짤막한 이야기로 구성되어 있다. 가격은 500원이며 저자나 편자, 혹은
출판사 등 서지사항이 나온 경우는 전혀 없고, 간혹 책 뒷면에 'Made
in China'라고 기재된 경우가 있다.[20] 앞의 귀신 만화책에 보이는 내용
과 유사하여 '사람들을 잡아먹는 빨간 고양이 유령-네코마타', '잠 못

20　실제 문방구 측에서도 문방구류를 도매로 가져오는 잡화상에서 구입해서 가져오며 출
　처는 알 수 없다고 하였다. 문방구 괴담집은 구성 자체가 매우 단순하며 흑백 종이에
　짧은 이야기를 수록한 것인데, 간간이 오탈자가 적지 않고 제본 상태도 불량한 것이
　많다.

　　　　　　　　　　　　　　　현대일본의 요괴문화론

드는 공포 이야기' 등 자극적인 제목에 피가 난무하며 끔찍한 죽음이나 무차별적 공격의 이야기가 다수를 이룬다.

이러한 '문방구 괴담집'의 유행은 20여 년 전부터 지속된 것으로, 2008년에는 이들 문방구 괴담집이 엽기적 내용으로 학생들 사이에서 크게 유행하고 있는 것을 우려하여 정부 차원에서 '초등학교 괴담집'의 유통을 근절할 것을 요청하는 공문을 각 시·도교육청에 보냈으며, 한국교원단체총연합회는 초등학교 괴담집 금지 촉구 성명을 내기도 하였다.[21] 이후 2009년 5월에는 교과부 권영진 의원이 청소년에게 괴담집을 판매할 수 없도록 하는 내용의 '청소년보호법 일부 개정법률안'을 발의하기도 하였다. 하지만 이미 오래전부터 유행했던 문방구 괴담집에 대한 규제가 굳이 사회적 문제가 폭증하던 2008~2009년에 이어졌다는 점이나 규제만 있을 뿐 엽기적 내용에 담긴 근원적 불안과 공포에 대해서는 외면하였다는 점에서 이러한 정부의 시도는 매우 정치적이며 억압적 조치라고 할 수 있다. 따라서 이러한 규제들이 아무런 성과를 내지 못하고 지금까지 지속된 것은 당연한 결과이다.

"공포 괴담집은 무섭기는 하지만 내용이 재미있어 친구들끼리 자주 돌려본다"는 한 초등학생의 말처럼[22] 제작자의 상술과 아이들의 호기심이 어울려 문방구 괴담집은 조잡한 인쇄물의 형태로 지금까지 문방구에서 판매되고, 초등학생들 사이에 전형적 귀신 이야기로 자리 잡고 있다.

초등학생들이 요괴 및 귀신에 대한 인식을 형성하는 주된 경로인 서

---

21 「연합뉴스」, 2008.09.23. "단속규정 없어…정부 '초등학교 괴담집'에 속수무책". 공문에서 거론된 괴담집 목록 18권에는 '한밤의 공포체험'이나 '어둠 속의 멜로디'처럼 전형적 공포물도 있지만, 당시 사회적 이슈였던 '광우병의 진실', '미친 소 괴담' 등도 포함됐다. 2008, 2009년은 광우병 파동, 촛불집회, 용산참사, 연쇄살인범 강호순 사건 등 심각한 사회적 이슈가 잇따른 시기였는데, 이러한 사회적 이슈가 괴담의 형태로 반영되었다.
22 「한국일보」, 2008.09.24. "'초등교 괴담집' 童心 좀먹는다."

적에서 도깨비 관련 이야기책은 상업적으로 크게 발달하여 쉽게 접할 수 있지만, 주 대상이 유아기와 초등학교 저학년이기에 도깨비는 괴기와 공포가 아닌 해학과 익살, 친숙한 대상으로 그려지고 있다. 반면 귀신은 전통적 귀신 이야기보다 현대적 괴담집의 형태로 엽기적이고 공포스러운 내용을 특징으로 하며 주로 초등학교 3학년 이상의 학생들에게 큰 인기를 끌고 있다. 결과적으로 전통적 도깨비와 달리 귀신은 잔혹하며 공포스러운 대상으로 인식하는 경향이 있다.

❷ 시각적 자료로서의 게임

초등학생들이 요괴나 귀신을 접하는 것은 위의 동화집이나 괴담집도 있지만, 시각적으로는 게임이나 애니메이션을 통한 접촉이 더욱 빈번해지고 있다.[23] 귀신이나 요괴를 전적으로 다루지 않더라도 인터넷 게임에는 퇴치의 대상으로 요괴가 등장하는 것을 일일이 거론할 수 없을 정도이다.

그중 초등학생 사이에 큰 인기를 얻었던 게임 〈귀혼〉[24]을 예로 들어 보겠다. 〈귀혼〉은 2D로 캐릭터를 성장시키는 RPG게임으로 2005년 11월 29일에 출시되었다. 내용은 무협을 소재로 선택하여 무공에 따라 전직轉職을 하면서 귀신魔物을 퇴치해 나가는데, 2003년 출시되어 선풍적인 인기를 끌었던 게임 〈메이플스토리〉와 형식이 유사하다.

〈귀혼〉에서 퇴마의 대상인 요괴는 레벨에 따라 나뉘며, 대개 한국,

---

23 게임과 애니메이션 외에 2000년대 들어와 네티즌 사이에서 큰 인기를 얻고 있는 '웹툰' 또한 논의의 대상에 두어야 할 것이다. 특히 '2013년 전설의 고향'이라는 제명하에 7월 21일부터 여러 작가들이 차례대로 네이버에 올리는 공포만화는 큰 이슈가 되고 있으며, 8월 13일 호랑 작가의 '제16화 마성터널 귀신'편은 한때 검색순위 상위에 오르기도 했다. 웹툰은 연령의 제한이 없긴 하지만 웹툰의 내용에 따라 독자층을 초등학생 이상을 두는 경우가 많아 본고에서는 논의에서 제외하기로 한다.

24 〈귀혼〉, http://hon.mgame.com

중국, 일본의 전통적 요괴이다. 예를 들어 한국의 대표 요괴로는 달걀귀신이나 처녀귀신[25], 도깨비, 저승사자 등이 있고, 일본의 요괴로 로쿠로쿠비나 너구리, 요수귀(갓파), 설녀, 우산요괴가, 중국의 요괴로 강시, 삼족오, 구미호, 촉음 등이 있다. 게임이 출시된 이후로 계속 업데이트를 하면서 요괴의 종류도 증가하여 벌레나 거미처럼 유래보다는 기괴한 형상이 부각된 요괴도 많이 등장하였지만, 기본적으로는 한중일의 요괴에 바탕을 두었다.[26] 〈귀혼〉이 요괴 캐릭터를 설정할 때 많은 주의를 기울여, 『삼국유사』에서 선덕여왕을 사모하여 화귀火鬼가 되었던 지귀志鬼 이야기('心火繞塔')에서 '지귀심화'를, 『요재지이』의 벽화 속 미인 이야기('畵壁')에서 '족자요녀'를 가져오는 등 한중일의 고전 자료 속 주인공을 요괴 캐릭터로 만들기도 하였다.

▼ RPG게임 〈귀혼〉 중 게임 캐릭터 이미지
　자료 RPG게임 〈귀혼〉 2006, 앤앤지랩

| 처녀귀신 | 요수귀(갓파) | 강시 | 족자요녀 | 지귀심화 |

　마물은 퇴치해야 하기 때문에 공력을 지니고 기괴하지만 전래 이야기를 충실히 반영하였다. 하지만 〈귀혼〉은 6세 이상을 대상으로 하기

---

25 처녀귀신, 우렁각시, 무당귀 등은 귀신이라는 이름을 붙였지만 게임상에서 도깨비나 갓파와 같은 요괴일 뿐이다.
26 무당귀나 우렁각시처럼 원래는 요괴적 속성이 없는데 마물로 설정한 경우도 있다.

때문에 요괴 형상도 다소 귀엽게 그려진다. 이는 〈귀혼〉의 또 다른 존재인 '영물'과 '완호'에서 두드러지는데, 이 둘은 주인과 동행하며 주인을 보조하는 존재들이다. 따라서 마물처럼 비인간적 존재이긴 하지만 매우 긍정적이며 친숙하다.[27]

이전의 〈메이플스토리〉의 몬스터농장이나 2012년 이래 400만 다운로드를 넘기며 초등학생 사이에 큰 인기를 얻고 있는 모바일 게임 〈드래곤빌리지〉에도 선과 악의 유형에 따라 인간의 편이거나 인간에 의해 사육되는 요괴는 귀엽고 부드러운 반면, 퇴치의 대상인 몬스터는 상당히 그로테스크한 모습이다. 형상성이 강조되는 요괴는 이처럼 게임이나 애니메이션 등 시각매체를 통해 구체적으로 제시되며, 게임의 성향에 따라 부정적이기도 하고 애완동물처럼 친근하며 사육의 대상이기도 하다. 어떤 것이든 요괴는 인간과 분리되었으며 인간에 비해 열등한 존재이니, 이는 요괴 퇴치 게임이라는 속성에 기인한다.

게임에 따라서 우렁각시나 십이지신 등 과거에는 전혀 요괴가 아니었는데 요괴로 분한 경우도 있고, 전통사회에서 신성시되었던 존재, 주작·현무·청룡·백호 등이 게임 캐릭터화되기도 한다. 또 용이 서양의 드래곤의 의미로 변화되어 악의 형상으로 정착되기도 하였으니, 게임 속 요괴는 상당히 집단적, 초국가적 성격을 지녔다고 할 수 있다.

현재 초등학생들은 전통적 요괴인 도깨비를 넘어 동서양의 모든 요괴들을 게임이나 애니메이션을 통해 쉽게 접하며 다양한 상상력과 함께 유희의 대상으로 삼고 있다. 현실에는 존재하지 않지만 가상의 공

---

27 예를 들어 영물 중에는 주작, 현무, 기린, 봉황 외에도 '돗가비'가 있는데 마물 중의 도깨비와 달리 선량한 마물이며, 형상도 전혀 다르게 표현된다.

간에서 환상적 상상력을 마음껏 펼치며 영웅이 되어 요괴를 퇴치하는 판타지를 경험한다.

② 초등학생 요괴·귀신관의 특징과 변모

❶ 귀신 : 위로와 화해에서 대결과 파괴의 대상으로

잠을 안 자고 보채던 아기가 들었던 최초의 무서운 이야기는 아마 '망태 할아버지'류의 이야기였을 것이다. 망태 할아버지의 실체가 무엇이건 간에 이 이야기를 하는 부모의, 뭔가 무시무시한 비밀을 간직한 듯한 얼굴을 본 아기가 느꼈을 긴장과 호기심, 바로 이것이 귀신 이야기를 대하는 이들의 공통된 심리다. 이 불안한 감정의 밑에는 죽음이나 파멸로 이어질지도 모른다는 막연한 공포가 자리하는데, 그럼에도 귀신 이야기를 듣기를 좋아하는 것은 일종의 '피학적 즐거움'이다. 긴장을 통한 즐거움은 인간의 기본적인 속성이지만, 오늘날 초등학생들의 귀신담에 담긴 공포는 누구도 예측하거나 통제할 수 없다는 점에서 지나치게 자극적이며 강렬하다.

앞서 인용한 피에로 인형 이야기는 공포물의 일반 공식인 금기의 제시와 위반으로 인한 죽음을 기본 틀로 한다. 매우 친숙한 존재인 인형이 생명을 위협한다는 것은 어떤 일상적 관계도 믿을 수 없고 우리 주위에 불안과 공포가 상존함을 의미한다. 초등학생들이 주로 읽는 귀신 책에는 이와 같은 일상적인 공포, 예측 불가능한 두려움, 일방적 공격 등을 다루는 내용이 상당수를 차지한다. 예를 들어 어깨나 등에 귀신이 올라가 있음을 뒤늦게 발견하기도 하고, 베개 옆에 갑자기 귀신이 등장해서 속삭이기도 하며, 버스나 택시, 엘리베이터와 같은 평범한 공간에 귀신이 갑자기 나타나기도 한다. 이때 주인공은 그대로 귀신의 위험에 속수무책으로 당할 수밖에 없고 누구도 그를 보호해 주지 않는다.

일상의 공포화는 부모나 형제처럼 가장 가까운 친족이 공포의 대상으로 그려지는 경우로까지 나아가기도 하는데, 귀신담에 종종 등장하는 살인이나 엽기적인 행위의 주체가 부모라는 설정은 그로테스크한 형상 묘사가 없더라도 어느 귀신 이야기보다 공포스럽다.

> 며칠 전 시골에 계시는 할머니가 돌아가셨다. 그래서인지 집안의 분위기는 썩 좋지 않았다. 멍하니 앉아 가족과 TV를 보던 현수는 졸음이 쏟아져서 방에 들어갔다. 그런데 현수 책상 위에는 처음 보는 예쁜 일기장이 놓여 있었다. 현수는 일기장을 열어 읽어 나가기 시작했다. '나는 살인이 뭔지 몰랐다. 그런데 오늘에서야 깨달았다. 살인이란 아주 재미난 것이란 것을…' 일기를 읽다가 문득 무서운 생각에 현수는 일기장을 버려 버렸다. 다음날 엄마와 아빠께서 전기톱과 밧줄을 들고 오셨다.
> "웬 거예요?" "오늘 저녁에 쓰려고."
> 현수는 그러려니 했다. 그런데 방에는 일기장이 또 있었다. '누군가 내 일기를 훔쳐보고 있다. 나의 완전범죄가 탄로 날지도 모른다. 그래서 나는 오늘 저녁 그를 죽이기로 했다.'
> 깜짝 놀란 현수는 엄마, 아빠께 알리기 위해 자리에서 벌떡 일어났다. "왜 그러니? 무슨 일 있어? <u>흐흐흐흐.</u>"
> 뒤에는 살벌하게 미소 짓는 엄마와 아빠가 밧줄과 전기톱을 들고 서 있었다. (하략)[28]

할머니를 죽이는 손자(「행복한 할머니」), 경쟁상대인 쌍둥이 동생을 죽이는 언니(「쌍둥이」), 커다란 초콜릿을 얻기 위해 형을 죽인 동생(「초코릿」), 엄마를 묻어버린 5살짜리 아들(「무덤놀이」) 등[29]처럼 귀신

---

28 문방구 괴담집, 『잠 못 드는 공포 이야기』, 22면.
29 이상은 문방구 괴담집 『잠 못 드는 공포 이야기』와 『사람들을 잡아먹는 빨간 고양이 유령, 네코마타』의 이야기들이다.

담에 친족살해 유형이 적지 않다는 점은 단순한 흥미로 볼 수는 없다. 이 이야기는 부모와 자식 간의 단절을 넘어서 부모나 친족이 잠재적 살인자가 될 수 있음을 숨 막히는 공포로 보여준다.

삶의 긴장을 서사적으로 표현하는 괴담은 금기와 억압이 강한 시기에 크게 인기를 얻는데, 초등학교 시절은 그 이후보다 기성세대로부터 억압을 강하게 받으며 금기에 대한 명령이 그만큼 수용되는 시기이다. 따라서 이 나이대의 아동들이 괴담에 빠지는 것은 당연한 현상이지만, 지금처럼 살인과 공격, 파괴와 대립으로 가득 찬 괴담이 큰 인기를 얻는 것은 오늘의 아동들이 지닌 병리적 징후를 보여준다. 경쟁과 학업에 대한 스트레스, 그리고 미래에 대한 불안이 이미 초등학생들에게까지 큰 부담으로 작용하는 현실에서 부모는 때로 더 큰 억압이 되기도 하고, 친구는 우정을 나누는 것이 아니라 딛고 일어서야 하는 대결의 대상이 된다. 또한 가정 내 폭력이 점차 가혹해지고 비인륜적 범죄들이 흔하게 일어나는 현실에서 괴담집의 이야기는 가상이 아니라 뉴스의 한 면을 차지하는 현실의 단면이기도 하다.

귀신담은 이와 같은 끔찍한 현실을 서사화하되 반전을 통해 서사적 흥미를 주고 현실에서 슬쩍 비껴난다. 대부분의 귀신담은 사회 현실의 문제를 다루면서 함께 해결하거나 고민하려 하지 않고 충격적 형식으로 말초적 자극을 주는 데서 그친다.[30] 예를 들어 「유령에게서 온 전화」에서 왕따의 피해자인 현제의 제삿날 가해자인 강수가 우연히 들렀을 때 반성하는 모습은 보이지 않고 도망가려고 하자 사진 속 죽은 현제가 갑자기 뛰쳐나와 "너 때문이야!"라고 외친다거나, 「환생」에서 무기력한 상태로 아버지의 폭력을 견디다 도망칠 때마다 발각되어 치도곤

---

30 일례로 『으악! 아파트에 귀신이!』 속 총 9화의 이야기 중 제8화 「벽 속의 비밀」을 제외하고 모두 결말에 갑자기 귀신이 등장하여 충격과 공포를 주는 방식이다.

을 당하던 주인공이 자살을 한 뒤, 환생을 했는데 다시 아버지가 나타나 "도망칠 수 있을 거라 생각했냐?"라고 속삭였다는 마지막 결말은 충격직 반진을 통해 섬뜩한 공포감을 조성한다. 하지만 이러한 결론은 너무나 강렬해서 본론에서 문제시되었던 왕따나 가정 내 폭력은 전혀 공론화되지도, 해결되지도 못한 채로 끝난다.

현대 귀신담에 보이는 대립과 파괴의 양상은 전통적 귀신담과 비교할 때 상당히 이질적이다. 전통 사회에서 귀신과 요괴는 최소한의 인간의 윤리를 넘어서는 행위, 예를 들어 부모와 자식 간의 살해나 무차별적 공격 등은 거의 보이지 않는다. 죽은 이가 산 자에게 빙의되었더라도 저주를 퍼붓기보다는 원하는 것을 요구하거나 가정의 미래를 예언하기도 하며, 원귀일 경우에도 산 자가 지레 겁을 먹고 죽는 것이지 귀신이 먼저 나서서 공격하는 경우는 없다.[31] 귀신은 종종 억울함을 하소연하는데 이는 하소연을 통해 원한이 풀릴 것이라는 기대, 산 자와 죽은 자의 소통을 통해 문제를 해결하고자 하는 의식을 보여준다.

이에 비해 초등학생들의 괴담집 속 귀신은 상처받은 존재로 산 자와 전혀 소통할 수 없는 존재로 그려진다. 따라서 그들의 등장은 매우 폭력적이며 산 자를 압도한다. 문제 해결이란 어려우며 개인은 그저 두려움 속에 홀로 방치될 뿐이다.

❷ 요괴 : 문화상품화를 통한 유희의 대상, 되살아난 판타지
그렇다면 과거 귀신을 물리치고 문제를 해결하던 영웅은 어디로 갔을까?

---

31 그렇기 때문에 '여우 누이'에서 아무리 여우의 변신이라고 해도 딸이 부모를 먹어치웠다는 것은 한국적 정서상 매우 낯선 장면이다. 여우의 식인은 『삼국유사』의 거타지 설화에서부터 등장하기는 하지만, 이는 사미승으로 변한 늙은 여우가 사람의 간을 빼먹는 것이지 '여우 누이' 설화처럼 부모를 직접 잡아먹는 것은 아니다.

도시문화로 가득한 현실에서 요괴의 공포나 퇴치는 매우 낯선 것이 되어 아이들이라도 그것이 현실에서 일어날 것이라 생각하는 경우는 극히 드물다.[32] 도깨비나 달걀귀신이 활약할 수 있는 환경이 사라진 상황에서 요괴는 가상의 공간인 게임이나 애니메이션 등에서 인위적 공포로 재탄생하였다. 귀신은 속성상 시대에 맞는 옷을 갈아입는 데 능숙하지만, 요괴는 전통적으로 이어온 형상에 이끌리는 경향이 강하기 때문에 변화된 환경은 딜레마일 수밖에 없다. 따라서 요괴가 활동할 수 있는 가상의 현실을 만들고 그 속에서 과거의 영웅이 되어 요괴를 퇴치하는 서사를 만든 것이 게임이며 애니메이션이다.

가상 공간에서 요괴가 공격의 대상으로 등장한다고 해도 개인은 언제나 우위를 차지하기 때문에 귀신담을 읽을 때의 공포를 조성하지 않는다. 문화 상품화된 요괴는 어디까지나 가공의 존재이기에 유희의 대상일 뿐이다. 그렇기 때문에 게임 속 요괴는 국적의 한계도, 상상의 한계도 없이 무한히 증식하며 게임의 흥미를 증대시킨다. 아이들은 가상 공간 속에서 요괴와 대립하고 퇴치하지만 이는 귀신을 대하는 태도와는 구분되는 것으로, 대결과 파괴마저도 하나의 유희로 인식한다. 귀신에 대해서는 긴장과 억압을 즐기는 피학적 즐거움을 느낀다면, 요괴에 대해서는 놀이로서의 즐거움, 상상하는 즐거움을 느낀다.

전통 사회에서 도깨비나 달걀귀신 등 요괴가 존재했지만 현실적 태도로 움츠려 있던 요괴는 현대의 판타지 세계에서 다양한 상상력과 이국적 요소를 받아들여 더욱 거대한 몸집으로 되살아났다. 아이들은 게임과 애니메이션을 보고 즐길 뿐 아니라 상품화된 카드나 캐릭터를 소

---

32 김선미 외(1983)에서 유치원생을 대상으로 실험 조사한 바에 따르면 귀신에 비해 도깨비에 관한 개념이 미발달했으며(23면), 도깨비는 옛날에만 살았고 귀신은 지금도 살고 있는 것(19면)으로 여기는 경우도 있었다.

장하고 수집하는 등 오늘날 요괴는 더 이상 어두운 밤 뒷골목을 돌아다니지도, 공포의 대상이 되지도 않게 되었다.[33]

3 일본 요괴·귀신담과의 영향

1 일본 괴담의 유입 - 도시문화의 반영

한국과 일본의 전통적 귀신 이야기는 정서상 전혀 달라 일본의 괴담이 요괴담 중심이었다면, 한국은 죽은 조상이 귀신담의 대부분을 차지하였다. 양국 괴담의 미감의 차이는 중국의 괴담인『전등신화』를 수용하는 태도에서도 확연히 드러나 일본은『전등신화』속「모란등기」의 괴기성을 부각시키는 방향으로 변용시켜 라쿠고로, 영화로 현재까지 이어져 오고 있다면, 한국은 전혀 그러한 모습이 보이지 않았다.[34] 이는「모란등기」가 일본인의 기괴 취향에 부합하는 측면이 있었던 데 비해 조선에서「모란등기」는 죽은 여인과 살아 있는 남성의 결합이라는 기이한 내용뿐 아니라 작품 내에 포함된 여러 가지 한문 전고나 공초문供招文 등에 주목하였음을 보여준다.[35]

한국의 전통적 귀신담은 1960년대 '드라큘라'나 히치콕 등 세계적인 공포, 스릴러 영화의 유행과 함께 '도카이도 요쓰야 괴담'을 비롯한 1950년대 일본 공포 영화의 직접적 영향을 받아 잔혹한 공포 영화로

---

33 일본의 애니메이션「폼포코 너구리 대작전」(1994년)은 도쿄 개발계획에 삶의 터전을 잃게 된 너구리들의 봉기를 다루는데, 여기에는 일본 전통적 요괴인 너구리가 현대사회에서 밀려난 뒤 도시문화에 타협하며 살아가는 모습이 잘 그려져 있다.
34 김정숙(2010).
35 한국에서「모란등기」는 1930년의 연극〈목단등긔〉와 1947년의 영화〈목단등기〉로 시작되었다. 이들의 구체적인 내용은 알 수 없으나 당시 신문 기사로 미루어볼 때, 일본처럼 괴기에 초점을 둔 것이 아니라 '여인의 한'을 주제로 했다고 추측할 수 있다. (김정숙(2010), 290면)

변모하였으니, 이 시기 제작된 「살인마」, 「흑발」, 「한」 등이 그 대표작이다.[36] 이들 영화에는 전통 귀신담에는 전혀 없었던 '흡혈'이나 잔혹한 살인과 복수의 주제가 등장하였고 이러한 내용에 자극적 분장과 조명 기술이 더해져 이전과는 전혀 다른 한국적 귀신과 한국적 공포영화가 탄생하였다.

1930년에서 1960년대를 거치면서 확고하게 뿌리내린 잔혹한 귀신담은 '소복을 입은 여귀의 한 서린 복수'나 '그로테스크하고 잔혹한 장면'이 강조되곤 하였는데, 이러한 유형의 귀신담은 학생들 간에 유행하는 학교 괴담에서도 쉽게 확인할 수 있다. 이제는 고전이 된 '빨간 종이 줄까? 파란 종이 줄까?' 하는 화장실 귀신 이야기나 '빨간 마스크'를 쓴 여자가 늦은 저녁 혼자 귀가하는 아이를 쫓아가 귀까지 찢어진 입을 보여준 다음에 죽여 버린다는 이야기는 빨간색이 주는 선명한 공포와 언제 닥칠지 모르는 잔혹한 살해의 두려움으로 수많은 아이들을 두렵게 했다.

그런데 이 두 가지 대표적 괴담의 출처는 일본이었으니,[37] 화장실 괴담은 일제 식민지 시기에 유입된 것으로 추정되고, 1979년에 일본에서 크게 유행한 '빨간 마스크' 이야기가 한국에 상륙해 1993년 한때 아이들 사이에 유행하다가[38] 10년 뒤 2004년에 다시 크게 유행해 그 해에 이를 소재로 한 만화책이 20편이 넘을 정도였다.

일본에서 '입 찢어진 여자口裂け女'가 엄청난 속도로 쫓아와 사람을 죽인다는 이야기는 산에 사는 요괴인 '야만바山姥'를 비롯한 전래 이야기

---

36 백문임(2008), 96~108면. 영화의 영향은 1960년대에 주로 이루어졌지만, 이미 에드가 앨런 포의 「검은 고양이」는 1930년대 『월간야담』에 「黑猫變異」의 제명으로 번안되어 소개되는 등 서구적 괴기담은 한국에 널리 알려져 있었다.
37 쓰네미쓰 토루(2002), 김종대(2005), 노성환(2007).
38 「동아일보」, 1993년 12월 1일, "서울 江南 어린이 「빨간 마스크」 공포".

에 뿌리를 두고 있다.[39] 이와 달리 한국에서는 경외의 대상이었던 변소귀신厠神이 공포의 대상으로 변한 것이나 전혀 문화적 전통이 없는데도 입 찢어진 여자가 아이들을 공격한나는 이야기가 한국에서도 유행하게 된 바탕에는 1930년대 이래 유입된 일본의 귀신 서사가 자리하고 있다. 더불어 이러한 일본 귀신서사가 한국인들에게도 동일한 공포를 준 것은 일본에 의해 이루어진 근대 도시 문화의 불안감이 이야기 속에 내재했기 때문이다.

일본에서 유래된 이야기들은 모두 도시괴담이라고 할 수 있는데, 도시괴담 속에는 기본적으로 혼자 있을 때 누군가 공격할지도 모른다는 불안감이 들어 있다. 특히 아이들 사이에 크게 영향을 끼쳤던 '빨간 마스크'에서 피해자는 초저녁에 혼자 길을 가는 아동이다. 학교에서 늦게 끝나거나 학원을 마치고 '혼자' 귀가하는 아동이 지녔을 공포가 이 이야기의 급속한 전파를 촉진시켰을 것이며 공포를 증식시켰을 것이다. 화장실에 나타난 귀신의 질문에 빨간 종이를 선택하면 피를 흘리며 죽게 되고 파란 종이를 선택하면 목이 졸려 파랗게 질려 죽는다는 이야기만큼이나 빨간 마스크의 공격은 뜬금없다. 하지만 현실 사회의 혼자 있는 이에 대한 무차별적 공격, 예측할 수 없는 삶의 불안함, 도처에 깔려 있는 위험성은 이러한 유형의 이야기가 양산되는 심리적 기저로 작용한다.

일본 괴담의 유행은 그 안에 담긴 불안과 억압의 공포를 한국의 초등학생들도 동일하게 느끼고 있다는 의미로 해석할 수 있으며, 이후 이와 유사한 도시괴담의 생성과 확산에 큰 영향을 주었다고 할 수 있다.

---

39 노성환(2007), 앞의 글, 360~363면.

❷ 일본 애니메이션과 게임 속 요괴의 전래

귀신이 삶의 어두운 면을 반영한다면, 요괴에는 미지의 세계에 대한 불안보다 기이한 상상력과 호기심이 들어 있다. 따라서 요괴는 근본적으로 유희적 속성을 지녔으며 현대의 시각문화와 결합하여 애니메이션과 게임 속에서 크게 발달하였다.

일본에서 요괴를 시각화한 것은 오랜 전통을 지녀, 16세기 두루마리 그림집인『백귀야행 에마키』에는 당시 유행하던『백귀야행』이야기 속 온갖 요괴들의 행진이 그려져 있다.[40] 이는 현재 일본 애니메이션에 보이는 요괴의 대부분이라고 할 정도로『백귀야행 에마키』의 상상력은 탁월하다.[41] 이외에도 일본 전통 가면극인 노能에 등장하는 온갖 오니의 형상 등은[42] 에도시대 일본인들의 요괴에 대한 다양한 상상력을 보여준다. 이처럼 일찍 발달된 요괴 그림과 요괴담의 전통은 현대 기술과 결합하여 오늘날 일본은 요괴문화를 상업화하는 데 성공했다.

한국 애니메이션은 일본 애니에 비해 현실적인 내용이 많지만, 〈꼬비꼬비(1995년)〉나 〈은비 까비의 옛날 옛적에(1991년)〉처럼 도깨비나 〈요랑아 요랑아(2003년)〉나 〈천년여우 여우비(2006년)〉의 구미호처럼 대표적 요괴 캐릭터화에 성공한 작품들도 있다. 또 1990년의 〈날아라 슈퍼보드〉에는 집게요괴, 나무귀신, 불벌레 등 다양한 요괴가 등장하고 이를 퇴치하는 내용이 재미있게 그려져 동일 이름의 게임으로까지 발전하였다.

하지만 요괴문화의 토양이 빈약한 한국에서 요괴 애니메이션의 발전은 한계가 있었는데, 일본 애니메이션의 다양한 상상력과 화려한 볼

---

40 이봉녀(2011).
41 영화「폼포코 너구리 대작전」(1994년)에서 요괴가 등장하는 수많은 장면이『백귀야행 에마키』를 그대로 본떠왔다.(이봉녀, 126~129면)
42 임찬수(2005).

거리는 이런 의미에서 한국 요괴 애니메이션에 큰 영향을 주었다. 일본 전통적 요괴를 영화화한 〈폼포코 너구리 대작전〉, 〈센과 치히로의 행방불명〉이나 동물을 친근한 요괴로 캐릭터화한 〈포켓몬스터〉는 요괴가 현대 사회에서 얼마나 상업적으로 성공할 수 있는지를 단적으로 보여주는 예라고 할 수 있다. 특히 게임에서 시작한 〈포켓몬스터〉의 인기는 새로운 캐릭터의 지속적 등장으로 게임이나 완구, 각종 캐릭터 산업 등 계속해서 수익 창출로 이어졌다. 이후 〈디지몬 어드벤처〉를 비롯한 다수의 후속 디지털 몬스터 애니메이션은 국적을 초월하여 한국 아이들의 마음을 사로잡았다.

신화적 상상력이 가득한 이들 몬스터는[43] 한국의 〈메이플스토리〉의 몬스터 일러스트레이션에도 영향을 주어 고양이와 유니콘이 결합되거나 고양이와 박쥐의 결합, 시계와 동물의 결합으로 이루어진 몬스터들이 귀엽고 친근한 모습으로 등장한다. 2003년 출시 후 현재까지도 큰 인기를 끌며 게임, 만화, 캐릭터 상품으로 발전한 것은 몬스터들의 이러한 상상력도 큰 작용을 했다.

앞서 언급했던 게임 〈귀혼〉에 등장하는 수많은 일본 요괴 캐릭터의 원천은 일본의 요괴 애니메이션이나[44] 요괴 그림집이며, 이들이 직접적으로 혹은 변형되어 게임의 한 요소로 등장하였다.

이렇듯 일본의 게임이나 애니메이션 속 요괴들은 한국에 건너와서 직접적으로, 혹은 상상력을 자극하는 방식으로 많은 영향을 주었다. 애니메이션 쪽에서는 한국형 캐릭터를 고안하기 위해 부단한 노력을 경주하고 있는 이때, 일본의 요괴에 대한 이러한 전통을 이으면서도

---

43 김윤아(2003).
44 일본 만화의 대가 미즈키 시게루의 〈게게게노기타로〉에는 일본 전통의 요괴들이 다수 등장하는데, 그중 바퀴요괴(가와마, 화차륜) 등은 〈귀혼〉의 주요 마물에 포함된다.

이물과의 결합을 통한 새로운 요괴의 탄생을 가능케 하는 상상력은 우리에게도 시사하는 바가 적지 않을 것으로 기대된다.[45]

11 4 초등학생 귀신담 연구의 의미

초등학생들이 요괴, 귀신을 즐기는 방식은 위에서 밝힌 것처럼 두 가지 방향으로 나뉜다. 물론 이 둘은 기본적으로 유희의 대상이라는 점은 공통되지만, 괴담집 속 귀신 이야기는 단순한 유희를 넘어 향유 집단의 불안과 공포를 지나치게 선정적으로 그리고 있으며, 이러한 괴담집이 수십 년 동안 학생들 사이에서 인기를 끌고 있다는 점은 진지하게 접근할 필요가 있다. 강렬한 긴장과 이완을 통한 극적 재미의 추구 외에 사회의 왜곡되고 부정적 모습이 고스란히 반영되어 있고, 무기력하고 폭력적인 아이들의 모습까지 현 사회의 민얼굴임을 아프게 인정해야 한다. 문방구 괴담집을 법적으로 금지하는 미봉책으로는 아이들 사이의 괴담 유행을 절대 막을 수 없다. 금기와 억압이 강해질수록 괴담은 은밀하고 강한 강도로 널리 퍼지기 때문이다. 2008년에 광우병 괴담을 소재로 한 문방구 괴담집이 크게 유행했는데, 최근 인터넷상에는 일본의 방사능과 관련한 괴담이 우후죽순처럼 떠돌아 우리를 불안하게 하고 있다. 처음 일본 원자력 발전소의 폭발로 대중들이 불안해할 때, 정부는 언론을 통제하고 이를 괴담으로 치부하며 막기에 급급했다. 하지만 최근 밝혀진 바에 의하면 방사능의 위험은

---

45 예를 들어 장승이나 벅수, 혹은 제주도의 돌하르방과 같은 전통을 이용하면서도 그 안에 서사를 담고 현대적 감각을 더한다면 이 자체로도 훌륭한 문화콘텐츠로 활용할 수 있으리라 생각한다.

우리의 식탁 위까지 닥쳐왔다고 해도 과언이 아니다. 즉 대중들을 불안하게 하고 괴담을 양산시키는 주체는 다름 아닌 소통하지 않는 권력이다.[46]

문방구 괴담집의 주요 독자층은 초등학생이지만 학교 이후의 학생들은 초등학생이 비해 불안과 공포가 덜하다는 뜻은 아니다. 도리어 억압에 대한 공포와 불안마저 무뎌져야 하는, 더욱 강렬한 스트레스에 시달린다는 의미로 해석된다는 점에서 더욱 심각하다. 초등학생을 포함한 중고등 학생들의 학교괴담에 대한 연구는 그런 의미에서 인문학 연구자가 좀 더 치열하게 연구해야 할 분야임이 분명하다. ✿

---

46 한홍구(2009), 211면.

현대일본의 요괴문화론

에도의 요괴,
판화로 깨어나다

변재희卜載喜*

12 1 에도 사람들의 즐거움, 괴물 이야기

일본은 요괴의 호적을 만들어 관리한다고 한다. 요괴의 호적을 관리한다? 그것이 가능할까, 하는 의문이 들기도 하고, 말도 안 되는 일이라 여겨지기도 한다. 실체가 없는 귀신들을 문서화한다는 것 자체가 생소하지만, 일본에서는 오래전부터 요괴가 학문으로서 자리 매김을 한 분야이기 때문에 그것이 가능하다. 국립 연구기관인 '국제일본문화연구센터'에서 요괴의 종류를 분류하고 관리를 하여 괴이, 요괴에 대한 것들을 데이터베이스화했으며, 지금도 계속해서 새로운 요괴들을 발굴, 등록하고 있다.

유교적 문화를 중시한 중국과 한국에서 요괴는 대접받지 못했다. 이에 반해 일본은 일찍이 요괴에 대해서 흥미를 가지고 있었기에 한국에 비해 요괴에 대한 설화가 많다. 그 설화를 토대로 만들어진 이야기, 노能, 가부키歌舞伎, 그림 등의 예술작품이 많이 남아 있다. 요괴에 대한 흥

＊ 중앙대학교 석사과정. 유럽문화에 나타나는 일본문화의 영향 연구.

미는 요괴를 즐기는 문화로 발전되었는데, 그 산물로 요괴가 등장하는 무대예술인 노와 가부키 작품, 요괴를 소재로 한 두루마리 그림과 판화인 우키요에浮世繪, 백 가지 무서운 이야기를 엮은 '백 가지 이야기百物語' 등을 예로 들 수 있다.

일본의 요괴 그림, 우키요에로 태어나다

우키요에는 일본의 17세기에서 20세기 초, 에도 시대에 성립되어 당대의 사람들의 일상생활이나 풍경, 풍물 등을 그려낸 풍속화의 형태를 말한다. 현재는 일반적으로 '우키요에'라고 하면 여러 가지 색상으로 찍힌 목판화인 니시키에錦繪를 말하는 경우가 많으나, 육필화 등도 이 범주에 들어간다.

'우키요浮世'라는 말 자체를 풀이하면 '떠다니는 세상의 그림', 즉 현세의 이모저모를 그려낸 그림이라는 뜻이며, 에도, 오사카, 교토 등의 대도시에 퍼져 있던 현대풍의 새로운 문화들을 일컫는 말이었다. 이 말의 유래는 똑같은 발음의 '우키요憂き世', 즉 '근심 어린 세상'이라는 말이며, 불교의 극락정토와 대비되어 생로병사가 전개되는, 꺼리고 멀리해야 할 근심스럽고 걱정스러운 세상이라는 개념이다.

일본은 일찍부터 요괴를 글 또는 그림으로 표현해왔다. 에도 시대의 무서운 이야기들은 우키요에 화가, 즉 우키요에시浮世繪師들의 상상력에 의해 그림으로 그려졌다. 요괴 그림 또는 잔혹한 그림들은 에도시대부터 메이지 시대까지 유행했다. 가쓰시카 호쿠사이는 〈호쿠사이 만화〉를 탄생시킨 인물답게 요괴를 무섭지만 코믹하게 표현하여 그만의 요괴로 그려 냈다. 호쿠사이와는 반대로 쓰키오카 요시토시는 혼란했던 그의 정신세계를 그대로 반영하듯 에도시대에는 볼 수 없었던 쓰키오카만의 그로테스크한 요괴 우키요에를 탄생시켰다.

현대일본의 요괴문화론

12 2 에도 공포 유희물의 최고봉
'백 가지 이야기' 시리즈

호쿠사이 요괴 우키요에의 걸작,
독약으로 뭉그러진 미인 오이와 이야기

가쓰시카 호쿠사이葛飾北斎, 1760~1849는 일본 에도 시대의 우키요에 화가이다. 삼라만상의 모든 것을 그려냈으며, 생애에 걸쳐 3만 장이 넘는 작품을 발표하며 우키요에 그림 외에도 직접 그린 육필화도 많이 남아 있다. 대표작으로 〈부악 삼십 육경〉, 〈호쿠사이 만화〉 등이 있다. 무엇보다도 호쿠사이는 요괴 그림도 그린 화가로서 〈호쿠사이 요괴 백경〉이라는 책이 있을 정도로 요괴 그림 분야에서는 중요한 인물이다. 그가 그린 요괴 우키요에 중 특히 '백 가지 이야기 시리즈'가 에도 시대의 사람들을 즐겁게 해주었다. 현대인들 또한 그의 요괴 그림을 연구하여 애니메이션에 반영하는 등 그의 영향을 지금까지도 받고 있다.

오이와 이야기는 가부키로 만들어져 19세기 초부터 공연되었다. 쓰루야 난보쿠鶴屋南北가 『도카이도 요쓰야 괴담東海道四谷怪談』을 쓰면서 오이와의 설화를 「주신구라忠臣蔵」편에 각색하여 1825년에 가부키로 처음 상연하자 큰 호평을 받았다. 후에 오이와 이야기가 선풍적인 인기를 끌게 되자 이 부분만을 따로 떼어내어 독립적인 공연으로 만들었다. 현재에 이르러서도 '요쓰야 괴담'은 여전히 가부키의 걸작 중 하나이자 일본 괴담의 대표작 중 하나이다. 뿐만 아니라 영화로 가장 많이 리메이크된 이야기이기도 하다.[1]

---

1 모로 미야 저, 김경아 역(2010) 『전설 일본』 일빛, p.191.

에도 서쪽에 다미야 이에몬이라는 사무라이와 출산을 앞둔 그의 부인 오이와가 살고 있었다. 이에몬은 이웃에 사는 이토 기헤에의 손녀딸과 결혼할 속셈으로 오이와에게 독약을 주었다. 산후조리에 도움이 되는 약인 줄 알고 이를 마신 오이와가 머리를 빗자 머리칼이 빗을 따라 뭉텅이로 빠지기 시작했다. 그때 이에몬이 집으로 들어오자 오이와는 그에게 매달려보지만, 이에몬은 오이와를 그녀가 안고 있던 아들과 함께 칼로 찔러 죽인다. 혹은 오이와가 실수로 이에몬의 칼에 죽었다는 설도 있다.

독약 때문에 머리카락이 빠지고 피가 흐르며 뭉그러지는 오이와의 얼굴을 호쿠사이는 우키요에로 그렸는데, 죽은 오이와의 망령이 등롱에 나타낸 것이다. 오이와의 원한을 표현한 호쿠사이의 강렬한 터치는 보는 이를 집어삼킬 듯이 벌린 입에 슬픔을 품은 눈빛이지만 어딘가 호쿠사이의 희극적인 면이 느껴지기도 한다. 호쿠사이표 원한의 모습은 원한을 가진 이야기 뒤에 자신의 삐딱함을 요소요소에 넣은 듯하다.[2]

▲ 가쓰시카 호쿠사이葛飾北斎 『백 가지 이야기百物語』 중 「오이와」 1831-1832
오이와의 영혼이 초롱불에 옮겨붙은 장면을 표현한 호쿠사이의 오이와 우키요에 그림. 오이와의 원한이 애달프면서도 코믹함을 가미하여 나타난 그림이다.
자료 보스턴 미술관 소장
http://ja.ukiyo-e.org

---

2 이연식(2009) 『유혹하는 그림, 우키요에』 아트북스, pp.166-167.

한 장, 두 장, 세 장……
접시를 세는 귀신 오키쿠, 사라야시키 이야기

'반슈사라야시키播州皿屋敷'(반슈는 지금의 효고현)라고도 불리는 '사
라야시키' 이야기는 16세기의 이야기이다. 18세기 이후 인형극, 가부
키, 현대극 등으로 다양하게 만들어졌다. 오키쿠라는 여자 종을 마음
에 둔 관료가 어느 날 오키쿠를 자기 것으로 만들려고 했다가 그녀가
반항하자 그만두었다. 이 관료의 집에는 장군에게 받은 열 장이 한 세
트로 된 고가의 접시가 있었다. 이 접시 한 장을 오키쿠가 그만 실수로
깨뜨리고 만다. 앙심을 품고 있던 관료는 그것을 빌미로 오키쿠를 죽
이고 시체를 오래된 우물에 던져 버렸다. 그 후로 밤마다 우물가에서
오키쿠가 접시를 세는 슬픈 목소리가 들렸다고 한다.

"접시 한 장, 접시 두 장, 접시 세 장…… 아홉 장이면 한 장이 또 부
족하네."[3]

호쿠사이가 탄생시킨 오키쿠의 모습은 그녀의 원한이 고스란히 담
겨 있으면서 화가로서 그의 천재성이 돋보이는 작품이라 할 수 있다.
오키쿠의 머리카락과 접시는 마치 연기가 곡선을 그리며 올라가듯 부
드러운 느낌을 가지면서도, 오키쿠의 원한 섞인 눈매와 창백한 피부는
짙은 파란색의 배경과 절묘한 조화를 이룬다. 아마도 일본인들은 호쿠
사이의 그림을 보며 오키쿠의 모습을 상상했으리라.

이렇게 임팩트 있는 오키쿠를 탄생시킨 호쿠사이와는 반대로 가녀
린 여인의 모습으로 오키쿠를 그린 이가 있었다. 바로 우키요에 화가
쓰키오카 요시토시月岡芳年이다. 그는 기괴한 그림을 강렬하게 그리는
것을 전문으로 하였기 때문에 화풍으로는 호쿠사이보다 더욱 그로테

---

3 이연식(2009) 『유혹하는 그림, 우키요에』 아트북스, pp.167-168.

◀ 가쓰시카 호쿠사이葛飾北斎 『백 가지 이
야기百物語』 중 「사라야시키」 1831-1832
호쿠사이는 몸통이 접시로 된 오키쿠가 우
물 속에서 나오는 모습을 그렸다. 시간의 흐
름을 이야기하는 듯 낡은 우물에서 포물선
을 그리며 위로 떠오르는 오키쿠의 모습은
음산한 분위기를 자아내기도 하며 원한을
품은 듯 처진 눈매와 슬며시 내뿜는 연기가
익살스럽기도 하다.
자료 보스턴 미술관 소장
http://ja.ukiyo-e.org

◀ 쓰키오카 요시토시月岡芳年, 〈사라야시
키, 오키쿠의 유령〉 1889~1892
1889~1892년에 쓰키오카에 의해 그려진 오
키쿠는 호쿠사이와는 다르게 오키쿠의 모습
을 온전한 여인으로 표현하였고, 그녀의 한
이 서린 표정을 강조하는 듯 한없이 슬픈 표
정을 짓고 있다.
자료 도쿄 국립 도서관 소장
http://ja.ukiyo-e.org

　　　　　　　　　현대일본의 요괴문화론

스크하게 표현했어야 하는데, 이 그림은 예상과는 정반대이다. 배경은 무채색에 가깝고 오키쿠는 유령처럼 희미하지만 그 가련함은 더욱 잘 느껴진다.

한편 효고현兵庫県 히메지시姫路市에는 주니쇼十二所 신사가 있는데, 다름 아닌 오키쿠를 모셔 둔 곳이다. 매년 11월부터 다음 해 5월까지 매달 셋째 주 일요일에 이곳에서 오키쿠 벼룩시장이 선다. 5월 8일은 오키쿠의 기일로, 매년 이날이면 신사에서는 오키쿠 축제가 열린다. 이 제전 중 가장 볼만한 프로그램으로는 '오키쿠 접시 그리기 대회'가 있는데, 시민들에게 종이 접시에 자신이 평소 상상하고 있던 오키쿠 접시를 그리게 해서 축제 기간 동안 그것을 전시한다.

유령전문 가부키 배우 고하다 고헤지의 죽음

호쿠사이의 『백 가지 이야기』 중 고하다 고헤지 그림은 가부키의 유령 전문 배우 '고하다 고헤지'라는 질투의 망령을 그렸다. 호쿠사이가 가진 괴기적 예술 취향의 최종적인 도달점이며 요괴 그림의 바이블이라고 단언해도 좋은 작품이다. 망령의 표정이 무섭기도 하면서 한심한 표정을 나타냈다고 하여 높이 평가받는 작품이기도 하다. 가부키 배우 고헤지의 유령을 그린 이 그림은 부인이 내연의 남자와 짜고 남편을 죽여 묻어버리고는 거리낄 것 없이 둘만의 시간을 보내고 있는데, 이부자리 위에 쳐놓은 모기장 위로 남편이 이들을 내려다본다[4]는 이야기의 그림이다. 거의 해골이 된 상태의 모습이 섬뜩하게만 느껴지다가도 이 그림의 이야기를 듣고 나면 한없이 가엾어 보이는 고하다 고헤지이다.

고헤지는 가부키 배우로서 연기력은 그다지 뛰어나지 않았으나 유

---

4 이연식(2013) 『괴물이 된 그림』 은행나무, p.145.

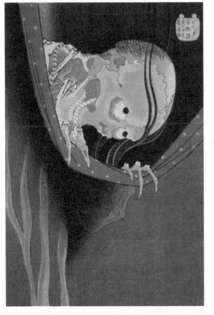

◀ 가쓰시카 호쿠사이葛飾北斎 『백 가지 이야
기』 중 「고히다 고헤지」 1831~1832
모기향 연기가 피어오르는 방의 모기장 위
로 자신의 부인이 바람피우는 모습을 지켜
보는 고헤지의 유령. 호쿠사이는 고헤지의
모습을 해골로 표현하였으나, 부인을 향한
분노를 표현하기 위해 두 눈을 강조하는 듯
보인다. 핏줄이 서 있는 부릅뜬 두 눈이 한없
이 처량하면서도 우스꽝스럽기도 하다.
자료 보스턴 미술관 소장
http://ja.ukiyo-e.org

◀ 우타가와 도요쿠니歌川豊國 〈고헤지, 부
인 2역, 오노에 마쓰스케〉
우카가와 도요쿠니의 고헤지 모습은 호쿠사
이와는 사뭇 다르다. 해골이 아닌 사람의 모
습을 한 고헤지의 유령을 그렸다. 유령의 역
할만은 완벽히 해냈다는 가부키 배우 고헤
지를 표현했다. 가부키 배우의 무대화장 특
유의 하얀 피부 표현과 새빨간 입술이 인상
적인 그림이다.
자료 보스턴 미술관 소장
http://ja.ukiyo-e.org

현대일본의 요괴문화론

령 역할은 리얼했다고 전해진다. 그랬기 때문에 유령으로 나타난 고혜지가 진짜 유령인지 알아채지 못했다고도 전해지기까지 한다. 이 그림에는 모기장이 소재로 쓰였는데, 우키요에에 자주 등장한다. 요괴는 특성상 밤에 등장하기 때문에 밤을 그린 우키요에에 빈번히 등장한다. 한편, 호쿠사이의 고하다 고헤지와는 전혀 다른 느낌의 고하다 고헤지 그림을 그린 우타가와 도요쿠니의 작품이 있다. 부인이 자고 있는 밤에 고하다 고헤지는 창백하지만 입술은 가부키 무대화장을 한 듯 새빨간 색이 돋보이는 유령의 모습이다. 두 작품 다 고헤지 부인의 잠자리에 쳐져 있던 모기장과 귀신이 된 고헤지의 모습을 표현했는데, 도요쿠니는 부인이 자고 있는 모습을 그렸고 호쿠사이는 부인을 그리지 않았다. 여기에서 호쿠사이 그림의 진면목이 평가되는 부분이다. 호쿠사이는 부인의 모습을 그리지 않음으로써 그림을 보는 사람의 상상력이 발동하게 하는 장치를 쓴 것이다. 모기장 너머의 부인의 모습은 어떤 모습이었을지 보는 사람에 따라 다를 것이다. 도요쿠니의 그림처럼 조용히 자고 있는 부인의 모습을 상상할 수도 있고, 내연의 남자와 잠자리를 하고 있는 모습을 상상할 수도 있는 것이다.

이렇게 에도 시대에 인기 있었던 고헤지 캐릭터는 그때만의 엔터테인먼트가 아니다. 현대에도 여전히 인기가 있다. 교고쿠 나쓰히코京極夏彦가 쓴 소설 『엿보는 고헤지覗き小平次』는 제16회 야마모토 슈고로 상 수상작일 정도로 현대인에게 낯선 존재가 아니다. 이 책은 한국에도 번역서가 나와 있을 정도이다.

12 3 에도 미술에 담긴 광기와 그로테스크의 미학

자식을 죽인 할멈, 오니온나 이야기

일본 요괴 우키요에에 자주 등장하는 캐릭터 중 하나인 오니온나를 그린 쓰키오카 요시토시月岡芳年, 1839~1892는 에도시대부터 전통적 풍속화에 서양의 사실주의를 가미하고, 메이지 풍속화를 그렸던 화가이다. 본명은 요시오카 요네지로吉岡米次郎, 화호는 일괴재, 옥황루, 다이소 등이 있었다. 쓰키오카는 일본 요괴 우키요에 분야에서 중요한 인물 중 한 명이며, 그의 기괴하고도 공포스러운 그림들은 그로테스크 예술분야의 천재성을 고스란히 담고 있다. 1850년에 일본 우키요에의 대가 우타가와 구니요시歌川國芳에게 사사받고, '요시토시芳年'라는 이름으로 활동했다. 그의 스승 우타가와 구니요시 역시 요괴 우키요에 분야의 위대한 업적을 남긴 사람이다. 도요하라 구니치카豊原國周, 오치아이 요시이쿠落合芳幾와 함께 '풍속화 삼걸'이라고 불렸고, 1878년대에는 우키요에 화가 인기순위에서 1위를 차지하기도 했으며 다수의 문하생을 두었다.

요괴 우키요에 중 자식을 죽인 할멈, '오니온나 이야기'를 그린 이 그림은 쓰키오카의 그로테스크한 표현의 절정이라 할 수 있다. 이 그림 속에 담긴 이야기는 다음과 같다. 교토의 어느 귀족 가문에 이와테라는 늙은 여종이 있었다. 어느 날 이 집안의 아가씨가 벙어리가 되자 이와테는 이를 어떻게 하면 고칠 수 있을지 부심했다. 그러던 중 임신한 여성의 생간이 특효라는 말을 들었다. 길을 나선 이와테는 아다치가하라의 외딴집에 살면서 임신한 여행객을 기다렸다.

드디어 임신한 젊은 여인이 남편과 함께 그곳을 지나게 되었고 마침

현대일본의 요괴문화론

◀ 쓰키오카 요시토시月岡芳年 ≪일괴수필-魁随筆≫ 시리즈 중 〈외딴집의 노파〉
오니온나의 모습은 바짝 말라서 뼈가 드러날 듯한 몸을 하고 있고, 자글자글한 주름을 그로테스크하고 추하게 그렸다. 등은 보기 흉하게 굽어 있으며 머리는 누렇게 바랜 백발에 숱이 없고 벗겨져서 뒷부분에 달려 있는 것 같은 모습을 하고 있다.
자료 와세다 대학 연극 박물관 소장
http://ja.ukiyo-e.org/

산기를 느꼈다. 이와테는 도움을 청하라며 여인의 남편을 마을로 보내고는 임신부를 묶고 배를 갈라 생간을 꺼냈다. 임신부는 숨을 거두면서 자신이 어렸을 때 생이별한 어머니를 찾고 있다는 말을 남겼고, 이와테는 임신부의 짐을 살피다가 자신이 오래전에 어린 딸에게 주었던 부적을 발견했다. 그 여인은 이와테 자신의 딸이었던 것이다. 충격을 받은 이와테는 그만 정신이 나가 버렸고, 그 후 여행자를 잡아먹는 오니온나가 되었다.

쓰키오카의 오니온나와 에곤 실레의 소녀

이 잔인한 이야기는 쓰키오카에 의해 우키요에로 그려졌다. 「아다치가하라의 외딴집」의 자식과 손자를 죽여 버린 할멈, 오니온나(칼을 가는 할멈 확대부분)의 모습은 오스트리아의 화가 에곤 실레의 〈앉은 소녀 누드〉의 소녀의 모습과 닮았다. 이렇듯 실레가 표현한 인간 형상은 노파의 외형을 비롯한 우키요에의 마르고 뒤틀린 인간 형상들과 유사

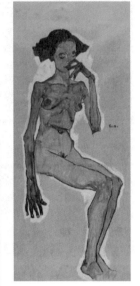

▲ 좌 | 쓰키오카 요시토시月岡芳年 〈아다치가하라의 외딴집〉
의 오니온나 부분 확대
바싹 마르고 주름져서 쭈글쭈글한 몸이 특징이다.
자료 Japanese Art Open Database http://www.jaodb.com
우 | 에곤 실레, 〈앉은 소녀 누드〉1910
오니온나의 바싹 마르고 주름진 몸의 이미지와 비슷한 에곤
실레에 의해 그려진 소녀의 모습은 실레가 주로 표현하는
묘사법이다.
자료 http://reproarte.com

◀ 쓰키오카 요시토시月岡芳年 〈아다치가하라의 외딴집〉1885
임신한 여인을 거꾸로 매달아 그녀의 생간을 빼내기 위해 오니온나
는 옆에서 칼을 갈고 있는 모습이다.
자료 Japanese Art Open Database http://www.jaodb.com

현대일본의 요괴문화론

함을 드러낸다.[5] 얼굴 표현은 할머니와 소녀의 이미지이기 때문에 나이 차이가 느껴지지만, 쓰키오카가 표현한 오니온나의 뼈가 드러날 것 같은 바짝 마른 모습과 유사한 에곤 실레의 소녀의 몸은 오니온나의 몸을 그대로 옮겨 놓은 듯하다. 오니온나의 몸과 비슷한 실레의 소녀의 몸은 실레의 다른 작품들에서도 자주 볼 수 있다. 그는 요괴 우키요에에 대한 영향에서 알 수 있듯이 일본 미술에 영향을 받은 화가이다. 에곤 실레는 동양풍의 공예품을 수집했다.

그의 미술에 큰 영향을 주었던 것은 동양의 미술, 특히 일본 미술이었다. 그는 특이한 일본 물건과 판화를 가지고 있었다. 특히 판화의 서체, 선명한 색채, 독특한 구성은 그가 제작한 많은 드로잉과 회화작품에서 변형된 형태로 발견된다.[6] 『에곤 실레』를 저술한 프랭크 화이트포드는 '실레의 주제와 회화 양식 역시 일본 미술과 관련이 있다. 일부 일본 목판화 작가들은 가늘고 수척한 인물의 괴기하고 과장된 동작을 즐겨 표현하였다.'라고 했다. 이를 통해 바로 쓰키오카가 그린 오니온나의 모습이 실레에게 영향을 주었다고 예상할 수 있겠다.

실레가 일본미술의 영향을 받은 시기, 19세기 말에는 오스트리아를 비롯해 유럽 각지에서 일본에 대한 관심이 최고조로 달한 때였다. 그의 스승 구스타프 클림트 역시 일본미술에 영향을 받은 인물이다. 에곤 실레가 일본 미술에 영향을 받았다는 사실은 그의 수많은 작품으로 알 수 있다. 특히 〈프리데리케 베어〉를 보면 일본 미술의 특징 중 하나인 뒤돌아보는 포즈의 여인상을 그렸다. 뒤돌아보고 있는 여인을 그린 화가로는 일본 우키요에 그림에서 영향을 받은 프랑스 화가 클로드 모

---

5 이성우 「에곤 실레 작품의 조형성 분석과 이를 응용한 패션 일러스트레이션 연구」, 국민대 테크노디자인전문대학원 석사학위 논문, 2010.8.
6 프랭크 화이트포드 저, 김미정 역(1999) 『에곤 실레』 시공사, p.145.

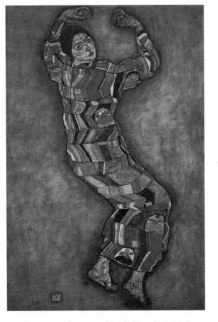

◀ 에곤 실레 〈프리데리케 베어〉 1914
빈 미술공방의 후원자이자 화가 한스 뵐러
의 여인이었던 부유한 유대인 소녀 프리데
리케 마리아 베어. 에곤 실레의 스승인 클림
트 역시 그녀를 그린 바 있다. 프리데리케
베어는 전위예술가들과 사귀고 그들을 후
원하는 것을 영광으로 생각하던 빈 부르주
아의 전형이었다고 전해진다.
자료 말버러 순수미술관 소장
http://commons.wikimedia.org

◀ 클로드 모네 〈라 자포네즈〉 1876
보스턴미술관이 소장한 이 그림은 기모노
를 입은 서양 여성이 부채를 들고 뒤를 돌
아보고 있다. 배경에 일본의 우키요에 그림
등이 그려져 있는 부채가 있고 여성이 기모
노를 입고 있다는 것도 자포니슴의 요소이지
만, 여성의 포즈에서도 자포니슴의 영향을
엿볼 수 있다. 이른바 〈뒤돌아보는 미인見返
り美人〉 포즈이다.
자료 보스턴미술관 소장
http://www.wikipaintings.org

224   현대일본의 요괴문화론

네도 〈라 자포네즈〉를 1875년에 발표했다.

이와 같이 유럽에서 일본미술, 특히 우키요에를 시작으로 일본에 대한 관심을 나타내는 현상을 프랑스어인 자포니슴Japonisme이라 했다. 이현상은 유럽을 시작으로 유럽에서 유학이나 여행을 하게 된 미국인들도 유럽의 예술인들과의 교류를 통해 미국으로 자포니슴을 전파하여, 비슷한 시기 미국도 자포니슴의 영향을 받게 된다. 19세기 유럽 화가들은 기존의 전통적인 미술 이론을 거부하고 새로운 작품과 화가로서의 개성을 획득하기 위한 운동을 시작했으며, 이러한 첫 기반을 다진 것이 인상파였다. 자포니슴의 영향을 받은 인상파 화가로는 유럽은 고흐, 클로드 모네, 드가, 르누아르가 대표적이며, 미국의 화가로는 제임스 맥닐 휘슬러, 메리 카사트 등이 있다. 그들의 작품들은 우키요에에서 크고 작은 영향을 받은 것으로 보이는 요소들이 많이 발견되었다. 예를 들어 고흐의 〈탕귀Tanguy 영감〉이라는 작품의 배경에는 우키요에가 그려져 있고, 우타가와 히로시게의 그림이 유화로 묘사되어 있는 것이 있다.

스페인의 오니온나, 제 아이를 집어삼킨 사투르누스

한편, 쓰키오카가 「아다치가하라의 외딴집」을 그렸던 1800년대에 스페인의 화가 프란시스코 데 고야는 사투르누스라는 신을 그렸는데, 오니온나가 자식을 죽인 것처럼 고야 역시 자식을 해치는 그림인 〈제 아이를 잡아먹는 사투르누스〉를 그렸다. 고야의 '검은 그림' 연작 중 하나인 사투르누스를 등장시킨 이 그림은 사투르누스가 광기로 가득한 두 눈을 부릅뜨고 아이를 먹고 있는 모습이다. 이 아이는 다름 아닌 사투르누스 자신의 아이이다.

사투르누스에 대한 신화를 살펴보자면, 대지의 여신 가이아는 우라

노스와의 사이에서 거인들을 낳았고 그중에 막내가 사투르누스였다. 우라노스는 거인들 중 추악한 괴물이 많았던지라 이들을 대지 안쪽에 가두었고, 가이아는 우라노스에게 원한을 품게 되어 사투르누스에게 죽이도록 명령했다. 사투르누스는 아버지를 살해하고, 그때 아버지가 남긴 한 마디, "너 역시 네 자식의 손에 죽을 것이로다." 이 예언을 마음에 두고 있던 사투르누스는 자신의 자식인 포세이돈과 하데스를 비롯하여 다섯 명을 집어삼켰다는 내용이다. 아이를 집어삼킨다는 것은 시간의 속성을 이야기하며, 시간은 곧 시작이 있는 것을 끝내기 때문에 사투르누스의 모습은 회화에서 시간을 나타내는 좋은 소재가 되었다고 한다.[7] 비록 쓰키오카의 오니온나는 자신의 딸인지 모르고서 나중에 알게 되지만, 고야의 사투르누스는 제 자식임을 분명히 알고 있으

---

7 나카노 교코 저, 이연식 역(2012) 『무서운 그림으로 인간을 읽다』 이봄, p.113.

현대일본의 요괴문화론

면서도 포악스럽게 입에 넣는 장면을 그렸다. 하지만 제 아이를 먹지 않으면 안 되는 숙명을 타고난 사투르누스는 어쩌면 오니온나보다 미치지 않으면 도저히 살 수 없었을 것이다.

어둡디어두운 배경에 뼈가 튀어나올 듯 앙상한 몸은 거의 해골에 가까워 보이고, 살은 살구색이라 해야 할지 갈색이라 해야 할지, 그 중간쯤이기에 눈의 흰자위와 검은 눈동자와의 콘트라스트가 선명하게 보인다. 누군가에게 먹힌다는 것 자체가 잔인하기 그지없지만, 그것도 제 자식이라니. 믿고 싶지 않은 이야기이다.

이렇게 불합리한 요소들로 넘쳐나는 그로테스크한 예술작품에 대해 볼프강 카이저는 『미술과 문학에 나타난 그로테스크』에서 "그로테스크의 창작은 현세에 깃들어 있는 악마적인 무언가를 불러내고 그것을 정복하는 일이다."라고 했다. 또한 그로테스크의 세계는 곧 광인의 세계상으로 간주되며, 해골과 뼈대는 그 안에 내포된 죽음의 상징과 더불어 그로테스크의 구조에 들어맞는 모티프[8]라는 말을 남겼다.

12 4 에도의 호러 엔터테인먼트, 요괴 우키요에

에도시대 일본사람들은 '귀신보다 무서운 것은 심심함이다'라고 할 정도로 무료함을 싫어했다. 일본에서 요괴가 많이 생길 수밖에 없는 환경이었다고 생각한다. 요괴를 소재로 한 우키요에를 통해 우키요에 화가들의 기발한 상상력과 에도시대 일본인들의 무서운 이야기를 만들어내는 창작력, 또한 그 이야기를 즐길 줄 아는 그 시대 엔

---

8 볼프강 카이저 저, 이지혜 역(2011) 『미술과 문학에 나타난 그로테스크』 아모르문디, p.303.

터테인먼트적인 요괴상을 보았다.

　요괴에 대한 일본인들의 생각은 이노우에 엔료#上円了 등의 학자들에 의해 요괴학으로서의 가치도 고증되어 왔다. 이노우에 엔료의 열정적인 활동에 의하여 '요괴'라는 단어가 세간에도 차츰 유통되어, '요괴'는 구체적으로는 이노우에가 다룬 현상이나 존재를 가리키게 되었다. 즉 학술용어로서의 '요괴'는 이노우에 엔료에 의하여 쓰이기 시작한 것이다.[9] 학문적인 뒷받침과 미술품으로서의 시각적 오락성을 두루 갖춘 일본의 요괴는 오늘날을 살아가는 일본인들에게 영향을 미쳐 다양한 장르의 예술분야, 다시 말해 미술, 영화, 애니메이션, 문학, 무대예술, 캐릭터 상품 등의 소재로 등장하거나 재창조되고 있으며, 앞으로도 새로운 형태로 재탄생될 것으로 기대된다. 이런 일본의 요괴는 일본뿐만이 아니라 세계 여러 나라들의 예술가들에게도 영향을 미치고 있으며, 그로 인한 수익창출은 천문학적인 수치를 내고 있는 고부가가치 산업으로 발전하고 있다. ✿

---

9 박전열 외(2005) 『일본의 요괴문화』 한누리미디어, p.41.

　　　　　　　　　　　　　　　현대일본의 요괴문화론

스크린 위를
활보하는 요괴들

백귀영행百鬼映行

최중락崔中洛*

13-1 MONSTER·GHOST· 귀신·유령·요괴·YOKAI

오감으로 느껴야 하는 요괴

어두운 밤 혼자 산길을 걷고 있다고 상상해보자. 어디선가 정체 모
를 소리가 들리거나 향기를 맡았을 때 우리는 이런 현상과 체험한 사
건을 어떻게 다른 사람에게 설명할 수 있을까? 현재 우리는 어디를 가
더라도 환한 불빛 아래에서 생활하면서 시각 중심의 생활을 하고 있다.
불빛이 사라진 산길을 홀로 걷고 있을 때 시각이 아닌 귀로 들리고, 코
로 맡을 수 있고, 피부로 느낄 수 있는 감각에 집중하게 된다. 시각적
능력이 결여될 때 우리의 오감은 현상을 파악하기 위해 상호보완적으
로 작동한다. 전깃불이 없던 시절 작은 촛불 하나 혹은 달빛에 의지하
면서 밤을 보냈던 옛사람들은 시각만이 아닌 자신의 몸 전체의 오감을

---

* 숭실대학교 강사. 일본영화의 구조와 표현방식 연구.

동원하면서 세상을 이해하고 설명하려고 했다. 하지만 현대사회에서는 넘치는 시각정보들 속에서 우리의 상상력은 현저히 떨어졌고, 이런 상상력의 결여는 창조성의 부재와도 연결이 되고 있다.

본론으로 들어가기 전 일상에서 사용하는 몬스터, 고스트, 귀신, 유령, 요괴의 용어를 먼저 정리하고자 한다. 몬스터는 일반적으로 괴물·괴수로, 고스트는 유령·귀신·영혼으로 번역된다. 그리고 귀신은 사람이 죽은 뒤에 남게 되는 넋, 사람에게 복과 재앙을 가져다주는 신령을 의미하고, 유령은 죽은 사람의 혼령 혹은 죽은 사람의 혼령이 생전의 모습으로 나타나는 현상을 의미한다. 이렇게 볼 때 몬스터와 고스트의 구분은 어느 정도 파악할 수 있지만, 귀신과 유령의 구분은 아직 이해하기가 힘들다. 아래의 네 편의 영화 포스터의 이미지를 통해 용어에 대해서 다시 생각해 보자.

다른 세계 체험		죽은 자의 방문	
〈몬스터 주식회사〉2001, Disney·Pixar	〈센과 치히로의 행방불명〉2001, 스튜디오 지브리	〈귀신이 산다〉2004, 시네마 서비스	〈사랑과 영혼〉1990, Paramount Pictures

자료 네이버 영화 http://movie.naver.com

위의 영화 포스터는 몬스터, 고스트, 귀신이라는 단어가 들어간 영화이다. 〈사랑과 영혼〉과 〈귀신이 산다〉는 죽음·타계他界와 관련 있는 영화이고, 〈몬스터 주식회사〉와 〈센과 치히로의 행방불명〉은 죽음이

아닌 다른 세계·이계異界를 다루고 있는 영화이다. 물론 〈센과 치히로의 행방불명〉에서 가미카쿠시神隱し라는 용어는 행방불명이라는 의미보다는 '신이 잠시 데려가다'라는 의미를 가진다. 가미카쿠시는 신이 자신을 숨김으로써 인간을 드러내고, 인간을 숨김으로써 자신을 드러낸다는 의미이다. 반면, 남겨진 사람은 가미카쿠시라는 베일을 이용해 사라진 자가 어딘가에서 잘 지낼 것이라고 믿으면서 자신의 슬픔을 달래는 양가적인 의미로 해석된다.

민속학자 야나기타 구니오柳田国男는 유령과 요괴를 출현하는 장소와 시간, 누구에게 나타나는가에 따라서 구분하였다. 또 이노우에 엔료井上円了, 미야타 노보루宮田登, 고마쓰 가즈히코小松和彦 등은 유령을 요괴의 타입 중 하나로 정의하고 있다.

영화 포스터를 통한 요괴의 의미

1968년과 1969년에 다이에大映영화사에서 제작한 〈요괴영화 시리즈〉—〈요괴 백 가지 이야기妖怪百物語〉, 〈요괴대전쟁妖怪大戦争 1968〉, 〈동해도 오바케 여정東海道お化け道中〉—와 2005년 작품인 〈요괴대전쟁妖怪大戦争 2005〉 속의 요괴의 조형화에 대해서 살펴보고자 한다. 이 작품은 모두 미국에서 DVD로 출시되었는데, 우선 영어로 요괴가 어떻게 번역되고 있는지 살펴보면 용어의 정의에 도움이 될 것이라 생각한다. 다음의 포스터 이미지는 일본에서 개봉될 때의 영화 포스터와 미국에서 DVD로 출시될 때의 예이다.

일본과 미국의 요괴 시리즈 포스터			
제목	요괴 백 가지 이야기, 다이에	요괴대전쟁 68, 다이에	동해도 오바케 여정, 다이에	요괴대전쟁 2005, 가도카와
일본				
미국				

자료 http://blogs.yahoo.co.jp/kpgcm339/61691380.html
http://m.jphotoscrap.com/m.scrap.view.php?id=movpos&ti=Movie+Posters +Part1&ap=2&df=369
http://plaza.rakuten.co.jp/djromanesque/diary/200506220000
http://nitihoueiken.blog.fc2.com/blog-entry-102.html
http://www.digitalmonsterisland.com/yokai_100_monsters.html
http://www.digitalmonsterisland.com/yokai_spook_warfare.html
http://www.digitalmonsterisland.com/yokai_along_with_ghosts.html
http://www.amazon.com/Great-Yokai-Double-Disc-Special-Edition/dp /B000F2CAJ2

먼저 문자 정보부터 살펴보면, 미국 포스터에서 가장 먼저 눈에 띄는 것은 'MONSTER'이다. 그리고 그 위에 일본어 '요괴(요카이)'를 발음 그대로 적은 'YOKAI'가 있다. 그리고 아래쪽으로 내려오면 '100 monsters', 'spook warfare', 'along with ghosts'라는 단어가 보인다. 포스터에서는 'spook', 'ghost', 'monster', 'YOKAI'가 함께 쓰이고 있다.

이처럼 '요괴'를 정의하기에는 어려움이 있어서 최근 미국에서 출판된 서적에는 'YOKAI'를 그대로 번역하는 경우가 있다.

다음으로 이미지 정보를 살펴보면, 영화에 등장하는 요괴 캐릭터인 우산요괴唐傘, 괴수 다이몬ダイモン, 기름요괴油すまし, 칼을 들고 있는 소년이 먼저 눈에 들어온다.

그 아래는 같은 이미지를 복사한 듯한 다양한 요괴들이 서 있고, 배경이 되는 색은 파랑, 빨강, 노랑이다. DVD가 하나의 시리즈로 같이 발매되다 보니 색상의 차이가 필요했을 뿐, 영화의 내용과는 관계가 없는 듯하다. 그리고 〈요괴 백 가지 이야기〉와 〈요괴대전쟁 1968〉의 우산요괴와 기름요괴는 고스트와 몬스터가 가지고 있는 공포와 두려움과는 전혀 다른 귀엽고 유머러스한 분위기마저 느낄 수 있다. 이것은 조악한 질감 때문만이 아니라 요괴들이 가지고 있는 조형 이미지의 비대칭성에서도 기원을 찾을 수 있을 것이다.

요괴와 요괴의 시각화

그렇다면 일본에서 요괴는 어떻게 정의되고, 어떻게 현재까지 전승되어 왔을까?

현재 요괴학의 권위자인 고마쓰 가즈히코는 요괴를 '불가사의하고, 신비롭고, 기묘하고, 으스스하다'라는 형용사로 표현되는 현상과 존재라고 넓게 정의하고 있다. 이런 정의를 바탕으로 그는 요괴문화를 우측 그림처럼 세 가지 층위로 구분하고 있다.

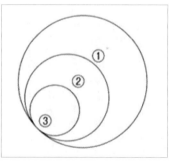

▲ 고마쓰 가즈히코의 요괴문화의 분류
① 사건·현상으로서의 요괴
② 존재로서의 요괴
③ 조형으로서의 요괴

첫째는 사건·현상으로서의 요괴로, 오감을 통해 파악되는 불가사의하고 기묘한 것을 의미한다. 괴이·요괴 체험의 공동화와 공동 환상화를 통해 집단의 요괴문화가 형성되는 것을 의미한다. 여기서 중요한 것은 시각만이 아닌 오감을 사용한다는 것이고, 전달수단은 주로 구전으로 이루어지는 경우가 많다.

둘째는 존재로서의 요괴로, 인간을 둘러싼 다양한 존재물로서의 요괴문화를 의미한다. 이것은 요괴 존재가 일본인의 마음속에 관여함으로써 내재된 애니미즘적 관념이나 종교관, 세계관과 깊은 관련이 있다.

마지막으로, 조형으로서의 요괴는 조형화 혹은 시각화된 요괴를 의미한다. 요괴에 대한 신앙심과 공포심이 조형화를 촉진시키는 계기가 되고, 이런 조형화는 요괴에 대한 인간의 우월성의 표현이기도 하다. 조형화를 통해 존재와 현상을 소유하고 공유하고, 또 정체를 파악함으로써 공포를 극복하려는 인간 욕망의 또 다른 표현이라고 할 수 있다. 조형화 과정에서도 매체에 따라 구성요소들이 차이를 보인다. 먼저 서적의 경우는 문자가, 그림의 경우는 시각 이미지가, 만화의 경우는 문자와 시각 이미지, 영화를 비롯한 영상의 경우는 문자, 시각, 청각 이미지를 포함한다. 물론 게임을 비롯한 디지털미디어는 생산자와 소비자, 그리고 소비자들 사이의 상호작용이라는 부분까지 확대할 수 있다. 하지만 여기서는 주로 시각 이미지를 중심으로 살펴보고자 한다.

고마쓰는 요괴조형의 유형을 크게 세 가지로 분류하고 있다. 이것은 무엇을 조형하였는가에 속하는 것으로, 첫째 동물·식물·어패류에서 비롯된 요괴조형, 둘째 기물器物에서 비롯된 요괴, 마지막으로 이 두 가지 어디에도 속하지 않는 것을 오니鬼로 분류하고 있다. 이런 조형화 중에서 가장 먼저 이루어진 매체가 「요괴 두루마리 그림妖怪絵巻」이다. 두루마리 그림은 무로마치시대 안정적인 신분에 있었던 귀족, 승려,

현대일본의 요괴문화론

상인 등이 향유하였는데, 그려진 목적 역시 정치적—당시 정적을 요괴로 표현하는 경우가 많았다—이고, 종교적 포교의 목적으로 제작된 경우가 많았다. 두루마리 그림의 대중화가 이루어진 것은 에도시대에 와서이고, 메이지시대에 들어와서는 근대화 과정 속에서 요괴를 과학적이고 합리적인 사고에 어울리지 않는 미신의 대상으로 간주하여 배제해 이미지의 세계에서도 멀어졌다. 하지만 1890년대 후반 영화가 일본에 유입되면서 괴담의 영화화가 시작되었는데, 옛날 사람들이 느꼈던 공포의 감각은 어두운 영화관 공간에서의 공동체험을 통해 관객들에게 부활하였고, 현실의 재현보다는 환상과 초자연적인 현상을 표현해 줄 수 있는 마술적 매체가 바로 영화였다. 이런 요괴의 시각화는 영화뿐 아니라 만화와 애니메이션 그리고 텔레비전 드라마로도 창작되었다.

13<u>2</u> 다이에 요괴영화의 계보

다이에大映는 전쟁 중이던 1942년 국가의 영화통제정책으로 설립된 영화사로, 이전의 닛카쓰日活의 유령영화와 신흥키네마의 고양이 요괴怪猫영화의 전통을 계승하면서 발전하였다. 〈요괴 시리즈〉가 등장하기까지의 다이에영화사의 내부적 요인과 외부적 요인을 살펴보면 다음 그림과 같이 나타낼 수 있다.

▼ 다이에 요괴 시리즈의 전통과 변천

내부요인	닛카쓰 유령영화	⇨	신흥키네마 고양이 요괴 영화	⇨	괴수영화 〈대마신〉	⇨	〈요괴 시리즈〉
					⇧		⇧
외부요인					도호 〈고질라〉		미즈키 시게루 만화의 TV화를 통한 요괴 붐

시대극 중심의 요괴영화 전통의 답습
─첩보영화와 고양이 요괴영화

먼저 위의 그림에서 내부적 요인에 대해서 살펴보면, 1910년대부터 시대극 첩보忍術영화를 만들었던 닛카쓰의 전통을 다이에가 이어받았다. 이런 첩보영화는 괴담영화의 토대가 되었다. 이런 전통을 만든 사람은 일본영화의 아버지라 불리는 마키노 쇼조牧野省三와 일본 최초의 영화스타인 오노에 마쓰노스케尾上松之助 콤비였다. 그들은 주로 헨게変化 영화를 만들었는데, 영화적 트릭―리버스 촬영, 이중노출, 클로즈업― 을 사용해 결투장면이나 유령이 우물에서 나타나는 모습 등을 사실적으로 표현하였다. 그들은 영화의 표현 가능성을 확장시켰고, 관객의 호응을 이끌었다.

그리고 신흥키네마는 1930년대 시대극 첩보물에서 괴담물로 전환하였으며, 이것이 여성이 고양이로 변신하는 영화이다. 주인이 억울하게 죽은 원한을 풀어주기 위해 고양이가 모습을 거대화하거나 인간의 몸을 빌려 원수를 갚는다는 내용으로, 저예산체제에서 효과적인 연출을 위해 다양한 방법이 고안되었다. 특히 인형의 탈을 쓴 여성 배우가 직접 연기를 하거나 창호지 문 건너편에서 요괴로 변한 고양이의 그림자를 보여주는 장면은 실체를 보여주지 않고도 공포감을 전달할 수 있

현대일본의 요괴문화론

◀ 〈요괴대전쟁 2005〉
미닫이문 건너편에 나타난 변신 고양이의 그림자와 창호
지 위에 많은 눈으로 나타나는 요괴 모쿠모쿠렌目目連.
그림자의 공포 연출과 인간과 사물 사이의 시각의 역전을
보여주는 예이다.
자료 DVD | 미이케 다카시三池崇史 〈요괴대전쟁妖怪百物語〉2007,
가도카와영화角川映画

는, 어둠을 이용한 연출기법이라 할 수 있다.

닛카쓰와 신흥키네마는 모두 현대를 배경으로 하는 영화가 아니라 봉건사회를 배경으로 작품을 만들었다. 다이에가 나중에 만든 〈요괴 시리즈〉 역시 현대가 배경이 아니라 전근대적 사회를 배경으로 하고 있다. 이런 시대배경은 선악응보관 등의 세계관과도 연관이 있고, 전근대적인 시대를 배경으로 함으로써 관객이 용납할 수 있는 리얼리티의 문제와도 관련이 있다. 〈요괴 시리즈〉는 기본적으로 권선징악의 구조를 기반으로 하는 괴담영화의 전통을 답습하며, 선과 악을 이분법적으로 구분함으로써 당시 요괴영화의 주 관객층인 어린이들을 교화시키는 기능을 담당하기도 했다.

괴수영화와 요괴만화 붐

다음으로 외부적인 요인을 살펴보면, 1954년 도호東宝영화사가 〈고질라ゴジラ〉를 개봉하면서 괴수영화 붐이 일본영화계에 불었다. 괴수영화 붐 속에서 다이에는 1966년에 무생물인 석상石像이 괴수로 변하는 〈대마신大魔神〉을 제작한다. 〈대마신〉을 감독한 야스다 기미요시安田公義는 이후에 〈요괴 시리즈〉를 연출한다. 〈고질라〉의 제작에서 특수효과를 담당한 쓰부라야 에이지円谷英二가 인간적인 요괴의 모습을 배제한 괴수를 추구했던 것과 달리 다이에는 〈대마신〉을 연기하는 배우의 눈을 직접 노출시킴으로써 인형에 생명력과 함께 리얼리티를 강화하였다.

〈고질라〉1954	〈대마신〉1966	〈요괴대전쟁 1968〉의 다이몬
고질라의 경우는 얼굴 클로즈업은 보이지 않는다. 대부분 고질라의 움직임에 중심을 두고 조형화함.	고질라와 달리 대마신은 클로즈 업이 많이 사용된다. 대마신은 선량한 인간을 돕기 위해 나타나 악당들을 물리치는 신적 존재로 그려지고, 인간적인 친숙함을 눈의 노출로 표현	괴수 다이몬, 실제 배우의 눈을 그대로 노출시켜 리얼리티를 강화함.

자료 비디오ㅣ혼다 이시로本田猪四郎〈고질라コジラ〉1991, 도호東宝ビデオ영화사

　　　비디오ㅣ야스다 키미요시安田公義〈대마신大魔神〉1983, 다이에大映영화사

　　　DVDㅣ구로다 요시유키黒田義之〈요괴대전쟁妖怪百物語〉2005, 가도카와영화角川映画

　　이런 연출기법은 〈요괴대전쟁 1968〉에서도 이어졌는데, 바빌로니아에서 도적들에 의해 잠에서 깨어난 괴수 다이몬은 에도시대의 일본을 공격한다. 다이몬에 대적하기 위해 각지에 흩어져 있던 요괴들이 한자리에 모여 가공의 『요괴신사록妖怪紳士録』이라는 책을 펼쳐 다이몬이 일본의 요괴목록에 없다는 것을 안다. 다이몬을 외부에서 나타난 공공의 적으로 설정함으로써 요괴와 선량한 인간을 하나로 통합하는 계기를 마련한다. 여기서 하나 주목할 것은 외국 흡혈요괴 다이몬의 변신능력, 분신능력, 거대화 능력, 그리고 마음먹은 대로 자신의 마력을 발휘할 수 있다는 점이다. 이런 무적의 다이몬의 유일한 약점은 앞에서 언급했던 인간적 모습을 표출하는 눈이다. 기름요괴와 우산요괴가 힘을 합해 다이몬의 눈을 공격함으로써 지난했던 전쟁은 끝을 맺는다. 〈대마신〉은 잘못된 핵실험으로 태어난 고질라가 일본을 위협한다는 이야기 구조와 유사하다. 하지만 인간의 힘으로 고질라를 물리치는 것과 달리,

〈요괴대전쟁 1968〉은 전국 각지에 흩어져 조용히 지내던 요괴들이 한 자리에 집결해 다이몬을 물리친다는 점이다. 각지에서 모인 요괴들은 각자의 목소리—기름요괴油すまし는 관서지방, 로쿠로쿠비ろくろ首는 동북지방, 눗페라보는 규슈지방 사투리—로 말을 하는데, 이것은 회화나 만화와 달리 영화만이 할 수 있는 요괴조형 방법이기도 하다. 이런 사투리의 구사는 관객에게 동질감과 함께 웃음을 가져다준다. 이제 더 이상 요괴는 인간의 적이나 공포의 대상이 아니라, 일본인을 도와주는 '조력자'로서의 역할을 한다.

한편, 괴수영화는 문명파괴라는 새로운 카타르시스를 관객에게 제공하였지만, 1953년부터 시작된 일본의 TV 방송과 1964년 도쿄올림픽 등의 국가적 행사로 TV가 대중적으로 보급되면서 영화의 인기는 점점 쇠퇴하였다. 1960년대는 괴수영화가 사양길로 접어들었고, 괴수영화의 쇠퇴 뒤에 찾아온 것이 요괴영화 붐이었다.

요괴영화 붐에는 우선 미즈키 시게루水木しげる의 등장이 큰 영향을 미쳤다. 이제까지 어린이들만이 보고 즐기던 오락물로서의 만화가 아니라, 어른들이 읽고 즐기는 만화로 표현의 범위를 확장시켰다. 단순히 환상적인 미래를 그려서 어린이들에게 희망을 전해주는 것이 아니라, 어둠에 감춰져 있던 패자의 세계를 돌아보는 계기를 마련했다.

그의 작품 〈악마 군悪魔くん〉이 1966년 텔레비전에서 실사로 방송되고, 1968년에는 『묘지의 기타로墓場の鬼太郎』가 〈게게게의 기타로ゲゲゲの鬼太郎〉로 제목을 바꾸어 애니메이션으로 방송되었다. 만화에서 실사 드라마와 애니메이션으로 미디어믹스가 이루어지면서 제1차 요괴 붐이 1960년대 말에 도래했다. 당시 TV에서는 〈울트라 세븐〉이 인기를 끌면서 '공상 특수촬영 시리즈'가 유행한 시기이기도 하다. 하지만 당시 미즈키가 그린 요괴들은 인간을 도와주는 존재가 아니라 인간을 위

◀ '기름요괴'와 '팥 씻는 요괴小豆洗い'는 『악마군』에서는 인간
을 위협하는 존재로 등장
자료 미즈키 시게루水木しげる 『水木しげる漫画大全集048悪魔くん』
2013, p.313

협하는 존재로 그려졌다.

　미즈키의 요괴들은 개별적으로 이름을 획득하지만, 원래 그들이 갖
고 있던 서사성은 만화에서는 직접적으로 표현되지 않았고, 도감의 형
식으로 모델화된 캐릭터로 표현되었다.

13 3 서사가 사라지고 캐릭터화되어 가는 요괴

두루마리 그림에서 도감으로

　서사물은 무엇을 어떻게 표현하는가의 문제이다. '무엇'은 내용으로,
누가, 어디에서, 어떤 행동을 하는가이다. '어떻게'는 형식으로, 어떤 매
체와 어떤 전달구조를 갖는가 하는 문제이다. 영화에서 형식은 시각
이미지와 청각 이미지로 나누어서 생각해 볼 수 있다. 시각 이미지는
프레임 내부를 구성하는 화면구성—화면구도, 피사체의 색채와 질감,
쇼트의 사이즈, 카메라의 앵글과 움직임, 자막 등—과 쇼트들의 연결,
프레임과 외부공간의 관계—등장인물의 시선과 등퇴장 등—를 포함한
편집을 통해서 이해할 수 있다. 그리고 청각 이미지는 대사, 배경음악,
음향효과 등을 통해 살펴볼 수 있다. 여기서는 시각 이미지에 관련된

것을 중심으로 살펴보겠는데, 먼저 회화에 나타나는 피사체의 질감과
화면구성과 함께 영화에서 이미지와의 변이와 관계성을 설명하겠다.

여러 형태로 나타나는 우산요괴

자료 ❶ 『백귀야행 두루마리 그림』
　　　고마쓰 가즈히코小松和彦 『百鬼夜行絵巻の謎』2008, 슈에이샤英社
　　❷ 도리야마 세키엔의 그림
　　　도리야마 세키엔鳥山石燕 『画図百鬼夜行全画集』2013, 카도 카와 학예 출판角川学芸出版, p.207
　　❸ 미즈키 시게루의 그림
　　　미즈키 시게루水木しげる 『妖怪画談』2002 http://www.sakaiminato.net/site2/page/roadmap/bronze/131/
　　❹ 영화 〈요괴 백 가지 이야기〉
　　　DVD｜야스다 키미요시安田公義 〈妖怪百物語〉2005, 가도카와영화角川映画
　　❺ 영화 〈요괴대전쟁 68〉
　　　DVD｜쿠로다 요시유키黒田義之 〈妖怪百物語〉2005, 가도카와영화角川映画
　　❻ 영화 〈요괴대전쟁 2005〉
　　　DVD｜미이케 다카시三池嵩史 〈妖怪百物語〉2007, 가도카와영화角川映画

스크린 위를 활보하는 요괴들　　　　　　　　　　241

먼저, 대표적 요괴 두루마리 그림으로 『백귀야행 두루마리 그림百鬼夜行絵巻』이 있다. 이것은 진주암본真珠庵本을 비롯해 다양한 모사본이 존재하는데, 현대로 올수록 서사성은 희박해지고 캐릭터만이 남는 것이 특징이다. 그림의 ❶은 진주암본으로, 전체 그림구성은 요괴들이 오른쪽에서 왼쪽으로 진행하는 방향으로 이루어져 있다. 두루마리 그림을 보는 진행방향과 시간성을 같이 하고 있다. 그림을 보는 사람의 입장에서 볼 때 오른쪽이 과거가 되고 왼쪽이 미래가 된다. 왼쪽으로 계속 그림이 진행될수록 (❶의 아래 그림처럼) 한밤중에 큰길을 무리 지어 돌아다니던 요괴들은 아침이 되어 태양이 떠오르는 것을 보고 도망치듯이 되돌아와 오른쪽으로 허겁지겁 달아난다.

두루마리 그림은 시간의 흐름과 같이 연속적인 하나의 사건을 그림 안에서 공유하면서 이야기를 전개한다. 그렇지만 두루마리 그림에 등장하는 요괴들은 개별적인 이름은 아직 없었다. 『백귀야행 두루마리 그림』 속 동·식물의 요괴는 점점 사라지고 도구의 요괴가 주를 이루게 되었다. 그리고 아래의 국립국회도서관 소장본에서 우산요괴는 죽마를 타고 가는 짚신わらじ요괴와 떨어져 개별적으로 행동을 한다.

시간이 지날수록 요괴들 간의 관계성은 희박해지고, 물리적 거리 역시 멀어진다. 무리를 지어 큰길을 돌아다니던 요괴들의 관계는 백귀야행 본연의 의미를 잃어버린다. 그러면서 점점 공간과 분리된 개별존재를 그린 도감圖鑑적인 조형이미지가 강화된다. 가장 잘 드러나는 그림이 ❷로 이것은 두루마리 그림이 아니라 사각 프레임 안에 갇힌 우산요괴骨傘이다. 요괴들 간의 관계가 아니라 동물원에 있는 호랑이처럼 요괴를 사각 프레임에 가두고 있다. 대신 도리야마 세키엔鳥山石燕은 호랑이의 명패에 출신지와 특징을 설명하듯이, 오른쪽 설명문에서 이름을 밝히고, '범고래가 화재를 막는 주술적 기능을 하듯이 우산이 화재

▲ 『백귀야행 두루마리 그림』
이 두루마리 그림에는 앞부분에 수도를 옮겨서 황폐해진 교토의 저택에 요괴가 자주 출몰한다는 설명이 있다. 그리고 짚신요괴와 우산요괴는 독립적으로 그려져 있는 것이 앞의 두루마리 그림과 다른 점이고, 다른 요괴들의 거리 역시 떨어져 있다.
자료 일본 국립국회도서관 소장
　　　고마쓰 가즈히코小松和彦 『百鬼夜行絵巻の謎』 2008, 슈에이사集英社, p.16

를 막는 도구로 사용되고 있다'고 적고 있다. 이전의 두루마리 그림 속 우산요괴는 초원의 호랑이가 그랬듯이 존재로서만이 아니라 하나의 현상 혹은 사건으로서 시간의 흐름 속에 존재하였다. 반면에 프레임에 갇힌 우산요괴는 우리 안에 있는 호랑이처럼 어느 한순간의 공간적 형상만을 드러내고 있고 시간성이 배제된 하나의 모델로서 우리에게 인지된다. 그렇기에 사건으로서의 요괴가 모델로서의 요괴로 바뀜으로써 우산요괴는 시간이 갖고 있던 많은 서사성을 잃게 된다. 하지만 이런 모델화는 우리 삶 속으로 쉽게 들어올 수 있는 캐릭터로 자리매김하는 데 공헌한다. 이런 특징이 가장 잘 나타나는 것이 미즈키 시게루가 그린 현대의 우산요괴이다.

미닫이문에서 뛰쳐나온 우산요괴

　먼저 우산요괴의 외형부터 살펴보면 위의 그림 ❶에는 팔다리가 모두 있고, 짚신요괴에게 이끌려가는 것으로 보아 독립적이라기보다 상대와의 관계를 맺는 성격을 가진다고 볼 수 있다. 하지만 ❷에는 눈은 있지만 팔다리는 보이지 않는다. 흑백으로 되어 있어 구체적인 모습을 정확히 파악할 수는 없지만, 앞에서 언급했듯이 주술적인 기능을 하는 요괴로 성격이 변해 있다. 하지만 ❸ 미즈키 시게루의 우산요괴는 팔은 사라지고, 다리는 하나이고, 혀를 내밀고 있다. 이것은 ❶과 ❷가 혼합된 형태라고 볼 수 있다. 여기에 미즈키는 혀를 내밀고 있는 귀여운 모습을 더함으로써 만화적으로 친숙한 캐릭터를 창출해 내고 있다. 혀를 내밀고 있는 귀여운 모습은 ❹의 〈요괴 백 가지 이야기〉와 ❺의 〈요괴대전쟁 1968〉, 그리고 ❻의 〈요괴대전쟁 2005〉으로 이어진다. 영화에서는 미즈키의 만화적 이미지 ❸에서 ❶의 팔이 더해진다. 팔이 더해진다는 것은 독립적인 존재가 아니라 누구 혹은 무엇과의 교류를 잠재하고 있다. 이런 교류를 뒷받침해주는 것이 ❹의 〈요괴 백 가지 이야기〉와 ❺의 〈요괴대전쟁 1968〉이다. 〈요괴 백 가지 이야기〉를 간단히 살펴보면, 가난한 공동주택에 살고 있는 사람들이 땅을 담보로 돈을 빌린다. 그것을 빌미로 악덕업자는 사람들을 내쫓고 신사神社를 허문 후 유곽을 지으려고 한다. 사람들과 신사가 사라지면 자신들이 있을 곳이 사라지는 요괴가 악덕업자에게 저항하기 위해 힘을 합쳐 악덕업자를 물리친다는 이야기이다. 이 영화에서 주목할 것은 악덕업자의 아들인 미숙한 신기치와 우산요괴의 관계이다. 아래 그림처럼 신기치는 창호지에 우산요괴 그림을 그리고 있다. 우산요괴 하나가 현실세계로 뛰쳐나와 신기치의 얼굴을 핥으며 장난을 친다. 놀랍고 기이한 경험을 한 신기치는 악덕업자인 아버지에게 알리지만, 아버지의 눈에는 요괴가 보이지 않는다.

다음의 영화 스틸 컷은 요괴체험의 이야기를 전하는 송신자와 그것을 전달받는 수신자의 관계를 보여주는 일화인 동시에, 만화에서 애니메이션, 그리고 영화로 나아가는 요괴조형의 발달과정—평면에서 입체로, 정지에서 움직임으로, 흑백에서 컬러로—을 한눈에 보여주는 장

▲ 악덕업자의 미숙한 아들 신기치는 미닫이문에 우산요괴 그림을 익살스럽게 그린다. 평면 위에 붓으로 그려졌던 우산요괴는 먼저 입체적으로 변하면서 그림 애니메이션처럼 움직이기 시작한다. 움직이기 시작한 그림이 실제의 공간으로 뛰쳐나오고, 우산요괴의 조형물로 변화한다. 미닫이문에서 뛰쳐나온 우산요괴는 신기치의 얼굴을 핥으면서 친근하게 행동한다.
자료 DVD | 야스다 키미 요시安田公義 〈妖怪百物語〉2005, 가도카와영화角川映画

면이다. 그리고 또 여기서 중요한 것은 요괴가 누구의 눈에 보이는가 하는 것인데, 요괴를 보는 사람은 죽거나 해를 입는다는 설화와는 달리 영화에서는 요괴를 볼 수 있는 사람들은 순수한 마음을 가진 선택된 사람으로 그려진다. 영화의 주제인 권선징악적인 세계관을 신기치 가족과 요괴와의 관계를 통해 설명하고 있는 것이다. 이는 인간이 조우해서는 안 될 공포의 대상이었던 요괴가 착한 사람에게는 보인다고 하는 예를 보여줌으로써 요괴에 대한 믿음을 증폭시키는 결과로 이어진다.

〈요괴 시리즈〉에 공통된 표현은 요괴가 어린이들의 눈에 잘 보인다는 설정이다. 특히 〈동해도 오바케 여정〉은 악당들에게 할아버지를 잃은 소녀가, 생부를 찾아간다는 '여정'을 보여준다. 아버지를 찾아 나선 길에서 만난 인간들은 요괴보다 더 무서운 존재들이고, 요괴들은 소녀가 무사히 '여정'을 마칠 수 있도록 지켜주는 '조력자' 역할을 한다. 또, 〈요괴대전쟁 2005〉은 초등학생인 소년이 마을 축제 때 기린송자麒麟送子─상상의 동물인 기린이 데려온 아이로, 이 세상에 평화를 가져다준다는 전설에서 유래─로 선택된다는 설정이다.

이야기의 시간적 배경은 다른 〈요괴 시리즈〉와 달리 현대이지만, 소년은 여름방학이 시작되고 마을의 축제가 진행되는 경계의 시간과 공간에 놓이게 된다. 소년은 악마에게 잡혀간 요괴들을 차례로 구출하는 적극적인 역할을 하면서 수동적인 소년에서 능동적이고 '타인을 위해서 작은 거짓말을 할 수 있다'는 영화 속 대사처럼 조금씩 어른으로 성장해 간다. 소녀의 '여정'과 소년의 이계체험은 통과의례로 볼 수 있다. 이런 예는 〈센과 치히로의 행방불명〉에서도 나타나는데, 치히로의 이계체험과 관련이 있는 것이다. 터널이라는 경계의 공간을 지나 다다른 다른 세상에서 치히로는 자신의 이름을 스스로 되찾고 터널을 빠져나옴으로써 자아를 발견하고 성장하는 계기로서의 이계체험을 겪게 된다.

▲ 평범한 초등학생이었던 소년은 축제에서 기린송자로 선택된 후 이상한 체험을 한다.
　자료 DVD | 미이케 타카시三池崇史 〈妖怪百物語〉2007, 가도카와영화角川映画

13　4　인간 그리고 전통적 요괴의 적대자는 누구인가?

　영화에서 조력자가 아닌 요괴를 주인공으로 설정할 경우 요괴의 적대자는 과연 누구일까? 〈요괴 백 가지 이야기〉에서는 악덕업자, 〈요괴대전쟁 1968〉에서는 외국에서 건너온 흡혈요괴 다이몬, 〈동해도 오바케 여정〉에서는 요괴들의 신성한 공간인 무덤에서 살인을 벌인 악당들, 〈요괴대전쟁 2005〉에서 마인魔人 가토 야스노리加藤保憲와 그가 조종

하는 기괴機怪들이다. 헤이안시대, 가토는 음양사인 아베노 세이메이安
部晴明에게 부모를 잃고 어머니의 임종 때 태어난 초인적 존재로, 현재
일본인의 조상이 살기 이전에 존재했던 고대 선주민의 원념怨念이 부활
한 존재이다. 이것은 기타로의 출생과도 비슷한데, 기타로는 유령족으
로 유령족인 어머니가 죽을 때 무덤에서 태어난 존재이다. 삶과 죽음
의 경계에 있는 가토는 원념에 의해 부활한 존재이고, 기타로는 지옥
을 자유롭게 왕래할 수 있는 존재라는 유사성을 갖고 있다.

▼ 전통적 요괴 vs 현대적 요괴

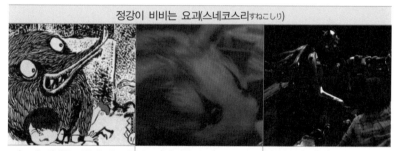

정강이 비비는 요괴(스네코스리すねこしり)

미즈키 시게루 〈악마 군〉의 정강이 비비는 요괴	〈요괴대전쟁 2005〉	〈요괴대전쟁 2005〉
인간보다 커서 아래의 야나기타의 설명과는 부합되지 않는다.	주인공에게 다가와 다리를 비비고 귀여운 행동을 한다. 야나기타의 어휘 설명에 부합한다.	버려진 기계의 원념과 정강이 비비는 요괴가 합체해 탄생한 현대적 요괴인 스네코스리 기괴는 기억을 잃고 변해 이전에 친했던 주인공과 싸운다.

스네코스리는 야나기타 구니오의 요괴 어휘에서는 "비가 내리는 밤 길을 가는 **사람의 발과 정강이를 비비는 고양이나 개의 모습과도 비슷하다.**"라고 하고 있다. 하지만, 만화와 영화에서는 그 모습이 다르게 표현되고 있다. 2009년 미즈키 시게루의 고향인 사카이미나토 시의 요괴 인기투표에서 10위를 차지할 정도로 인기 있는 요괴이다.

자료 미즈키 시게루水木しげる『미즈키시게루 만화 대전집水木しげる漫画大全集 048 悪魔くん』2013, p.187, 고단샤講談社
　　DVD | 미이케 다카시三池崇史〈妖怪百物語〉2007, 가도카와영화角川映画

　가토는 도쿄를 멸망시키기 위해 인간으로부터 버림받은 폐기물(오
토바이 등)의 원념과 전통적인 요괴를 합체해 새로운 기괴라는 요괴를

만들어 낸다. 기괴는 기존의 전통적 요괴와는 다른 인공물의 원념이다. 요괴들이 상대해야 할 적대자는 악한 사람, 외국의 괴수, 원념을 가진 존재와 기괴들이다. 앞에서 보았듯이 요괴조형은 동물·식물·어패류, 기물器物, 그리고 어디에도 속하지 않는 오니로 분류하였다. 하지만 여기에 기계가 변해서 된 요괴인 기괴가 하나 더 추가된다. 이것은 단순히 디지털 작업에 의한 영화기술의 발전에 의한 창조물이 아니라, 인간이 쉽게 버리는 인공의 존재에 요괴라는 생명력을 부여하는 것이다. 물론 기괴가 만들어지기 위해서는 기존에 존재하던 요괴가 소재로 제공되어야 한다. 이것은 기술의 발전으로 기계가 넘쳐나는 오늘날, 전통적인 요괴개념의 변형을 보여주는 것이다. 요괴는 시대에 따라서 끊임없이 변해왔고, 앞으로도 새로운 형상으로 조형화될 것이다. 인간의 무의식 속에 있는 끊임없이 샘솟는 공포와 그 근원에 대해 알고 싶은 욕망이 요괴라는 조형을 만들어내는 것이다.

고미네 가즈아키小峯和明는 다음과 같이 말한다.

> "요괴는 시대와 함께 변화한다. 사람은 살아 있는 한 요괴를 만들어내고 기르고 싸워나가지 않으면 안 된다. 사람의 역사는 요괴의 역사이기도 하다.(중략) 어떤 요괴를 만들어내고 어떻게 만날까, 거기에 사람의 상상력=창조력이 제기된다. 요괴는 그림자와 죽음 등〈부負〉에 작용하는 상상력의 결정이다."

고미네의 말처럼 요괴는 인간의 역사이고, 끊임없이 새롭게 만들어진다. 무엇이라는 내용과 어떻게 조형화할 것인가는 시대에 따라 변한다. 이것은 상상력의 근원이기도 하고, 우리가 들여다보기 싫어하는 우리의 또 다른 얼굴이기도 하다. 위의 가운데 사진 속 정강이 비비는 요괴는 원래는 소년을 잘 따르면서, 소년의 다리에 몸을 비비고 애교를 부리는 귀여운 요괴였다. 하지만 악마인 가토 일당에게 잡혀서 아주 추하고 악한 존재로 변화하게 된다. 그렇게 변한 스네코스리 기괴는 그가 좋아했던 소년과 결투를 벌인다. 이것은 요괴가 누구에 의해, 어떻게 이용되는가에 의해 성질이 변한다는 것을 보여주는 단적인 예이다.

스크린 안으로 사라지는 요괴들

요괴는 시대에 따라 다른 모습으로 우리들에게 나타난다. 물론 내용도 바뀌고 표현수단과 매체도 변한다. 하지만 영화 〈요괴 시리즈〉에서 공통적으로 나타나는 것은 백귀야행의 장면이다. 아래 사진에서 보듯이 요괴들은 적대자를 물리치고 무리를 지어서 태양이 뜨는 곳을 향해 사라진다. 두루마리 그림에서 떠오르는 태양을 피해 뒤로 도망치던 모습과는 다르다.

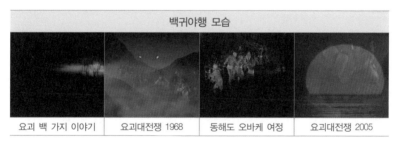

백귀야행 모습			
요괴 백 가지 이야기	요괴대전쟁 1968	동해도 오바케 여정	요괴대전쟁 2005

자료 DVD｜야스다 키미 요시安田公義 〈妖怪百物語〉2005, 가도카와영화角川映画
DVD｜구로다 요시유키黒田義之 〈妖怪百物語〉2005, 가도카와영화角川映画
DVD｜야스다 키미 요시安田公義 〈東海道お化け道中〉2006, 가도카와영화角川映画
DVD｜미이케 다카시三池崇史 〈妖怪百物語〉2007, 가도카와영화角川映画

요괴들이 가는 곳은 태양이 떠 있는 스크린 저편이다. 일본 영화 〈라쇼몽羅生門〉의 마지막 장면은 나무꾼이 나생문이란 누각 아래에서 스님으로부터 버려진 아이를 건네받고 카메라 쪽으로 걸어오는 것으로 끝을 맺는다. 하지만 영화 속 요괴들은 모두 카메라를 등지고 스크린 깊은 곳으로 사라진다. 이들은 시끄럽고 문제가 있는 세상으로 나왔다가 다시 자신들의 삶 속으로 사라지는 것이고, 반대로 라쇼몽의 나뭇꾼은 아이를 데리고 세상 속으로 들어오는 것이다.

영화 속 요괴는 금기를 깬 인간에게 벌을 주고, 인간의 보호자 혹은 조력자, 그것을 넘어 히어로가 되어 악당을 퇴치하는 역할을 한다. 그러면서 영화는 교훈적인 메시지를 관객에게 전한다.

타계의 존재인 유령은 아직까지 서사적 측면에서 공포의 대상으로 조형화될 뿐 캐릭터처럼 접근성이 용이하지는 않다. 일본에서 가장 유명한 유령인 오이와お岩는 아직까지 범접할 수 없는 존재로, 오이와와 관련된 연극이나 영화를 제작할 때면 연관이 있는 신사에 가서 제사를 지낸다. 반면에 이계의 존재인 요괴는 서사적인 측면보다 다양한 미디어에서 귀엽고 유머러스한 존재로 표현된다. 이것은 요괴가 출현하는 것이 직접적인 원한관계가 아니라 불특정 다수에게 나타나기 때문일 것이다. 특히 영화에서처럼 나쁜 짓을 하는 사람에게는 보이지 않고 선한 사람에게 요괴가 보인다는 설정은 요괴에 대한 공포를 희석시키는 기능을 한다. 현대의 요괴도감에는 아이돌 사진집처럼 요괴의 신장, 몸무게, 출신지 등이 친절하게 기재되어 있다. 조형적인 친숙함과 함께 구체적인 요괴의 정보가 공포를 사라지게 하고 친숙함을 전해준다.

이처럼 요괴를 비롯한 유령 등의 괴담영화를 통해 일본인의 무의식의 심층에 자리 잡고 있는 이계관과 타계관, 그리고 공포에 대해 이해할 수 있는 계기가 되었으면 한다. ✿

현대일본의 요괴문화론

일본판 도플갱어
생령

나귀자羅貴子*

14 1 생령! 도대체 넌 뭐니?

'생령生靈'이 일본문학 속에서 나타나기 시작한 것이 8세기경이라고 분명히 논할 수는 없지만, 이번 집필을 준비하면서 여러 가지 자료를 찾아서 나름대로 추측하건대, '이야기'라는 일본의 산문문학이 출발한 10세기경이 아닐까 한다. 우리들이 생령이라는 문학 제재를 접할 때, 이것은 자연스럽게 받아들일 수 없는 것으로, 불가사의 또는 부자연스러운 존재라는 첫인상을 받는다. 단어 자체의 뜻으로는 살아 있는 영혼으로, 필자는 이것을 문학작품의 제재로 이용했다는 사실이 기발하다고 여기게 되었다. 무라카미 하루키의 『1Q84』를 읽으며, 주인공들의 주변인물 중에서 '덴고의 아버지'에 대해 의문 혹은 호기심이 발동하게 되었고, 생령에 대해 더 깊은 흥미를 지니게 되었다. 치매로 요양시설에 입원해 거동조차 할 수 없는 사람의 영이 다른 곳에 나타난다는 설정이 무척 인상 깊었다. 이는 일본인이 아니기 때문에 특이

---

* 중앙대학교 석사과정. 무라카미 하루키의 소설 구조 연구.

◀ 일본 드라마 〈노부타를 프로듀스〉2005
3회에서 앞줄의 후배들 뒤에 생령이 되어 나타난 선배들이
같이 사진을 찍지만, 찍힌 사진에는 이 생령들이 사라지고
없다.
자료 〈노부타를 프로듀스〉2005, NTV
　　공식 홈페이지 http://www.ntv.co.jp/nobuta

◀ 드라마 〈주군의 태양〉2013
8회에서 고급스러운 호텔 룸에서 생령으로 나타난 중년 여
인을 태양(공효진)이 되돌아가라고 설득하는 모습을 주군
(소지섭)이 지켜보고 있다.
자료 〈주군의 태양〉2013, SBS
　　공식 홈페이지 http://tv.sbs.co.kr/juguntaeyang

하게 여길 수 있는 것으로, 일본인들에게는 생소하지 않은 문학제재이
다. 전래동화나 신화 등의 이야기들을 엮어 놓은 고전에서는 곧잘 등
장하고 있으며, 『1Q84』와 같은 현대의 일본문학 작품에서도 쉽게 접할
수 있다. 더 나아가서 드라마와 같은 대중문화에서도 나타나는 경우를
찾아볼 수 있겠다. 예컨대, 대중소설 『노부타를 프로듀스』가 원작인
2005년의 동명 드라마는 일본의 인기 아이돌이 주연을 맡아 크게 인기
를 끌었다. 이 드라마의 3회에서 학교축제에 매년 참가하는 묘령의 세
남녀는 각자의 바쁜 일상을 보내면서도 고교 시절의 즐거웠던 순간을
그리워한 나머지 생령이 되어 후배들 앞에 나타난다. 국내 드라마에서
도 혼수상태의 중년 여인이 호텔의 무료숙박권을 이용해서 평소에는
즐길 수 없는 고급호텔에서의 하룻밤을 보내고 싶어 하는 마음이 너무
나도 강해, 처음에는 물귀신으로, 나중에는 생령으로 나타나는 장면이
있었다.

　이렇게 일본문학 속에서뿐만 아니라 일본의 영상작품 속에서도 생
령이란 존재를 쉽게 접할 수 있지만, 한국에서는 죽은 자의 영혼, 이른
바 귀신을 소재로 한 문학작품과 영상작품이 대다수를 차지하고 있다.

다만 최근 들어 위의 〈주군의 태양〉과 같은 종류의 드라마에서도 생령이란 존재를 다루기 시작하고 있다. 이는 아마도 한일 양국의 문화교류를 통한 서로 간의 영향이 어느 정도 작용했다고 추론할 수 있겠다. 이제 생령이란 어떤 것인가를 더 자세히 찾아보기로 하겠다. 『일본요괴대사전』에서는 생령을 아래와 같이 설명하고 있다.

　　살아 있는 인간의 영혼이 다른 사람에게 빙의되어 괴롭히는 것으로, 예로부터 사람의 영혼은 자유롭게 몸에서 빠져나올 수 있다고 믿었고, 8세기에는 영혼이 흐느적거리며 몸에서 빠져나오는 것을 「(마음이 끌려서)들뜨다」라고 했는데, 이것은 「동경하다」의 어원이 되었다고 한다.
　　어떤 마음을 너무 강하게 품다 보니 마음이 여기에 없는 상태를 8세기경의 사람들은 영혼이 빠져나가 깊이 생각하고 있는 상대 곁으로 가 있다고 여겼다. 상대는 사랑하는 사람으로 한정되지 않고, 죽이고 싶을 정도로 증오하는 상대의 경우에도 생령은 발생한다.

　동시에 동일인물이 존재하다는 현상으로, 서양에서는 도플갱어가 있다. 사전에서는 「자신과 똑같은 모습을 한 분신分身, 혹은 자기 모습의 환시自己像幻視」라고 설명하고 있다. 동아백과사전에서는 아래와 같이 설명하고 있다.

　　분신, 더블, 도플갱어라는 것은 원래의 자신에서 분리된 별개의 자신이다. 독일어로는 「이중으로 돌아다니는 사람」이란 의미이다. 하나의 인물이 두 개의 독특하고 상반된 인물로 나뉜 것을 분신이라고 하지만, 별개의 자아가 본래의 인물의 성질을 가지며 다른 성질도 가진다. (중략) 이러한 현상은 일반적으로 같은 공간과 시간에 나타나고, 자신의 실제 성격과 정반대의 모습으로 나타나는 경우도 있고, 평소 자신이 바라고 있던 이상적인 모습, 또는 그 반대의 모습으로 나타나는 경우도 있다. 도스토옙스키의

『분신The Double』1846과 R. L. 스티븐슨의 『지킬 박사와 하이드』1886가 대표
적인 작품이다.

　　요컨대 생령과 도플갱어는 동시에 존재하면서 죽음과 관련된 것이
라고 말할 수 있겠다. 살아 있지만 인간이라고는 단언할 수 없는 존재
이며, 동서양의 문학작품 콘셉트로써 이용되었다. 일본의 생령이란 문
학제재는 천여 년 전부터 나타났지만, 서양의 도플갱어는 19세기 중반
이 되어서야 나타났다고 할 수 있겠다.

◀ 영화 〈데자뷰〉 2006
첨단 과학 장비를 이용해서 다른 시간대의 테러범
을 쫓고 있는 영화 〈데자뷰〉의 한 장면
자료 〈데자뷰〉 2006, 제리 브룩하이머
네이버 영화 http://movie.naver.com

　　또한 생령, 도플갱어와 비슷한 개념으로 데자뷰deja vu가 있다. 이것
은 기시감旣視感이라는 단어로 대체할 수 있으며, 최초의 경험임에도
불구하고 이미 본 적이 있거나 경험한 적이 있다는 이상한 느낌이나
환상이란 의미의 프랑스어로, 영어로는 already seen에 해당한다. 제
리 브룩하이머Jerry Bruckheimer가 제작한 영화 〈데자뷰〉에서 덴젤 워싱턴
Denzel Washington이 분한 덕 칼린Doug Carlin이 같은 장소에 나타난다. 테러가
발생하기 전으로 시간이동을 하여 폭탄테러를 막아내고 여주인공의
생명을 구한다는 내용이다. 이는 약간의 개념의 차이가 있지만, 과학
적 접근을 통한 생령, 도플갱어의 다른 표현이라고 볼 수 있겠다.
　　앞에서 언급한 생령·도플갱어·데자뷰의 특색만을 설명하면 다음의
표로 요약될 수 있다.

　　　　　　　　　　　　현대일본의 요괴문화론

	시간	공간	인격
생령	같은 시간	다른 장소	다중
도플갱어	같은 시간	다른 장소	이중
데자뷰	다른 시간	같은 장소	동일

생령·도플갱어·데자뷰 모두 살아 있는 인간이 이야기의 흐름을 주도한다는 공통점에 주목하고, 생령과 유사한 일본문학의 다른 제재에 대한 사전적 의미를 중심으로 해서 표로 요약하고자 한다.

단어	뜻
사령死靈	죽은 자의 영혼 또는 죽은 자의 원령
원령怨靈	받은 처사에 대해 원한을 품고 앙갚음을 하는 사령 또는 생령
악령惡靈	사람에게 앙갚음을 하는 영혼, 귀신, 원령
생령生靈	살아 있는 사람의 원령으로, 원한이 있는 타인에게 들러붙어 앙갚음을 한다고 여겨지는 것
정령精靈[1]	죽은 자의 영혼
유령幽靈	죽은 자의 혼, 사후 떠돌고 있는 혼령, 원한이나 미련을 호소하기 위해 이 세상에 모습을 나타내는 것, 형식상으로는 존재하는 것처럼 보이지만 실제로는 존재하지 않는 것.
망령亡靈	죽은 자의 혼, 과거에는 있었지만 현재는 더 이상 존재하지 않는 것의 예시, '군국주의의 망령'

위의 표에서 언급한 것들은 어디까지나 사전적 의미로, 문학작품 속에 나타난 양상은 사전적 의미 그대로 묘사되지 않은 경우도 있다. 특히 일본문학 작품들 속에서 전개되는 생령의 모습은 무시무시하고 두려운 존재로 나타나는 경우도 있지만, 곤란한 상황에 처한 사람을 구하거나 사랑하는 사람들을 만나게 해 주는 경우가 있다. 이러한 내용

---

1 일본어에서는 표의 뜻만 있는 반면에 한국어에서는 다음과 같은 네 가지 의미로 나뉜다. 1. 만물의 근원을 이룬다는 신령스러운 기운. 2. 죽은 사람의 영혼. 3. 〈민속〉산천초목이나 무생물 따위의 여러 가지 사물에 깃들어 있다는 혼령. 원시 종교의 숭배 대상 가운데 하나이다. 4. 〈철학〉생활력이나 생명력의 근원이 되는 정신.

에 대한 일본문학 속 생령을 더 자세히 파헤쳐보기로 한다. 또한『겐지
이야기』와『1Q84』를 제외한 다른 작품들은 짧은 단편인 관계로, 문맥
의 흐름과 생령의 출현양상을 보다 잘 나타내기 위해 가능한 한 원문
에 충실하게 번역한 점을 밝히고자 한다.

14　2　생령! 넌 악령인가

애증에 불타는 『겐지 이야기』의 생령

『겐지 이야기』는 11세기 초, 무라사키 시키부紫式部가 쓴 54권으로 된
장편 이야기이다. 주인공 히카루 겐지를 중심으로 약 490명에 달하는
등장인물들의 묘사가 뛰어난 작품이다.

『겐지 이야기』의 수많은 등장인물 중에서 누가 생령이 되어 사람들
을 괴롭혔는가? 그 인물은 미야스도코로이다. 히카루 겐지의 첫 부인
인 아오이에게 빙의되어, 그녀의 죽음에 결정적인 원인이 되는 것이
미야스도코로의 생령이다. 자신의 신분이 아오이보다 높아도 히카루
겐지의 사랑을 받지 못한 미야스도코로가 축제가 있는 날, 멀리서라도
겐지의 아름다운 모습을 보고 싶어서 외출했으나, 아오이의 하인들에
게 무시당하고 자신이 탄 수레가 떠밀린 사건으로 모욕을 느낀 미야스
도코로가 아오이에게 원한을 품은 후부터는 이미 생령이 되어 그 위력
을 휘두르게 된다. 그 결과 히카루 겐지의 아이를 출산한 지 얼마 안
된 아오이가 죽게 된다. 다음은 미야스도코로가 생령이 된 모습과 생
령이 되어 한 행동을 묘사한 일부분이다.

축제가 있던 날의 모욕감으로 불타오른 원한이 스스로도 더 이상 억제할 수 없는 불씨가 되어 버렸다고 생각한 미야스도코로는, 잠깐만이라도 잠들면 보이는 꿈에서, 아오이와 같은 아름다운 여성에게 가서 현실의 자기가 할 것 같지 않은 거칠게 힘을 부리는 그런 꿈을 몇 번이고 본다. 기가 막힐 노릇이다. 영혼이 몸에서 빠져나간 것인가 보다. 실신 상태의 미야스도코로가 되는 때도 있었다.

미야스도코로의 번민은 이제 지난 몇 년 동안의 근심과는 비교도 되지 않을 정도가 되었다. (중략) 완전히 무시당한 수레 싸움이 있던 날의 기억이 있는 한 가능한 것이 아니었다. 스스로의 마음을 추슬러도 자나깨나 번민을 하는 탓인지 서서히 마음이 몸에서 떨어져 나가, 자기가 공허한 것이 되어 있는 기분을 맛보게 되어 병이 든 것 같았다.

미야스도코로가 처음 생령이 되었을 때는 자신이 꿈을 꾸고 있다고 묘사되고 있지만, 다음에 생령이 되었을 때는 스스로가 생령임을 자각하고 있다고 묘사되어 있다. 생령이 되어 한 행동은 괴롭히려는 상대에게 들러붙어 때렸다는 묘사가 나온다. 상기의 묘사 외에 출산 직후의 상대가 결국에는 죽음에 이른다는 부분도 있으며, 히카루 겐지와 그의 다른 여인들에게도 나타나는 장면이 있다. 그러나 여기에서는 미야스도코로의 생령의 양태만을 윗글을 기본으로 해서 개략적으로 다뤘다.

버림받은 여인의 복수극, 『곤자쿠 이야기』의 생령

『곤자쿠 이야기』는 1120년 이후에 성립되었지만, 편집자는 미상이며, 천여 가지의 설화를 31권으로 집대성한 설화집이다. 구성은 인도, 중국, 일본으로 대별되며, 일본은 불교설화와 속세설화로 나뉘어 있다. 문학적으로 뛰어난 부분은 속세설화로, 귀족뿐만 아니라 무사와 서민

▲ 류사이칸진세이초竜斎閑人正澄가 그린 『풍자 백 가지 이야기狂歌百物語』의 「혼이 나간 병離魂病」
에 관한 그림
생령을 병의 일종으로 해석한 것으로, 왼쪽의 여성 옆에 생령이 나타났다.
자료 http://www.weblio.jp/wkpja/content生霊_生霊の概要

등이 혼란스러운 시대를 씩씩하게 살아가는 모습을 리얼하게 그리고
있다.

다음의 20번째 이야기는 짧은 단편 설화로, 생령이 전지전능한 존재
가 아닌 어수룩한 모습으로 나타난다. 제한된 지면 관계로 생령이 묘
사된 부분만을 소개하고자 한다.

20번째 이야기: 오미국² 의 생령이 도읍에 와서 살인한 이야기

옛날에 도읍에서 미노(현재의 기후현 남부)·오와리 근방으로 내려가려
는 미천한 신분의 남자가 있었다. 도읍을 새벽녘에 나가려고 생각했지만,
아직 밤이 이슥하여 일어나서 걸어가다가 어느 사거리 한가운데에 푸른빛

---

2 현재의 시가현.

이 도는 옷자락을 잡은 여인이 홀로 서 있어서, 남자는 '저 여자는 도대체 어떤 여자일까? 이렇게 한밤중에 분명히 여자 혼자서 서 있을 리가 없다. 동행하는 남자가 분명히 있겠지.'라고 생각하고 그대로 지나치려고 하자, 이 여인은 남자를 불러 세워, "거기 지나가시는 분. 어디로 가시나요?"라고 묻는다. (중략) "이 근처에 있는 민부대부民部大夫[3] 아무개라는 사람의 집은 어디인가요? 거기에 가고 싶습니다만, 길을 잃어 갈 수가 없습니다. 저를 거기로 데려가 주실 수 없을까요?"라고 말했다.

남자는 (중략) 마지못해 동행해 주기로 했다. 여인은, "정말로 다행이네요."라고 말하며 걷기 시작했지만, 이 여인의 모습이 정말로 괴이하게 이상하다고 생각하지 않을 수 없었다. 그러나 이런 일은 자주 있는 일이려니 생각하고, 여인이 말한 민부대부의 집 문까지 데려다 주고, "여기가 그 사람의 집 앞입니다."라고 말하자, 여인은 "대단히 바쁘실 텐데, 일부러 되돌아와서 여기까지 데려다 주셔서 여러모로 다행입니다. 저는 오미국에 사는 아무개의 딸입니다. 근처에 오실 때는 꼭 들러 주세요. 여러 가지 드릴 것도 있으니까요."라고 말하고, 앞에 서 있다고 보였던 여인이 감쪽같이 사라졌다.

"희한하네! 문이 열려 있으면 집 안에 들어갈 텐데, 문이 닫혀 있다. 이것은 도대체 어찌 된 일인가?"라고 생각하자, 남자는 온몸의 털이 설 정도로 두려워져서 옴짝달싹 못한 채 서 있으려니, 갑자기 집 안에서 울부짖는 소리가 났다. 무슨 일일까 하며 집 밖에서 들어보니 사람이 죽은 듯했다. (중략) 이 집에 알고 지내는 사람이 있어서 그 사람을 불러내어 무슨 일인가를 묻자, "실은 오미국에 가 있는 부인이 생령이 되어 홀려서 이 집 주인이 줄곧 힘들어하셨는데, 오늘 새벽에 '그 생령이 나타난 모양이다.'라고 말씀하시다 갑자기 돌아가셨습니다. 정말로 생령이란 것은 이렇게도 사람을 죽이기도 하네요."라고 말해주었다. 〈중략〉

이런 이유로 생령이란 것은 그저 영혼이 다른 사람을 홀리는 것이라고만 생각했지만, 그 당사자도 분명히 알고 있는 것이었다. 이것은 그 민부

---

3 민부는 지방 호족, 대부는 지방 관청 5품 이상 관리의 통칭.

대부가 아내로 맞은 여인이 남편에게 버림받아서 원한을 품고 생령이 되어 남편을 살해한 것이다.

전술한『곤자쿠 이야기』의 생령은 남편에게 버림받은 여인이 남편의 집을 지척에 두고도 찾지 못해 지나가는 남자의 도움으로 찾아가고, 집에 도착하자마자 연기처럼 사라진다. 집안에서는 갑자기 병들어 있던 주인 남자가 죽게 되고, 버림받은 부인의 생령이 주인 남자를 죽였다고 여긴다는 줄거리이다. 전능한 생령의 이미지가 아닌, 뭔가 인간이라면 할 법한 길 잃은 여인의 모습으로 나타난 생령이 원망의 대상을 기어코 죽음에 이르게 했다.

기괴한 모습으로 나타나는『소로리 이야기』의 생령

『소로리 이야기』는 1663년에 간행된 이야기책으로, "무시무시한 이야기를 하라"는 도요토미 히데요시의 명령으로 만들어진 소로리 신자에몬의 괴담집이다. 이 괴담집은『에도괴담집江戶怪談集』에 수록되었고, 그중에서 생령이 나오는 부분만을 발췌했다.

▲『에도괴담집』의 삽화, 작자 미상.
자료. http://www.weblio.jp/wkpja/content/生靈_生靈の概要

현대일본의 요괴문화론

여인의 망령이 돌아다니는 이야기

깊은 밤 어떤 사람이 에치젠(현재의 후쿠이현)의 기타노쇼(현재의 후쿠이시)라는 곳에서 도읍으로 올라가는 길에, 사와야라는 곳에 커다란 석탑이 있었다. 그 밑에서 닭 한 마리가 나와 길로 내려왔다. 달빛으로 유심히 보니, 여인의 머리였다. (중략) 남자는 조금도 동요하지 않고 칼을 뽑아 베려고 오던 길을 되돌아서 뒤를 쫓았다. 가미히지라는 곳까지 뒤쫓아 보니, 어느 집 창문으로 뛰어들어갔다.

괴이한 일이라 여기고 한동안 멈춰 서서 집안의 낌새를 들여다보니, 안주인의 목소리가 남편을 깨워서, "에구머니나 무서워라. 방금 전에 꿈에서 사와야노를 지나가는데, 남자 한 명이 나를 베려고 뒤쫓아 와서 지금껏 도망치려고 하는데, 꿈에서 깨어지지도 않고 식은땀만 흘렸어요."라고 크게 한숨을 쉬며 말했다.

길 가던 남자 앞에 갑자기 나타난 닭의 모양을 한 형상이 실제로는 여인의 머리였고, 이 머리를 뒤쫓아 간 집에서는 이 머리의 주인이 꿈속에서 똑같은 남자에게 쫓기는 꿈을 꾸었다는 내용이다. 생령의 형상이 여타의 작품에서 볼 수 있는 인간의 몸을 그대로 나타내고 있지 않다는 점이 특이하다.

상사병의 또 다른 모습, 『오키나구사』의 생령

『오키나구사』는 200권으로 된 수필집으로서, 가미자와 사다미키가 편저編著한 작품이다. 전반의 100권은 1772년에, 후반의 100권은 후년에 덧붙여졌다. 8세기부터 18세기 초반까지의 전설·세상 이야기·기사·이상한 이야기 등을 여러 책에서 뽑아내서 저자의 견문見聞을 더해 기록한 작품이다.

56번째 이야기 「맛토 유령」

　　1700년경 교토 맛토(현재의 이시카와현)의 도쿠베라는 건자재 가게에
마쓰노스케라는 열너댓 살의 남자가 있었다. 그렇게 좋은 성품이어도, 전
세의 인연일까? 여자의 집착을 잘 받는 성격이어서, 주변의 소녀 두 명이
마쓰노스케한테 깊은 사랑에 빠진 나머지, 생령이 되어 마쓰노스케에게
들러붙었다. 어떤 때는 가책을 느낀 듯이 하늘에 떠 있기도 하고, 무서운
목소리로 원망스럽게 질투하는 모습이 마치 눈앞에 있는 듯했다. 이렇게
고통 받던 마쓰노스케는 정신이 혼란스럽고 안색도 핼쑥해져서 병상에 눕
게 되었다. 부모는 슬퍼하며 온갖 공양을 드리고 천지신명에게 병을 낫게
해달라고 기도하였다. 처음에는 별로 효험이 없었다. (중략) 두 소녀의 영
혼이 다행히도 공덕의 힘으로 빠져나와, 고승과 같은 문수좌에게 이별을
고하고 사라졌다. 그 후로 다시는 오지 않고, 마쓰노스케도 회복되어 예전
의 상태로 되었다.

　　『오키나구사』에서 묘사된 생령은 두 소녀의 모습을 하고 있으며, 짝
사랑의 상대에게 나타나서 그 상대가 병들고 괴로워한다. 그의 부모가
불교의 힘으로 생령을 물리친다는 줄거리이다. 눈에 보이지는 않지만
소년의 입에서 나오는 말들이 두 소녀 생령의 말이고, 고명한 불교 고
승의 도움으로 생령이 된 소녀들의 마음까지 위로하여 순순히 물러나
게 했다는 점이 독특하다.

14 3 생령! 너 착하구나

　　이번에는 무시무시한 존재로서 나타난 생령이 아닌, 불교적 가르침
으로 곤경에 처한 사람을 구하거나 사랑의 오작교烏鵲橋 역할을 하는 생

령을 묘사한 문학작품을 소개하고자 한다.

불법을 구현하는 『우게쓰 이야기』의 생령

우에다 아키나리上田秋成의 『우게쓰 이야기雨月物語』는 1776년에 간행되었고, 9편의 단편이 수록되어 있다. 여타의 무시무시하고 해악을 범하는 생령과는 달리 다음의 「푸른 두건」에서는 불법에 능한 선사가 귀신들린 다른 승려를 불교의 가르침으로 구한다는 내용이다.

▲ 〈우게쓰 이야기〉의 포스터
자료 〈우게쓰 이야기〉1953, 다이에大映영화사
http://ja.wikipedia.org//wiki/雨月
物語_(映画)

푸른 두건

「푸른 두건」에 나오는 주인공 개암선사는 개암묘경이라 하는, 시모쓰케노구니(현재의 도치기현)의 대중사를 창건한 실존 인물이다. 이 개암선사가 숙소를 찾기 위해 어느 마을로 들어가 커다란 집을 방문하자, 선사를 본 하인들은 산의 귀신이 왔다고 소란을 피우며 구석으로 도망쳤다.

밖으로 나온 주인은 개암을 영접하며, 하인들의 무례에 대해 용서를 빌며 오해를 하게 된 사연을 이야기했다. 가까이에 있는 산에 절이 하나 있는데, 그곳에 아자리라는 학문이 깊은 스님이 계셨다. 그 스님은 간조[4] 법사로 근무하던 고시노구니에서 데려온 어린아이를 총애하게 되었다. 이 아이가 올해 4월에 병으로 죽자, 아자리는 그 시체를 며칠이나 곁에 둔 채로 있다가 이내 정신이 나가고, 결국에는 사체를 먹고 뼈를 핥으며 다 먹어 치워버렸다. 그 후로 귀신이 되어 마을의 묘지를 파고 시체를 먹어 치우게 되어서 마을 사람들이 무서움에 떨고 있다는 이야기였다. (중략)

---

4 불교 의식 중의 하나로, 보살이 최종 지위에 오를 때 부처가 지혜의 물을 따라주는 것.

선사가 밤에 그 산사로 가 보니, 그곳은 이미 황폐해져 있었다. 하룻밤 묵을 곳을 집요하게 부탁하자 승려는 마음대로 하라고 말하고 침소로 들어갔다. 자정이 되어 승려가 나와 선사를 찾지만, 눈앞에 선사가 있어도 보이지 않는지 지나쳐 가 버렸다. 이리저리 뛰어 돌아다니고 미쳐 날뛰고 지쳐서 쓰러져 버렸다. (중략) 선사는 승려를 교화시키기 위해서 그를 돌 위에 앉히고 자신이 쓰고 있던 푸른 두건을 승려의 머리에 씌웠다. 그리고 불경 두 구절을 가르쳤다. (중략)

1년 후, 선사가 도요타로 되돌아와서, (중략) 방망이를 들어 「어떠냐? 무슨 까닭이냐」며 머리를 두드리자, 즉시 승려의 몸은 얼음이 녹듯이 사라지고, 뼈와 머리 위에 있던 푸른 두건만이 남았다. 승려의 집념은 사라진 것이었다. 개암선사는 그 후에 절의 주지 스님이 되어, 진언종이었던 절을 조동종으로 개종하여 번영시켰다고 한다.

『우게쓰 이야기』의 「푸른 두건」에서 묘사된 생령은 불법에 득도한 선사가 악귀로 변한 승려에게 나타나서 그를 구한다는 내용이다. 다른 생령의 모습과는 달리, 이 작품에서는 남성이 생령이라는 점이 특이하다고 할 수 있겠다.

부정이 넘치는 『1Q84』의 생령
무라카미 하루키의 장편소설 『1Q84』

『1Q84』는 2009년에 1권과 2권이, 2010년에 3권이 간행된 무라카미 하루키의 장편소설이다. 여주인공 아오마메와 남주인공 덴고의 지고 지순한 사랑을 그린 연애소설이기도 하며, 현대사회의 가정폭력, 종교문제 등을 폭넓게 다룬 사회소설이기도 하다. 이 작품 속에서 덴고의 아버지가 생령이 되어 나타나는 장면을 주로 다루고자 한다.

덴고의 아버지는 가난한 농부의 아들로 태어나 1940년대 더 많은 돈을 벌기 위해 만주로 이주하나, 패전 이후 구사일생으로 동경으로 돌아와, 목숨을 구해줬던 지인의 도움을 또 받게 되어 NHK의 수금사원으로 근무하게 된다. 자신의 일을 천직으로 여기며 정년이 될 때까지 열심히 일하지만, 아내의 실종, 외아들과의 불화로 불운한 노년을 보내다가, 자신이 치매에 걸렸다는 것을 알고 지쿠라의 요양시설에 입원한다. 입원한 후 생령이 되어, 숨어 지내는 아오마메와 후카에리의 집을 여러 차례 방문하여 NHK의 수신료를 독촉한다. 덴고는 후카에리와의 전화통화로 자신의 아버지가 생령이 되어 NHK 수신료 납부를 강요하고 다닌다는 사실을 알게 된다. 요양시설에 입원 중인 아버지의 병간호를 하며, 덴고는 어린 시절부터 엇나간 부자관계를 독백처럼 되뇌며, 후카에리뿐만 아니라 다른 곳으로도 생령으로 돌아다니지 말 것을 부탁한다.

덴고 아버지의 죽음으로 이 작품에서 생령은 더 이상 나타나지 않으며 작품 속 어디에서도 생령이란 말은 존재하지 않지만, 필자는 덴고의 아버지가 생령이 되어 아오마메와 후카에리의 집을 찾아다녔다고 생각한다. 다음은 아오마메와 후카에리에게 나타난 덴코 아버지의 생령이 출현한 부분들 중에 일부를 발췌한 것이다.

현관 벨은 열 번은 울렸을 것이다. 세일즈맨이 하기엔 너무 집요하다. 그들은 아무리 많아도 세 번밖에 벨을 울리지 않는다. 아오마메가 침묵을 지키고 있자, 상대는 주먹으로 문을 두드리기 시작한다. 그렇게 큰 소리는 아니다. 그러나 거기에는 단단한 성급함과 화가 묻어 있다. "다카이 씨", 중년 남자의 굵은 목소리다. 약간 쉬어 있는 목소리다. "다카이 씨, 안녕하세요? 나와 주실 수 없겠습니까?"

다시 노크 소리가 울린다. 전부 27회, 균등하게 사이를 두고 문을 강하게 노크한다. 금속 방망이를 움켜쥔 손바닥에 땀이 밴다.

"다카이 씨, 전파를 수신한 사람이 NHK 요금을 지불하는 것은 법률로 정해진 일입니다. 하는 수 없는 일입니다. 이것이 이 세상의 룸입니다. 기분 좋게 지불하실 수 없겠습니까? 저도 좋아서 문을 두드리고 있는 것이 아닙니다, 다카이 씨도 언제까지고 이런 불쾌한 꼴을 당하고 싶지 않으시겠지요. 왜 나만이 이런 꼴을 당하느냐고 생각하시겠죠, 그러니까 이제는 기분 좋게 수신료를 지불해 버리시지요. 그렇게 하면 원래의 조용한 생활로 되돌아갑니다."

"조금 전에 한 사람이 왔었다." "어떤 사람?" "NHK 사람." "NHK 수금원?" "수·금·원"하고 그녀는 의문부호 없이 질문했다. "그 사람과 이야기했어?"라고 덴고는 물었다. (중략) "그 사람은 당신에 대해 잘 알고 있었다." "그 수금원이?" "그래, N·H·K 사람." "그리고 너를 도둑이라고 말했다." "나에 대해 말하고 있었던 것이 아니다." "나에 대해서 말하고 있었어?" 후카에리는 대답을 하지 않았다. 덴고는 말했다. "어쨌든 우리 집에 TV는 없고, 나는 NHK로부터 무엇이든 훔친 것이 없어." "그래도 문을 열어 주지 않아서 화를 냈다." "그것은 상관없어. 화를 내게 놔두면 돼. 그래도, 뭐라고 들어도 문은 절대로 열면 안 돼."

『1Q84』에 나타난 생령은 고전문학에서 나타난 전통적인 모습과는 달리, 목소리와 물체 소리만으로 나타난다. 또한 두 여주인공에게만 나타났으며, 생령으로 등장하는 덴고의 아버지는 치매로 입원 중이다. 마치 덴고에게 자신의 존재를 일깨우고 싶어 한다는 인상을 준다. 다른 생령이 불교와 관계된 인상이 깊은 반면, 『1Q84』에서는 어느 특정 종교가 아닌 새로운 신흥종교의 이미지를 지나치게 부각시킨 점이 독특하다.

현대일본의 요괴문화론

14 4 선과 악으로 양분할 수 없는 존재

지금까지 언급해 온 작품들은 간행 시기의 흐름에 따라 순서대로 소개했지만, 그 내용에 의하면『1Q84』이외의 작품에는 시간이란 의미가 그다지 중요하지 않다고 생각된다.『곤자쿠 이야기』와 『오키나구사』는 그 주요 내용이 세속설화와 전설이고,『겐지 이야기』가 갖는 독창성이 결여되어 있으며, 예부터 전해져 내려온 이야기에 편집자 나름의 각색이 더해졌다고 말할 수 있을 것이다. 생령이란 단어가 전혀 나오지 않아도,『1Q84』『소로리 이야기』『오키나구사』『우게쓰 이야기』에서 작가와 편저자들이 생령이란 제재를 충분히 활용했다고 볼 수 있겠다. 그 내용에 근거하여 각 작품 속에 나타난 생령의 특색을 비교·분석하여 다음의 표로 요약해 보았다.

작품	생령의 특색
겐지 이야기	미야스도코로가 생령이 되어 아이오노우에를 죽인다. 타인의 도움은 없다.
곤자쿠 이야기	먼 곳에 있는 부인이 생령이 되어 남편을 죽인다. 전혀 모르는 남자의 도움으로 헤매고 있는 길을 찾는다.
소로리 이야기	생령이란 말은 없으나, 여자의 목만이 생령이고, 생령으로서 겪은 일은 꿈속의 이야기이다.
오키나구사	생령이란 말은 없으나, 짝사랑하는 두 소녀가 보이지 않는 생령이 되어 상대에게 빙의되어 괴롭히나, 부모의 도움과 불교의 교의로 물리친다.
우게쓰 이야기	생령이란 말은 없으나, 선사가 생령이 되어 악귀에 사로잡힌 승려를 불교의 가르침으로 구원한다.
1Q84	덴고의 아버지가 생령이 되어 목소리와 사물 소리로 나타난다. 자식에 대한 부모 마음을 느끼게 하고, 타인의 도움은 없다.

특히,『1Q84』를 제외한 작품들 속에서 생령에 대한 묘사의 근저에는 동양의 대표적 종교인 불교의 영향이 내재해 있다.『우게쓰 이야기』의 선사가 불법으로 악귀에 사로잡힌 승려를 구해준다거나 짝사랑이라는

미명하에 미소년을 괴롭히는 두 소녀의 생령을 불교의 가르침으로 교화하는 것은 6세기경부터 시작된 일본 불교의 뿌리 깊은 영향이 문학작품 속에도 여실히 드러나고 있다고 하겠다. 불교의 윤회사상이 일본 문화와 국민의식에 깊이 뿌리내린 결과, 모든 사물이 그 생명이 다했어도 새로운 생명으로 다시 태어나고, 인간 또한 현세의 죽음이 내세의 재탄생을 의미한다는 맥락은 문학작품과 문화 관련 예술분야에서 자주 접할 수 있다. 유일신을 믿는 서양의 종교가 유독 일본에서 깊이 뿌리 내리지 못한 원인 중 하나가 이러한 일본인만의 의식세계가 존재하기 때문이라고 추측할 수 있다.

과학이 눈부시게 발전한 현대일지라도, 과학이 풀 수 없는 미지의 세계, 영혼이 존재한다고 믿는 사람들이 있다. 그중에서 생령은 압도적인 매력을 지닌 존재라 할 수 있다. 그 역사 또한 장구한 문학제재이며, 모든 것이 서양의 문물로 뒤덮인 현재에도 그 명맥을 유지하고 있는 창의성을 더욱 높이 평가하고 싶다. 생령·도플갱어·데자뷰가 서로 다른 표현양상 속에서도 일맥상통한 점이 있다는 것은 교통의 발달로 가능해진 동서양 상호 간의 활발한 문화교류가 작용한 것은 아닐까? 사용기한이 다 지난 생활도구들이 인간들에게 버려져 이 물건들이 요괴로 재탄생하고, 나무, 산과 같은 자연물에게도 신神이 있다고 믿는 일본문화의 독특한 정신세계가 생령 탄생의 원동력이라고 추측해본다.

귀족의 전유물이던 문학세계의 중심이 대중에게로 이동하기 시작한 토양에는 대중에게 사랑받던 이야기문학이 큰 부분을 차지하고 있다. 그 시작은 신화나 전설 등과 같은 지배계층의 계몽적인 작품이 있는 반면, 대중의 소박하고 해학적인 반항의 수단으로 이용된 작품도 있다. 『겐지 이야기』에서 『1Q84』까지의 일본 산문문학 속에 등장한

생령은 호의적인 존재보다는 두려운 존재로 나타나 이야기한다는 점이 매우 흥미롭다. ❀

오랜 역사 속에 축적된
중국의 요괴 캐릭터

서려나徐麗娜[*]

15 1 알고 보면 중국에서 온 요괴

　2010년 여름부터 방영되었던 SBS 드라마 〈내 여자 친구는 구미호〉는 20대의 철없는 남학생이 인간이 되고 싶은 구미호를 만나면서 벌어지는 이야기로, 많은 젊은 시청자들을 TV 앞에 끌어모았다. 당시 한국 친구들과 이 드라마에 관한 얘기를 나누면서 구미호가 어느 나라의 요괴인가에 관한 이야기를 나누었는데, 대부분이 한국 요괴라 답하였다. 이러한 답에 대해 나는 그다지 놀라지 않았다. 중국 요괴는 그림보다 글로 기록되어 해외에 잘 알려지지 않았기 때문이다. 얼마 전 중앙대학교에서 일본의 요괴 연구 전문가 고마쓰 가즈히코小松和彦 선생님은 강연을 통해 중국 요괴는 일본에 많은 영향을 미쳤다고 말했다. 그때부터 나는 중국 요괴에 관해 자료를 찾아보기 시작했다.

　일본 요괴 만화가 미즈키 시게루水木しげる가 출판한 중국 요괴 사전의 머리말에는 일본 요괴의 바탕이 된 것은 대부분 중국 요괴이지만,

---

[*] 중앙대학교 석사과정. 중국과 일본의 비교문화론 연구.

형태 면에서 구체적인 유사성을 찾아보기란 쉽지 않았다. 중국 요괴를 널리 알린 『산해경』에 등장하는 요괴들도 그리 험상궂고 무서운 요괴들은 아니라고 기록되어 있다.

그러나 이전에 중국에서 요괴가 등장하는 영화를 보는 날이면 혼자서 잠도 못 자고, 며칠이 지나도록 혼자 못 다닐 정도로 무서웠다. 이런 중국 요괴를 다룬 영화를 보는 일은 나로서는 매우 무서운 체험이었다. 그즈음에서 특히 1980년대 강시라는 요괴를 다룬 영화가 홍콩에서 다수 제작되어 세계적으로 널리 알려졌으며, 한국에서도 사람이 양팔을 앞으로 내밀고 껑충껑충 뛰면 강시라는 것을 모르는 사람이 없을 정도였다고 한다. 중국에는 요괴에 대하여 어떤 전승이 있는지 소개하고자 한다.

15 2 중국에서의 요괴 이미지

2 중국 요괴란

중국에서의 요괴란 도가사상의 종교 관념으로, '요정妖精', '요마妖魔'라고 일컬어지며, 정신적인 존재의 한 종류로서 초자연 능력을 갖고 있는 정령精靈이다. 보통 요괴라고 하면 이상하고 끔찍한 생김새이고 사람을 홀리는 사악한 술수로 인간을 해치는 존재를 떠올린다고 할 수 있다.

중국에는 옛날부터 많은 요괴 이야기가 있었는데, 이를 괴화怪話라고 한다. 요괴도 두 종류로 나뉘는데, 하나는 오랫동안 존재한 물건이 어떤 감지능력과 신통력을 지니게 되는 것이고, 또 하나는 이유를 알 수 없는 자연계의 이상한 현상들이다. 이러한 현상들이 인간에게 재앙을 주기 때문에 요괴를 무섭다고 생각하게 되는 것이다. 초기에 요괴는 인간을 해치는 존재라는 이미지였는데, 명청明淸 시기에 착한 요괴가 나오는 이상하고 괴상한 이야기 유형의 소설들이 많아지면서 요괴의 이미지도 바뀌게 되었다.

재앙을 가져온 달기

소달기蘇妲己는 본디는 소호蘇護의 딸이다. 그녀는 자태가 아름답고 본성이 어질었다. 달기를 주왕紂王에게 왕비로 바치러 보내는 도중에 달기와 그 일행들이 역참驛站에 묵었는데, 깊은 밤 사람들이 모두 잠든 사이 여와女媧가 주왕을 벌하고자 보낸 황금 털 구미호가 몰래 들어왔다. 구미호는 잠든 달기의 코에서 인간의 영혼과 골수를 빨아들이고, 뼈밖에 남지 않은 시체에 입김

▲ 아름답지만 잔혹한 요괴 달기

을 불어넣어 달기의 육신 속에 들어갔다. 달기는 영혼이 바뀌며 요염해지고, 성격도 정숙하던 것과는 정반대로 바뀌었다. 입궐한 후 궁 안에 달기를 뛰어넘는 미인은 찾아볼 수 없었기에 주왕은 날이 갈수록 달기에게 애정을 쏟았다.

춤을 좋아하는 달기를 위해 주왕은 정사를 뒤로하고 매일 밤 악사를 불러 음탕한 음악과 음란한 춤을 추게 하고 노래를 부르며 즐겼다. 또한 달기를 위해 연못을 파 술로 가득 채우고 숲의 나뭇가지에 고기를 걸어 놓고 잔치를 열었다. 잔치 때마다 손님들이 3천 명 이상씩 참석하였는데, 남녀가 모두 알몸이 되어 잔치를 즐겼다. 그런데 사람들이 놀

란 것은 이런 예쁜 여자가 살무사와 같은 고약한 성질의 사람이라는 점이었다. 범죄자, 대신, 백성뿐 아니라 황족들에게까지 잔학한 형벌을 내렸는데, 그중 가장 유명한 것이 포락지형炮烙之刑이다. 기름칠한 구리 기둥을 숯불 위에 올려놓고 죄인을 건너가게 하는데, 똑바로 서 있지 못하기 때문에 숯불로 미끄러져 비명을 지르며 죽어가는 것이다. 달기는 이 비명을 들으며 기쁘게 웃었다고 한다. 또한, 달기에게 불만을 품은 관리 대신과 그녀의 딸을 잘게 다져 고기장을 만들어 사람들에게 나눠 먹이기도 했다. 황후도 달기의 마수에서 벗어나지 못하고 잔혹하게 살해당했으며, 백성들은 달기의 호기심으로 인하여 다양한 방법으로 죽임을 당했다. 예를 들면 달기는 태아의 모습을 알고 싶다면서 주왕에게 부탁해 임신부의 배를 갈랐고, 농부가 맨발로 얼음을 걸어갈 수 있는 이유를 알고 싶다면서 농부의 두 발을 잘라내서 실험하기도 했다. 중국에서 달기란 재앙의 근원이라고 할 수 있는 신이자 요괴라고 할 수 있을 것이다.

남자를 유혹하는 구미호

구미호는 꼬리가 아홉 개로 갈라진 흰색 여우 귀신이다. 하지만 옛날에는 반드시 흰색이라거나 둔갑한다고는 하지 않았다. 『산해경』의 해외동경에 청구국青丘國이라고 하는 나라가 있는데, 거기에 사는 여우는 발이 네 개이고 꼬리가 아홉 개가 있다고 기록되어 있다. 꼬리가 아홉 개라는 이야기는 다른 곳에서도 보인다. 어떤 야수가 있어 「그 모습은 여우처럼 꼬리는 아홉 개이고 그 울음소리는 영아와 같으며 사람을 잡아먹는다」든가 「모습이 여우 같고 날개를 가졌으며 그 울음소리는 붕새, 기러기와 같다」, 「여우처럼 꼬리는 아홉 개이고 머리도 아홉 개이며, 호랑이의 발톱을 가지고, 사람을 먹는다」 등등 여우인지 아닌지

▲ 다양한 모습으로 묘사되는 구미호

애매모호한 동물이 몇 번이고 발견된다. 또한 꼬리가 아홉 개라는 특성도 여우나 여우를 닮은 동물에만 나타나는 것이 아니라 여기 저기서 나온다. 『산해경』에 있는 이상 구미호는 본래는 중국 요괴임이 틀림없지만, 여우신狐神 신앙이 번창했던 때에는 꼬리가 아홉 개로 갈라진 것은 거의 출현하지 않았던 것으로 보인다. 특히 당나라가 시작될 무렵에는 여러 여우신을 섬겨 방 안에서 제사지내며 기원하는 서민들이 많았다고 한다. 한때 여우요괴는 한 종류의 신앙으로서 사회에 풍미하였고, 무측천 여황제의 태평성세 중 성보살聖菩薩이라고 하는 과분한 이름을 가지게 된다. 이들도 모두 꼬리는 하나였을 것이다.

매년 황하의 홍수를 다스리고 그 공적에 따라서 왕위를 물려받게 된 '우'는 치수공사에 열중하였는데, 서른 살이 되어도 아내가 없었다. 그러던 어느 날 구미호가 나타나 꼬리를 흔들었다. 당시 도산途山에서는 「꼬리 아홉 개의 흰 여우를 본 사람은 왕이 되며, 도산 여자를 아내로 맞아들인 사람은 집이 번창한다」라는 노래가 유행하고 있었다. 과연 그 후에 '우'는 도산의 여교女嬌라고 하는 여자와 해후하여 왕이 되었다. 이것들은 구미호가 틀림없이 길조라고 말하는 일례이다. 구미호가 출현하는 선례는 많지 않지만, 『여씨춘추呂氏春秋』에는 우왕에게 흰 구미호가 예언을 했다는 이야기가 있다. 이로 미루어보아 구미호는 요괴가 아니라 오히려 좋은 징조의 영수靈獸이었을 것이다. 현재도 중국 여러 지방에서 여우를 신으로 공양하는 집이 적지 않다.

그런데 조선에도 구미호가 있었던 것 같다. 손진태孫晉泰의『조선의

　　　　　　　　　　　　　　　　　현대일본의 요괴문화론

민화』에는 백골白骨에 소변을 눴던 남자가 이 백골에게 쫓기게 되었는데, 백골이 미인으로 변신해서 남자를 유혹하고 마침내 구미호가 되어 남자를 죽여 잡아먹었다는 이야기가 나온다. 구미호는 조선에 전해진 뒤 일본으로 넘어가 이야기의 주인공이 되면서 국제적인 여우요괴가 된 것이다.

천 년 된 나무 요괴

남경南京 거리의 변두리에는 사람들로부터 '도깨비 저택'이라고 불리는 오래된 저택이 있었다.

이 집은 너무나 가격이 쌌기 때문에 '채蔡'라고 하는 남자가 이 저택을 샀다. 너무나 오래돼서 목수에게 부탁해 수선하기로 했는데, 그날 밤 토담의 창문에서 커다란 검은색 손 그림자가 느닷없이 나타났다. 채씨는 놀라서 자기의 남동생에게 그 일을 말했다. 그러자 용기 있는 남동생은 자기가 퇴치해 준다고 말하며 용기 있는 몇몇 남자들을 불러모아 정원에서 술잔치를 하고 요괴가 나오기를 기다렸다.

점점 밤은 깊어지고, 점점 요괴가 나올 듯한 때가 되었다. 모두가 이제나저제나 요괴가 나타나기를 기다렸다. 그러자 토담의 창문 쪽에서 검고 큰 손 그림자가 또다시 나타났다. 기다리고 있던 채씨의 남동생이 준비해 두었던 고기 한 조각을 내밀었다. 손 그림자는 그것을 낚아채 창문 쪽으로 가지고 갔다. 곧 다시 빈손이 된 그 그림자는 채씨의 남동생 쪽으로 다가왔다. 채씨의 남동생은 이번에 그 손바닥 위에 폭죽을 올려놓고 도화선에 불을 붙였다.

손 그림자는 아까처럼 그것을 잡아끌었다. 잠시 후, '펑!' 하는 소리와 함께 무언가 쓰러졌다. 모두가 뛰어 나가보니 정원에 있던 은행나무가 절반으로 쩍하고 갈라져 있었다. 그리고 갈라진 틈으로는 피가 떨어지고 있었다.

그제야 손 그림자는 오래된 은행나무의 가지가 요괴로 변형된 것으로 생각하게 되었고, 모두는 나무를 뽑아 태웠다. 그 이후 요괴는 나오지 않게 되었다고 한다.

신출귀몰하는 낙두

삼국三國시대 오나라 장군 주항이 하녀 한 명을 고용했는데, 이 여자는 평범한 여자가 아니었다.

진秦나라 때에는 남방에 '낙두민落頭民'이라는 부족이 있었는데, 그 사람들은 머리만으로 날아다닐 수 있었다

▲ 몸통에서 분리된 머리가 이리저리 휘젓고 다닌다는 낙두

고 한다. 확실치는 않지만 그녀가 이 부족의 사람일 가능성이 있었으며, 보통 사람이 보면 기분 나쁘기 이를 데가 없었다. 밤마다 잠이 들 때 즈음이면 그녀의 목이 몸에서 떨어져 날아다니기 때문이다. 벽 사이의 빈 통로나 개, 고양이가 다니는 통로 그리고 천장을 통해 빠져나가 귀를 날개 삼아 날아다니고 새벽이 다되면 돌아오는 식이었다.

어느 날 그녀의 곁에서 자고 있던 사람이 한밤중에 일어나서 방의 불을 켜 봤다. 그러자 역시 머리가 없었다. 이불 속에는 몸통만이 남아 있고 손을 대 보니 어느 정도 차가운 느낌이었다. 하지만 죽은 것으로 보이지는 않았다. 그래서 이불을 제대로 덮어 줬다.

머리는 머지않아 새벽이 가까워지자 되돌아왔다. 그런데 몸통이 이불에 푹 덮여 있었기 때문에 머리는 제 몸을 찾을 수 없었다. 가까이 붙었다가 떨어지고 또 가까이 붙었다가 떨어지는 것을 두세 번 반복했지만, 결국 머리는 똑 하고 침대에 떨어져 버렸다. 그리고 서럽게 한숨

짓고 나더니 점점 호흡이 거칠어져서는 곧 죽어 버릴 것처럼 보였다.

곁에 있던 사람은 거기서 이불을 걷어 줬다. 그러자 머리는 다시 날아올라 붙어 있어야 할 부분에 잘 붙어서는 그제야 새근새근 숨소리를 내기 시작했다.

이후 이 일을 들은 주 장군은 이런 요괴를 집에 두는 것은 안 된다고 하면서 그녀를 집에서 내쫓았다.

재앙을 일으키는 비

몸통은 소를 닮았고 얼굴 가운데에는 눈이 하나 있으며 뱀의 꼬리를 가지고 있다. 이 요괴가 강이나 계곡에 가면 물이 마르고, 야산에 가면 초목이 시들고, 인간사회에 나타나면 금세 전염병이 만연한다고 한다. 이

▲ 중국 태산에 사는 야수 모양의 요괴 비

른바 역신인데, 중국에는 이 요괴를 잡아서 길들이면 역병을 예방할 수 있다고 여겼다. 비슷한 예로 중국의 영산英山에 있는 '비유肥遺'라는 요괴를 잡아서 먹으면 역병을 치료할 수 있다고 하며, 이 요괴를 사육하면 역병을 매개로 하는 해충을 죽일 수 있다고 한다.

아무래도 중국의 요괴라고 하는 것은 인간과의 관계에 의하여 요괴들이 공방전을 전개하고 있는 특징을 보인다. 이 요괴도 『산해경』 출신의 요괴이다.

중국의 고대 문명은 대륙의 농업 생산을 기초로 형성되었다고 할 수 있다. 농업 생산 행위 및 빈번한 자연재해를 통해 옛사람들은 자연을 이해하게 되었으며, 심지어 자연을 제어하려는 바람을 가지게 되었다.

그래서 어떻게 자연을 다스리고 어떻게 조작할 것인지가 요괴라는 형태로 나타난 것이라고 할 수 있다.

여색을 밝히는 원숭이 요괴

원숭이 요괴妖猿는 부녀자를 납치하거나 여자들이 사는 집에 숨어들어 처녀를 겁탈하는 요괴이다. 영장류에 속하는 요괴로, 마을을 파괴하거나 사람들을 살육하지 않으며 간음만 하는 특성을 가지고 있다. 가장 오래된 기록은 진晉나라 장화張華의『박물지博物志』에 나오는 말화馬化라는 원숭이 요괴이다. 촉蜀나라 서남쪽에 있는 고산에는 유인원을 닮은 괴물이

▲ 부녀자를 겁탈한다는 원숭이 요괴

있다고 한다. 이 말화는 신장이 7자나 되고 사람 모양으로 자주 변한다. 젊은 여성을 노리거나 유괴하는 습관이 있다. 끌려간 여성들은 모두 이성, 기억, 저항력을 잃어버려 요원의 처가 되며, 대부분 평생 돌아가지 못하고 십 년이 지나면 여자도 원숭이 모양이 되어버린다.

이 말화전설이 당나라 및 송나라 대에 문학화되어『백원전白猿傳』이나『진순검매령실처기陳巡檢梅嶺失妻記』가 나온 것이다. 일본에서는 〈원신전설猿神傳說〉이나 〈히히퇴치ひひ退治〉라고 말하고, 중국에서는 이 테마를 〈후아낭형고사猴兒娘型故事〉라고 한다.

원숭이 요괴 전승 중에는 원숭이가 꿈을 통해 인간을 간통하는 힘이 있으며, 결과로 태어난 아이는 모두 '주유侏儒', 즉 난쟁이라고 말하는 경우도 있다. 하지만 거대한 원숭이가 출현하는 예도 많다. 원나라 도

현대일본의 요괴문화론

종의陶宗儀의 『철경록輟耕錄』에서는 '미후獼猴'가 친왕親王이라는 이름을 칭하며 산시陝西에 있는 어느 노인의 딸을 능욕한다. 노인은 도사한테 받았던 철간을 부뚜막에 던져 번갯불을 일으키는 법술로 미후를 죽였는데 그 본체를 보니 거대한 유인원이었다고 한다. 또한 명나라 왕동궤王同軌의 『이담耳談』에 기록된 후숭猴祟은 강남의 한 여자에게 달라붙어 떨어지지 않았고 어떠한 주문도 효과가 없었다. 겨우 송상공宋相公이라는 술자를 데려와 부적으로 각지의 성황신城隍神에게 협력을 부탁해서 제단 위에서 그 원숭이 요괴의 가슴을 찔러 죽이고 보니 오백 년 세월을 산 요괴였다.

15 3 요괴 이미지로 여겨진 귀들과 신들

사지가 뻣뻣한 강시

양팔을 앞으로 내밀고 껑충껑충 뛰어다니는 강시를 주인공으로 한 영화 〈강시 선생殭尸 先生〉을 통해 널리 알려지게 되었다고 한다. 하지만 '강시'는 원래 넘어지는 시체를 의미한다.

'강시'는 분명히 시체이긴 하지만 썩어 문드러진 곳이 하나도 없고 부석부석하며 전신에 긴 털이 나 있다. 또한 생전 체력과 상관없이 곰의 힘을 능가하는 괴력을 가지고 있다. 성격은 흉포하며, 인간을 발로 차 죽이고 잡아먹는다.

▲ 곰의 힘을 능가하는 괴력을 지닌 요괴 강시

이런 강시를 만나면 사람들이 잠시도 버틸 수 없지만, '강시'는 경직

된 몸을 가지고 있기 때문에 유연한 동작을 할 수 없어 사람이 나무 위나 사다리 등을 기어오르면 더 이상 쫓아오는 일이 없다. 하지만 '강시'는 어디에서나 출몰할 가능성이 있기 때문에 방심하는 것은 금물이다.

게다가 '강시'가 되고 오랜 시간이 지나면 하늘을 나는 능력을 갖추게 된다. 그것은 신통력의 한 종류로, 이렇게 되면 '강시'를 쓰러뜨리는 것은 상당히 어려운 일이 된다. 시체를 태우거나 혹은 벼락을 맞거나 총으로 쏴 버리거나 하지 않는 한 무리이다.

영화 속 '강시'의 모습은 어딘지 모르게 애교가 있지만, 진짜 '강시'는 애교 따위는 찾아볼 수 없는 무시무시한 존재이다.

강시 퇴치는 '도교'의 신비한 능력을 사용하는 도사만이 할 수 있다. 청나라 훈시인訓尸人이라는 도사는 시체를 움직이게 하는 주문을 사용할 수 있었다. 그래서 타향살이를 하고 있는 높은 지위의 사람들이 돈을 이용해 사후 고향으로 돌아가고자 도사의 주문을 이용했고, 귀향 후 안장되었다고 한다. 이러한 이야기에서 강시 스토리가 탄생되었다.

신비하고 무서운 고양이 요괴

중국에는 사람을 저주해 죽이기 위한 방법이 있다. 그것도 그냥 죽이기만 하는 것이 아니고 저주해서 죽인 사람의 재산을 빼앗아 자신을 풍요롭게 하는 무섭고 사악한 방법이다.

일본에서는 음양도라고 하여, 식신式神이라는 마귀를 부려서 사람을 아프게 하는데, 일본의 식신에 해당하는 것이 중국의 '독충'이다. 그 '독충' 중에서도 가장 흉악한 것이 '고양이 요괴猫鬼'를 사역하는 방법이다.

고양이가 죽으면 사람과 비슷하게 귀신이 되기 때문에 여기서 말하는 고양이 요괴는 일반적인 '요괴'보다 '귀신'에 더 가깝다. 시술자는 이 고양이 요괴를 사용하여 죽이고 싶은 사람을 죽여 재산까지 빼앗는다.

그 때문에 시술자는 일부러 고양이를 죽여 고양이 요괴의 수를 늘리기도 한다.

고양이 요괴가 매우 유행했다는 수왕조581~619년 무렵에는 수없이 많은 고양이가 죽임을 당했다. 당시 황후의 동생은 고양이 요괴를 사용하여 자신의 누나인 황후와 아내를 저주하였고, 이 사건은 중국에서 유명한 이야기로 전해진다.

이 사건으로 수나라 정부는 고양이 요괴를 사용하는 행위를 엄벌하도록 하였으며, 고양이 요괴나 독충 등을 부리는 마법을 사용하는 곳은 외진 곳으로 옮기도록 명하였다. 이렇게 진정된 듯 보였지만, 나이 먹은 고양이를 사육하여 저주에 사용하는 마법이 다시 유행하였다.

이 고양이 요괴에 홀리면 몸이나 심장이 바늘로 찌르는 듯 아프고, 머지않아 피를 토하며 죽는다고 한다. 확실한 형태가 보이지 않는 일종의 '악령'에 의한 것으로, 신체적 고통보다 정신적인 공포로 인한 고통이 극심했다.

양귀비꽃 같은 화피

화피畵皮는 인간의 껍질을 사용하는 귀신으로, 『요재지이聊齋志異』 중에서 가장 으스스한 이야기의 주인공이다. 태원太原에 사는 왕수재王秀才는 자신이 가출했다 말하는 처녀를 만나 마음을 빼앗겼다. 집으로 데려온 후 안

▲ 인간의 육체를 뒤집어쓰고 나오는 화피

방에 살게 한 뒤 이웃에 알리지 않았다. 왕수재는 밤마다 미인과 동침하며 쾌락에 빠졌다. 그러던 어느 날 왕수재는 밖으로 나가 한 도사를

만났다.

　도사는 그에게 「당신의 안색이 안 좋은 걸 보니 어떤 귀신에게 홀린 것이 틀림없다」고 말했다. 왕수재가 아무 일도 없다고 대답하자 도사는 놀라면서 「세상에는 죽음을 당할 위험한 경우에 빠져도 그것을 모르는 사람이 있다」고 말하였다.

　왕수재가 걱정하며 집에 돌아가 안방을 엿보았더니 창백한 얼굴에 톱날 같은 이빨을 가진 요괴가 침대 위에 인간 껍질을 펼쳐놓고 무언가를 붓으로 그리고 있었다. 그런 후에 껍질을 어깨부터 걸쳐 입었다. 그러자 곧 왕재수가 집에 들인 처녀의 모습으로 바뀌었다.

　왕수재는 너무 놀라 뛰쳐나가 조금 전 만났던 도사를 따라가 하소연을 했다. 도사는 귀신을 죽이려 하지만, 동정심에 동하여 죽이지는 못하고 저주의 힘이 있는 불자拂子로 내쫓으려 했다. 하지만 귀녀는 소리를 지르며 불자를 피한 뒤 왕재수의 배를 갈라 간을 빼내어 사라졌다. 도사는 동정심을 베푼 것을 후회하며 마지막 힘을 다해 귀신을 퇴치하였다. 사람을 한 명씩 해치며 마력을 늘려간다는 흔히 알려진 귀신의 이야기 중에서도 사람의 껍데기를 쓰고 다니는 화피의 이야기는 독특하다고 할 수 있다.

요괴 같은 모습으로 묘사된 혼돈의 신

　혼돈渾沌의 신이란 중국 옛사람들이 상상하던 창세 전 혼돈의 상태이며, 그 이후에는 분명하지 않은 모습이나 어리석은 사람을 형용할 때에도 쓰이게 되었다. 『신이경神異經』에 따르면 혼돈의 신은 곤륜산의 서쪽에 있었다고 한다. 개처럼 긴 털이 있고, 큰 곰의 발처럼 생긴 발은 발톱이 없다. 눈이 있어도 보지 못하고, 귀가 있어도 듣지 못하고, 걷는 것조차 힘들지만 걸어가도 전진하지 못한다. 아무 일도 하지 않고 빈

둥빈둥 세월을 보내고, 자기 꼬리를 입에 물고 빙빙 돌며 하늘을 우러러보며 웃는다. 누군가가 덕행德行이 있다고 하면 가서 들이받고, 흉악하다고 하면 찾아가서 의지하는데, 천성으로 그렇게 하는 것이다.

최초의 혼돈의 신은 『산해경』 중 제강帝江의 모습에서 볼 수 있다. '여기에 있는 신은 누런 자루 같은데 붉은빛으로 빛나고 발이 여섯 개, 날개가 네 개다. 얼굴과 눈이 없이 하나로 섞여 있는데 가무를 이해할 줄 아는 이 신이 제강이다.'라고 기록된다. 이 머리가 없고 둥근 자루 같은 이미지가 『장자莊子』 「응제왕應帝王」의 혼돈에 관한 문장에서도 나온다. '남해의 황제는 숙儵, 북해의 황제는 홀忽, 중앙의 황제를 혼돈의 신이라고 하였다. 숙과 홀은 혼돈의 은덕에 보답하고자 의논을 하면서 '사람에게는 일곱 개의 구멍이 있어 이로써 보고 듣고 먹고 숨을 쉴 수 있는데, 혼돈만 유독 이런 것이 없다'라고 하였다. 이에 일찍이 시험 삼아 구멍을 뚫었는데, 매일 하나씩 구멍을 뚫었더니 7일이 되자 혼돈의 신은 죽었다.'라고 한다. 장자가 이 우화를 통해 자연에 순응하고 인위적인 행동을 배척한다는 주장을 드러내고 있는 것이다.

원숭이 모습에 무궁무진한 신통력을 지닌 손오공

천지가 개벽한 이래 돌 하나가 오랫동안 그 기운과 해와 달의 보호를 받으며 자라 심령을 가지게 되었다. 어느 날 돌이 깨지며 공 같은 알이 튀어나오고 바람을 맞아 그것이 원숭이가 되었다. 화과산花果山에 사는 원숭이 중 가장 출중했던 그 원숭이는 계류 수원에 있었던 수렴동水簾洞을 찾아내 무리의 왕이 되어 미후왕美猴王이라고 불렸다. 약 2백 년 이후 세상에 '죽음'이라는 것이 있음을 깨닫게 된 그는 생사윤회를 피하기 위해 불로장생不老長生을 구하러 여러 곳을 떠돌아다녔다. 그러다가 만난 수보리조사須菩提祖師의 제자가 되어 선술仙術을 배웠고 이때

'손오공孫悟空'이라는 이름을 받았다. 손오공은 20년 걸려 근두운勤斗雲의 법을 전수받아 재주를 한 번만 넘으면 10만 8천 리를 날았으며 72가지의 술법을 배웠다. 오공은 화과산에 돌아간 후 말썽쟁이들을 물리쳐 큰 칼 하나를 얻은 뒤 오래국傲來國에서 많은 무기를 훔쳐 원숭이들에게 나눠주었다. 그런데 자기에게 맞는 무기를 찾지 못해 마음에 꼭 드는

▲ 무궁무진한 요술로 난관을 헤쳐 나가는 손오공

것을 얻기 위해 동해용궁에 찾아가 소란을 피운다. 용왕으로부터 빼앗아 온 1만 3천5백 근이나 되는 여의금고봉如意金箍棒과 보운신 등을 가지고 신통력을 완비하게 된다. 이 일로 용왕이 앙심을 품고 옥황상제에게 손오공이 했던 일을 고하며 그를 체포해 주십사 청한다. 그뿐 아니라 여러 곳에서 욕심을 채우기 위해 소란을 피운 손오공을 탐탁지 않게 생각한 염라대왕과 옥황상제는 체포에 앞서 한 번 더 기회를 주고자 하였다. 태상부군을 시켜 손오공을 천계의 마부, 필마온弼馬溫이라는 직위에 앉히게 된다. 15일 이후, 일개 마부일 뿐이라는 사실에 분노한 손오공은 천계의 문지기와 싸우고 뛰쳐나와 화과산으로 돌아가 귀왕과 결탁하고 제천대성 행세를 한다. 여러 번의 기회를 주고 경고를 주었음에도 불구하고 날이 갈수록 흉포해지는 손오공의 횡포에 진노한 옥황상제는 군대를 파견하고 손오공을 진압하고자 한다. 탁탑천왕에게 신병神兵과 신장神將 10명을 인솔하여 체포하라고 명하였다. 손오공은 이를 분신술로 물리쳐 명성을 천하에 떨친다.

관세음보살觀世音菩薩이 손오공의 신통력이 무궁무진한 것을 보고 옥황상제의 부대를 이끌고 갈 것을 명하여 손오공과 부대는 화과산에서

삼백회합을 겨루었으나, 좀처럼 승부가 나지 않았다. 매산梅山형제가 화과산 뒤쪽에 아무도 없는 틈을 타 불을 놓아 산을 태웠고 손오공은 승리에 연연하여 싸울 마음은 없었기에 도망쳤다. 이후 다시 만난 부대와 손오공은 다시 겨루었고, 그때 부대는 손오공을 둘러싸고 집중공격을 가하며 팔에 두르고 있던 금강탁金剛琢이라는 팔찌를 집어던져 간신히 잡을 수 있었다. 체포당한 손오공은 요괴를 벌하는 단두대에 올라가지만, 일전 태상부군의 금단을 훔쳐 먹었던 터라 불사의 몸이 되어 사형을 당해도 죽지 않았다. 결국 태성부군의 단약을 조제하는 정원으로 끌려가 팔괘로八卦爐 안에서 제련당했다. 날이 지나갔지만 결과는 예상과 달리 요괴, 악마를 구별할 수 있는 능력이 손오공에게 생겼을 뿐 원하는 바는 이루지 못하였다. 손오공은 팔괘로를 뒤엎고 천계에서 한 번 더 소란을 일으켰다. 그때 여래불이 나타나 손오공을 오행산 밑에 오백 년 동안 가두었다. 오백 년이 지난 후 그곳을 지나던 삼장법사에게 발견되어 풀려난 뒤 손오공은 그를 스승으로 모시고 경을 구하러 가게 된다.

미인계를 겪지 못한 저팔계

세상에 흔히 있는 게으름뱅이가 신선을 만나 금단金丹을 얻고 그런대로 수행하고 나서 천계에 갈 수 있게 되었다. 옥황상제는 그를 천봉원수天蓬元帥로 봉하고 천하天河 수군水軍의 준장을 맡기기로 하였다. 어느 날 천봉원수가 술에 취해 하필이면 다른 대상도 아닌 달나라 공주인 항아를 희롱하였기에 옥황상제가 크게 노하였다. 천봉원수는 장형 20대를 받고 인간 세계에 내던져졌는데 잘못하여 암퇘지의 태내에 잉태해 버렸다. 그리하여 돼지 머리에 새까만 사람 몸을 가지고 태어나게 되었다. 그 이후에 이 암퇘지를 비롯한 다른 돼지들을 죽이고 산을 점

령하였는데, 그것은 복릉산福陵山이라는 산이다. 그 산중에 운잔동雲棧洞이라는 동굴이 있었다. 이곳에 묘이저卯二姐라는 토끼가 변한 요괴가 여자의 모습으로 살고 있었다. 돼지는 묘이저의 집 데릴사위가 된 뒤, 묘이저가 죽은 후에는 그 재산을 가지고 인간을 죽이면서 악행을 계속 저질렀다. 저팔계는 자기를 서강엽猪剛獵이라고 부르고 서른여섯 가지 술법을 부리

▲ 삼장법사를 모시고 여행길에 오르는 저팔계

며 요괴가 되어 악행을 일삼다가, 관음보살에게 감화되어 삼장법사의 제자로 안배되고 '오능悟能'이라는 법호를 받았다. 그 후에 묘이저의 유산을 죄다 써서 없애 버린 뒤 오사장국烏斯藏國 변경에 있는 고로장高老莊 주인인 고태공高太公의 세 딸 중 막내의 데릴사위가 되었다. 처음에는 열심히 일하고 비린내가 나는 것과 술을 먹지 않았으며 경건하게 관세음보살의 계명, 삼염三厭과 오훈채五葷菜 잡기를 금해야 한다는 것을 지키는 것처럼 보였다. 그러다가 평소의 게으름이 조금씩 드러나기 시작하면서 요괴 본성이 나타났다. 삼장법사가 인도로 경전을 구하러 가는 길에 고로장을 지나가면서 그를 만나게 되고 와중에 손오공과 싸우다가 복릉산福陵山 운잔동雲棧洞으로 도망쳤다. 하지만 곧 굴복하여 삼장법사의 제자가 된다. 계속하여 삼염과 오훈채 잡기를 금하게 하기 위해서 삼장법사는 '팔계'라는 별명을 지어주었다. 그때부터 그는 저팔계猪八戒라는 이름을 갖게 된다. 팔계는 그때부터 손오공의 도우미가 되어 아홉 날 쇠스랑九齒鈀을 무기로 쓰며 삼장법사를 모시고 인도에 경을 구하러 가게 되는 것이다.

현대일본의 요괴문화론

15 4 역사와 철학으로 재가공된
중국의 요괴문화

오천 년의 역사를 가지고 있는 중국에는 많은 요괴 이야기가 있었지만 지금은 형체가 거의 남아 있지 않다. 그 이유는 요괴 개념이 진나라 통일 이전부터 명청대까지 길고 긴 변천 과정을 겪는 바람에 중국 요괴 스토리가 분산되었기 때문이다.

최초에는 사람들이 물질과 정신이 어울려 한몸으로 이루어져 세상의 모든 것에는 영혼이 있다고 믿었기에 '이수異獸'가 탄생되었다. '이수'란 사람 신체의 일부와 동물 신체의 일부가 조합된 요괴이다. 그 당시 요괴와 신은 똑같은 외형을 가지고 있어서 그들의 존재가 은혜인가 재앙인가에 따라 요괴와 신으로 구분되었다. 그러다가 시대가 변하면서 이제 사람들은 은혜와 재앙으로 구분 짓지 않아도 요괴와 신을 구분할 수 있게 되었다. 진한秦汉 때는 사람들의 자아의식이 높아지면서 인간과 짐승의 조합으로 만들어진 이수와 같은 특징을 가지고 있는 요괴들은 상실되었다. 그 이후의 요괴들은 동물, 식물, 기물 등 단일화된 형태로 나타나게 되었다. 진한 시기 후에는 정치적인 영향으로 많은 요괴가 인간의 모습으로 변화하는 능력을 가지게 된다. 이 시기의 요괴는 인간을 해치려고 인간의 모습으로 변하지만, 겉모습만 인간의 모습일 뿐 속은 인간과는 달랐다. 그래서 그 당시의 요괴 스토리는 사람들에게 신비로운 분위기와 공포감을 주었다. 오랜 시간이 지나 요괴는 겉모습뿐만 아니라 속도 사람들과 비슷해져 갔다. 그 후에는 요괴가 사람으로 변하여 사람들을 도와주는 역할도 하게 되었다. 명청 시기에 이르러서는 요괴가 출신과 상관없이 수도修道해야 사람으로 변하고 신선이 될 수 있게 되었다. 명청 시대의 요괴는 감정과 사고방식이 사람과 다르지 않았던 것 같다. 즉 본래 요괴가 가지고 있던 공포감이 없어지게 된 것이다.

또한 『수호전水滸傳』이나 『삼국지三國志』에도 요괴가 나온다. 이른바 '사료史料'에도 거침없이 요괴는 기록되어 있다. 옛사람들이 요괴의 존재를 믿어 후세에 많은 사람들에게 스토리로 전하면서 기록하게 된 것이다. 중국 요괴 스토리가 역사화되면서 요괴가 역사와 서로 뒤엉켜 분명하지 않게 되었고, 요괴는 역사의 일부분이 되었다. 그리하여 중국 괴담은 일찍이 역사와 철학의 형태로 가공되어 가치를 높이는 바람에 중국은 '요괴가 없는 나라'로 여겨지게 되었던 것이 아닐까. ✿

삽화 그린이 : 린슈林舒 – 사천성사범대학교 미술학과四川师范大学美术学院

현대일본의 요괴문화론

제4부 오늘도 맹활약하는 전통적인 요괴들

술을 아주 좋아하는
덴구와 너구리

류희승柳嬉承*

16 1 대중에게 사랑받는 요괴 덴구와 너구리

현대 일본에는 요괴에 관한 민간 이야기가 많고 그림도 많이 남아 있다. 요괴를 소재로 하는 이야기, 그림, 연극 등을 즐기는 문화가 잘 발달되어 있다. 인터넷 사이트에도 요괴를 소재로 한 상품, 관광자원 등 수많은 사례를 찾아볼 수 있다.

요괴의 카테고리에 속하는 것으로는 오니鬼, 갓파河童, 덴구天狗, 유령 등이 있다. 이 중에서도 덴구는 일본인에게 사랑받는 요괴 중의 하나이다. 덴구는 산을 거처로 하며, 처음에는 날개로 비행하는 새의 모습을 지닌 요괴였다. 그런데 후대에 이르러 산악 수행을 목적으로 하는 수행자의 종교인 슈겐도修験道의 영향을 받았다. 코가 길고 얼굴이 붉은 야마부시山伏 즉, 슈겐도의 행자인 슈겐자修験者, 산악수행자와 닮은 모습으로 덴구가 묘사되기에 이른다.

슈겐도의 영산靈山에는 덴구가 살고 있다고 알려져 있어서 높은 산의

---

* 성균관대학교 강사. 일본설화와 요괴문화연구.

현대일본의 요괴문화론

산장, 스키장의 이름에 자주 사용되고 있다. 덴구는 현대 대중문화 속에서 술, 통조림, 화투, 햄, 산 등과 관련된 상품으로 등장한다. 특히 선술집의 상호, 술 이름 등에 많이 사용되고 있다.

덴구와 가장 유사한 성격을 지닌 요괴로서 너구리를 들 수 있다. 너구리는 중세에 승려와 일체화되었는데, 가마쿠라鎌倉에 겐초지建長寺를 재건하기 위해 전국을 돌아다니면서 그 비용을 봉납하게 하는 승려로 유명하다.

요괴로서의 너구리의 역사는 그다지 오래되지 않았다. 너구리는 20세기 초에 탄생한 시가라키 도기信楽焼 너구리상에 의해 그 이미지가 형성되었다고 할 수 있다. 이 시가라키 도기 너구리상은 삿갓을 쓰고 한쪽 손에 장부를 들고 다른 손에 술병을 들고 있으며, 큰 음낭을 지니고 있다. 술을 사러 가는 동자승의 모습이 원형이라고 알려져 있다. 근세에 서민들이 청주를 마시게 되자 술을 살 때 술집에 술병을 가지고 가서 받아왔는데, 이 심부름은 아이들의 몫이었다. 그 모습을 너구리로 변환시킨 것이 술을 사러 가는 너구리상이라 한다. 술병을 쥐고있는 모습의 너구리상이 하나의 상징으로 자리 잡아 술을 취급하는 술집, 요정, 식당 등의 앞에 둔 것이다.

덴구와 너구리는 승려의 모습을 하고 있는 점, 술과 관련이 있는 점이 공통적이다.

▲ 다카오산高尾山 야쿠오인薬王院
에 있는 덴구상

▲ 술병을 든 시가라키 도기
너구리상
자료 http://www.shigaraki-labo.
co.jp/shigaraki/rian.html

술을 좋아하는 요괴 덴구와 너구리는 어떤 모습과 성격을 띠고 있는지 알아보기로 한다.

16 2 덴구란 무엇인가

덴구는 시대별로 각기 다른 모습과 성격을 띠는 깃이 특징이다. 일본문헌에 덴구라는 용어가 처음 등장한 것은 『일본서기日本書紀』의 기사이다. 이 기사에는 민吴이라는 법사가 천둥소리와 함께 떨어진 유성을 덴구라고 칭했다고 한다. 민법사는 견수사遣隋使로 수나라에 건너가서 632년에 귀국할 때 불교 및 천문학 지식을 습득해서 돌아왔다. 그가 아스카飛鳥 조정에 있을 때 혜성이나 천문에 관한 기술이 갑자기 발전했다고 한다. 지표면에 아슬아슬하게 떨어진 별똥별이 갑자기 날아오를 때 공기진동으로 인해 소리를 내는 경우가 있는데, 이를 덴구라고 했다. 당시로써는 최신의 천문학 지식이었던 것이다.

덴구의 선조는 헤이안平安, 794-1185 시대의 『겐지 이야기源氏物語』와 『에이가 이야기栄華物語』 등에 나타난다. 산에서 들려오는 괴음怪音을 덴구의 소행으로 보았기 때문이다. 그러나 덴구는 헤이안 시대의 『곤자쿠 이야기今昔物語集』부터 불교적인 토양 안에서 조형화된 요괴로서 불법을 홍보하는 것을 방해하기 위해 활동하는 새의 모습으로 그 이미지가 구체화되었다.

가마쿠라鎌倉, 1185-1333 시대에는 덴구의 활동은 활발해지고 그 모습도 다양하게 나타난다. 당시의 덴구의 모습은 조류鳥類로 변한 조류 덴구인데, 『덴구 이야기天狗草紙』, 『가스가권현험기 그림春日権現験記絵』, 『제가이보 그림是害房絵』 등의 두루마리 그림에 나타난다. 이 중에서 『제가

이보 그림』에 나타난 덴구는 날개가 있고 솔개의 이미지로 표현되어 있다. 이 그림의 제가이보는 새의 부리가 매처럼 날카로우며 머리 부분이 독수리를 닮았고 날개가 커서 전체적으로 솔개를 연상시킨다. 남북조南北朝, 1336-1392 시대의 덴구는 천하를 혼란케 하는 요괴이며 국가질서를 어지럽히는 방해자의 이미지인 원령怨靈 덴구이다. 가장 유명한 원령 덴구로는 원한을 품고 유배지에서 죽은 스토쿠인崇德院이다.

헤이안 시대에는 불법의 방해자로 표현된 덴구가 중세에는 국가를 혼란스럽게 하는 요괴로서의 역할을 하게 된다. 근세를 거쳐 근대에 이르면 옛날이야기 속의 덴구는 신비한 힘을 가지는 것과 동시에 인간에게 속아 넘어가는 얼빠지고 해학적인 존재로 그려진다. 덴구는 인간과의 내기에 져서 부채, 신고 있던 신발, 보물인 상상의 도롱이 등 가지고 있던 것을 전부 내어놓게 되었다. 이렇듯 덴구는 인간과 가깝게 지내며 마을에 살게 되고, 인간에게 쉽게 속아 넘어갈 정도로 친근감을 주는 존재가 되었다.

문학작품 외에 덴구는 산의 괴이현상, 나무, 바위, 동굴 등과 결부된 전설, 옛날이야기 등에 빈번히 등장한다. 그러나 이러한 덴구의 형태는 다양하게 존재하는데 어떤 경우에는 산에서 일어나는 괴이한 현상을 총칭하는 경향이 있으며, 다음과 같이 분류할 수 있다.

덴구 다오시天狗倒し는 한밤중에 큰 나무를 자르는 소리가 나지만 다음날 가보면 아무런 흔적이 없는 것을 말한다. 대낮에도 산속에서 갑자기 크게 부르는 소리가 들리고 깔깔거리며 웃는 소리가 들리는 것을 덴구 와라이天狗笑い라고 한다. 덴구 쓰부테天狗礫는 밤중에 산에 가면 아무 데서나 돌이 날아오는데, 자세히 보면 돌이 눈에 띄지 않는 것을 말한다. 덴구 유스리天狗ゆすり는 산 위의 오두막집이나 살고 있는 집까지 흔드는 것을 가리키는 말이다. 산속에서 북소리가 들리는 현상인 덴구

다이코天狗太鼓는 산신 등의 뜻이라 여겨, 오두막집의 방향을 바꾸고 산신을 제사지내고 일을 쉬기도 했다.

아이들, 젊은이가 갑자기 모습을 감춘 뒤에 수개월 수년 뒤에 돌아오는 것을 덴구 가쿠시天狗隠し라고 하는데, 이 명칭은 없어진 아이들이 덴구가 사는 곳에 끌려갔다고 해서 붙여진 것이다. 덴구 마쓰天狗松는 덴구가 잠시 쉬기도 하고 그곳에서 살기도 한다고 전해져 내려오는 나무인데, 그 나무를 자르려고 하면 괴상한 일이 일어나서 절대로 자르지 못했다고 한다. 밤중에 불덩어리가 날아오는 현상을 덴구노 히天狗の火라고 한다.

163 술 문화에 투영된 일본의 요괴

일본 선술집의 대명사 덴구와 갓파

일본 선술집은 술과 식사를 함께 파는 곳이다. 선술집의 종류로는 비교적 싼 가격으로 마실 수 있는 체인점에서부터 전통적인 일본식 식당까지 다양하다. 선술집은 일본 술 전문점으로 종류를 한정하기도 하지만, 대부분 일본 술, 와인, 칵테일, 사와에 이르기까지 그 종류가 다양하다. 사와는 칵테일의 일종으로 위스키, 진, 소주 등에 레몬이나 라임, 자몽 등의 즙을 넣어 상큼한 맛을 낸 술이다. 일본인들은 술 마실 때 꼬치구이나 차게 한 생두부에 양념간장을 뿌려놓은 일본식 냉두부, 풋콩을 껍질채 삶은 껍질콩, 일본식 닭튀김, 튀긴 두부, 고로케, 찜 요리, 채소 샐러드 등을 안주로 한다.

일본의 여러 요괴 중에서 덴구와 갓파는 선술집 체인점의 상호, 술의 상품명으로 널리 쓰이고 있다. 덴아라이도テンアライド라는 기업은

1969년에 체인점 형식의 선술집인 〈덴구〉 1호점을 설립하였다. 수도권에 100개 이상의 가게가 생겼고, 역 주변에서 흔히 볼 수 있다. 또한 덴구마이天狗舞라는 상품명을 가진 청주도 대중적인 인기를 누리게 되었다.

덴구와 더불어 요괴인 갓파의 이름을 붙인 〈갓파 천국河童天国〉이라는 유명한 선술집 체인점도 있다. 〈갓파 천국〉은 규슈의 나가사키 시長崎市 출신인 시미즈 곤清水崑이라는 화백에 의해 탄생한 만화의 제목이다. 시미즈 곤은 풍자성과 문학성이 풍부하여 신문의 정치만화나 갓파 그림으로 유명하며, 특히 〈갓파 가와타로河童河太郎〉와 〈갓파 천국〉 등의 갓파 시리즈 작품이 잘 알려져 있다. 시미즈 곤은 인간에 가까운 갓파를 그려내는 데 성공했다. 특히 〈갓파 천국〉이 갓파 붐을 일으켜서 그와 같은 이름의 채소절임과 청주가 생겨났다.

갓파는 텔레비전의 술 광고에서도 사용되었다. 1955년부터 기자쿠라 주조주식회사黄桜酒造株式会社의 술 광고에 등장한 갓파 캐릭터는 인간처럼 가족을 이루고 살며, 음주가무를 즐기는 등 인간과 유사한 것이 특징이다.

덴구와 갓파는 현대인의 일상생활에 필요한 여러 분야에서 쓰이고 있다. 특히 덴구와 갓파가 술과 관련된 분야에서 현대인과 친근한 것은 사실이다. 선술집의 상호와 간판으로 쓰이는 붉은 얼굴의 덴구는 술에 취해 흥에 겨운 모습을 상징하는 듯하다. 갓파는 텔레비전 술 광고에 등장한 이래 술과 친근한 이미지를 느끼게 한다. 그러나 갓파의 경우에는 시미즈 곤의 만화가 유행했고, 이 만화가 텔레비전의 술 광고에 쓰였기 때문에 술과 관련을 맺었을 것이다. 즉 일본의 고도경제성장기의 출발점인 1950년대 중반 텔레비전의 술 광고와 더불어 유명해진 것이라고 볼 수 있다. 반면에 덴구와 너구리의 경우에는 오래전부터 술을 좋아하는 요괴로 등장하여 술과 인연을 맺어왔던 요괴라는 것이 갓파와의 차이점이라 할 수 있다.

술병을 들고 있는 시가라키 도기 너구리상

한국에서도 큰 인기를 얻은 애니메이션 〈폼 포코 너구리 대작전平成合戦狸ぽんぽこ〉, 술집이 나 식당 앞에 장식품으로 사용되는 시가라키 도기 너구리상, 튀김 부스러기와 다진 파가 들어간 너구리 우동 또는 소바 등 너구리는 일본문화 속의 일부분으로 자리 잡고 있다. 특히 청주문화와 관련이 깊은 시가라키 도기 너구리상은 일본에서 유명한 시가라키 도기 중의 한 종류이다.

▲ 데쓰조가 만든 시가라키 도기 너구리상
자료 http://www.shigaraki-labo.
　co.jp/shigaraki/rian.html

시가라키 도기 너구리상은 도예가 후지와 라 데쓰조藤原銕造에 의해 만들어졌다. 데쓰조 의 너구리는 20세기 초에 생겨난 것으로 추정 되며, 그가 활동하던 도예공방인 리안狸庵에 2, 3점 남아 있다. 이 너구리의 독특한 얼굴과 체 형은 오늘날 전국적으로 유명하다. 시가라키 도기 너구리상이 유명해진 것은 천황이 시가 라키를 방문할 때 환영 나온 너구리상의 사진 이 신문에 게재된 후부터라고 한다.

너구리상의 모습은 크고 둥글게 나온 배와 거대한 음낭이 특징이다. 이 너구리상은 삿갓 을 쓰고 한쪽 손에 장부를 들고, 다른 손에 술

▲ 리안에 있는 거대한 너구 리상
자료 http://image.search.yahoo.
　co.jp/search?=酒買い狸
　&aq=-1&oq=&ei=UTF-8

현대일본의 요괴문화론

▲ 들고 있는 술병에 새겨진 여덟 팔八자
자료 http://www.marukatsu.com/owner
_blog/index.php?ID=17

▲ 시가라키 도기 너구리상의 여덟 가지 특징
자료 http://www.e-shigaraki.org/knowledge/八相縁
起って何?

병을 들고 있다. 술병에는 팔八자 모양의 표시가 그려져 있는 것이 보통이다. 이 표시에 관해 여러 가지 가설이 있다.

첫째, 술병 또는 장부에 동그라미에 팔八자 모양이 있는 것은 오와리도쿠가와尾張德川 집안의 가문家紋으로 오와리 지역의 8개의 군郡을 지배한다는 의미이다. 게다가 도쿠가와 이에야스德川家康는 너구리라는 별명이 있었다고 한다. 오와리尾張·지타知多반도에 있는 도코나메 도기常滑燒로 동그라미에 팔八자라는 가문을 넣어 만든 것이 인기를 끌어 그것을 모방해서 너구리의 장식물에는 동그라미에 팔八자 모양의 표시를 의미도 모르는 채로 만들게 되었다는 설이 있다. 현재 팔상연기八相縁起라고 해서, ❶ 삿갓은 재난 방지, ❷ 큰 눈은 손님을 잘 보고 배려하고, ❸ 얼굴은 애교가 많고, ❹ 불룩 나온 배는 어떠한 일에도 당황하지 않고 결단력이 있어 대담하고, ❺ 술병은 음식이나 마실 것이 풍부하고, ❻ 꼬리가 큰 것은 안정감이 있어서 불황에도 쓰러지지 않고, ❼ 장부는 신용만으로 살아갈 수 있고, ❽ 큰 음낭은 돈이 모인다는 8가지 연기緣

起가 있다고 하는 의미로 팔八자라는 표시에 결부시킨다. 이것은 1952년, 이시다 고초石田 豪澄가 시가라키 팔상연희八相緣喜라는 와카和歌를 읊은 것에서 유래한다.

둘째, 너구리의 배에서 가슴에 걸쳐 있는 팔八자 모양의 하얀 문양과 연관성이 있다. 미에현三重県, 기후현岐阜県의 너구리에게 보이는 팔八자 모양의 얼룩무늬와 팔八자 표시는 관계가 있다고 한다. 또한 중부中部 지방에서는 너구리를 하치八 또는 하치무지나八狢라고 부른다. 팔八자 표시는 다른 도자기에서도 보이지만, 시기적으로 후지와라 데쓰조에 의해 창조된 시가라키 도기 너구리상이 처음이라 할 수 있다.

시가라키 도기 너구리상의 커다란 배와 다다미 8장을 덮는 음낭은 근세에 들어 성립된 정형이다. 일본의 민화 중에 〈너구리의 음낭 8장〉이라는 모티브는 많은 인기를 누리고 있다. 다다미 8장이라는 것은 너구리가 음낭을 펼쳤을 때의 넓이를 가리키는 것이다.

여행을 하는 스님이 여행 도중 어느 집에 머물렀다. 화롯가에 가까이 앉자 여자가 와서 바늘을 빌려달라고 한다. 그 바늘로 오히려 다다미를 찌르자 여자가 아프다고 한다. 스님은 가는 바늘에서 점점 크기가 굵은 바늘을 여자에게 빌려주었다. 마침내 스님은 다다미를 꿰매는 굵은 바늘을 여자에게 빌려주면서 다다미를 찔러버렸다. 여자는 큰 소리를 질렀는데 그와 동시에 여자도 집도 모두 다 사라져버리고 말았다. 그곳에 음낭을 바늘로 찔린 너구리가 죽어 있었다고 한다.

즉 다다미방은 너구리의 음낭이 변해있는 상태이다. 그래서 다다미를 바늘로 찔렀다는 것은 너구리의 음낭을 찔렀다는 것으로 너구리의 둔갑이 풀렸던 것이다. 여자는 너구리가 변한 모습이었다. 다른 너구리의 커다란 음낭에 관한 이야기도 있다.

298

어느 상인이 마을로 가는 도중 날이 저물어버렸다. 어떻게 할까 궁리하던 중에 집을 발견했다. 다행이라고 여기며 집에 들어가 보니 다다미 8장짜리 방이 있었다. 그런데 벽과 바닥이 푹신푹신한 것이 꽤 이상한 기분이 들었다. 상인은 가지고 있던 담뱃재를 다다미 위에 떨어뜨렸다. 그러자 어디선가 비명이 들리고 그와 동시에 집이 사라져 버렸다. 상인이 집 주위를 살펴보자 한 마리의 너구리가 벌겋게 부어오른 허벅지에 '호호'하며 입김을 불어넣고 있었다. 그 집은 너구리의 음낭으로, 너구리가 담뱃재로 화상을 입은 것이었다.

상인이 묵은 집의 푹신푹신한 벽과 바닥은 너구리의 음낭이 변해 있는 것이다. 담뱃재를 다다미의 바닥에 떨어뜨린 것은 너구리의 음낭에 떨어뜨린 것이다. 담뱃재로 인해 음낭에 화상을 입은 너구리는 둔갑이 풀려서, 벌겋게 부어오른 자신의 허벅지에 입김을 불어넣고 있었다는 이야기이다.

그런데 너구리의 음낭은 왜 거대한지에 관해 다음과 같은 견해를 들 수 있다. 첫째, 금박을 만들 때 음낭에 넣어서 늘리면 잘 늘어난다고 하는 것, 풀무의 표면에 너구리의 가죽을 사용한 것 등에서 유래한다. 둘째, 수컷 너구리의 엉덩이의 아래에 깔린 꼬리가 큰 음낭의 이미지로 전환한 것이다. 문헌에는 너구리가 정원에 와서 꼬리를 허벅지 사이에 넣고 배를 두들겼고, 술을 사러 가는 동자승의 그림에 꼬리처럼 보이는 것은 거대한 음낭이었다고 한다. 셋째, 에도 시대의 유행병이었던 음낭이 비대해지는 음낭수종陰囊水腫에 걸린 걸인의 모습에서 너구리의 큰 음낭의 이미지가 구체화되었을 것이다.

〈너구리의 거대한 음낭〉이라는 그림은 나마즈에鯰絵이다. 17,8세기 거대한 메기가 지진을 일으키는 원흉이라고 생각해서 메기를 퇴치하는 장면을 그린 여러 종류의 그림들이 나왔는데, 이를 나마즈에라고

▲ 너구리의 서대한 음낭
자료 http://www.zaeega.com/archives/50812161.
html

▲ 가지에 걸어 놓은 큰 너구리의 음낭을 두
들기는 작은 너구리들
자료 http://www.nichibun.ac.jp/YoukaiGazouCard/
U426_nichibunken_0253_0002_0000.html

한다. 여기서는 큰 음낭으로 거대한 메기를 퇴치하는 그림이다.

너구리의 배는 둥글고 거대한데, 이러한 모습은 달마대사達磨大師나 포대화상布袋和尙의 모습에서 유래한다. 달마대사는 인도 출신으로 중국 선종의 시조가 되었다. 달마대사는 벽을 향해서 9년간 앉아서 깨달음을 얻었는데, 오랫동안 좌선을 해서 손발이 부패해 버렸다고 한다. 포대화상은 선승禪僧으로, 체구가 비대하고 배가 불룩하게 나왔다. 항상 커다란 자루를 둘러메고 지팡이를 짚고 거리를 돌아다니면서 시주를 구하거나 인간사의 길흉 또는 일기를 점쳤다 한다.

◀ 좌 | 중국선종의 시조 달마대사
자료 http://image.search.yahoo.co.jp
/search?rkf=2&ei=UTF-8&p=達磨大師
우 | 커다란 자루를 둘러멘 포대화상
자료 http://image.search.yahoo.co.jp
/search?p=布袋和尙&aq=-1&oq=
&ei=UTF-8

현대일본의 요괴문화론

◀ 선승들이 즐겨 그린 원상
자료 http://ja.wikipedia.org/wiki/円相

선승은 원상円相이라는 원円을 즐겨 그렸다. 원상에 관한 해석은 여러 가지이지만 깨달음, 진리, 불성仏性, 우주 전체 등을 상징적으로 표현한 것이다.

너구리의 배는 선승이 그리는 둥근 형태의 화풍의 영향을 받아 둥글게 되어, 18세기 중엽경부터 둥글고 큰 형태의 모습으로 정착되었다.

너구리가 배를 두들긴다는 모티브는 14세기 초부터 시작되었고, 널리 사람들의 입에서 회자하게 된 것은 근세가 되어서이다. 너구리들이 배를 두들길 때 나는 소리를 폼포코라고 한다. 너구리 장단狸囃子은 절의 마당에 모여서 배를 두들기며 스님과 겨룬다고 하는 너구리 동요 〈쇼조지証城寺의 너구리 장단〉에서 유래한다. 쇼조지는 너구리 동요에서는 쇼조지証城寺, 절 이름은 쇼조지証誠寺로 한자가 다르다. 한자가 다른 이유는 여러 가지가 있으나, 작사자가 참고한 문헌의 표기가 잘못된 것을 그대로 소개했다는 설, 동요의 가사를 읽은 절 관계자로부터 절의 주지스님과 너구리가 함께 춤추고 노는 것은 불경하다는 항의가 있었기 때문이라는 설, 처음부터 의도적으로 노래에 등장한 쇼조지는 가공의 장소라는 것을 강조해서, 특정 지역이 아닌 전국에 있는 아이들이 노래를 불러주기를 기대했다는 설이 있다. 〈쇼조지의 너구리 장단〉 유래담은 다음과 같다.

어느 가을밤 쇼조지의 한 스님이 자고 있는데 절 안뜰에서 시끄러운 소리가 들리기 시작했다. 스님이 무슨 일인가 하고 보러 갔다. 우두머리 너구리가 커다란 배를 폼포코, 폼포코 하며 두드렸다. 그 주위의 몇십 마리나 되는 다른 너구리들이 너구리 장단에 맞춰 노래를 부르고 춤을 추었다. 흥이 나기 시작한 스님은 너구리들과 함께 춤을 추었다. 너구리들은 놀라서 더욱 배를 두드렸다. 스님도 커지는 북소리에 경쟁심이 생겨 더욱 열심히 춤을 추었다. 이렇게 스님과 너구리들이 겨뤘는데, 웬일인지 나흘 동안 너구리들이 오지 않았다. 다음날 정원에 나가보니 우두머리 너구리가 배가 터져 죽어 있었다. 스님은 이를 불쌍히 여겨 너구리를 위해 제사를 지내주었다.

경우에 따라서 유래담의 내용이 달라서, 스님이 너구리들과 춤을 추는 것이 아니라 샤미센三味線을 켰다는 이야기도 있다.

아키타현秋田県의 미네하마峰浜 마을에서 지역 활성화의 일환으로 너구리의 창작동요를 모집했는데 1,700여 점 정도의 작품이 모였다. 작품 중에는 우주비행사가 되어 달에 가서 토끼와 논다고 하는 것이 있는데, 이는 쇼조지의 너구리

▲ 쇼조지의 너구리 동요 기념비
자료 http://www.douban.com/note/80035972/

장단처럼 너구리와 스님이 함께 노는 것과 모티브가 유사하다. 혹은 너구리가 사람으로 변신해서 개발업자를 협박하고 자연파괴를 중지시키고, 마을 사람들과 사이좋게 손을 잡고 노는 등 인간의 친구로서 귀여운 모습이 강조되어 있었다.

1980년대 초반의 한국 오락실을 대표하는 인기 게임인 너구리는 어느 오락실에나 반드시 하나씩은 놓여있던 게임이다. 타이틀 화면에 제

현대일본의 요괴문화론

목 'PONPOKO'가 주인공인 너구리 캐릭터 머리 위에 떠 있다. 타이틀 밑의 너구리도 자신의 배를 두드리는 포즈를 취하고 있다. 이때 나오는 멜로디에 맞춰 너구리들이 자기 배를 두드린다. 이 멜로디의 원곡은 '강가에 모이세|Shall We Gather at the River'라는 복음성가이다. 1864년 침례교의

▲ 인기 게임 너구리
자료 PONPOKO1982, SIGMA
http://www.hyperspin-fe.com/forum/do
wnloads.php?do=file&id=2817

미국인 성직자 로버트Robert S. Lowrey가 작사, 작곡하여 만들어낸 곡으로, 신약성서 요한묵시록 제22장의 예언이 그 내용의 기본이라고 한다. 일본에서 이 성가는 1937년에 멜로디를 인용한 '담뱃가게 아가씨タバコ屋の娘'란 이름의 가요로 대히트했다. 그리고 이 가요의 가사를 바꾼 '너구리 노래'가 일본의 어린이들 사이에서 대히트했다고 한다. 가사는 「둥둥~ 너구리의 음낭은 바람도 없는데 흔들흔들~ 그것을 보고 있던 부모 너구리, 배를 움켜잡고 왓핫하~」였다고 한다.

실제로 너구리의 음낭은 별로 크지 않다. 비현실적으로 커진 너구리의 음낭은 사람들에게 웃음을 자아내고, 금전 운이 좋은 것으로 미화되었다. 너구리의 거대한 음낭은 요괴인 너구리가 사람들 사이에서 귀여운 이미지로 각인되고, 친숙한 모습으로 다가오는 데 큰 역할을 한다고 생각된다.

술을 좋아하는 덴구

산악수행을 목적으로 하여 주력呪力을 몸에 익히는 수행자를 야마부시, 즉 슈겐도의 행자인 슈겐자라고 부른다. 산악에서 수행을 쌓음으로써 초자연적인 힘을 획득하여 종교적인 권능자가 되는 것을 목적으

로 하는 종교인 슈겐도는 나라奈良, 710-794 시대 초기에 그 원시형태가 형성된 것으로 보인다. 슈겐도의 산악신앙은 한반도를 통해 전래된 대륙의 음양도陰陽道와 같은 민간종교의 영향을 받은 것으로 추정된다. 산악신앙은 밀교와 결부되어 슈겐도가 발전해 삼에 따라, 덴구 전승의 대부분이 시가현滋賀県 히에이잔比叡山의 천태종 계열의 밀교승과 관계가 있는 것으로 전해진다.

슈겐도는 산악에서의 수행을 통해 초자연적인 능력을 체득히는 종교인데, 슈겐도의 산들은 덴구와 관계가 있다. 중세에는 덴구와 야마부시가 일체화되어 슈겐도가 수행하는 산에 거처하는 덴구 등이 유명하다.

17세기 말기에는 슈겐자의 장수를 비는 잔치를 덴구의 주연이라고 불렀다. 이러한 잔치를 엔넨延年이라 부른다. 엔넨은 헤이안 시대 중기에 발생하여 가마쿠라, 무로마치室町, 1336-1573 시대에 사원을 중심으로 성행했던 사원 예능이다. 원래 엔넨이란 춤과 노래로 사람의 마음을 편안하고 즐겁게 함으로써 수복 장생한다는 뜻을 갖고 있다. 실제로 『덴구 이야기』 두루마리 그림에는 이미 덴구, 승려, 속인俗人이 함께 주연을 열고, 흥에 겨워 술에 취한 모습이 그려져 있다.

◀ 슈겐도의 야마부시
자료 http://image.search.yahoo.co.
jp/search?rkf=2&ei=UTF-8&
p=山伏+衣装

▲ 덴구와 승려, 속인이 주연을 여는 두루마리 그림
자료 http://blog.goo.ne.jp/usuaomidori/e/d 5876 fe7ce25753a4bf8266c704fc184

현대일본의 요괴문화론

덴구가 술을 사러 가는 이야기는 기후현 하기와라초萩原町 오쿠다도奧田洞에 있는 산등성이 중에 가장 높은 덴가이와에 전해진다. 오쿠다도에 마쓰리祭り가 열리는 날이면 덴구가 날아가서 술을 가지고 가기 때문에 술병의 술이 줄어들었다. 겨울이 되면 덴구가 마을의 술집까지 가서 술을 샀다. 술집 주인에게 스님들이 쓰는 보시용 주머니에 술을 넣어달라고 부탁했다. 술집 주인은 주머니보다 술이 많아서 안 들어간다고 생각했지만, 이상하게도 술은 전부 들어가 버렸다. 덴구는 술통 위에 돈을 놓고 돌아갔다. 이 모습에서 사람과 친하게 지내고 술을 좋아하는 덴구의 특징을 잘 볼 수 있다. 또한 술을 사러 가는 너구리를 연상하게도 한다.

술을 사러 가는 너구리

너구리 장식품으로 너구리 모양의 향합이나 너구리가 그려진 족자 등이 있다. 공치기 노래에 〈비가 부슬부슬 내리는 밤에, 너구리가 술병을 들고 술을 사러 가는〉이라는 구절이 있다. 장식용 너구리가 크게 유행한 것은 실제로는 〈술을 사러 가는 동자승〉 모습의 너구리이다.

효고현兵庫県 나다灘 지방의 양조장의 술창고에 너구리가 살고 있어야 맛있는 술이 만들어진다는 이야기가 있다. 그 정도로 오래된 술창고에는 전통과 경험이 없으면 좋은 술이 만들어지지 않는다는 예이다.

청주는 17세기 초에 완성되고 그때부터 일반서민이 마시게 된다. 술은 술병을 가지고 가서, 술집의 나무통에서 받아서 돌아간다. 그러한 심부름을 아이에게 시켰던 것이다. 술을 사러 가는 동자승의 모습을 한 너구리를 장식용으로 만든 것이다. 술병과 장부를 가지고 삿갓을 쓰고 있다. 이 형태의 장식물은 시가라키 도기만이 아니라 비젠 도기備前燒, 후시미伏見 인형에도 있다.

▲ 좌 | 술을 사러 가는 너구리
　　자료. http://www.shigaraki-darake.com/tanuki/
우 | 삿갓을 쓰고 술을 사러 가는 요괴 수달
　　자료. http://ja.wikipedia.org/wiki/画図百鬼夜行

　비젠 도기 너구리는 배가 늘어져 땅에까지 닿고, 삿갓을 쓰고 있고, 술병에는 명주命酒라고 쓰여 있다. 명주는 오래 살라는 뜻이다. 후시미 인형인 너구리는 기모노를 입고 삿갓을 쓰지 않고 술병에 동그라미에 팔八자, 장부에는 술집에 갈 때 쓰는 장부라는 의미로 주통酒通이라고 쓰여 있다. 비젠 도기 너구리, 후시미 인형인 너구리에는 모두 음낭이 그려져 있지 않은 것이 특징이다. 그러면 비젠 도기 너구리나 후시미 인형인 너구리는 후지와라 데쓰조의 너구리상을 본떠서 만든 것일까. 실제로는 1776년　도리야마 세키엔鳥山石燕의『화도백귀야행画図百鬼夜行』속의 요괴 수달이 찢어진 삿갓을 쓰고 술병을 들고 술을 사러 가는 모습을 본뜬 것으로 알려져 있다. 여기에서 요괴 수달이란 사람처럼 변신하여 두 발로 걸으면서 사람이 즐기는 술을 좋아하는 캐릭터로 묘사되고 있다.

　미야타 노보루宮田登에 의하면 시가라키 도기 너구리상은 술병을 들고 있는데, 이전에는 술병 대신에 표주박이었다고 한다. 너구리 이외에 슈겐자와 일체화된 덴구도 표주박을 지니고 있었다고 한다. 왜냐하면 표주박은 산속에 사는 사람의 일상생활에서 빠질 수 없는 물건이고, 여행 중의 떠돌이 승려들의 휴대용품으로도 필수적이었기 때문이다. 헤이안 후기에 떠돌이 승려로 불리는 민간종교가들은 본격적인 민중의 불교가 등장하는 데 커다란 역할을 했다. 그들은 서민을 교화하고, 산림에 들어가 수행하고, 전국을 돌아다니면서 간진權進 활동을 했다. 겐초지의 너구리 승려도 떠돌이 승려의 일종이다. 가마쿠라 겐초지의 산문山門 재건을 위해서 너구리가 전국을 간진하며 돌아다니다가, 정체가 들통 나서 개에게 물려 죽었다고 하는 이야기는 잘 알려져 있다.

간진은 남에게 불법을 권하여 불도에 들도록 하여 자신의 선근공덕善根功德을 쌓는 일이다. 예를 들면, 남에게 염불을 외우도록 권하는 일, 사찰의 건립이나 수선에 필요한 비용을 봉납하도록 권하는 일, 범종을 주조하는 비용의 모금에 나서는 일 등으로 남에게 선을 행할 기회를 제공하는 일을 말한다. 나아가 간진은 자신의 공덕을 쌓는 일이 되기도 한다. 너구리 승려는 일반적으로 학식이 풍부하고 보통 이상으로 글과 그림이 뛰어났다고 한다. 너구리와 절, 승려와의 결합은 중세부터이다. 나카무라 데이리中村禎里는 중세에 너구리의 요괴적인 요소와 비천한 승려가 결합되어 있다고 지적하고 있다. 이와 유사한 성격의 민간종교가로는 슈겐자를 들 수 있다.

야마부시와 일체화된 덴구와 간진 승려와 결합한 너구리에게 표주박은 필수품이었다고 할 수 있다. 표주박에서 술병으로 변화했다는 견해는 이 두 요괴에게 술은 밀접한 관계를 갖고 있다는 것을 뒷받침해준다.

16
4 대중문화 속에서
살아 숨 쉬는 덴구와 너구리

일본의 대중문화 속에서 선술집의 상호인 덴구와 술병을 들고 있는 시가라키 도기 너구리상은 사람들에게 매우 사랑받는 존재이다. 원래는 요괴의 일종이지만 매우 귀엽고 친숙한 이미지로 인해 대중들과 늘 가까이에 있다. 덴구와 너구리는 불교와 결합한 점, 술과 관련이 있는 점이 공통적이다. 야마부시와 일체화한 덴구, 간진 승려가 된 너구리 등은 늘 우리 곁에서 볼 수 있었던 민중 불교의

▲ 포인트가 폰폰 모이는 것에서 연상하여 만들어진 서비스 캐릭터 폰타

자료 http://image.search.yahoo.co.jp/search?p=ポンタ&aq=-1&oq=&ei=UTF-8

수행자들이다. 이들 두 요괴는 요괴 그 자체에서 인간적인 캐릭터로 철저하게 의인화되면서 문화적 존재로 변용되었다. 즉 덴구와 너구리에 일본의 불교적 사상 및 술 문화의 구심점, 예술적 상상력의 재창조가 결합되어 요괴문화가 창조되었을 것이다.

덴구와 너구리는 현대 일본의 술 문화 속에서도 선술집 체인점의 상호, 술의 상품명, 장식품 등에 이르기까지 폭넓게 사용되고 있다. 이들두 요괴에게 인성人性을 부여하여 술을 좋아하는 사람이나 술을 마시고 싶은 사람의 마음을 의탁하고 싶다는 대중의 심리가 투영된 것이다. ❀

◀ 좌 | 다카오산高尾山의 명물인 덴구 붕어빵
우 | 마을의 마스코트 너구리 폰타

자료 http://image.search. yahoo.co.jp/search?p=天狗燒き&aq=-1&oq=&ei = UTF-8
http://www.katch.ne.jp/~msyk-tsj/aichi.html

신성과 속성을 오가는
변화무쌍한 요괴 뱀

최인향崔仁香*

17 1 인간을 초월한 신비한 능력을 가진 뱀

고대부터 뱀은 신비한 힘을 가진 존재로 인식되어 왔다. 그러나 시대의 흐름과 사회의 변화에 따라 뱀에 대한 인식 또한 다양한 양상을 보인다. 벼농사가 중심을 이루었던 시대에는 영험한 힘을 발휘하는 신으로 받들어지기도 하고, 사람의 생명을 빼앗고 위협하며 하나의 몸통으로 이동하는 겉모습으로 인해 경외와 혐오의 대상이 되기도 하였다.

한편, 여우, 너구리, 뱀 등 특정 동물은 요괴가 된다고 간주되어 공포의 대상이기도 하였다. 동시에 이를 즐기는 문화가 형성되면서 뱀은 수많은 이야기와 무대 위의 주인공으로 등장하고 요괴화의 모델이 되면서 일본인들의 일상생활 속에 자리 잡는다. 현대에도 뱀이 등장하는 무대예술 작품은 끊임없이 상연되고 흥행하고 있으며, 뱀의 원령인 기요히메淸姬와 같은 캐릭터는 질투와 원한을 가진 여성을 가리키는 대명

---

* 중앙대학교 강사. 일본문화학 연구.

사로 일상화되어 있다. 또한 뱀
이 탈피한 허물을 지갑에 넣고
다니는 풍습이 있는데, 속설이
기는 하지만 뱀은 행운의 상징
으로도 여겨진다. 이렇게 고대
부터 현대까지 다채롭게 변화하
는 뱀의 성격을 파악하고, 요괴
로서 성립되어가는 프로세스와

▲ 생생한 뱀 문양으로 장식된 조몬 토기.
자료 에시카 데루야江坂輝彌, 노구치 요시마로野口
義麿 『고대사 발굴 토우예술과 신앙古代史發掘
土偶芸術と信仰』1978, 고단샤講談社

표현 양상에 관하여 살펴보고자 한다.

  뱀은 여러 가지 생태적 특징에서 숭배대상이 되었고 이러한 현상은
일본뿐만 아니라 여러 민족에게서 찾아볼 수 있다. 그리스 신화에서는
지하나 물의 세계와 결부된 많은 사신蛇神과 괴물이 등장한다. 그 밖에
도 고대 이집트, 인도 등에서는 강력한 힘을 가진 신으로 나타나고 현
명한 존재로 간주되어 점술에 사용되는 한편, 구약성서에서는 에덴동
산에서 하와를 속여 금단의 열매를 따 먹도록 한 사악한 존재, 유혹의
원리로 등장한다. 또한 뱀은 죽은 사람의 화신으로 인간에게 위험을
알려주고 재해로부터 지켜주는 수호신과 같은 존재로 여겨져 독일이
나 스위스에서는 뱀이 집에 사는 것을 기뻐하였다. 뱀은 몇 번이고 탈
피해서 젊어진다는 점에서 재생과 불사신의 상징이 되었는데, 강력한
치유력을 가진다고 하여 그리스 신화의 의술의 신 아스클레피오스는
뱀이 휘감긴 지팡이를 가지고 있다.

  고대 일본에서도 뱀은 인간을 초월한 존재로 숭상받는데, 그 이유는
다리가 없는 원통형의 긴 몸으로 땅 위를 순조롭게 이동하고 독을 가
지고 있으며 동면에 들어가면 오랫동안 먹지 않고도 살아가는 신비한
특성에 있다. 또한 머리에서 꼬리까지 봉처럼 이어진 뱀의 신체는 남

현대일본의 요괴문화론

근에 비유되기도 하는데, 고대인은 이를 생명의 근원, 다산의 상징으로 간주하였다. 뱀은 머리부터 꼬리까지 하나로 이어진 비늘을 벗고 재생된 피부로 생명을 갱신하는 등 인간이 갖지 못한 신비한 능력을 갖춘 점에서 신으로 숭배되기에 이른다.

신석기 조몬繩文 토기 중에는 생동감 넘치는 뱀의 형상이 나타나 있는 토기가 다수 전해진다. 뱀의 조형은 뱀에 대한 고대인의 열정을 표현한 것으로, 신앙으로 발전하여 숭배하게 된 이유는 앞서 서술한 바와 같이 신비한 외형과 탈피로 인해 획득한 생명력, 독으로 적을 일격하는 강력한 힘 등을 들 수 있다.

이후 벼농사 발전에 따라 본격적으로 농경사회가 시작된 후에도 뱀에 대한 경외심은 소멸되지 않았다. 뱀은 벼농사의 큰 문제점이었던 쥐의 천적으로, 논을 수호하는 신으로 받들어졌다.

일본인의 뱀 신앙의 특색은 현실에 살아 움직이는 뱀에 그치지 않고 서로 닮은 것을 뱀에 빗대어 신성시하고 신앙으로 삼는 데에 있다. 자연물로는 나무, 산악, 강 등, 그리고 인위적인 것으로는 특히 산실産室과 같은 가옥의 형태가 있다.

한편, 고대 일본의 신화집인 『고사기古事記』에는 큰 뱀에 관한 이야기가 등장하는데, 고대 신화 가운데 유명한 요괴퇴치담이다. 천상계에서 쫓겨난 스사노오須佐之男는 이즈모出雲 지방의 히肥강 상류인 도리카미鳥髮에 내려온다. 마침 강에 젓가락이 떠내려왔는데, 강을 따라 상류로 올라가니 아름다운 딸을 사이에 두고 노부부가 울고 있었다. 그 부부는 국토의 신 오야마쓰미大山津見 신의 자손인 아시나즈치足名椎와 부인인 데나즈치手名椎이고, 딸은 구시나다히메櫛名田比売라 하였다. 부부에게는 딸이 8명 있었으나, 매년 야마타노오로치八岐大蛇라는 여덟 개의 머리와 여덟 개의 꼬리를 가진 거대한 뱀이 나타나 딸을 잡아먹어 버렸다. 올해도 야마타노오로치가 찾아올 시기가 다가와서 마지막으로 남은 막내딸 구시나다히메도 잡아먹혀 버릴까 울고 있었던 것이다.

스사노오는 구시나다히메와 결혼을 조건으로 야마타노오로치를 물리치기로 한다. 우선 구시나다히메를 참빗으로 변신시켜 자신의 머리에 꽂고, 아시나즈치와 데나즈치에게 아주 독한 술을 빚어 8개의 문을 만들고 그 입구마다 술을 가득 채운 술통을 놓아두도록 하였다. 준비를 마치고 기다리던 차에 야마타노오로치가 찾아와 8개의 머리를 각각의 술통에 처넣고 술을 마시기 시작하였다. 이윽고 야마타노오로치가 술에 취하자 스사노오는 차고 있던 검 도쓰카노쓰루기十拳劍로 뱀을 갈기갈기 잘라 무찌른다. 꼬리를 자르자 칼날이 상했고 칼끝으로 갈라보니 꼬리 속에서 구사나기노다치草那芸之大刀라는 큰 칼을 꺼내 아마테라스天照御大神 신에게 헌상하였다.

여덟 개의 머리와 꼬리를 가진 야마타노오로치는 그 생김새가 일반적인 뱀과 큰 차이를 보이는 초자연적인 존재이다. 그리고 매년 부부를 찾아와 딸들을 제물 삼아 해치는 공포의 대상이며, 올해도 찾아올 시기가 다가오자 눈물을 쏟으며 걱정하는 불안의 대상이다. 난폭하고 거친 속성으로 인간에게 마이너스적인 존재가 된 야마타노오로치는 결국 죽음을 당하고 이 세상에서 퇴치되고야 만다.

17 2 분노와 원한을 품은 여인의 화신

일본에 불교 전래가 본격화된 9세기 이후에는 불교의 영향으로 여성에 대한 금기가 뚜렷해진다. 불교 전래 이전의 뱀은 원시 신앙과 결합하여 다산, 풍요, 탈피에 의한 재생을 상징하고 신비한 신성神聖함을 발휘하였다. 그러나 이러한 뱀은 불교의 정착과 함께 사악한 원한에 지배당한 여성의 죄를 나타내는 존재로 변하게 된다.

일본 불교의 성지인 구마노 지역에서 여러 편 발견된 구마노관심십계만다라熊野観心+界曼荼羅는 생과 사를 주제로 그린 것이다. 화면 상부에는 사람의 일생을 그리고, 그 아래에 부처와 보살을 비롯한 십계가 그려져 있다. 관심은 자신의 마음속을 잘 관찰하는 것을 의미하고, 십계란 망집과 깨달음의 세계를 십종+種으로 나눈 것을 가리킨다. 화면 대부분을 차지하는 것은 생생한 지옥을 묘사한 것인데, 여기에 여자 지옥이 등장한다. 이 만다라는 비구니 승려가 여성들을 대상으로 그림을 해설하며 불교의 교리를 설파하는 데에 이용되었고, 그 내용이 여성의 욕망을 죄악시하고 금기시하는 것이었기 때문이다.

만다라의 하단부에 그려진 여자 지옥에 양부지옥両婦地獄이 그려져 있다. 여기에는 머리에 뿔이 돋은 뱀이 된 본처와 첩에게 둘둘 말려 괴로워하고 있는 남자의 모습이 등장한다. 중세 시대에 처를 여럿 두는 남자의 바람기는 가문의 대를 잇기 위한 명목으로 공인되었으나, 여자의 애욕은 지옥에 떨어지는 요인으로 죄악시되었다. 본처는 첩보다도 집안에서 안정된 지위를 차지하고 있었으나, 젊고 아리따운 첩에게 질투심을 일으키고, 본처와 첩 간의 목숨을 건 싸움이 벌어진 것이다.

뱀이 된 두 사람은 죽어서도 서로 남자를 둘러싸고 긴 혀를 날름거리며 남자의 몸에서 피를 빨고 있다. 질투는 여성 자신뿐만 아니라 결국 남자의 몸까지도 망치는 결과를 낳는다. 실제로 15~16세기에는 남편이 후처를 맞이할 때, 본처가 예고를 한 후 후처의 집에 쳐들어가 소란을 피우는 우와나리우치後妻打ち 풍습이 있었던 것으로 보아 본처가 후처를 괴롭혀도 된다는 인식이 용인되었던 것으로 보인다.

피의 연못 지옥血の池地獄은 여성이 출산할 때 흘린 피가 지면에 스며

▲ 좌 | 「구마노관심십계만다라熊野觀心十界曼茶羅」2011, 岩田書院
　　자료 오구리스 겐지小栗栖 健治『구마노 관심십계만다라熊野觀心十界曼茶羅』2011, 이와타 쇼인
　우상 | 양부지옥兩婦地獄, 우하 | 피의 연못 지옥血の池地獄,
　　자료 와카야마현립박물관和歌山県立博物館 소장
　　와카야마 현립 박물관 뉴스和歌山県立博物館ニュース http://kenpakunews.blog120.fc2.com/blog-entry-514.html

들어 땅의 신을 더럽히거나 피로 물든 의류를 강에서 세탁하면 강물이
오염되는데, 그 강물을 퍼서 차를 끓이고 이것을 성인에게 공양을 드
려 부정을 초래한 죄목으로 이 지옥에 떨어진다고 한다. 연꽃에 앉아
있는 이들은 죄를 씻고 성불하였으나, 그렇지 못한 이들은 여전히 뱀
의 몸으로 변해 연못에서 빠져나올 수 없음을 그림을 통해 알 수 있다.

　노能는 일본의 전통무대예술 장르 중 하나로, 사방 6미터 정도의 간
소한 무대 위에서 상연되는 가면악극이다. 7세기 한국과 중국을 통해
전래된 연희적 요소를 지닌 예능이 점차 발전하여 유행하는 가무를 도
입하고 설화를 차용하거나 종교적인 내용을 내세우는 등 레퍼토리를
정립하였다. 이후 권력과 재력을 가진 지배층의 후원을 받으며 우아함
과 격식을 갖춘 무대예술로 발전한다. 특히 14~15세기에 노의 연기론,

314

연출, 형식, 상연방식 등에 관한 이론서가 완성되면서 현재도 중세의 정취를 그대로 유지하며 전국의 노 무대에서 상연되고 있다. 노는 남성만이 연기할 수 있고, 노 배우는 세습구조를 갖추고 있어 순조롭게 노 전문배우를 양성하고 후대에 전승할 수 있는 체계가 마련되어 있다.

현재 남아 있는 240여 가지의 레퍼토리 중에 〈도성사道成寺〉는 불교 설화집인『곤자쿠 이야기今昔物語集』등에 등장하는 안친 기요히메安珍清姬 전설을 바탕으로 하여 그 후일담 형식으로 작성되었다.

와카야마현和歌山県에 위치한 도성사는 701년 문무文武 천황의 칙령에 의해 창건되었다. 안친 기요히메의 이야기는 이 도성사에 전해지는 전설이다. 이야기는 928년, 머나먼 동북 지방에서 불교의 성지인 구마노로 참배를 하러 온 젊은 승려 안친이 기요히메의 집에 하룻밤 머물게 되면서 시작된다. 아름다운 용모를 가진 승려 안친에게 첫눈에 반한 기요히메는 밤에 몰래 그가 머무는 방에 들어가 유혹하지만 안친은 신성한 참배를 행하는 중인 몸으로 기요히메를 거절하고 참배 후 돌아오는 길에 반드시 만나러 오겠다고 약속한다. 그러나 약속한 날이 지나도 안친은 돌아오지 않고 속은 것을 깨달은 기요히메는 분노하여 집 안에 칩거한다. 그 후 뱀으로 변신한 기요히메는 집 밖으로 나와 안친을 뒤쫓기 시작한다. 기요히메가 쫓아오고 있다는 소식을 들은 안친은 히타카 강을 건너 도성사 종 속에 몸을 숨기고 기요히메도 강가에 다다른다. 뱃사공이 강 건너로 데려다 주지 않자, 기요히메는 스스로 뱀이 되어 강을 헤엄쳐 건너 도성사에 이른다. 도성사의 범종 속에 안친이 숨어 있는 것을 알고 뱀이 된 기요히메는 종을 칭칭 감고 화염을 내뿜어 결국 안친은 불에 타 죽고 기요히메는 강 쪽으로 사라진다. 그 후 도성사 주지승의 꿈에 나타난 둘은 공양을 하여 자신들이 성불할 수 있게 도와달라고 요청한다. 주지승은 서사書寫 공양을 하여 법화경의 공덕

신성과 속성을 오가는 변화무쌍한 요괴 뱀   315

으로 두 사람은 성불하여 천상계 사람의 모습으로 다시 꿈에 나타나 감사를 표한다.

이 설화는 이후 두루마리 그림으로 제작되었다. 본래 설화와의 차이점은 기요히메가 분노하여 집에 틀어박히는 상면이 없고, 안친을 뒤쫓아 가면서 점점 뱀으로 변해가는 변신과정에 있다. 분노가 극에 달한 기요히메는 머리카락과 옷차림이 흐트러지면서 머리부터 차례로 뱀으로 변해가고 입에서는 화염을 뿜는데, 히타카 강에 도착할 즈음 완벽하게 뱀으로의 변신을 완료한다. 이 두루마리 그림은 불법을 설파하는 데 사용되었는데, 지금도 도성사에서는 관람객들을 대상으로 두루마리 그림의 내용을 풀어 설명하여 교훈을 주는 이야기로 마무리하는 '에토키絵解き'가 매년 수천 회씩 열리고 있다.

▲ 좌 | 도성사의 경내 정경
　　자료 http://ja.wikipedia.org/wiki/ファイル:Dojoji_Gobo_Wakayama10n4272.jpg
　우 | 두루마리 그림으로 관람객에게 안친 기요히메 전설을 설명하는 주지승
　　자료 http://tuku58.blogspot.kr/2013/01/blog-post_30.html

노 〈도성사〉는 봄을 맞이하여 새로이 재건한 종의 공양을 올리는 날, 여인의 출입이 금지된 장소에 기요히메의 원령이 나타나 종 공양을 방해하면서 전개된다. 떠돌이 무희의 모습으로 나타난 기요히메는 경사스러운 날 춤을 추고 싶다며 요청하고, 허락을 받아내어 절 안으로 들어와 춤을 추면서 틈을 노리다가 종 안으로 뛰어들어간다. 범종이 다시

　　　　　　　　　　　　　현대일본의 요괴문화론

떨어지고, 승려들의 기도에 의해 다시 올라간 종 안에서 뱀으로 변신한 기요히메가 나타난다. 뱀은 남자에게 배신당한 분노를 온몸으로 표출하지만, 승려들의 필사적인 주문과 기도로 강에 뛰어들어 사라진다.

단순한 구조의 이야기를 격렬한 무용을 중심으로 재구성한 작품으로, 집요하고 원한을 가진 여성은 뱀(요괴)으로 변신한다는 유형을 정착시킨 작품이기도 하다. 또한 배우의 복장과 연출방식 등에서도 뱀의 표현이 유형화되어 가는 것을 볼 수 있는데, 뱀의 정체를 드러내는 장면에서 한냐般若 가면과 비늘 모양의 금박을 새긴 의상을 착용하거나 무대 위에서 삼각형을 그리며 춤을 추는 등의 수법으로 관객에게 암시를 주기도 한다.

▲ 좌 | 한냐 가면
　　자료 http://ja.wikipedia.org/wiki/ファイル:Pink_oni_Noh_mask.jpg
　중 | 뱀 비늘을 상징하는 삼각형 금박을 새긴 의상
　　자료 마스다 세이조增田正造 『월간 태양 도성사月刊太陽道成寺』1992, 헤이본샤平凡社
　우 | 노 〈도성사〉 중, 종 속에서 뱀으로 변신해 정체를 드러내는 장면
　　자료 마스다 세이조增田正造 『월간 태양 도성사月刊太陽道成寺』1992, 헤이본샤平凡社

한냐般若 가면은 질투와 한을 품고 있는 여자의 얼굴을 표현한 가면으로, 노에서는 주로 귀녀鬼女가 착용한다. 한냐(반야)는 본래 불교용어로 오랜 수행 끝에 얻은 깨달음의 지혜를 의미하지만, 이 가면에 한냐

라는 이름이 붙은 이유와는 거리가 있다.
가면을 제작한 승려의 이름을 붙인 것이
라는 실도 있고, 『겐지 이야기源氏物語』에
서 겐지의 처 아오이노우에葵の上가 자신
에게 강한 질투를 느껴 괴롭히는 생령을
물리치기 위해 반야심경을 독송하여 퇴
치한 것에서 유래되었다는 설도 있다.

노 도성사는 후대에 만들어진 가부키
歌舞伎의 〈도성사 아가씨京鹿子娘道成寺〉나 인

▲ 종 위에 매달려 기요히메의 화신
님을 밝히는 〈도성사 아가씨〉의
마지막 장면.
자료 DVD 〈도성사 아가씨京鹿子娘道成寺〉
1995, 다미사부로坂東玉三郎, 쇼치
쿠松竹

형극人形浄瑠璃, 민속예능 등에도 영향을 주었다. 그중에서도 가부키 〈도
성사 아가씨〉는 노 작품과 동일한 후일담 형식으로 작성되었고, 1753
년 초연 이래 대중의 인기를 한 몸에 받는 레퍼토리가 되어 현재에 이
르고 있다. 벚꽃이 만개한 도성사에 뱀에 의해 불타 없어진 종을 재건
하여 봉납하는 공양을 올리는 날, 무희인 아름다운 아가씨가 찾아온다
는 설정은 노와 같지만, 가부키의 경우 스토리 전개보다는 아가씨가
다양한 의상과 소품을 교체해가면서 음악과 노래 가사에 맞춰 추는 춤
이 중심을 이룬다. 작품의 줄거리는 춤을 전개해 나가기 위한 동기와
무대를 준비하기 위한 설정으로 극적 전개와는 거리가 멀고, 배우의
무용 자체를 감상하는 데에 초점이 맞춰진 작품이다. 그러나 마지막에
는 종이 떨어지고 뱀을 상징하는 삼각형 비늘 모양의 의상을 드러낸
아가씨가 종 위에 매달려 자신의 정체를 밝히면서 막이 닫힌다.

〈도성사 아가씨〉는 19세기부터 점차 상연 횟수를 늘려가며 대유행
하는데, 당시 에도(도쿄의 옛 지명) 사람들에게 아름다운 여인의 환상
을 안겨주었고, 성공적인 흥행으로 인해 조금 변형을 주어 각색한 작
품들이 연이어 발표되기에 이른다. 동시에 일본인의 머릿속에 '원한을

현대일본의 요괴문화론

가진 여인=뱀=기요히메'와 같은 인식이 뿌리내리는 데 결정적인 계기를 제공한다.

〈도성사 아가씨〉는 화려한 춤과 품격 높은 무대가 요구되며, 1시간 가까이 배우 혼자서 춤을 추어야 하기 때문에 오랜 수련을 통한 실력과 고도의 변신 기술, 상당한 체력이 필요하다. 명배우들에게도 뛰어넘기 어려운 가부키 무용의 정점을 이루는 작품으로, 현재도 가부키 전문 극장에서 상연되고 있다.

17<u>3</u> 요괴화 속에 나타난 뱀

도리야마 세키엔鳥山石燕 『금석백귀습유今昔百鬼拾遺』1780

요괴화집 『금석백귀습유』는 구름, 안개, 비 등 3부 구성으로 이루어져 있다. 본 작품에 그려진 요괴에는 실제 전승되는 내용이 아니라 세키엔이 창작한 것도 다수 포함되어 있다.

❖ 분노로 불타오르는 도성사의 종

세키엔이 쓴 그림 속 해설문에는 다음과 같이 기록되어 있다.

> 마나고 지역 장원 관리인의 딸이 도성사에 이르러 안친이 종 속에 숨어 있다는 것을 알고 뱀이 되어 그 종을 휘감는다. 이 종은 녹아서 뜨거운 쇳물이 되었다고 한다. 더러는 이르기를 도성사의 종은 지금 교토 묘만사에 있다. 그 종에 새겨진 금석문은 다음과 같다.

이어서 종의 행방에 관한 설명이 이어진다. 928년 안친 기요히메 사건이 일어나 범종이 소실되지만, 1359년에 히타카 군의 영주 만쥬마루

신성과 속성을 오가는 변화무쌍한 요괴 뱀

万寿丸라는 자가 도성사에 새로운 범종을 기부하여 음력 3월 11일에 종 공양이 이루어졌다. 그러나 종 소리가 이상하게 변하고 근처에 몹쓸 병이 번지고 재난이 계속해 일어났기 때문에 산속에 버려졌다고 한다. 200년 정도 지난 1585년, 도요토미 히데요시豊臣秀吉는 군사를 이끌고 기슈(지금의 와카야마현) 정벌을 감행하여 부하에게 종을 가져오라고 명령한다. 부하 중한 명이 종을 전리품으로 교토에 가지고 와 묘만사妙滿寺에 봉납하였다고 한다.

▲ 도리야마 세키엔鳥山石燕 『화도백귀야행画図百鬼夜行』
자료 이나다 아쓰노부稻田篤信, 다나카 나오비田中直日編 『도리야마 세키엔 화도 백귀야행鳥山石燕 画図百鬼夜行』1992, 국서간행회

도성사의 두 번째 종은 이렇듯 기묘한 운명을 가지고 태어났으며 650여 년의 세월이 지난 현재도 묘만사에 소장되어 있다. 그러나 이러한 우여곡절을 겪고 신비함을 지닌 종의 실제 모습은 소박하기 그지없다. 높이 약 105cm, 직경 63cm로 어린아이라면 모를까 성인 남자가 종 속에 숨기는 어려울 정도의 크기이다. 하지만 도성사에 관련한 작품을 연기하는 배우 등은 공연 전에 묘만사를 찾아와 무사히 공연을 마칠 수 있도록 종에게 기원하는 의식을 가진다.

그림은 안친 기요히메 이야기의 클라이맥스 장면을 묘사한 것이다. 배신당한 것을 알고 뱀으로 변신하여 머리에는 뿔이 돋고 몸통은 기다란 뱀의 형태로 바뀌어 있다. 화염에 휩싸여 있는 종에 필사적으로 매달려 있는 모습에서 격렬한 분노를 느낄 수 있다.

현대일본의 요괴문화론

❖ 신비에 싸여 있는 기괴한 노파 자코쓰바바

자코스바바는 도리야마 세키엔
의『금석백귀습유』에 있는 요괴로,
몸에 큰 뱀을 둘러맨 노파의 모습
으로 그려져 있다.

옛 중국의 무함국은 무녀국의
북쪽에 있다. 오른손에 파랑 뱀을
들고 왼손에 붉은 뱀을 든 자코쓰
바바蛇骨婆는 이 나라 사람인가.
일설에 의하면 뱀 무덤의 자고에
몬이라는 자의 처이다. 자고바로
불렀던 것을 잘못해서 자코쓰바
바로 부른다고 한다. 미상

▲ 도리야마 세키엔鳥山石燕 『화도백귀야행
画図百鬼夜行』
자료 이나다 아쓰노부稲田篤信, 다나카 나오비
田中直日編 『도리야마 세키엔 화도 백귀야
행鳥山石燕 画図百鬼夜行』1992, 국서간행회

무함국은 중국의 지리서『산해경』권7「해외서경」에 수록되어 있다.
3세기 중국의 학자 곽박郭璞은 산해경에 무함국은 등보산에 있고 수많
은 무당들이 모여 조직한 곳이라고 주석하였다. 세키엔은 자코쓰바바
에 관하여 '미상'이라고 하면서도 중국 땅에 사는 사람이라고 해설하고
있다. 그리고 남편으로 언급된 자고에몬의 정체는 확실하지 않은데,
일설에 의하면 자고에몬은 인간에 의해 무덤에 갇힌 뱀 요괴이고, 자
고쓰바바는 이 무덤을 지키기 위해 오른손에는 파란 뱀, 왼손에는 빨
간 뱀을 들고 무덤에 다가오는 자들을 위협한다고 한다.

한편, 민속학자 미나가타 구마쿠스南方熊楠의 저서『십이지고十二支考』
에 독사에 물렸을 때 '헤비요케이에몬(뱀 막는 이에몬)'이라고 주문을

외우는 백성들에 관한 기록이 있는데, 자고에몬도 이러한 부류가 아닐까 추측된다. 또한 곤도 미즈키近藤瑞木는 자코쓰바바가 1760~70년대 가부키 작품의 등장인물로 보이고, 나이 든 여성을 천대하여 부르는 호칭으로 통용되고 있던 단어를 요괴로 도상화한 것이라고 말한다.

❖ 항해로에 나타나는 불가사의 아야카시

아야카시あやかし는 일본의 해상에서 나타나는 모든 요괴나 괴이를 가리키는 명칭이다. 해상에 나타나는 도깨비불을 이렇게 부르거나 배를 침몰시키는 유령을 가리키기도 한다. 그러나 세키엔은 거대한 바다뱀을 아야카시라는 이름을 붙여 그리고 있다.

> 서쪽 지방 바다에 배가 다다를 때 기다란 물체가 배를 넘어가는 일이 있는데 2, 3일이나 계속된다. 그리고 배 안에 엄청난 기름이 흘러나오는데, 뱃사람들이 힘을 다하여 이 기름을 퍼내면 무사하고 퍼내지 않으면 가라앉는다. 이것이 아야카시가 배에 붙어 있다는 증거이다.

18세기의 문인 베즈쓰 도사쿠平秩東作의 괴담집에 다음과 같은 이야기가 실려 있다. 당나라 사람이 물을 구하러 상륙하였는데, 좋은 우물이 있어 아름다운 여인이 물

▲ 도리야마 세키엔鳥山石燕 『화도백귀야행 画図百鬼夜行』
자료 이나다 아쓰노부稲田篤信, 다나카 나오비田中直日編 『도리야마 세키엔 화도 백귀야행 鳥山石燕 画図百鬼夜行』 1992, 국서간행회

을 떠 주었다. 그러나 그곳은 우물이 있을 만한 곳이 아니었고, 요괴임을 알아채고 도망가자 여인은 바다에 뛰어들어 뒤쫓아 왔다. 이것을 아야카시라고 한다. 서쪽 바다에서는 바다에서 죽은 사람이 동무를 찾기 위해 나타나는 것이라고 한다.

❖ 사심蛇心이 깃든 허리띠 자타이

자타이蛇帶는 허리띠가 뱀과 같은 형상의 요괴로 변신한 것으로, 세키엔은 해설문에 중국 진나라 시대의 민속풍물지인 『박물지博物誌』의 내용을 인용하고 있다.

▲ 도리야마 세키엔鳥山石燕 『화도백귀야행
画図百鬼夜行』
자료 이나다 아쓰노부稲田篤信, 다나카 나오비
田中直日編 『도리야마 세키엔 화도 백귀야
행鳥山石燕 画図百鬼夜行』1992, 국서간행회

박물지에 이르기를 사람이 허리띠를 깔아놓고 잠이 들면 뱀 꿈을 꾼다고 한다. 그리하여 질투하는 여자의 세 겹 허리띠는 일곱 겹으로 감아 도는 독사도 될 수 있는 것이구나. 아무리 사모한다 할지라도 마음의 거리가 있는 사람이 거늘 질투한 나머지 몸은 썩은 새끼줄이 되어 말할 가치도 없구나.

뱀은 여성의 질투심, 사악한 마음을 비유하는 이미지로 자주 사용되었는데, 인간 스스로 뱀으로 변신하는 유형 이외에도 평소 가까이 두고 쓰는 물건이나 의복 등에 사악함이 빙의되어 뱀으로 변하는 유형도 있다. 그림 속 병풍에는 허리띠가 마치 혀를 내밀고 있는 뱀과 같은 모양으로 걸려 있고, 병풍 아래에는 베개와 머리빗이 놓여 있다.

　허리띠를 머리맡에 두고 잠이 들면 뱀 꿈을 꾼다는 속신은 일본에도 존재한다. 또한 질투심이 가득한 여자가 사용한 허리띠에 사악한 마음이 씌어 뱀으로 변하고, 그 뱀이 상대 남성을 목 졸라 죽이려고 한다는 전설이 전해진다. 자타이는 설화적 배경을 바탕으로 하고 뱀의 몸을 뜻하는 '蛇体'와 농음이의어인 데에 기인하여 창작된 요괴로 보인다.

❖ 가쓰시카 호쿠사이 「오사와의 원한」

　류테이 타네히코柳亭種彦의 소설『상야성霜夜星』1808 속의 삽화로, 오사와가 원한으로 뱀이 되어 간사한 꾀를 낸 간지를 원망하는 장면이다. 오하나お花와 이헤에伊兵衛는 연인 사이였으나, 오하나가 몸값을 받고 팔려가 이토伊藤의 첩이 된다. 이헤에는 오하나를 포기하고 추녀인 오사와와 결혼하지만 기적적으로 오하나와 재회한다. 머리가 좋은 이토는 두 사람을 결혼시키려고 하지만 오사와가 방해가 된다. 그리하여 이헤에는 도박에 빠져 방탕한 생활을 하는 것처럼 연기하고 오사와는 몸을 던져 목숨을 끊는다. 오하나와 이헤에는 결국 결혼하지만, 뱀으로 변신한 오사와의 원령이 습격해 온다. 위의 간지는 이헤에에게 오사와를 속이고 연기하도록 조언을 한 인물이다.

◀ **가쓰시카 호쿠사이**葛飾北斎
　『상야성霜夜星』1848
　자료 류테이 다네히코柳亭種彦 글·호쿠사이葛
　　飾北斎 그림『상야성霜夜星』1848, 군호도
　　群虎圖
　　와세다 대학 도서관早稲田大学図書館
　　http://www.wul.waseda.ac.jp/kotenseki/h
　　tml/he13/he13_01299/index.html

이 이야기는 쓰루야 난보쿠鶴屋南北의『동해도 요쓰야 괴담東海道四谷怪談』과 내용과 등장인물이 유사한데, 실제로 일어났던 사건이 1727년에『요쓰야잡담집四谷雜談集』으로 편집되고, 그것이 이 이야기와 요쓰야 괴담의 소재가 되었기 때문이다.

❖ 가쓰시카 호쿠사이 「슈넨」

『백 가지 이야기百物語』1831~1832는 백 가지 요괴 이야기를 제재로 그린 화집으로, 여기에 수록된 작품 중 하나가 슈넨執念이다. 출판 당시는 백 가지에 이르는 모음집로 기획되었다고 하지만, 현재 확인할 수 있는 것은 5화뿐이다. 요쓰야 괴담의 주인공 오이와お岩와 사라야시키皿屋敷를 다룬 2개의 그림이 특히 유명하다. 다른 작품에는 배경이 되는 이야기가 존재하지만, 아래의 작품 슈넨에는 배경 설화가 존재하지 않는다.

▲ 가쓰시카 호쿠사이葛飾北斎『백 가지 이야기百物語』1831-1832
자료 가쓰시카 호쿠사이葛飾北斎『백 가지 이야기百物語』1831-1832
http://www.youkaiwiki.com/entry/2013/06/05/202128

슈넨이란 집념을 뜻하는 말로, 한국어로는 한 가지 일에 몰두한다는 긍정적 의미를 가지고 있는 반면, 일본어의 슈넨은 집요함, 집착을 의미하는 부정적 의미로 사용된다. 제목에서도 알 수 있듯이 뱀은 집착과 집요함의 상징으로 자주 그려졌다. 화면의 오른쪽에 위치한 위패와 그 뒤로 형형색색의 과자와 음식이 영전에 올려져 있고, 그것을 휘감고 있는 뱀의 형상이다. 위패에는 죽은 자에게 주는 법명이 적혀 있는데, '모몬지인무쿄신지茂問爺院無嘘信士'라고 읽고, 이는 호쿠사이가 장난스럽게 같은 음의 단어에 한자를 붙여 놓은 것이다.

우선 모몬지인은 나이 든 날다람쥐를 뜻하는 것으로, 인간에게 달라붙어서 질식시키는 요괴의 한 종류를 말한다. 후에 의미가 확장되어 일반적으로 요괴를 가리키는 말이 되었는데, 음을 비슷하게 하여 노인의 모습을 한 요괴 '모몬지지百々爺'가 만들어지기도 하였다. 모몬지인은 호쿠사이가 나이 든 자신의 모습을 빗대어 만들어 낸 재치 있는 법명인 것이다.

죽은 후 법명과 공양을 받고도 이 세상에 대한 미련을 버리지 못하고 뱀이 된 모습은 호쿠사이 자신의 그림에 대한 집요함을 스스로 객관화시켜 그렸던 것이 아닐까 추측할 수 있다. 그리고 호쿠사이의 동물 표현은 아주 세밀한데 해부학적으로도 정확하게 그려져 있다고 한다. 슈넨의 뱀도 비늘과 마디마디가 매우 사실적으로 표현되어 살아 있는 뱀을 마주하고 있는 듯한 착각이 들게 한다.

쓰키오카 요시토시
「기요히메 히타카 강에서 뱀이 되는 그림」

『신형삼십육괴선新形三十六怪撰』1889~1892은 우키요에 작가 쓰키오카 요시토시月岡芳年가 그린 요괴화 연작으로, 요시토시 요괴화의 집대성으로 칭송되었다. 간행이 시작된 해는 1889년, 완결은 1892년과 요시토시 사후이고, 후반 작품 중에 여러 작품은 요시토시의 밑그림을 바탕으로 그의 문하생들이 완성시켰다. 전체 36작품으로 구성되어 있다.

요시토시는 안친 기요히메 이야기의 한 장면으로 도망친 안친의 뒤를 쫓아가는 도중 히타가 강에서의 기요히메를 그리고 있다. 안간힘을

현대일본의 요괴문화론

다해 흐트러진 머리카락을 두 손
으로 붙잡고 맨발로 물결이 이는
강가에 구부정하게 서 있는 모습
이 힘겨워 보인다.

강물을 뒤로 하고 있는 것으로
보아 강을 건너 도성사를 향하고
있는데, 안친을 추적해 가는 과정
에서 점점 뱀으로 변신하는 전설
과는 달리 아직 변신이 진행되지
않은 모습이다. 하지만 물에 젖은
신체와 너덜너덜해진 옷자락, 비
늘 모양의 의상을 드러내고 있는
것에서 곧 변신이 이루어질 것 같
은 긴장감이 맴돈다.

▲ 쓰키오카 요시토시月岡芳年 『신형삼십육
괴선新形三十六怪撰』1902
자료 국립국회도서관 디지털 컬렉션国立国会図
書館デジタルコレクション
http://dl.ndl.go.jp/info:ndljp/pid/1306537

17 4 신성神聖에서 속俗의 세계로

흔히 인간은 익숙하지 않은 상황이나 환경, 초자연적인
현상과 마주하면 공포를 느끼고, 그 공포심으로 인해 상상력을 동원하
여 초월적 존재를 만들어 낸다. 그중에서도 특정한 동물이 공포의 대
상이 되고 요괴가 된다고 여겼는데, 그 대표적인 예가 바로 뱀이다.

고대 원시신앙에서 뱀은 영험한 힘을 가진 존재로 숭배되기도 하였
으나, 야마타노오로치와 같이 인간에게 해를 입히고 재액을 초래하는
요괴로 파악되었을 시에는 퇴치의 대상이 된다. 이외에도 다양한 설화

혹은 구전되는 이야기 속에 등장하는 뱀은 어떠한 인간이나 사물에 지나치게 집착하고, 자신의 뜻을 관철시키지 못했을 때 원한과 분노를 품고 인간의 내면을 지배하여 결국 남을 해하기에 이르는 양상을 보인다. 이러한 원한과 분노는 상대적으로 사회적 지위나 종교의 영향 등으로 금기와 제약이 많았던 여성에게 일어나기 쉬운 감정이었고, 분노하고 금지된 것에 맞서 사회의 질서를 어지럽히는 여성은 악의 이미지와 결합되면서 두려움을 느끼게 하는 요괴로 파악되었던 것이다. 이러한 경향은 회화나 문학, 연극 등 다양한 장르를 통해 재생산이 이루어지며 더욱 강화되었고, 아름다운 여성이 원한과 분노에 불타올라 무서운 뱀(요괴)으로 변신한다는 이미지는 현대의 일본문화 속에도 살아 숨 쉬고 있다. ✿

현대일본의 요괴문화론

그로테스크에서 큐티까지
오니 묘사의 스펙트럼

최정은崔廷銀*

18 1　오니에 대한 인식

일본의 요괴 '오니鬼'는 고대에서 현대까지 일본인의 마음을 사로잡아온 요괴이다.

일본 국회도서관에서 오니를 검색해보면 4,300건 이상의 목록이 나오며, 현재까지도 오니는 일본인의 관심의 대상이자 인기 있는 요괴 중 하나이다. 오니는 일본의 옛이야기, 설화, 두루마리 그림, 고전 연극, 향토신앙 등 다양한 장르에 등장하는 요괴로서 사악하고 무섭고 강함을 상징하는 존재이다. 일본인이 오니라는 말을 들었을 때 떠올리는 전형적인 모습은 빨강이나 검정, 청색 등의 피부에 체구가 크고 호랑이 가죽으로 만든 팬티 즉 훈도시를 두르고, 머리에 뿔이 나 있으며, 날카로운 송곳니와 쇠 방망이나 망치를 들고 있는 형상이다. 이러한 오니에 대한 이미지는 전래되는 이야기, 또는 문학 작품과 회화를 통해서 형상화되었다. 특히 지옥에 있는 오니의 모습은 불교의 악귀야차

---

* 중앙대학교 박사과정. 영웅설화의 서사구조와 묘사론 연구.

惡鬼夜叉나 나찰의 모습에서 영향을 받고 차츰 변화되어 간다고 볼 수 있다.

일반적으로 오니는 인간생활을 위협하며 거칠고 무서운 존재로 인식되고 있으나, 아이들을 대상으로 한 설화 등에는 어수룩한 성격의 친근한 이미지를 가진 주인공으로, 인간에게 복을 가져다는 존재로 인식되기도 한다. 머리에 뿔이 나고 방망이를 든 형상 때문에 한국의 도깨비와 비교되기도 하지만, 오니의 세부적인 속성과 성격은 한국의 도깨비와는 다르다고 평기되고 있다. 일본의 오니는 죽은 자가 오니가 되기도 하고, 살아 있으면서 오니가 되는 경우도 있다. 또한 역병과 천둥 그리고 바람의 위력도 오니로 표현되기도 한다. 이러한 점은 한국의 도깨비의 속성과는 다른 점이기도 하다. 오니는 일본의 문학작품, 고전예능, 전통행사의 주역으로 등장하며 일본인에게 공포의 대상이자 재미를 제공하는 존재였다. 오니는 소멸되고 쇠퇴된 요괴가 아니라 현재까지도 일본 생활 속에 함께 자리 잡고 있는 요괴이기도 하다.

이처럼 유구한 역사를 지니고 있으며, 현재 일본의 일상 속에서도 쉽게 접할 수 있는 다양한 이미지의 오니가 먼저 고전 설화를 통해 어떠한 의미와 모습을 나타내고 있는지 살펴보기로 하자.

◀ 『백귀야행』 중 거대한 크기의 붉은 오니
자료 국제일본문화연구센터 소장
http://kikyo.nichibun.ac.jp/emakimono/detail.php

2

문학 작품에 등장하는 오니

고전 설화 『곤자쿠 이야기』에 등장하는 오니

『곤자쿠 이야기今昔物語集』은 오니 이야기의 보물창고라고 말할 수 있을 정도로 다양한 오니를 구체적으로 묘사하고 있다. 일본 헤이안시대 말기인 12세기에 성립된 이 설화집에 등장하는 오니를 분류해보면 다음과 같다.

첫째, 눈은 하나이고, 이마에 뿔이 나 있는 오니

> 무서운 오니들이 지나간다. 어떤 것은 눈은 하나 있는 오니가 있고, 또는 뿔이 나 있는 것도 있고, 다리가 하나로 춤추는 것도 있다.
>
> (권16)

> 이마에 뿔이 하나 나고, 눈이 하나 있는 것이 빨간 팬티를 입은 오니이다.
>
> (권17)

> 얼굴은 주홍색으로 둥근 방석처럼 넓고, 눈이 하나 있다. 키는 9자(1자=30cm, 270cm) 정도이고, 손에 손가락이 셋이다. 손톱은 5촌(1촌=3cm, 15cm) 정도로 칼날 같다. 색은 녹청색으로 눈은 호박과 같다. 머리카락은 헝클어져 있어 쳐다보기만 해도 간담이 서늘해지고 더 이상 무서울 수가 없다.
>
> (권27)

둘째, 눈이나 입에서 번개와 화염을 내뿜는 오니

> 키는 1장(3m)이고, 눈·귀에서 번개와 같은 불이 뿜어져 나오고, 큰 입을 벌리고 손을 때리면서 쫓아온다.
>
> (권11)

그로테스크에서 큐티까지 오니 묘사의 스펙트럼

너무나도 무서운 군인과 같이 갑옷과 투구를 입고 있는 오니이다. 눈을 보면 번개의 광선과 같은 것이 나오고, 입에서는 불길과 같은 것이 나온다. 200여 명 정도 되는 오니가 마을 타고 나타나 (권14)

셋째, 피부색은 빨간색, 청색, 흑색이며, 거대한 체구에 빨간 팬티를 입고 있는 오니

키는 1장 정도이며, 피부색은 흑색으로 칠기를 칠한 것 같다. 머리카락은 빨갛고 위로 뻗어 있고, 나체로 빨간 팬티를 입고 있다. 돌아보면 얼굴은 보이지 않고 사라질 듯 사라지지 않는다. (권24)

몸은 나체이고 머리는 단발머리로, 키는 팔 척이고, 피부는 검고 칠기를 칠한 것 같다. 눈은 크고, 입을 벌리면 날카로운 이빨이, 위아래로 송곳니가 나와 있다. 빨간 팬티를 입고 망치를 허리에 차고 있다. (권21)

『곤자쿠 이야기』에 등장하는 오니는 이미지가 바로 연상될 수 있을 정도로 구체적으로 특징이 묘사되고 있다. 키는 200cm가 넘는 거대한 체격이고 눈에서 번개처럼 빛이 나오고, 입에서는 화염을 내뿜는다. 송곳니가 삐져나온 큰 입과 손톱, 발톱은 날카롭게 자라있다. 머리에 뿔이 나 있고, 머리는 쑥대머리처럼 헝클어져 있다. 또한 몸은 나체로 흑색이나 녹색, 빨간색이고, 빨간 팬티를 입고 있다. 생각만 해도 간담이 서늘해질 정도로 무서운 이미지를 가지고 있다. 무서운 이미지와 함께 공통의 특징은 인간을 잡아먹는 식인 습성이다.

'여자로 큰 입을 벌려서 승려를 잡아먹고(권27)' 또는 '오니는 인간의 형태로 변하여 여자를 잡아먹고(권227)'와 같이 인간을 습격하여 잡아먹는다고 기록되어 있다.

이처럼 『곤자쿠 이야기』의 내용에서와 같이 헤이안시대 말기에 무서운 이미지를 가진 다양한 형상의 오니가 일본에 정착되어 있음을 알 수 있다. 설화집에 등장하던 오니는 일본 중세시기13세기~16세기에 이르면 두루마리 그림을 통해 더욱 구체적으로 시각화된다.

시각화된 두루마리 그림 속의 오니

두루마리 그림이란 서사가 있는 이야기와 그에 관한 삽화나 그림이 같은 두루마리 면에 나타나 있는 이야기 그림이다. 여기에는 가로로 된 긴 두루마리 형식이 이용되는데, 일본의 문학, 특히 소설과 긴밀한 관계를 맺으며 발전하였다.

❖『지옥 이야기』 속의 오니

『지옥 이야기地獄草紙』는 불교의 영향으로 살아 있을 때 나쁜 짓을 많이 하면 지옥에 떨어지며, 그 지옥이 얼마나 무서운 곳인가를 보여주는 12세기경에 그려진 두루마리 그림이다.

▲ 불교의 영향으로 살아 있는 동안 나쁜 짓을 많이 하면 지옥에 떨어진다는 내용의 12세기경 그림 두루마리 『지옥 이야기地獄草紙』
자료 고전 『지옥이야기地獄草紙』 마스다케본
http://onyo.blog.so-net.ne.jp/2008-12-19

위의 그림에는 말 머리를 한 적색과 청색의 마두馬頭 오니가 철 지팡이로 중의 머리를 내려치려고 기세 좋게 쫓아오는 그림이다. 이 그림 속의 지옥은 미성지옥哶聲地獄으로, 중으로서 계율을 받았음에도 불구하고 자비심이 없어서 짐승을 괴롭힌 자가 떨어지는 지옥이다. 중들은 양이 우는 소리를 내며 옥문으로 도망치지만 그곳에는 불구덩이가 있어 결국 불에 타 죽는다. 그림에 등장하는 오니들은 나체에 팬티만을 입고 있다. 지옥을 지키는 오니로는 말 머리를 한 오니 이외에 소 머리를 한 오니도 있다. 마두 오니, 우두 오니는 반은 인간이고 반은 짐승인 반인반수이다. 잔인하고 흉포한 성격으로, 주로 지옥 그림에서 그려져 지옥으로 떨어진 인간에게 고통을 주는 역할을 한다.

반인반수는 중국의 『산해경山海經』의 영향으로 일본에서 등장하게 되었다. 산해경의 경우 반인반수의 형태로는 얼굴은 인간적 요소를 취하고, 몸은 동물적 요소를 취한 것이 대부분이다. 일본에서도 초기에는 이러한 경향을 보이고 있으나, 시간의 경과에 따라 얼굴 부분이 동물의 형상이고 몸통이 사람의 형상을 한 것도 나타나게 되었다. 위의 그림도 머리가 동물적 요소를 나타내는 반인반수가 그려져 있다. 산해경의 경우 대표적인 동물성은 새나 뱀이며, 반인반수의 배경은 고대 토템에서의 영향으로 보인다.

반인반수는 동양뿐만 아니라 서양의 신화에서도 등장하고 있는데, 그 대표적인 것이 그리스신화에 등장하는 미노타우로스와 켄타우로스이다. 미노타우로스는 소머리에 사람의 몸인 괴물이고, 켄타우로스는 사람의 상체에 말의 몸통을 한 괴물이다.

로마신화에서의 반인반수는 신과 인간의 부정한 결합으로 인해 탄생한 경우가 대부분이기 때문에 부정적이고 단순한 이미지를 갖고 있다. 이는 신성의 침범을 경계하려는 의도의 소산이거나 인간의 부정한 욕망을 경고하려는 목적의 산물로 여겨져 왔다. 이에 반해 중국 신화에 나오는 반인반수 신들은 두려운 힘의 형상화이며, 동시에 풍부한 상상력에 의해 만들어진 다양한 이미지로 나타나고 있다.

동서양을 막론하고 반인반수들은 저돌적인 힘을 상징하는 존재에 대한 경외감과 두려움이라는 인간의 심리를 반영하면서 그러한 힘을 소유하고 싶은 고대인들의 소망이 투사된 산물로 여겨진다.

▲ 불교의 영향으로 살아 있는 동안 나쁜 짓을 많이 하면 지옥에 떨어진다는 내용의 12세기경 그림 두루마리 『지옥 이야기地獄草紙』
자료 국보 나라국립박물관본 http://www.narahaku.go.jp

위의 그림은 지옥에 떨어진 사람들을 은제 절구에 넣어 갈고 있는 오니들의 모습이다. 그림 속의 서 있는 오니는 큰 입을 벌리니 날카로운 이빨이 드러나 있고, 나체에 빨간 팬티를 입고 있다. 머리스타일은 양 옆머리만 위로 솟아 있다. 이 그림에 등장하는 오니들의 그로테스크한 무섭고 음침한 표정이 인상적이다. 그리고 그 옆에서 농기구인 키를 사용하고 있는, 가슴이 처진 백발의 노파 오니가 있다. 절구에 갈아지는 인간의 고통을 즐거운 듯 쳐다보며 섬뜩하게 웃고 있는 모습이다. 이처럼 오니는 흉악스러운 외견에 잔인하며 인간에게 고통을 주는 무시무시한 존재로 형상화되고 있다. 또한 오니의 특징인 적색 피부와 청색 피부 그리고 팬티만 입은 모습이나 철 지팡이를 들고 있는 특징이 확립되어 있고, 인간을 잡아먹는 식인 습성이 나타나 있다.

중세 말기 단편소설 속에 등장하는 오니

16세기에서 근세 18세기에 걸쳐 주로 중세시대무로마치시대의 제재로 오락적이며 교훈적인 내용의 단편소설 중 『요시쓰네義經섬 순례기』라는 작품이 있다.

이 작품에 등장하는 헤이안시대 말기, 가마쿠라시대 초기의 무장 미나모토 요시쓰네源義經는 일본인들에게 사랑받고 있는 역사 속 인물 중 한 사람이다. 신출귀몰한 전술과 뛰어난 무예로 헤이케平家군을 전멸시키고 가마쿠라막부 개국에 지대한 공을 세웠으나, 형 요리토모賴朝에게 의심받고 쫓기는 신세로 1189년 당시 31세의 젊은 나이로 자결하여 생을 마감한 비운의 영웅이다. 이러한 요시쓰네의 파란만장한 생애를 소재로 다양한 영웅담 또는 전설이 존재하고 있고, 거기에 가공의 요소가 가미되어 문학 작품으로도 만들어졌다.

그중, 중세 후반에 만들어진 단편소설 작품에서는 요시쓰네가 오니의 나라, 덴구天狗의 세계, 불교정토 등 이계를 종횡무진하는 초인적인 영웅으로 그려지고 있다.

『요시쓰네섬 순례기』 작품에서는 무장 요시쓰네가 오니가 사는 섬인 에조가시마蝦夷が島의 귀중한 보물을 획득하기 위해 펼치는 모험담으로 다양한 오니가 등장하며 확장된 오니에 대한 인식을 살펴볼 수 있는 작품이다.

다음은 요시쓰네가 오랜 항해 끝에 에조가시마에 도착하여 만난 오니들을 묘사한 내용이다.

섬에 도착하자 머리에 뿔이 달린 오니들이 바위를 들어 올리기도 하고 고목 위로 오르기도 하며 놀고 있다.

요시쓰네를 보자 뜨거운 철 막대기를 집어 불길을 내뿜고 시뻘건 혀를 날름거린다.

현대일본의 요괴문화론

에조가시마, 오니섬의 가네히라 오니대왕은 키가 백육십 척이고, 눈코가 열여섯 개, 입이 열여섯 개, 머리가 여덟 개이고, 속삭이는 소리가 천둥소리 같으며, 화를 내면 청천벽력과 같은 소리를 낸다. 그러나 대왕은 평소에는 평범한 동자의 모습을 하고 있다.

『요시쓰네섬 순례기』에서의 오니대왕은 단순히 뿔이 한두 개의 차원이 아닌 머리가 여덟 개이고 눈이 열여섯 개인 더욱 거대해진 오니이나, 평소에는 어린 동자의 모습으로 변신하고 있다. 이는 오니가 자유자재로 변신이 가능하다는 인식이 반영되어 있다. 실제로 설화나 고전 예능 작품 속에서 오니는 여성으로, 남성으로, 때로는 노파로 변신하여 인간을 유혹하거나 공격하고 있다.

▲ 두루마리 그림 『요시쓰네섬 순례기』 아키타 본
요시쓰네가 오니대왕과의 씨름경기에서 이긴 장면의 골계적 표현
자료 아키타 현립도서관 소장
http://da.apl.pref.akita.jp/lib/item/00010001/ref-1-1354/42?mode=view

위의 그림은 요시쓰네와 오니대왕과의 씨름 경기에서 요시쓰네가 대왕을 쓰러뜨린 장면이다. 옆에서 구경하는 붉은색 오니와 푸른색 오니, 녹색 오니가 있다. 그림에서 서 있는 붉은색 오니는 호랑이 무늬의 팬티를 입고 있으며, 두 개의 뿔이 나 있다. 손목과 발목에 금색 링을 두르고 있는 모습이다. 쓰러져 있는 오니대왕은 배가 앞으로 볼록하게 나와 있고, 발가락이 물갈퀴처럼 두 개로 나눠져 있으며, 손가락은 세 개이고, 날카로운 손톱을 가지고 있다. 머리는 붉은색이고 위로 뻗어 있다.

위의 두루마리 그림은 오니대왕이 무사인 요시쓰네와의 씨름에 져서 쓰러진 모습이다. 인간을 위협하던 무서운 오니가 중세를 거쳐 무사정권하에 무사의 기상을 높이고, 무사에게 제압되는 존재로 전락되어 있다. 이는 각 시대적 변화에 따라 오니의 표상도 달라지는 것을 말해주고 있다. 이와 같은 맥락 아래 무섭기만 하던 오니가 무사에 의해 퇴치되는 오니 퇴치 이야기가 많은 작품으로 나타났다.

무로마치 말기부터 에도 초기로 추정되는 『요시쓰네섬 순례기』에 나타난 에조가시마는 오니가 살고 있는 섬이다. 여기서 에조가시마로 표상되는 동북 지방의 지역적 이미지는 야마토를 중심으로 형성된 집단과는 이질적인 문화 지역이라는 오랜 역사적 인식과 신비로운 저쪽 세계라는 이미지를 가지고 있다. 에조蝦夷로 표상되는 동북이라는 공간이 가지고 있는 특수한 이미지는 근세이야기의 세계에서는 오니의 위협이 도사리는 무섭고 야만적인 공간인 동시에 금·은보화가 가득한 이상적 세계라는 양의적인 이미지로 투영되어 있다. 요시쓰네가 삼백 일에 걸쳐 도착한 에조가시마는 자신들이 사는 공간과는 거리가 멀리 떨어진 곳이며, 그곳에 사는 주민을 오니라고 생각하는 일본인의 타자 관념, 타자 이미지를 엿볼 수 있다. 즉 타국의 주민을 오니라고 생각하는 타자 이미지가 형성되었던 것이 중세 무로마치시대 작품에서 성장한 것을 알 수 있다.

이상의 오니는 인간과는 다른 무서운 형상과 자유자재로 변신이 가능하며, 인간생활을 위협하는 존재였다. 이와 달리 원래는 인간이었으나, 원한과 질투에 사로잡혀 인간이 무서운 오니로 변한 이야기를 전통 연극 노에서 살펴보자.

현대일본의 요괴문화론

18 3 전통 가면 무극에서의 오니

일본 전통예능 중의 하나인 가면극 노能는 종합예술이다. 선행 작품인 소설이나 이야기를 바탕으로 우아한 춤사위와 음악을 통해 시적 가무극을 보여주는 연극이다. 이 연극은 정해진 규칙과 순서에 따라 공연되는데, 중심이 되는 다섯 종류의 노가 있다. 그중 다섯 번째로 상영하는 작품은 오니나 악령을 주제로 한다. 인간이 극도의 원한과 분노에 도달했을 때 인간이 그대로 오니가 되는 경우가 있는데, 노 작품 〈가나와鐵輪〉도 그러한 내용이다.

가나와란 삼발이를 의미한다. 이 작품에 등장하는 오니는 자신을 버리고 후처에게 빠진 남편과 후처에 대한 분노로 인간이 오니로 변한 경우이다. 여자는 복수를 위해 먼 곳에 떨어져 있는 신사를 찾아간다. 신사의 사람은 여자에게 삼발이의 세 개의 다리에 불을 밝힌 후, 삼발이를 머리에 올리고 복수심을 불태우면 원하는 대로 된다고 일러준다. 여자가 일러준 대로 복수심을 불태우자, 머리가 위로 솟구치고 천둥 번개가 치며 오니로 변한다. 그러던 중 후처를 취한 남편은 매일 밤 악몽에 시달리다 못해 유명한 음양사를 찾아간다. 음양사는 전처의 저주로 부부의 목숨이 얼마 남지 않음을 알려준다. 음양사는 저주를 풀기 위해 단을 준비하여 남편과 후처를 대신할 인형을 올려 둔다. 단의 삼발이에 불을 켜자 머리에 삼발이를 올린 채 소름 끼칠 정도로 무서운 모습의 전처 오니가 나타난다. 전처는 자신을 버린 남편에 대한 원망과 후처에 대한 질투심을 늘어놓으며, 후처의 머리카락을 움켜쥐고 마구 때린다. 이때 음양사의 주력으로 인해 오니는 도망가며, 때를 기다리겠다는 말을 남긴다. 아래의 사진은 본처가 세 개의 다리에 불이 켜진 삼발이를 머리에 쓰고, 손에는 채찍을 들고 후처를 마구 때리는 장면이다.

그로테스크에서 큐티까지 오니 묘사의 스펙트럼

◀ 좌 | 노에서 오니를 형상화한 대표적 가면
　　한냐
우 | 노 〈가나와〉에서 후처에 대한 질투와
　　분노로 삼발이를 머리에 쓴 오니로 변
　　한 본처
자료 http://www.the-noh.com

　　강하게 찌푸리며 인상 쓰고 있는 미간에는 분노와 함께 슬픔이 느껴지며, 저주의 말을 쏟아 내는 옆으로 퍼진 입가와 금색을 칠한 이에서 오니의 강인함이 느껴진다. 검은 눈동자를 둘러싼 금속의 원이 탁해진 눈을 표현하며, 이미 여자가 오니로 변하고 있는 것을 형상화하고 있다.

　　가나와에 나타난 오니의 모습에는 질투심에 불타올라 이성을 잃은 상태인 인간의 모습이 투영되어 있다. 즉 이성을 잃고 자신의 마음을 다스리지 못하는 상태가 바로 오니의 성격이나 외모와 같은 것이 된다는 예를 보여주고 있다.

오니 가면 '한냐'

　　여자의 질투, 원한, 슬픔, 한탄, 이것들을 하나의 가면으로 표현한 것이 한냐 가면이다. 가면은 두 뿔이 있고 미간을 찌푸리며, 뺨이 경직된 여자 오니를 표현한 형상이다. 노의 여러 작품에서 여자의 얼굴이 분

노의 극치에 이르면 뿔이 돋고 눈이 충혈되어 관객에게 공포심을 자아
낸다.

18
4 연중행사에 나타난 오니

복을 가져다주는 오니 '나마하게'

아키타현의 정월 풍속에 나마하게라는 행사가 있는데, 무서운 오니
인 나마하게로 분장하여 각 가정을 방문하지만 실제로는 각 가정에 복
을 가져다주는 신으로 인식되고 있다.

나마하게는 어원이 분명치 않으며, 지방마다 다르게 불리고 있다.

오가男鹿반도의 각 마을에는 정월 15일 밤에 무서운 오니로 분장한
마을 청년이 2~4명씩 짝을 지어 각 가정을 방문한다. 청년들은 볏짚
으로 도롱이를 만들어 입고, 파란색과 빨간색으로 칠한 무서운 오니의
가면을 쓴다. 한 손에는 나무로 만든 칼을 들고 다른 손에는 나무 상자
속에 작은 물건을 넣어 흔들어 소리를 내면서 각 가정을 찾아간다. 이
때 쓰는 오니의 가면은 날카로운 송곳니를 가진, 옆으로 찢어진 큰 입
에 험상궂은 인상으로 머리카락은 헝클어진 채 머리에 뿔이 나 있다.
청년들이 문 앞에서 소리를 지르면 기다리던 주인이 나와서 이들을 안
으로 맞이한다. 집안에 들어가면 오니의 무서운 모습을 보고 놀라는
어린이를 위협하면서 잘 우는 놈은 누구냐, 게으른 놈은 누구냐고 소
리 지르면 어린이는 무서워한다. 이때 주인이 술과 안주를 내어 대접
하면서 어린이와 함께 사과하며 이제부터 말 잘 듣는 착한 어린이가
되겠다고 하면, 오니로 분장한 청년들은 집안을 축복하는 의례를 행하
고 다른 집으로 향한다.

◀ 헝클어진 머리와 무서운 가면을 쓴 '나마하게' 등장
에 겁에 질린 아이들에게 훈계하는 '나마하게'
자료 『아키타의 전설秋田の伝説』1976, 가도카와서점角川書店

　여기서 오니는 나쁜 버릇을 꾸짖고 바로잡는 역할이자 복을 전달하
는 신과 같은 역할을 하고 있다. 분장은 무서운 오니로 나타나 있으나,
실제로는 인간에게 복을 가져다주는 선한 오니로서 오니의 또 다른 일
면을 보여주고 있다.

오니는 밖으로 복은 안으로, 세쓰분의 오니

　일본인은 계절이 바뀌는 시기에 나쁜 기운, 특히 오니가 생긴다고
생각해 그것을 쫓아내기 위해 오니 축출 행사를 한다. 그러한 행사 중
하나가 입춘 전날인 세쓰분 때 행해지는 '마메마키豆まき'이다. 마메마키
란 콩을 뿌린다는 의미로, 오니를 내쫓기 위해 콩을 집 안팎에 뿌리면
서 '오니는 밖으로 복은 안으로鬼は外 福は內'라고 외친다. 마메마키 행사
에서의 오니는 인간에게 불행을 주는 사악한 존재로 내몰리는 대상으
로 설정되어 있다.

　오늘날의 입춘 날 가정에서도 연중행사의 하나인 마메마키를 널리
행한다. 가정에서 행사를 할 때 콩을 뿌리는 역할은 대개 그 집안의 가
장이 하거나 또는 도시오토코年男가 담당한다. 도시오토코는 그 해에
25세, 42세, 61세가 된 남자를 가리킨다. 일본인은 남자가 25세, 42세,
61세를 맞이하는 해에는 액을 당하기 쉬운 해라고 하여 야쿠도시厄年라
고 한다.

　세쓰분 때 뿌려지는 콩은 복을 가져다주는 콩이라는 의미로 후쿠마

　　　　　　　　　　　　현대일본의 요괴문화론

◀ 2013년 천하장사인 요코즈나横網
스모선수 하루마 후지日馬富士의 마
메마키 중 천하장사가 뿌리는 후
쿠마메를 받기 위해 모여든 관중
자료 http://news.kanaloco.jp/localnews
/article/1402030017/

메福豆라고 한다. 가족들은 후쿠마메를 주워 먹는데, 자기 나이와 같은
수를 먹거나 나이보다 한 개 더 먹으면 그 해에 복을 받는다고 믿고
있다.

오니는 안으로 복은 안으로, 오니를 초대하는 신사

  콩을 뿌리며 나쁜 기운의 오니를 내쫓으며 '오니는 밖으로 복은 안
으로'를 외치는 것이 일반적인 세쓰분의 마메마키 모습이다. 그러나 경
우에 따라서는 오니를 소중히 하고 안으로 초대하는 곳도 있다.

  일본의 사원과 신사 중에서 모시는 신과 본존이 오니와 관련 있는
곳이나 지명이 오니와 관련이 있는 곳 중에는 마메마키 행사를 할 때
'오니는 안으로 복은 안으로'라고 외친다. 자기 신사나 사원에 오니도
복도 상주하기를 바란다는 주술적인 요소가 나타나 있음을 알 수 있
다. 그러한 대표적인 신사와 사원는 도쿄의 니시오쿠보西大久保에 있는
귀왕신사鬼王神社, 나라현奈良県에 있는 간고지元興寺, 천하신사天河神社 등
이다.

◀ 매해 방영되는 NHK대하드라마의 주역들의 마메마키
중 인기 탤런트 아야세 하루카綾瀬はるか의 마메마키 모습
자료 마이니치신문 디지털
　　http://mantan-web.jp/2013/02/03/20130203dog00m
　　200002000c.html

귀여워진 오니 가면

가정에 어린 초등학생이나 유치원생이 있는 경우에는 학교나 유치원에서 매년 세쓰분을 맞이하여 오니 가면을 만드는데, 그 모양과 형식은 다양하다. 옛날 그대로 전해 오는 오니의 이미지와 현대적으로 변용되어 만들어진 여러 종류의 오니가 있다.

오니 가면의 색채나 뿔 등의 이미지는 전통에 바탕을 두고 있으나, 현대적 일러스트를 가미하여 모든 연령대의 일본인들에게 사랑받을 수 있는 귀여운 캐릭터로 도안되고 있다. 세쓰분의 오니 형상은 무서움을 표현하기보다는 놀이를 즐길 수 있는 하나의 분장 도구로서의 의미를 가진다.

전통 속에 현대적인 놀이의 요소를 도입한 세쓰분의 마메마키는 사람들에게 큰 즐거움을 주는데, 종교적인 의식에서 오락 활동으로 변화된 행사라고 할 수 있다.

일본의 술래잡기 놀이 오니곳코

오니곳코鬼ごっこ는 오니와의 놀이라는 의미이며, 전통 놀이로 술래잡기의 일종이다. 원래는 신사나 사원에서 오니를 쫓는 행사에 아이들을 참가시킨 것으로부터 유래했다고 한다. 술래가 오니가 되어 아이를 잡으러 가고, 아이는 술래인 오니로부터 도망친다는 단순한 룰이다.

이 놀이는 원래 신에게 올리는 종교적 제사의식의 형태에서 출발했는

▲ 현대적으로 귀엽게 형상화된 오니 가면
자료 http://allabout.co.jp/gm/gc/189968/

현대일본의 요괴문화론

데, 그것이 신앙과 격리되어 어린이의 놀이 형태로 변했다는 것이 민
속학자 야나기타 구니오柳田国男의 주장이다. 일본의 오니는 그 용법과
의미의 영역이 매우 넓고 다양하며 복잡하다고 볼 수 있다.

오니를 이용한 기발한 상품들
－"말 안 들으면 잡아먹는다." 교육용 앱 '오니로부터의 전화'

전통적인 요괴 오니가 소멸되지 않고 시대마다 변용되어 현대 일본
생활과 밀접하게 관계하고 있는 예로, 핸드폰 앱 속에서도 오니가 등
장하며 인기를 모으고 있다.

일이나 가사에 쫓기며 어린아이를 키우는 부모에게 말을 듣지 않는
아이들을 가르치는 것은 상당한 고민거리이다. 그러한 경우 부모들을
도와주는 교육용 앱 '오니로부터의 전화'가 일본에서 인기를 끌고 있
다. 이는 2세부터 6세 정도의 어린 자녀가 부모의 말을 듣지 않을 경우,
전화기 너머로 무서운 오니가 아이에게 "말 듣지 않으면 잡아먹는다."
고 으름장을 놓으며 여러 가지 나쁜 습관을 잡아주는 교육용 앱이다.

우측의 사진은 '오니로부터의 전화' 메
인 화면으로, 6가지 상황 메뉴로 나뉘어
있다. 위에서부터 살펴보면 말을 듣지 않
을 때, 자지 않을 때, 양치질 안 할 때, 정
리 안 할 때, 아파서 계속 울 때, 약을 먹
지 않을 때로 구성되어 있다.

이때 상황에 맞는 메뉴를 선택하여 누
르면 화면이 바뀌면서 상황에 맞는 오니가
나온다. 예를 들어, '말을 듣지 않을 때' 메
뉴를 누르면 아래의 빨간 오니가 뒤돌아

▲ 오니를 이용한 교육용 앱 '오니
로부터의 전화' 메인 화면
자료 소프트닉크 제공
http://phone-call-from-demon.
softonic.jp/android

서 있는 화면이 나온다.

　화면의 통화버튼을 누르면, "여보세요? 빨간 오니입니다. 아직도 말을 듣지 않습니까?"라는 대사와 함께 점점 앞으로 돌아선다. "오늘은 왜 그러지, 지금부터 갑니다. 집은 어디입니까?"라는 대사와 함께 무시무시한 오니의 정면 모습이 나타난다. 계속 말을 듣지 않으면 뜨거운 냄비 속에 넣어 잡아먹겠다고 겁을 준다.

　'오니로부터의 전화'에 등장하는 캐릭터 붉은 오니는 아이가 말을 듣지 않을 때 나타나는 캐릭터이다. 박력 있는 무서운 목소리로 부모를 대신해서 아이를 혼내준다. 그림과 같이 아이에게 겁을 주기 위해 등장하는 오니는 빨간 얼굴에 날카로운 뿔과 이빨을 지니고 화가 나 있는 험악한 표정을 하고 있다. 머리는 산발로 흩어져 있으며, 눈동자가 거의 보이지 않아 무서운 분위기를 자아낸다. 옛이야기 속의 오니가 현대인의 핸드폰 앱으로까지 등장한 것이다. 무서운 형상과 예전부터 전해져오는 오니의 속성을 이용하여 아이들을 교육한다는 아이디어는 기발하며 흥미롭다. 이는 오니에 관한 많은 전승과 이야기가 존재하는 일본이기 때문에 가능한 일이라고 생각된다.

현대일본의 요괴문화론

18 5 다양한 오니들이 살아 숨 쉬는 요괴 천국 일본

고대부터 현대에 이르기까지 오니는 일본인의 일상생활의 여러 영역에 깊숙이 자리 잡고 있다. 고대 설화집에 등장하는 눈이 하나이거나 다리가 하나이고, 뿔이 하나인 오니의 형상을 통해 안정적인 대칭이 아닌 비대칭, 결여의 불안정한 이미지를 내포함을 알 수 있다. 아울러 팬티만 입은 벌거벗은 오니의 형상 또한 동일한 맥락으로 설명할수 있다. 이러한 비대칭적이고 불안정한 형상이 기괴함이나 이질감을 유발하여 공포의 대상으로 인식되기도 하였다.

또한 오니는 인간의 개념을 성립시키기 위해 인간의 부정형 또는 반사회적, 반도덕적인 표상으로 조형된 이미지를 부여하여 나와 다른 이질적인 존재, 이민족이라는 타자관을 형성하기도 하였다.

이처럼 일본의 오니는 오랜 역사와 함께 그 의미와 기능의 영역이 매우 넓고 다양하며, 시대에 따라 끊임없이 재생산되고 있는 주요 요괴임이 틀림없다. ✿

'현대'라는 뭍으로 올라온
뭍가의 이야기꾼 갓파

김도연金挑延*

1 일본인의 생활 속에 파고든 갓파

19

일본인에게 가장 친숙한
요괴는 과연 무엇일까? 익살스럽고 귀여
운 모습에 양면성을 겸비한 성격. 인간
에게 해악을 끼치기도 하고, 사람의 모
습으로 변하는 기괴한 능력까지. 다양한
캐릭터와 스토리를 가지고 있는 갓파가
가장 먼저 떠오른다. 게다가 일본의 최
북단에서 최남단에 이르기까지 지역적
제약을 두지 않고 물이 있는 곳이라면
어디서든 스토리가 생산되고 있는 요괴

▲ 애니메이션 〈갓파쿠와 여름방
학을〉 2008의 주인공 갓파쿠
자료 〈갓파쿠와 여름방학을〉 2007,
아트서비스
네이버 영화
http://movie.naver.com

를 꼽는다면 갓파를 제일 먼저 꼽을 수 있을 것이다. 그 때문에 어디선
가 만난 적이 있다고 이야기하는 할머니와 할아버지가 존재하고, 그

＊ 중앙대학교 석사, 미야자키 하야오 작품의 상징성 연구.

이야기를 전해 들은 손자, 손녀는 '실존'하는 요괴로 기억한다. 이러한 구전의 반복은 요괴의 실존 여부와 상관없이 가깝게 여기고 존재를 인정하게 한다. 일본의 관용어 안에 갓파가 상당수 눈에 띄는 것만 보아도 이 같은 사실을 알 수 있다. 생활과 밀접하고 누구나 쉽게 사용할 수 있는 내용의 관용어에 갓파가 나타나는 것은 그만큼 갓파와 일본인의 거리가 가깝다는 증거이다.

'방귀 뀌는 갓파'란 속담은 '누워서 떡 먹기' 혹은 무엇에도 개의치 않고 천하태평인 모습을 일컫는 말이다. '원숭이도 나무에서 떨어질 날 있다'라는 한국 속담과 마찬가지로 사용되는 것으로는 '갓파도 물에 빠질 날 있다'는 속담으로 대체되어 사용되기도 한다. '갓파에게 수영 연습'이라는 말은 전문적인 지식을 갖춘 사람에게 오히려 모자란 사람이 가르치는 꼴을 나타내는 말로, 일상의 친근한 상황을 설명하며 인간의 우매함을 꾸짖고 있다.

이름은 하나지만 별명은 여러 개

갓파는 우리나라의 도깨비와 마찬가지로 지역, 부여하는 의미에 따라 부르는 이름도, 구전되어 내려오는 이야기도 제각각이다.

약 80개가 넘는 이름과 별칭이 존재하는데 갓파의 전승이 일본 전국에 걸쳐 분포하는 만큼, 이름도 전국에 걸쳐 다양한 형태로 존재하고 있다. 기본적으로 가앗파カーッパ, 가와타로川太郎, 가와라보즈河原坊主, 가와노토노川の殿, 엔코猿猴, 원숭이, 기타 등으로 여섯 가지 큰 분류가 가능하다. 이 분류에 따라서 비슷한 어휘로 조금씩 변형된 이름이 존재하며 각 특징을 살펴보면 '갓파河童'를 기본으로 하는 어휘, 동자를 나타내는 '타로'를 사용한 것, 강변의 사내아이 혹은 스님을 일컫는 단어를 사용하여 중의적 표현을 나타낸 '보즈', 갓파의 천적인 원숭이와 관련된

민화에서 비롯된 것으로 보이는 이름을 사용한 것, 그 외 외형적 특징을 그대로 딴 것 등이 있다.

위 이름들을 다른 분류를 통해 나누어 볼 수도 있다. 사람, 동물, 수신水神, 요괴의 분류 기준으로 나누어 보았을 때 지역별 특징이 두드러지게 나타난다. 인간의 모습으로 갓파를 가정하고 가앗파カ-ッパ 계통으로 주로 명명한 지역은 관동팔주関東八州와 규슈九州지역이다. 동물 계통은 주로 물뱀, 자라, 원숭이, 새 등에 빗대어 명명하고 있으며, 지역은 후쿠시마현福

▲ 연못에서 무언가를 노리는 표정으로 기어나오고 있는 갓파
자료 도리야마 세키엔鳥山石燕 『화도백귀야행画図百鬼夜行』
http://ja.wikipedia.org/wiki/ファイル:Kappa_jap_myth.jpg

島県, 미야기현宮城県, 후쿠이현福井県, 도야먀현富山県, 시코쿠四国지방 등지이다. 수신계통은 아오모리현青森県, 니이가타현新潟県, 가고시마鹿児島지역을 중심으로 각 지방의 고유한 이름으로 부르고 있다.

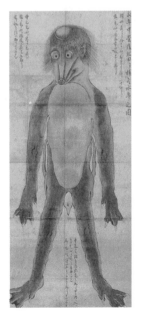

◀ '물의 호랑이'라는 제목으로 1630년경에 그려진 갓파의 그림
자료 가와사키시川崎市 시민박물관 소장
http://www.khi.co.jp/kawasakiworld/

현대일본의 요괴문화론

정수리
귀를 살짝 덮는 머리카락이 정수리를 중심으로 빠져있는
모습 혹은 정수리에 얕은 접시가 놓여있는 모습으로 묘사.
접시에 물이 마르면 죽거나 힘을 쓸 수 없는 상태가 됨.

입모양
조류의 부리모양과 흡사한 모양. 앞으로 삐죽 나와있음.

몸통부분
거북이를 비롯한 갑각류의 등껍질을 닮아있음.
몸통부분을 제외한 전체적인 피부는 파충류의
피부와 흡사하며, 미끈한 점액과 같은 것이
묻어있는 것으로 묘사되기도 함.

손과 팔
몸통부분을 중심으로 양 팔이 자유롭게
좌우로 움직이며, 빠지기도 함.
손에는 물갈퀴가 있고, 손톱이 강함.

다리와 걸음걸이
어린아이와 비슷한 키와 몸집의 갓파는 두 다리로
사람처럼 걸어다니며, 발에도 손처럼 물갈퀴가 있다.

▲ 가와시키시 시민박물관의 '물의 호랑이' 그림을 토대로 만든 갓파 상

매스컴의 발전과 함께 갓파에게도 변화의 바람이 불다

이름과 형태가 제각각이었던 각지의 갓파는 시대의 흐름과 함께 점
차 표준화되어, '갓파'라는 명칭과 함께 10세 전후의 어린아이 체격으
로 등에 딱딱한 등껍질과 정수리의 접시를 갖고 있는 일반적인 모습을
갖추게 되었다. 도깨비의 머리 뿔과 늘 지니는 방망이만큼은 변치 않
듯이 갓파에게도 떼려야 뗄 수 없는 것들이 존재한다. 바로 정수리의

접시와 그 물이 마르면 힘을 쓰지 못한다는 점, 거북이와 같은 등껍질과 물갈퀴를 지녔다는 외향적 요소와 오이를 좋아한다는 사실이다. 특히 근세에 들어 갓파를 소재로 한 글이 각 지역의 신문과 잡지 등에 실리게 되어 일반화되는 데 일조하였으며 구전되어 오던 모습들이 보다 사실적으로 묘사되고 일부 특징들이 강조되기 시작하였다. 최근에 만들어진 갓파의 캐릭터를 보아도 당시 묘사된 부분들이 상당히 강조되어 있음을 알 수 있다.

2 이야기를 듣고 시대의 강을 따라온 갓파

갓파, 넌 어디서 왔니?

갓파의 기원설은 대표적으로 네 가지가 있다. 그 기원의 스토리 속에서 갓파의 일반적인 특징들을 찾아볼 수 있다. 이시카와 준이치로石川純一郎의『갓파의 세계』에서 밝히는 기원설이다. 황하 상류에 살던 갓파 일족이 바다를 건너 규슈에 위치한 구마강球磨川에 상륙해 히고肥後 지방에 정착했다. 이후 번식을 거듭해 9,000여 마리가 되었을 무렵 그 족장인 구센보九千坊의 지휘하에 그 지방의 논밭을 모두 망치고 아녀자를 납치 및 희롱했다. 이에 지방 영주인 가토 기요마사加藤清正가 원숭이들을 끌어모아 갓파 일족을 공격하게 했다. 갓파들은 반격했지만 크게 패하고 일족이 모두 흩어졌다. 일본 각지에서 갓파에 대한 목격담이나 전설이 남아 있는 이유 중 하나이기도 하다.

갓파가 물가에 자리를 잡을 수밖에 없었던 이유

두 번째로 겐페이 전투源平合戰와 연관된 기원설이다. 겐페이 전투의 마지막 싸움인 단노우라壇の浦 전투에서 겐지 집안에 패한 헤이케 집안 무사들이 시모노세키下関 바다 밑에 수장되었는데, 이 때 한을 품은 무사들이 헤이케카니平家蟹라는 게가 되었으며, 이들을 따라 죽은 여관女官들이 갓파로 변하면서 전국의 바다와 강으로 퍼져 나가게 되었다고 한다.

다음으로 소개할 기원설은 신이 요괴로 추락했다는 이야기이다.

강의 신인 하백河伯이 가을에는 산신과 동일시되거나 풍양의 신으로 모셔진다. 이처럼 갓파도 일부 지역에서는 '산에 사는 아이의 모습을 한 요괴'라는 뜻의 산 동자山童라 부르며, 규슈 지방 오이타현大分県에서는 가을이면 갓파가 산으로 들어간다 하여, 산신의 심부름꾼으로 여기고 있다. 원래 강의 신이었던 갓파가 불교의 전파와 같은 이유로 신에서 요괴로 추락했다는 설이다. 과거 물의 신에게 바치는 공물 중 하나가 오이였고, 갓파가 오이를 무척 좋아한다는 점이 이 설을 뒷받침해준다. 또, 갓파가 싫어하는 것 중 하나가 수신제水神祭의 주물인 점이 이 설에 힘을 더해준다.

갓파는 왜 사람들의
시리코다마를 노리게 되었나?

시리코다마尻子玉. 번역해서 옮기자면 엉덩이 구슬이 된다. 생소한 단어이지만, 옛날이야기를 듣다가 등골이 서늘했던 스토리 속 종종 등장하던 것과 꽤 닮아 있다. 사람의 혼이 담긴 구슬이 엉덩이 속에 들어있는데, 갓파가 이 시리코다마를 즐겨 먹는다. 갓파에게 시리코다마를 먹히면 얼이 빠져 목숨을 잃거나 얼간이가 되고 만다. 사람뿐만이 아니라 소와 말을 물가로 유인해 엉덩이에 손을 쑥 넣기도 한다. 시리코다마는 실재하는 장기가 아니라 항문 안쪽에 있는 상상의 주머니이다.

이는 사람이 죽을 때 항문의 괄약근이
이완되어 밖으로 빠져나오는데 그것을
두고 하는 말이라는 설이 있다.

마지막으로 민화와 함께 설명할 기원
설은 전설의 조각가 '히다리 진고로左甚五
郎'의 인형화생설人形化生說 혹은 인형기원
설이다. 이 설은 도호쿠東北지방에서 규슈
지방에 이르기까지 전국에 걸쳐 전해지
고 있다. 시리코다마와 깊은 관련이 있는
기원설이다.

▲ 물에 빠진 사람의 엉덩이에서 시리
코다마를 빼내려 하는 갓파
자료 키타오 마사요시北尾政美 『바케
모노착도첩天怪着到牒』1788, 쓰루
야 기에몬 출판鶴屋喜右衛門出版

'히다리 진고로'가 볏짚으로 만든 인형이 밤새 명령에 따라 절을 지었
다. 공사를 마친 인형은 더 이상 쓸모없어지자 강에 버려졌다. 그때 인형
들이 '우린 대체 무얼 먹고 지내나!'라며 신세 한탄을 하자 진고로가 '인간
의 엉덩이나 잡아먹어라!'라며 버렸다고 한다. 이것이 갓파이다. 그래서 갓
파는 부처님께 올린 밥을 먹은 인간의 엉덩이는 절대 빼 가지 않는다.
(출전 季刊人類学)

히다리 진고로의 '히다리左'는 왼쪽을 의미하며, 희대의 라이벌이 그
를 죽이려 직접 보낸 무사마저 히다리 진고로의 조각에 감명을 받아
목숨은 거둘 수 없고, 대신 조각가의 목숨과도 같은 오른팔을 가져갔
다는 이야기가 있다. 이후 각고의 노력 끝에 왼팔만 가지고도 당대 최
고의 조각가로 거듭날 수 있었으며, 그때부터 그를 사람들이 '히다리
진고로'라 불렀다.

사람들은 그의 조각을 보고 가까이에서는 느낄 수 없는 감흥이 '멀
리 떨어져 볼수록 숨이 막히게 아름답다', '생동하는 아름다움이 있다'

며 감탄을 했다고 한다. 그런 그의 손을 통해 만들어진 인형이기 때문에, 비록 일손을 돕기 위해 임시로 만든 지푸라기 인형이지만 영혼이 깃들어 버림받는 순간에도 훗날을 걱정하는 존재, 한을 기억하는 존재로 사람들의 상상과 구전을 통해 재생산된 것이 아닐까?

물가에 사는 갓파, 오이를 좋아해

살펴본 여러 가지 기원설 중에도 스토리를 가지고 사람들에게 접근하기 가장 쉬운 것은 '히다리 진고로의 인형설'이라고 생각한다. 특히 물가에 버려져 그때부터 물가에 살게 되었으며, 시리코다마를 노리는 요괴성이 다분한 부분과 불공을 드린 음식이나 사람에게 해를 가하지 않는 캐릭터가 이 설에 의해 성립되는 것이 흥미롭다. 흥미진진한 스토리에 사람들이 가깝게 느끼는 소재를 바탕으로 갓파의 캐릭터가 형성되고, 이후 다양한 스토리텔링이 덧붙여진 것이다.

> '다다미강只見川라는 곳에 사는 갓파는 오이를 유독 좋아한다. 그래서 오이를 먹고 바로 강에 나가 헤엄쳐서는 안 된다. 갓파는 오이를 먹고 헤엄치러 나온 어린아이들의 엉덩이 속을 빼 간다. 이 때문에 죽거나 정신을 잃는 아이들도 있었다. 먹고 강에 나와 헤엄치면 안 된다고 하는 것은 찬 속에 물놀이를 하면 배탈이 나는 것을 예방하기 위함일 것이다.
>
> (출전 常民)

물가에 사는 상상의 동물 갓파는 오이를 좋아한다. 물의 신에서 강등된 존재가 갓파라는 것을 증명하는 부분이기도 하다. 오이만 넣은 심심할 것 같은 김밥에 '갓파마키'라는 이름이 붙은 것만 보아도 갓파의 오이사랑을 알 수 있다. 갓파가 오이를 얼마나 좋아하는지에 대한 민화는 상당히 많이 전해져오고 있다. 하지만 여러 구전 동화와 설화가 교훈을 위해 이용된 것과 마찬가지로 갓파에 관한 민화도 찬 음식을 먹고 물에 바로 뛰어들면 안 된다는 것을 가르치기 위한 일종의 충격요법이었다. 비슷한 이야기로 '참외'를 먹고 물가에 나가 놀다 미지의 손에 의해 웅덩이로 빨려 들어간 아이가 죽었다는 설 등이 있다. 여기에서 '미지의 손'이란 물속에 숨어 아이를 노리고 있던 갓파를 가리킨다.

> 햇가지를 물의 신에게 바치지 않으면 밭에 있는 가지에 죄 손톱자국이 나고 만다. 또 에도에서는 강 근처에 있는 민가의 어린아이가 갓파에게 시리코다마가 뽑혀 얼이 빠지거나 익사하게 되는 일이 종종 있었다. 이런 해를 당하지 않도록 갓파가 좋아하는 오이의 맏물에 가족의 이름을 써서 강에 흘려보내는 풍습이 있었다. (출전 あしなか)

갓파가 오이를 좋아하는 만큼 갓파를 달래기 위해 일부 지역에서는 처음 수확한 오이를 물가에 가져가 떠내려 보내는 의식을 치르기도 했다. 강 근처에 마을이 있거나 계곡이 많은 지역에서 특히 이런 행사가 많았는데, 그만큼 물가에서 일어나는 사고가 많았기 때문으로 생각된다.

갓파에게 시집가지 않으려면 허리에 박을 차고 자라!

갓파가 좋아하는 것이 있는 만큼 싫어하는 것도 분명 존재한다. 박꽃과 물에 뜨는 박을 유독 싫어하는데, 젊은 여성을 취해서 물가로 도망가려는 갓파를 막기 위해서는 아녀자의 허리에 박을 엮어 매어 놓으라는 설이 있을 정도이다.

갓파는 오이를 무척 좋아하기 때문에 오이를 신불에 올려서 그 냄새가 없어질 때까지 절대 수영을 해서는 안 된다. 그러나 호박꽃은 유독 싫어하기 때문에 호박꽃과 박을 허리에 차고 수영을 하면 갓파에게 잡혀갈 일은 없다. 부처에게 올린 밥을 먹거나 가지고 가도 갓파에게 해를 당하는 일은 피할 수 있다.

(출전 民俗学)

위의 민화에서 또 하나 알 수 있는 사실은, '신불에 올렸던 것', '부처에 공양한 것'에 대한 갓파의 인식이다. 갓파는 불공을 드린 후 상에 올렸던 음식을 먹은 사람은 해하지 않는다. '음력 7월 보름 백중 때 불상에 올려두었던 경단을 먹고 물가로 놀러 간 아이는 목욕을 하고 헤엄을 치며 다 놀 때까지 갓파에게 해를 입는 경우가 없다'는 민화도 전해져 내려온다. 이 밖에도 불상을 만드는 강철과 같이 단단하며 차갑고 반짝이는 것을 기피하는 경향 등이 여러 민화를 통해 전해진다.

불심 깊은 갓파, 아무나 해치는 건 아니야.

도깨비가 말의 머리와 피를 무서워하고, 호랑이가 곶감을 싫어하는 것처럼 갓파도 무서워하는 것이 있다. 위에서 언급한 바와 같이 우선 갓파가 싫어하는 것으로는 불교와 연관된 것들이 있다. 절밥, 불공 드린 음식, 경단 등이 그것이다. 또한 철을 기피하는 갓파의 모습을 그린 민화는 여러 가지가 전해 내려오는데, 가장 대표적인 걸로는 씨름 이야기와 아래에 소개할 보은에 관한 이야기가 있다.

아이가 강에 수영을 하러 나갔다가 갓파를 만났다. 씨름을 하자며 갓파가 엉덩이에 손을 갖다 대자 질겁하고 그 길로 집에 돌아온다. 다음날, 아버지가 시키는 대로 차 끓이는 솥뚜껑을 엉덩이에 대고 씨름을 하러 나갔다. 갓파는 또다시 엉덩이에 손을 댔는데, 딱딱한 쇠붙이임을 눈치채고 강

으로 냅다 도망갔다. (출전 民俗学)

한 사람이 말을 씻기려 물가로 갔다가 갓파를 만났다. 말을 해칠까 봐 갓파를 죽이려 하자 목숨을 구걸하여 그대로 살려줬다. 어느 날 그 보답이라며 많은 양의 고기를 가져와 집 문고리에 걸어두었는데, 그 무게가 상당해 견디지 못하자 철로 된 손잡이로 바꾸어 놓았다. 이후 더 이상 고기를 가지고 오지 않게 되었다는 이야기. 갓파는 딱딱한 것, 반짝이는 것, 금속성 물질을 싫어한다. (출전 高志路)

갓파가 불교에 관련된 것을 기피하는 것으로 봐서 추측하건대 가장 어려워하거나 기피하는 것은 다름 아닌 '스님'일 것이다. 스님과의 일화에 관한 민화 역시 여러 개가 전해지는데, 대부분이 사람으로 변한 갓파의 정체를 다른 사람보다 '스님'이 먼저 간파해 퇴치당하거나 각서를 받고 마을을 떠나거나 목숨을 살려준 스님에게 후일 찾아가 보은을 한다는 내용이다.

갓파를 둘러싼 삼각관계 — 그리고 말과 원숭이

'스님' 외에 갓파에게 천적은 무엇일까? 바로 원숭이이다. 기원설 중 갓파족에 관한 이야기에서 다루었듯이 가토 기요마사가 갓파족을 공격할 때 원숭이를 모아 공격했다는 설에 기인한다. 특이한 점은 원숭이와 갓파 그리고 말의 삼각관계인데, 일본에서는 마구간에 원숭이를 함께 길러 말에 드는 병, 갓파가 찾아와 말을 해하는 것 등을 막았다고 한다. 지금도 원숭이가 말의 고삐를 잡고 있는 그림을 마구간에 거는 풍습이 남아 있다.

원숭이는 갓파를 한번 보면 절대 놓치는 일 없이 끝까지 쫓아가 응징한다고 되어 있으며, 원숭이와 눈이 마주친 갓파는 몸을 옴짝달싹 못하게 되는 지경까지 이른다고 전해져온다. 반면 말에 집착하는 갓파에 관한 이야기로는 물가에서 말이 오기를 기다렸다가 말의 다리를 끌어들여 물로 함께 들어가거나 말의 시리코다마를 빼어 먹는다는 것 등이 있다. 갓파가 말에 집착하는 이유는 문화인류학자 이시다 에이치로石田英一郎의 『갓파고마비키고河童駒引き考』에서 밝히듯, 민속학적인 관점에서 볼 때 말은 '신의 사자'로 인식되는 존재이며, 물의 신에서 강등된 상태인 갓파가 신의 위상에 맞는 것을 탐내는 행위로 보고 있다. 그 때문에 말과 원숭이 그리고 갓파의 삼각관계가 성립한다. 일설에는 원숭이와 갓파가 잠수 대결을 하면 잠수시간이 평균 12시간인 갓파에 비해 배 이상 잠수가 가능한 원숭이에게 이길 재간이 없어 갓파는 더욱 원숭이를 피하게 되었다고 한다.

은혜 갚는 갓파

갓파는 인간과 가까운 존재이다. 민화 속 갓파의 이야기를 보면 기괴하고 악행을 저지르는 모습보다 씨름을 하거나 동네 사람들과 부대끼고, 어린아이로 변해 장난을 하는 등 우리나라의 도깨비와 같은 친근한 인상을 많이 받을 수 있기 때문이다.

갓파의 보은은 크게 세 가지로 나누어 볼 수 있다. 첫째로 약속을 지키기 위해 더 이상 모습을 나타내지 않는 것, 두 번째로 붕어, 농어, 고기 등 먹을 것으로 보답하는 것, 세 번째로는 접골법, 효과가 좋은 고약에 대한 정보를 제공하는 것이다.

어느 날 한 남자가 산에 나무를 하러 가던 중 부상을 입은 갓파를 만나게 된다. 갖고 있던 비상약으로 치료를 해서 보낸다. 며칠 후, 그 남자의 아이가 다리 관절이 어긋나 몹시 괴로워하고 있자 그 갓파가 나타나 접골

하는 방법을 가르쳐주었다.   (출전 岡山民族)

갓파의 목숨을 살려주거나 상처 입은 갓파를 도와 무사히 산에서 내려가게 도와준 은인에게는 반드시 다시 찾아와 보은을 한다는 이야기가 있는 한편, 배가 고파 사람이 사는 마을에 내려와 집집이 주방의 음식을 훔쳐가던 예닐곱 먹은 아이의 모습을 한 갓파에게 음식을 주고 더 이상 나타나지 않겠다는 각서만 받고 돌려보냈다는 마을에 더 이상 갓파의 모습은 나타나지 않았다는 이야기에서 갓파의 인간적인 모습을 살펴볼 수 있다.

인간과 부대껴 살고 싶었던 갓파의 선택, 씨름

갓파의 인간적인 모습은 보은을 하는 이야기에서뿐 아니라, '몰래 마을에 내려와서 방금 목욕을 마친 집 욕조에 들어가 앉아 사람처럼 목욕을 즐기고 있는 갓파를 보았다.'는 짧은 민화에서도 찾아볼 수 있다. 또 일본의 국기이기도 한 '씨름'을 즐겨 하는 갓파의 이야기도 다수 존재한다.

갓파의 씨름하는 모습을 보면 자주 등장하는 것이 있는데, 바로 갓파의 힘의 원천이다. 정수리에 있는 작은 접시에 고인 물이 바로 그것이다. 삼손의 머리카락처럼 접시에 고인 물이 마르거나 쏟아지면 힘을 쓰지 못하거나 죽어버린다. 씨름을 하는 장면이 묘사된 민화 속에서도 접시의 물을 새로 담거나 쏟아지지 않기 위해 애를 쓰는 모습이 나타난다.

한 사람이 산에서 일을 마치고 내려오는 도중의 일이다. 물소리가 들려오자 "왜 퐁당퐁당 물소리가 들리는 거지?"라며 횃불을 비춰보았다. 그러

현대일본의 요괴문화론

자 대여섯 살쯤 되어 보이는, 몸에 빨간 털이 뒤덮인 아이 둘이 서로 몸을 부대끼며 강에 뛰어들기도 하고 다시 솟구치기도 하며 놀고 있었다. 처음 엔 그 광경을 보고 부부가 즐거운 한때를 보내고 있는 것 같았으나, 자세히 살펴보자 둘은 영락없는 남자아이였다. 이 때문에 둘이 스모를 하고 있다는 사실을 알 수 있었다. 스모 도중 물속으로 뛰어들어갔다 다시 나오는 것을 반복하는 이유는 스모 도중 정수리의 접시에 고여 있던 물이 쏟아져 없어지면 힘이 없어져 버리기 때문에 그 물을 다시 채우기 위한 것으로 보인다.

(출전 沖縄県)

갓파는 사람으로 변해서 씨름꾼과 맞대결을 하기도 하고, 물가에서 갓파의 정체가 탄로 난 상태에서 씨름을 하기도 한다.

어느 날 밤, 마을 제일가는 씨름꾼이 작은 체구의 한 사람과 대결을 하게 되었다. 상대가 생각보다 강해 씨름 대결 후 꼭 한 달 만에 씨름꾼은 죽게 된다. 사람들이 씨름꾼의 몸을 살펴보자 씨름꾼의 온몸에 세 개의 손톱자국이 보였다. 그제야 상대가 갓파인 것을 눈치챈다.

(출전 あまくさの民族と伝承)

상상의 동물에서 실존의 요괴로…

좋고 싫은 것이 분명하며 해악을 끼치는 무서운 존재이기도 하면서 사람들과는 멀어질 수 없는, 어쩌면 외로움을 많이 타는 예닐곱 살의 사랑받기 원하는 개구쟁이의 모습을 지닌 갓파. 실존하지 않는 엄연한 '상상의 동물'이지만 어떤 요괴보다도 가까이 느끼고, '보았다, 만났다' 고 말하는 사람들이 존재하는 요괴. 지역별로 전해져 내려오는 이야기도 여러 개, 이름도 여러 개인 다양한 매력의 소유자 갓파. 지역색이 강한 요괴였을 것으로 생각되는 갓파. 지역적으로 가진 특징에 따라 갓파도 되었다가 산 동자山童도 될 수 있는 갓파인 만큼 지금도 각 지역

'현대'라는 뭍으로 올라온 물가의 이야기꾼 갓파 361

마다 강조된 특징이나 고유 명칭이 있다. 하지만 근세에 들어 소설, 에세이 등을 통해 소재로 많이 사용되며 '갓파'라는 공통된 이름을 가지게 되었고 평준화되기에 이른다. 이류은 하나로 통일되었지만 숨은 이야기가 많고, 다양한 캐릭터를 지니며 스토리텔링이 다양하게 시도될 수 있다는 점에서 현대에 와서도 문화 콘텐츠로서의 활용도가 높다.

19 3 한국의 갓파
– 예의 바른 상상의 동물 '하동'

일본 전역에 걸쳐 물가라면 어디에든 존재하는 요괴 갓파는 우리나라에도 '하동河童'이라는 이름으로 몇몇 군데에 아직 존재한다. 일본의 갓파처럼 스토리가 명확하고 다양한 것은 아니지만 그 생김이 매우 흡사하고, 생김에서 오는 특징을 가지고 이야기되는 것들이 있다.

현존하는 갓파의 모습을 가장 상세히 볼 수 있는 곳은 경상북도 경산의 팔공산에 위치한 환성사이다. 환성사는 신라 흥덕왕 10년835년에 동화사를 세운 심지왕사가 창건했다고 하며, 산이 성처럼 절을 에워싸고 있어 마치 고리와 같은 성이라 하여 환성사環城寺라는 이름이 붙여졌다 한다. 환성사의 대웅전은 보물 제542호로 16세기 초에 건축된 것으로 추정된다. 자연석 주춧돌 위에 약간의 배흘림으로 기둥을 세우고 네 귀퉁이에 세운 기둥은 안쪽 기둥보다 높게 세운 '귀솟음'으로 되어 있다. 대웅전의 건축양식보다 시선을 사로잡는 것은 내부에 마련된 수미단이다. 다른 사찰에서는 비슷한 용례를 전혀 찾아볼 수 없을 만큼 희귀한 구성과 조각을 가졌다. 상·중·하대의 3단 구도에다 정면 12칸, 좌우 측면 각 4칸의 장방형 구조로 되어있다. 바로 이 수미단 중단 네

현대일본의 요괴문화론

번째 칸에 하동이 조각되어 있다. 불교 관련 서적 및 사전에서는 '자라 껍데기 같은 허물을 등에 진 야차가 구슬인지 보석인지 모를 무언가를 공양하려 머리에 이고 있다. 흉악한 야차라도 부처님 법을 따르며 공양하면 야차의 몸을 벗어나 깨달음의 길로 갈 수 있음을 보여주는 것이다.'라고 전한다. 그러나 이 조각과 반대편에 조각된 '하동'을 보고 가회민화박물관 관장 윤열수는 본인의 저서『신화 속 상상동물 열전』한국문화재보호재단을 통해 예의 바른 우리나라 상상 속의 동물이라 말한다. 저자의 말에 따르면 우리나라 '하동'은 예의가 바르고 인사성이 밝아 공손히 절을 하면 따라서 맞절을 한다. 인사를 하기 위해 고개를 숙이면 접시에 고인 물이 쏟아져 공격을 하거나 힘을 쓸래도 쓸 수 없는 상태가 된다.

▲ 경북 경산 환성사 대웅전과 수미단 양쪽 측면 맨 앞에 위치한 하동 조각

　환성사 수미단의 모습도, 하동의 예의 바른 구석을 설명하는 대목에서도 알 수 있듯이 일본의 요괴 '갓파'와 참 닮은 구석이 많다. 또 필자는 야차의 머리 위 오색 구슬이라 표현되었던 조각의 모습이 불단에 올렸던 경단을 머리에 이고 있는 것은 아닌가 추측해본다. 앞서 민화에서도 여러 번 소개된 것과 같이 갓파는 불단에 모셔진 음식이나 경

단에 경의를 표하고, 그 향을 피우는 사람은 함부로 대하지 않는 습성
이 있다고 전해지기 때문이다.

19 4 현대 문화콘텐츠로
재생산되는 갓파 이야기

갓파세계를 통해 인간세계를 비판하다

한국의 하동河童은 서정적이고 동화적인 이미지가 강한 것이 특징이
다. 단어에서 풍기는 분위기는 어쩔 수 없는 것인지 '물가'를 벗어나지
는 못했다. 일본의 요괴 중의 요괴 '갓파'로 돌아가 보자.

갓파가 사람들과 잘 어울리거나 부대끼며 지내는 요괴라는 것은 역
시 '물가'에 산다는 것만 봐도 잘 알 수 있다. 하지만 처음부터 '갓파'를
통해 인간을 바라보며 고뇌하거나 그들을 통해 인간관계를 투영해 표
현하는 법은 없었다. 갓파만의 세계를 만들고, 그들의 세계와 인간의
세계를 바라보며 인간에 대해 고뇌를 한 작가가 있다.

갓파에 관해 지면에서 다루기 시작한 것은 근세에 들어서이다. 이
시기에는 단편 소설, 에세이, 민담집 등 다양한 형태를 통해 구전으로
만 전해지던 미지의 요괴에 대해 자세히 묘사하고 형상화하기 시작했
다. 기술의 발달로 세밀히 묘사된 그림과 함께 설명이 추가되면서 강
조된 특징과 일반화된 갓파의 모습들이 생기게 되었다. 갓파의 이름
또한 지역별로 지역색과 특징을 가지고 있었다가 근세에 들면서 '갓
파'로 통용되게 된다.

갓파를 소재로 한 일본의 문학작품 중 대표로 꼽을 수 있는 것은 아
쿠타가와 류노스케芥川竜之介의 소설 『갓파河童』1927이다. 현실에 염증을

느끼는 주인공이 우연히 등산 중 발견한 갓파를 따라나섰다가 갓파의 세계에 들게 되고, '이계異界'에 대한 주인공의 인식과 갓파세계의 묘사를 하고 있다. 생과 사, 예술과 성에 대한 모든 부분까지도 인간세계와는 다르다. 마치 광기에 사로잡힌 것 같지만 그들만의 질서가 있는 갓파세계에 대한

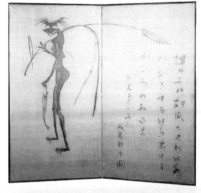

▲ 아쿠타가와 류노스케芥川龍之介의 소설 『갓파河童』의 삽화로 작가가 직접 그림

묘사가 인상적이다. 마지막 부분에 들어서는 인간세계로 돌아온 주인공이 갓파를 그리워하며 현실에서 발광發狂하는 모습이 그려져 있다. 아쿠타가와 류노스케는 '갓파'의 세계를 통해 인간세계를 직간접적으로 꼬집고 있다.

갓파 섹슈얼리티의 시작, 시미즈 곤의 '갓파 천국'

갓파를 통해 근현대의 가족을 표현한다. 그 안에는 세대와 성별이 있고 스토리와 자극이 있다. 섹슈얼리티가 강조된 갓파의 모습이 탄생한 것도 바로 이때부터라고 할 수 있다. 갓파가 오래전부터 가지고 있는 특징들이 재해석된 갓파의 모습을 뒷받침해주지만 구체적으로 형상화되고, 사람들이 더욱 친근하게 갓파를 '캐릭터'로 여기기 시작한 계기가 '갓파 천국'이다.

일본주 제조사를 대표하는 '기자쿠라黃桜'에서 만화가 시미즈 곤清水崑이 그린 갓파를 마스코트로 한 CM이 장기간 방송되었다. 1974년부터는 시미즈의 바통을 고지마 고小島功가 이어받아 디자인하게 된다. 70년대부터 80년대 주로 방송된 갓파의 이미지는 어린아이와 섹슈얼리티

가 강조된 부모를 그려 가족상을 만들어 냈으며, 이후 최근에 이르기까지 여성성이 강조된 섹시한 여자 갓파를 메인 캐릭터로 사용하기도 했다.

이미지와 함께 '갓파의 노래'를 메인 테마송으로 수십 년에 걸쳐 기자쿠라의 청주를 선전해왔으며, 때문에 기자쿠라 브랜드와 술을 생각하면 갓파를 떠올리는 일본인이 많을 정도로 이미지가 강하게 남아 있다.

▲ 기자쿠라黃桜 CM에 등장하는 캐릭터
자료 http://www.kyoto-np.co.jp/info /chara/070122_image2_large.jpg

◀ 갓파 가족 소개
할아버지를 중심으로 장녀와 막내아들을 둔 네 가족으로 구성. 여성은 성인과 아이 모두 흰 피부와 긴 머리가 특징이며, 올린 머리에 가슴을 드러낸 엄마갓파의 이미지는 이후 섹슈얼리티 갓파의 표상이 되기도 함. 남성은 그을린 피부가 특징. 개체 하나하나의 다른 등껍질 무늬를 보는 것이 또 하나의 보는 재미.
자료 http://www.kizakura.co.jp/ja/gallery /shokai/images/top_r2_c1.gif

갓파가 갓파쿠가 되기까지…

귀여운 이미지를 중심으로 다양한 캐릭터산업의 소스가 되고 있는 갓파. 갓파를 둘러싼 스토리는 정연하게 정리되고, 시대마다 강조되어야 할 캐릭터와 이야기가 함축되고 정형화 되는 것을 볼 수 있다. 현대의 갓파는 귀엽고 사랑스러운 캐릭터가 대세인 듯하다. 순수한 어린이와 같은 눈망울을 하고, 어디든 따라다니며 말투와 행동을 하나부터 열까지 알려줘야 할 것 같은 존재. 먼 미지의 세계에서 발전한 현대에

현대일본의 요괴문화론

뚝 떨어진 '자연적 존재'로서의 코드가 강하다. 가장 최근 이런 갓파를 소재로 한 문화콘텐츠로는 2008년 애니메이션 영화 「갓파쿠와 여름」이다. 위에서 설명한 민화와 기원에 관한 스토리를 바탕으로 하고 있다. 오랜 잠에서 깨어난 갓파'쿠'와 만난 주인공이 갓파를 갓파의 세상으로 돌려보내기 위한 여정에 오른다는 이야기를 중심으로 인간과 자연, 현대사회에의 비판과 반성, 가족의 소중함을 이야기하고 있다. 갓파와 주인공이 함께하는 여름의 여정 안에는 갓파의 특성과 재미있는 갓파만의 에피소드가 담겨 있다. 대세인 캐릭터를 바탕으로 다양한 캐릭터 상품이 만들어지는 것 또한 당연한 추세. 휴대폰 스트랩, 열쇠고리, 인형과 장식품, 흉흉한 모습은 숨긴 피규어가 많이 만들어지고 있으며 친근한 이미지를 바탕으로 브랜드 이미지로서 활약하고 있다.

이제 어디로 갈 거니, 갓파?

갓파는 하나의 문화다. 시대의 흐름에 따라 변하고, 지속되고, 또 되돌아온다. 갓파가 단순히 요괴의 한 종류라고 이야기하기에 갓파가 일본에서 가지고 있는 의미는 아주 크다.

갓파에 대한 연구가 얼마나 되었는지 1860년대부터의 자료만 모아 수와 종류를 분석한 서적이 출간된 정도이니, 갓파와 일본인 사이의 끈끈한 거리는 좀처럼 멀어지지 않을 것이란 건 쉽게 알 수 있다. 갓파에 관한 연구는 그만큼 많이 이루어져 있으며 현재진행중이다.

갓파는 앞으로도 지금까지처럼 시대의 물길을 따라 흐르다가 뭍으로 나와 사람들과 씨름을 하다가, 또 어떤 모습으로 변해 괴짜 짓을 하다가 다시 물로 들어가 아이의 엉덩이를 노리는 요괴의 모습을 하고 있을 것이다. 이런 다양한 모습으로 늘 함께하는 갓파를 일본인은 받아들이고, 상상하며 즐기고, 이야기하고 또 후대에 전한다. 다른 요괴에 비해 스토리성이 뚜렷하고 이야기를 통해 다양하게 재해석되어 전개될 수 있는 매력을 갖고 있다. 그래서 갓파는 그저 물가에 사는 상상의 요괴에서 그치는 것이 아니라 실존하는 요괴, 즐기는 문화가 될 수 있었던 것이다. ✿

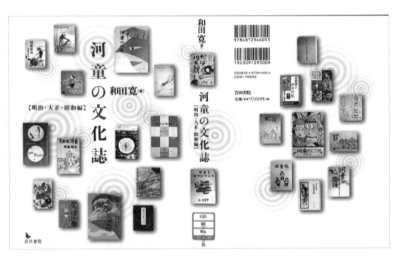

▲ 와다 간和田寬 『갓파 문화지河童の文化誌』2010 표지와 내용 일부
　　자료 와다 간和田寬 『갓파 문화지河童の文化誌』2010, 이와타쇼인岩田書院

　　　　　　　　　　　　　　　　현대일본의 요괴문화론

요괴 누라리횬의
가족관계

양예린梁藝隣*

20 1 TV애니메이션 〈누라리횬의 손자〉와
요괴 누라리횬

일본에서는 예전부터 여러 종류의 요괴 이야기가 남아있다. 사람들의 상상이 요괴라는 존재를 만들었고, 그리고 그 요괴를 소재로 한 애니메이션은 원한다면 손쉽게 찾아볼 수 있을 만큼 많다. 여기서 다루는 TV애니메이션 〈누라리횬의 손자〉는 도리야마 세키엔鳥山石燕『화도백귀야행画図百鬼夜行』과 다케하라 슌센竹原春泉『그림책 백 가지 이야기絵本百物語』의 요괴를 가장 충실히 재창조해낸 작품이다. 〈누라리횬의 손자〉의 요괴는 대부분 이 책들에서 채용되어 왔다고 한다. 이 두 책을 소개하자면, 상상해서 만들어놓은 요괴를 그려내고 그 설명을 적어놓은 화집이다.

---

* 중앙대학교 석사과정. 일본애니메이션에 나타나는 음양사 연구.

▲ 다케하라 슌센竹原春泉 『그림책 백 가지 이야기絵本百物語』의 늙은 쥐 요괴 '규소'
　자료 다케하라 슌센竹原春泉 『그림책 백 가지 이야기絵本百物語』2006, 가도카와서점株式会社角川書店

▲ 도리야마 세키엔鳥山石燕 『화도백귀야행전화집画図百鬼夜行全画集』의 누라리횬
　자료 도리야마 세키엔鳥山石燕 『화도백귀야행전집画図百鬼夜行全集』2005, 가도카와서점株式会社角川書店

현대일본의 요괴문화론

20

2 왜 누라리횬이었던가

누라리횬의 손자에서는 이 책에 나온 요괴와 생김새나 특징이 비슷한 요괴들이 많이 나온다. 그런데 여기서 한 가지 의문점이 나온다. 요괴라고 하면 무슨 요괴가 제일 먼저 떠오르는가? '누라리횬!'이라고 가장 먼저 떠오르는 사람은 적지 않을까 싶다. 필자도 맨 처음에 요괴라고 했을 때 가장 먼저 떠오르는 요괴는 누라리횬이 아니었다.

일본의 요괴에서는 누라리횬말고도 많은 종류의 요괴가 있다. 또한 강하다고 여겨지는 3대 요괴 구미호白面金毛九尾, 슈텐도지酒天童子, 스토쿠인崇德院¹도 있는데, 왜 누라리횬이라는 요괴를 강조하며 그 요괴를 중심으로 한 스토리를 진행시킨 것일까? 필자는 그 물음에 대한 답을 찾아보기로 했다. 먼저, 일본에서는 누라리횬이라는 요괴를 어떻게 생각하는 것일까? 도리야마 세키엔의『화도백귀야행』을 잠시 살펴보자.

도리야마 세키엔의『화도백귀야행』에 '누라리횬'이라는 이름으로 소개되어 있는 요괴의 일종이다. 보기에는 머리가 벗겨진 인간 노인과 그다지 다르지 않다. 비싼 기모노를 입고 있어서 상인 가문의 주인처럼 보인다. 나쁜 짓은 하지 않는다. 다만 저녁 무렵이 되면 어디선가 불쑥 나타나서 남의 집에 제멋대로 들어앉아 한가롭게 차를 마시고 있다고 한다. 차를 다 마시고 나면 올 때와 마찬가지로 홀연히 어딘가로 가버린다고 한다. 최근에는 특징적인 머리 부분이 강조되는 것이 많다고 한다.

남의 집에서 차를 마신다는 이미지는 작가 사토 아리후미佐藤有文의 저서인『가장 상세한 일본요괴도감いちばんくわしい日本妖怪図鑑』에 기록된

---

1 일본의 61대 천황으로, 호겐의 난의 원통한 패배, 자신의 왕위와 그 아들까지 위협한 계모에 대한 원념, 다이라노 기요모리의 세도에 대한 원한으로 요괴가 되었다고 한다.

'연말에 다망한 집에 제멋대로 들어와 자리 잡는다'라는 구절에서 유래된 것이다. 또, 일본에서는 백귀야행의 일선에서 요괴들을 이끈다고 요괴의 총대장이라고도 전해지고 있다. 이것은 민속학자 후지사와 모리히코 藤沢衛彦가 저서 『요괴화담전집 일본편 上妖怪画談全集日本篇上』에서 '괴물의 우두머리'라고 해설한 이후에 일반화된 설정이다. 누라리횬의 이런 이미지는 계속 정착되어 내려오고 있다.

▲ 사와키 스시佐脇嵩之 『백귀도권百怪図巻』에서 후두부가 길게 표현된 누라리횬
자료 http://www.youkaiwiki.com/entry/2013/07/07/233150

〈누라리횬의 손자〉에서 나오는 누라리횬도 젊을 때나 늙을 때나 후두부나 머리카락이 긴 모습으로 설정되어 있다.

마찬가지로 누라리횬의 피를 이은 '누라리한', '누라 리쿠오'도 머리카락이 긴 모습으로 표현되어 있다.

누라리횬의 손자 엿보기

TV애니메이션 〈누라리횬의 손자〉는 시바이시 히로시가 〈주간 소년점프〉에 연재한 만화 '누라리횬의 손자'를 니시무라 준지 감독이 애니메이션화하였다. 2010년도에 나온 총 26부작의 누라리횬의 손자가 1기이고, 2011년도에 후쿠다 미치오 감독이 제작한 누라리횬의 손자~천년마경~(총 26부작)이 있다. 본고에서는 제1기 누라리횬의 손자까지를 범위로 하겠다.

주인공인 '누라 리쿠오'는 누라구미라는 72개 파 요괴 1만 마리로 구성된 요괴 조직의 총대장 누라리횬의 손자이다. 인간과 요괴의 혼혈로서 요괴의 피가 1/4이 섞인 존재로 평범하게 중학교에 다니고 있으나, 학교를 마치고 집에 오면 요괴들이 그를 반겨준다. 할아버지인 누라리횬은 그에게 누라조직 3대 총대장이 되라고 하지만, 그는 요괴의 존재를 숨기고 인간으로 살아가고 싶어 한다. 어느 날, 누라 리쿠오의 인간 친구들에게 악한 요괴가 나타나서 누라 리쿠오의 친구를 헤치려 하자 요괴 누라 리쿠오가 되어 친구들을 지켜준다. 누라 리쿠오는 4년 만에 요괴로 각성한 것이었다. 인간인 누라 리쿠오는 힘이 없었기 때문에 최측근인 설녀와 아오타보라는 요괴가 같이 학교에 다니면서 지켜주고 있었다.

어느 날, 리쿠오가 다니는 학교에 음양사 '케카인 유라'라는 소녀가 전학을 오게 된다. 리쿠오는 유라가 음양사라는 것을 알게 되지만 위험에 빠진 그녀를 요괴의 모습을 한 채 도와준다. 누라리횬의 부하로 누라조직에 몸담고 있는 '규키'라는 요괴는 인간 누라 리쿠오의 나약함에서 친구들을 지킬 수 있는지, 총대장이 될 각오가 있는지 친구들을 위협하며 누라 리쿠오를 시험한다. 규키의 시험과 새로운 적' 시고쿠 요괴'의 등장으로 누라 리쿠오는 각오를 다지고 자신만의 백귀야행을 만든다. 그리고 도쿄로 쳐들어온 시고쿠 요괴 총대장 타마즈키와 그의 수하들을 물리치면서 이야기는 끝나게 된다. 후속작 누라리횬의 손자 2기 천년마경은 교토를 배경으로 이야기가 진행된다.

인간과 요괴의 혼혈, 회색의 존재

인간과 요괴의 혼혈이자 요괴의 피가 1/4인 누라 리쿠오는 할아버지인 누라리횬의 피가 4분의 1밖에 섞이지 않아 밤에만 요괴로의 각성이 가능한 특징을 지니고 있다.

1대 총대장인 누라리횬을 할아버지로 둔 덕분에 어릴 때부터 요괴들에게 둘러싸여 자랐다. 총대장의 자리를 사양하고 싶은 리쿠오지만, 그의 몸속에 흐르는 요괴의 피가 밤마다 그를 요괴로 변신하게 만든다. 그리고 아침이 되면 인간으로 돌아온다. 인간의 모습을 한 리쿠오는 평범하게 중학교에서 친구들과 어울리지만, 친구들은 리쿠오의 정체를 모른다.

현실에서 요괴가 매우 불길하고 나쁜 것으로 취급받는 것을 보고 자신의 정체나 자신의 집에 살고 있는 요괴들에 관한 것을 숨기려 한다. 그러나 요괴들이 인간을 괴롭히는 것을 보고 요괴로 '각성'하여 구해주게 된다.

여기서는 인간과 요괴집단, 즉 선한 요괴와 악한 요괴, 중립적인 요괴 그리고 음양사 집안과의 대립 혹은 협력, 도움을 주는 관계로 나타나게 되는데, 누라 리쿠오의 친구들, 즉 인간들은 요괴를 '선'보다는 '악' 쪽으로 바라보고 있다. 아니, '악'보다 '두려워하다'라고 보는 것이 맞을 것이다. 자신과 다른 존재를 봤을 때 오는 이질감, 그리고 본능적으로 자기보다 센 존재에게 느끼는 공포감을 통해 요괴를 바라보고 있다. 누라리횬의 손자에서의 음양사陰陽師는 요괴와 싸우는 특수한 힘을 지닌 인간을 총칭하는 말로, 어둠을 상징하는 검은색인 음陰과 빛을 상징하는 흰색인 양陽의 조화를 추구하며, 인간을 위협하는 검은 어둠인 요괴를 물리쳐 인간을 보호하고 인간과 요괴의 조화를 이루기 위해 싸운다. 자신들을 백, 요괴를 흑으로 치부하며 반요들을 회색灰으로 치부하기도 한다. 요괴는 절대악으로 어릴 적부터 간주하는 교육을 받았기 때문에 요괴를 보면 무조건 멸하려는 특성을 지녔다. 여기서 회색의 존재라는 것은 리쿠오를 칭한다. 인간은 白, 요괴는 黑으로 보고 있는 음양사에게는 백과 흑도 아닌 누라 리쿠오야말로 회색이라고 생각된다.

여기서 『일본의 요괴학 연구』라는 고마쓰 가즈히코의 저서를 잠시 살펴보겠다.

"의례적인 수준으로 말하면 신사神社 불각에 참배해서 그 영험을 기대하는 것도 하나의 방법이지만, 대부분의 요괴퇴치 의식을 종교인에게 의뢰하게 된다. 신화적인 차원에서는 슈텐도지 퇴치와 같은 이야기가 여기에 해당된다. 이러한 요괴 퇴치에 특별한 능력을 발휘한 종교인은 밀교계의 승려와 음양도 계통의 종교인인 음양사였다."

작가 미상의 중세소설인 『다마모노마에 이야기』가 있다. 미녀로 둔갑하여 상황의 목숨을 노린 여우의 전설을 소재로 하였다. 미녀 다마모노마에는 매사에 정통하여 총애를 받았으나, 상황은 깊은 병이 들었다. 음양사 아베노 야스나리에게 점을 친 결과, 다마모노마나에가 나이 800세에 꼬리가 둘 달린 여우이기 때문이라 하였다. 야스나리가 기도하자 다마모노마에는 사라졌고 상황의 병이 나았다는 이야기이다. 음양사가 요괴를 퇴치하는 의례와 요괴 퇴치 이야기는 서로 깊은 관계가 있음을 잘 그려내고 있다. 즉, 요괴에게 공격당하여 고통 받을 때는 주술 영험이 뛰어난 종교인에게 도움을 청하는 것이 최선의 방법이었다는 것이다.

이렇듯 요괴의 퇴치에 관여하는 음양사, 그리고 인간의 사이에서 누라 리쿠오는 음양사에게 퇴치되는 요괴이기도 하며, 요괴퇴치로 인해 음양사의 도움을 받는 인간이기도 하다. 뿐만 아니라 그에게는 소중한 인간친구들도 있다. 그렇기 때문에 인간과 요괴 둘 다의 속성을 지니고 있는 누라 리쿠오는 인간과 요괴의 사이에서 고뇌하는 모습을 보인다. '어느 것이 진정한 자신일까?'라고. '누라 리쿠오'라는 존재는 음양사와 인간에게 자신이 요괴임을 숨긴다. 하지만 그들이 위험에 처하자 요괴인 모습으로 그들을 도와준다. 자신을 악惡으로 치부하는 음양사,

요괴인 자신을 두려워하는 인간이었지만, 계속되는 도움에 인간은 자신을 두려워하지 않게 되고, 음양사는 자신을 믿고 같이 악한 요괴와 싸우는 동지, 협력관계로 거듭난다. 그리고 요괴와 인간 그 두 모습이 전부 자신임을 받아들인다.

하지만 마지막까지 회색의 존재였던 누라 리쿠오는 끝까지 인간에게 자신이 두 가지 모습을 지니고 있다는 것을 숨긴다. 자신의 입으로 자신이 혼혈이며 이질적인 존재임을 말하지 않은 '누라 리쿠오'. 필자는 이 점에 주목했다. 인간의 세계와 닮은 면이 애니메이션의 세계에서 펼쳐졌기 때문이다. 사람들이 자신과 다른 이질적인 것을 쉽사리 받아들이지 않는 면과 '다름'을 단지 '다름'으로 받아들이지 않고 그 사실이 드러났을 때 배척받을지 모른다는 두려움. '누라 리쿠오'는 그런 인간의 모습이 투영된 것이 아닐까 하고.

20 3 집단문화와 술잔 나누기

〈누라리혼의 손자〉의 세계에서는 누라조직이 선으로 나온다. 그리고 그 중심에는 '누라 리쿠오'가 있다. 3대 총대장이 되기 위해서 누라 리쿠오는 먼저 힘을 기르려고 한다. 이 요괴의 세계에서 힘이란 무엇인가 하면, ① 자신을 따르는 부하, ② 자신의 힘이라고 보고 있다. 여기서 힘이라는 것은 '경외' 즉 '오소레'로 표현된다. '경외'란 요괴들의 세계에서는 법도와 같은 것으로, 요괴의 존재 자체를 의미하는 언어이며 각 요괴의 특징이나 능력을 나타내는 말이기도 하다. 무서운 도깨비가 방망이를 든 것을 형상화한 두려울 외畏. 이 글자는 미지의 존재에 대한 감정, 즉 '요괴' 그 자체를 가리킨다. 특히 요괴들을 통솔

현대일본의 요괴문화론

하는 역할을 맡은 조직의 총대장에게는 더욱 중요한 것이다. 보통 외, 또는 경외라고 불리기도 하며, 요괴들 간의 싸움은 이 '외'를 빼앗는 것이다.

요괴 총대장이 되기 위해서는 자신만의 '백귀야행'을 가져야 한다. 여기서 자신만을 따르는 요괴들을 포섭해야 한다는 것을 알 수 있는데, 누라리횬의 손자의 세계에서는 누라조직말고도 여러 가지 조직들이 있고 요괴들이 존재한다. 그곳에서는 누라조직에 우호적인 조직, 적대적인 조직 혹은 중립적인 조직들이 있다. 누라조직 내에서도 '누라리쿠오'라는 존재에게 적대적, 우호적 또는 중립적인 요괴들이 있다. 같은 집단임에도 불구하고 1대 총대장인 누라리횬에게는 힘으로 굴복했지만, 경외(힘)가 부족하다고 생각되는 '누라 리쿠오'를 3대 총대장으로 인정하지 않고 따르지 않는 요괴도 존재하는 것이다. 같은 핏줄을 잇고 있음에도 불구하고 힘이나 자격[2]이 되지 않으면 총대장으로 인정할 수 없다고 생각하는 요괴들을 '누라 리쿠오'는 포섭해나간다. 대표적인 예가 '규키'라는 요괴이다. 이 요괴는 1대 총대장 누라리횬의 충직한 수하이지만, '누라 리쿠오'가 요괴보다는 인간으로 평범하게 살아가고 싶어 하자 리쿠오가 3대 총대장에 걸맞지 않다며 리쿠오를 시험하려 한다. 누라 리쿠오가 요괴의 모습으로 규키의 경외를 이겨내자 규키는 자신을 죽이라고 하지만, 리쿠오는 시험이라는 것을 알아보고 규키를 죽이지 않는다. 그리고 규키는 누라 리쿠오를 인정하고 섬기게 된다. 이것은 조직 내의 질서를 나타내고 있다. 우두머리가 있어 따르지만, 다음 우두머리로 내정되어 있는 사람이 우두머리로서의 힘이 없다면 인정하지 않는다. 그 사람이 조직 내에서 인정을 받으면, 그때부

---

2 여기서의 '자격'이란 누라 리쿠오의 각오를 말한다. 누라 리쿠오는 총대장이 되고 싶어 하지 않고 총대장이 지니는 책임과 의무에서 회피하려 했었다.

터 그 사람을 따르는 것이다.

누라리횬의 손자에서는 누라 조직과 우호적인 조직들 중 하나인 바케네코 조직이 있다. 바케네코 조직은, 고양이를 닮은 요괴 조직으로 누라조직의 비호 아래 장사를 하는 조직이다. 누라 리쿠오는 바케네코 조직이 악한 요괴에게 당해서 장사를 못하게 되었을 때 악한 요괴들을 퇴치해줘서 바케네코 조직의 두목, 료타네코의 마음을 얻고, 누라조직과 바케네코 조직과의 끈을 더욱 끈끈히 만든다. 자신만의 백귀야행을 위해 누라 리쿠오는 본 애니메이션에서 힘으로 누르는 굴복이 아니라 진정으로 마음에서 우러나오는 자발적인 충성을 지니는 부하를 원한다. 그러기 위해서 누라 리쿠오는 수하로 만들고 싶은 요괴와 '술잔 나누기杯をする'를 한다.

일본에서는 "잔을 받는다杯を貰う, 잔을 돌려준다杯を返す"라는 표현이 있는데, 잔을 받는다杯を貰う는 부하가 되는 것을 말하고, 잔을 돌려준다杯を返す는 문자 그대로 '술잔을 되돌리다'라는 뜻과 '부하가 두목과의 인연을 끊다'라는 뜻을 포함하고 있다. 일본 야쿠자들 세계에서는 조직에 들어가는 걸 '잔을 받는다'라고 하기도 한다. 술잔을 받을 때, 5대5는 의형제, 3대7은 두목부하의 관계를 뜻하는 것으로, 일종의 언약인 것이다.

규키는 할아버지인 누라리횬과 누라 리쿠오의 아버지 누라 리한과 술잔을 교환하였다. 여기에서의 술잔은 언약과 맹세의 의미가 담겨 있다. 누라 리쿠오와 술잔을 교환함으로써 규키라는 요괴는 진정한 수하로 거듭나며, 주종관계를 견고히 다지게 되는 것이다.

누라 리쿠오 이전 윗대들의 백귀야행이었던 요괴들은 윗대들의 후계인 누라 리쿠오가 총대장이 되려고 해도 쉽사리 누라 리쿠오의 백귀야행이 되어주지 않는다.

현대일본의 요괴문화론

누라 리쿠오에게 친척인 젠은 자신과 술잔을 교환하자고 한다. 그는 누라 리쿠오의 친척이지만, 친척이라도 총대장으로 섬기기 위해서는 술잔을 나누어야 한다는 생각을 가지고 있다. 그것은 본 애니메이션에서 혈연 혹은 술잔 교환 전부터 가까운 사이임에도 불구하고 주종관계나 맹약을 맺을 경우는 특별한 의식이 필요하고, 그 의식의 하나로 술잔교환을 하였다고 보인다.

젠과의 술잔 나누기를 시작으로 누라 리쿠오는 최측근들과 술잔을 교환하며 진정으로 자신만의 백귀야행을 갖게 된다.

부하와 함께 백귀야행을 만든 리쿠오는 자신에게 요괴와 인간 두 모습이 있다는 것을 받아들이고, 요괴와 인간 모두를 지키기로 결심한다. 그리고 새로운 적 시고쿠 요괴의 등장으로 누라조직은 더욱더 뭉치게 된다.

시고쿠 요괴 중 '이누가미'라는 개 요괴가 있다. 이 요괴는 사람에게 꺼림칙한 존재로 멸시당하며 살아왔다. 그는 자신이 요괴인 것을 얼마나 괴로워했는지 모른다고 했다. 누라 리쿠오에게 인간은 요괴를 꺼리고 피하는데 왜 인간을 구하려느냐고 한다. 그리고 나보다 못한 주제에 내게 없는 모든 것을 가지고 있다고 리쿠오를 질시한다. 그가 시고쿠 요괴의 총대장인 타마즈키 밑으로 들어간 이유는 '타마즈키만이 이 세상에서 날 인정해 주었다'라고 하였다. 누라 리쿠오가 밝음을 나타낸다면, 이 요괴는 어둠을 나타내고 있다. 하나의 양면성을 보이는 것이다. 사람의 마음도 이와 같다. 밝음이 있으면 어둠이 있을 것이다. 본 애니메이션에서는 어둠을 이겨내는 밝음을 누라 리쿠오를 통해 그려낸다. 하지만 애니메이션임에도 불구하고 누라리횬의 손자가 끝날 때까지 누라 리쿠오가 자신이 요괴임을 인간 친구들에게 밝히지 않는다는 것은 배척받을 것과 그들의 반응을 두려워하는 모습, 즉 현실세계를 투영하지 않았나 하는 생각이 든다. 하지만 주인공인 누라 리쿠오는 이제 힘을 가진 어엿한 요괴의 총대장이 되었다. 그리고 자신을 인성하지 않던 요괴들을 자신의 수하로 끌어들이고 진정한 자신만의 백귀야행을 가졌다. 그리고 그는 인간과 요괴의 공존을 꾀한다.

앞서 언급한 경외 즉 오소레는 두려움을 뜻하기 때문에, 누라조직의 적으로 나온 시고쿠 요괴 대장 타마즈키는 힘으로 남을 누르고 두려운 존재가 되려고 한다. 그렇기 때문에 누라 리쿠오를 비웃는다. 요괴인 주제에 인간을 지키려고 든다고.

그러나 진정한 경외는 두려움이 아니라 동경, 심지어 인간에게조차 동경의 대상이 되는 요괴, 그리고 위에 선 자로서의 무게를 감당하는 것, 그게 진정한 요괴의 주인이라고 누라 리쿠오는 생각했던 것이 아닐까.

20 4 이질적인 존재 그리고 가족

누라 리쿠오의 아버지는 누라 리쿠오가 어렸을 적에 죽었기 때문에 주인공은 요괴인 할아버지와 인간인 엄마랑 같이 살고 있다. 여기서 리쿠오의 피가 1/2, 즉 반요가 아니라 1/4라는 점도 흥미롭다. 할아버지인 요괴는 인간인 할머니와 결혼을 했고, 아버지인 반요도 인간인 어머니와 결혼을 해서 1/4인 피가 된 것이다. 다른 만화나 애니메이션에서는 반요를 다루는 작품이 많지만, 누라리횬의 손자는 주인공을 요괴의 피가 1/4인 존재로 설정해, 인간과 가까운 성향을 보여도 이해가 되게 만들었다. 하지만 인간에 가깝다고 해도 누라 리쿠오는 이질적인 존재임이 틀림없다. 하지만 그 이질적인 존재가 자신의 핏줄과 관계없는 요괴들의 우두머리가 되어 그들에게 누라조직이라는 집단 혹은 넓은 의미로의 가족을 형성하게 되었다.

그들은 누라조직이라는 울타리 안에서 같이 생활하고 외부의 적과 싸우며 우두머리와 누라조직을 지킨다. 그것은 더 나아가서 이질적인 존재들과 남성을 중심으로 한 가부장적인 대가족의 모습을 연상시킬 수 있었다. 그리고 누라리횬의 손자 애니메이션에서는 어머니인 '누라 와카메'는 눈에 띄지 않는 캐릭터 그 자체였다. 인간이기 때문에 부각 시키지 않고 좀 더 이질적인 것, 이를테면 요괴 아버지에게 초점을 두었던 것이다.

1/4, 요괴 아버지의 죽음, 인간인 어머니와 할머니, 요괴들과 같이 사는 생활, 인간에게 배척받는 요괴, 주인공인 누라 리쿠오는 이질적인 존재이지만 인간과 가까운 존재. 여기에서 또 한 가지 우리의 사회를 보게 된다. 그것은 사회에서 배척받는 존재가 자신들을 배척하는 존재와 같아지고 싶어 하는 마음이 드러난 것이다. 그렇게 되면 자신을 배척하지 않고 받아주지 않을까 하고 생각하게 되는 마음이 주인공에게 투영되어 있었던 것이다. 하지만 결국에는 주인공인 누라 리쿠오는 그러한 마음을 가진 자기 자신을 다듬고 더욱 성장하며 요괴의 우두머리, 가족의 장인 하나의 존재로 우뚝 서게 되었다. 이러한 주인공의 성장 과정과 이질적 존재들의 모임 그 자체로 단체, 넓은 의미로의 가족을 이루는 모습을 보며 우리 사회의 모습이 보였다. 우리 사회에는 피가 섞인 가족만이 가족이 아닌, 다양한 가족들이 모여 있고, 누라리횬의 손자에서의 주인공과 같은 마음을 지닌 사람들도 존재한다. 필자가 보았던 누라리횬의 손자의 주인공은 애니메이션의 캐릭터에 지나지 않았지만, 그가 우리에게 전해주는 메시지가 보인다. 그것은 '성장'이 아닐까. 완벽하지 않으면 어떠한가, 조금 금이 가 있으면 어떠한가. 조금 다르면 어떠한가. 자신은 자신일 뿐이다. ✿

M교수의 일본요괴론
―슈텐도지 강의 노트

박기태朴起兌*

21 1 9:00 - 강의 소개

문이 열리고 M교수가 들어왔다. 서울 모처의 C대 일본학과 소속인 M교수는 작고 이목구비가 뚜렷한 얼굴에 적당히 머리를 길러 묶은 30대 후반의 여성이었고, 흑백으로 단정하게 차려입은 옷이 인상적이었다. 그런 모습에서 학생들은 그의 성격을 어느 정도 짐작할 수 있었다. 교수는 강의실을 둘러보고, 출석을 부른 뒤 특유의 청량한 목소리로 강의를 시작했다.

"이 중에는 분명 저번 학기 일본문화론 수업에서 오니鬼에 대해 발표한 학생들이 있는 듯한데… 오니에 대해 들어본 적이 없거나 뭔지 모르는 학생 있나요?"

20명 남짓한 학생들은 대부분 자세히는 모르겠지만 대충 무엇인지는 안다는 표정으로 고개를 흔들었다. M교수는 오니에 대해 설명할 필요는 없겠다고 생각했다.

---

* 일본 교토대학 대학원 연구생.

　　　　　　　　　　　현대일본의 요괴문화론

"좋아요. 그러면 오늘은 바로 그다음 단계로 넘어가도록 하지요. 요괴와 오니에 대한 설명은 이미 저번에 했으니, 이제 구체적인 사례를 통해 요괴문화를 보도록 하겠습니다. 오늘은 그를 위해 특별히 여러분이 흥미를 가질 만한 설화를 하나 소개하려고 해요."

M교수는 슬라이드를 준비하고, 맨 뒤에 앉은 여학생은 익숙하다는 듯 강의실 앞쪽 불을 껐다.

"슈텐도지. 일본에서는 3대 요괴로까지 불리는 유명한 요괴인데, 얼마 전 나온 〈오토기조시〉라는 애니메이션에서도 중요한 소재로 쓴 적이 있습니다. 슈텐도지를 우리말로 하면 술 좋아하는 아이, 즉 술꾼 동자라고나 할까요. 이 강의가 일본요괴론이라는 점을 감안하면, 이 이상 적합한 요괴는 없다고 해도 과언이 아니겠죠? 특히나 여러 오니 설화들 중에서도 가장 스펙터클하고 흥미진진해서 여러분이 흥미를 가질 만한 소재라고 생각해요. 게다가 역사적, 민속학적 요소도 풍부해서 학문적 가치도 뛰어나죠. 그럼 슈텐도지의 얼굴을 한번 보도록 할까요?

▲ 전력을 다해 요리미쓰의 머리를 물어뜯는 슈텐도지
자료 일본 도깨비 교류 박물관 홈페이지 http://www.city.fukuchiyama.kyoto.jp/onihaku/densetu/index.html

M교수의 일본요괴론─슈텐도지 강의 노트

생생한 일러스트에 학생들은 숨을 삼켰다. 저건 도깨비 아닌가. 하지만 그들이 아는 한국의 도깨비는 일본 오니의 이미지가 근대 이후 투영된 것이라는 사실은 모두들 잘 알고 있었다.

"얼굴이 빨갛지요? 슈텐도지는 한자로 쓰면 술 주酒에 마실 탄呑 자, 그리고 동자童子라고 씁니다. 술을 워낙에 좋아해서 그런 이름이 붙었는데, 발음은 같지만 다른 한자로 쓰는 경우도 많아요. 그러면 설화에 대해 설명하도록 하겠습니다."

M교수는 그렇게 말하면서 슬라이드를 넘겼다.

21 2 9:15 - 슈텐도지 설화의 줄거리

"우선 오토기조시お伽草子에 대해 간단히 설명해야겠군요. '옛날이야기'라는 뜻인 오토기조시는 중세인 무로마치시대 이후, 근세인 에도시대 초에 걸쳐 만들어진 이야기책입니다. 여기에는 다양한 설화들이 전해져 내려오는데, 슈텐도지 설화도 이 중 하나예요."

교실을 한 번 둘러본 교수는 잠시 뜸을 들이다 다시 말을 이었다.

"10세기 말, 그러니까 헤이안 시대 중기죠. 이때 수도인 헤이안쿄는 번영을 누리고 있었다고 합니다. 그런데 어느 날 천둥 번개가 치고, 귀족 여성들이 대거 실종되는 사건이 발생합니다. 특히 주나곤中納言, 이건 벼슬 이름이죠, 구니카타国方라는 귀족의 딸이 납치되는 사건을 계기로 조정에서도 손을 써야 할 필요를 느끼게 됩니다. 천황이나 귀족들은 역시 왕권을 위협하는 역적이라고 느꼈을 테니까요. 그래서 조정은 무엇을 했을까요?"

짐짓 질문을 던지자, 항상 먼저 대답하기를 좋아하는 A가 대답했다.

현대일본의 요괴문화론

"쳐들어간 거 아닐까요? 그냥 놔두진 않았을 테니까요."

M교수는 고개를 끄덕였다.

"물론 그렇죠. 하지만 그 이전에 해야 할 일이 하나 더 있습니다. 적이 누구인가를 알아야 토벌도 할 수 있는 거니까요. 여기서 나오는 게 바로 음양사陰陽師 아베노 세이메이安部晴明입니다. 여러분도 영화「음양사」는 많이 보셨죠? 거기서 주인공으로 나오는 사람이면서 동시에 가장 유명한 음양사로 알려진 사람입니다. 조정은 그에게 점을 치게 하는데, 세이메이는 교토 서북쪽 오에大江 산에 사는 슈텐도지가 바로 그 원흉이라는 결과를 전합니다. 그런데 그 지방의 관리가 마침 괴이한 도적 무리가 산에 자리를 잡고 초능력을 가지고 소동을 피우니 토벌을 해야 한다는 보고서를 올리죠. 조정으로서는 어쨌거나 실제로 위협을 느낄 수밖에 없는 상황이었습니다."

딸깍 하는 소리와 함께 슬라이드가 넘어갔다. 거기에는 어떤 무사의 모습이 그려져 있었다.

"이 사람이 바로 오늘의 주인공, 미나모토노 요리미쓰입니다. 조정은 당대의 명장으로 이름이 높았던 요리미쓰와 큰아들 요리쿠니頼国에게 슈텐도지 토벌의 칙령을 내립니다. 그래서 이들은 1,200여 기의 군졸을 이끌고 산속에 있다는 오니의 성으로 쳐들어가죠. 그런데 요리미쓰는 겐지源氏의 신인 하치만八幡 신의 계시를 받아 대군이 아닌 소수정예로 쳐들어가야 한다는 사실을

▲ 괴력을 지닌 동자 사카타 긴토키를 만난 요리미쓰
자료 원참천효 아카이브(개인 사이트)
http://enzantengyou.tumblr.com/post/35773126208/http-fugu-suicide-tumblr-com-post-35058563927-uki

알게 됩니다. 그래서 요리쿠니와 병사들을 남기고, 요리미쓰는 명장 후지와라노 야스마사藤原保昌와 부하이면서 사천왕四天王으로 불리는 와타나베노 쓰나, 우스이 사다미쓰, 우라베 스에타케, 사카타 긴토키坂田金時를 이끌고 출정을 합니다.”

M교수는 1교시라 지각한 학생들의 모습을 기억하면서 이야기를 계속했다. 그들은 분명 M교수의 스타일을 알고 있을 터였고, 출석 점수는 기대하지 못할 것이었다.

“이야기를 계속하죠. 이들은 각자 영험이 있다는 유명한 신들에게 가서 기도를 합니다. 하치만 신, 스미요시 신 등등…. 지금도 일본 신사에서 흔히 볼 수 있는 신들이에요. 그다음에 여섯 명이 산으로 출발하는데, 산이 워낙에 험해 고생을 합니다. 그런데 산에서 수행하는 승려들인 야마부시山伏 세 명과 만나게 됩니다. 이 사람들은 산길만을 골라 다니면서 수행을 하는 스님들인데, 마침 일행을 보고 길 안내를 해 주겠다면서 도움을 주죠. 그래서 요리미쓰 일행은 오니의 성 근처까지 갈 수 있었는데, 옛날이야기가 다 그렇죠? 그 야마부시 일행은 사실 신들이 잠시 인간으로 변한 것이라는 설정입니다. 신들은 요리미쓰에게는 투구를 주고, 오니에게 먹이라고 독이 든 술을 선사합니다. 의심을 받지 않도록 야마부시로 변장한 일행은 냇가에 도착하지요.”

◀ 변장한 요리미쓰의 모습을
엿볼 수 있는 현대의 야마부시
자료 야마가타현 관광사이트
https://ssl.yamagatakanko.jp/gallery
/exp/exp007.html

현대일본의 요괴문화론

학생들은 잠을 못 잤는지 벌써 한두 명은 꾸벅꾸벅 졸고 있었지만, 대부분은 눈을 초롱초롱 빛내며 M교수의 이야기에 빠져들고 있었다.

"그런데 냇가에는 어떤 아가씨가 빨래를 하고 있었습니다. 일행은 그녀에게 자신들의 정체를 밝히고, 오니의 성 내부 사정을 듣습니다. 이미 많은 수의 여자들이 잡혀와 죽임을 당했고, 노예로 부려지는 사람들도 많다며 여자는 요리미쓰의 출현에 감격합니다. 그들은 여자를 보내고 잠시 뒤 오니의 성에 들어가게 됩니다. 당연히 무사였으면 싸움이 벌어졌겠지만, 워낙 산을 많이 다니는 야마부시의 모습을 하고 있어서 별다른 의심을 받지 않고 성에 들어가게 됩니다. 물론 오니들은 그들을 언젠가는 잡아먹으려고 했죠. 하지만 슈텐도지는 의외로 손님을 잘 접대하는 성격이었는지, 요리미쓰 일행에게 주연을 베풀어 줍니다. 안주로 나온 건 여자의 하얀 허벅다리 살이었지만 일행은 그걸 아무 내색 없이 먹을 정도로 담이 큰 사람이었죠. 저 같음 기절했을 텐데 말이죠."

학생들은 피식 웃으며 M교수의 다음 말을 기다렸다. 두 시간짜리 수업은 아직 1/3 정도밖에 지나지 않았고, 아직 갈 길은 멀었다.

"이런 모습을 본 슈텐도지는 조금씩 의심을 풀게 됩니다. 게다가 요리미쓰가 좋은 술이 있다며 독주를 건네자, 고맙다며 벌컥벌컥 마시고 취해 버리죠. 안주로 나온 사람 허벅다리도 태연히 먹는 일행을 보고 완전히 마음을 놓아 버린 슈텐도지는 이들에게 자신의 출신 내력을 말해 줍니다. 사실 이게 중요한 부분인데⋯. 사실 슈텐도지는 지금의 니가타 현인 에치고 지방 출신으로, 그릇된 길에 빠져 세력을 모아 수도 근처를 전전하다가 우리나라로 치면 원효대사쯤 되는 덕망 높은 유학파 스님인 고보弘法 대사에게 쫓겨나 이 산에 자리를 잡게 되었다고 얘기합니다. 나름대로는 억울한 면도 있었겠지만, 애초에 그럴 거면 사악한 길로 빠져들면 안 되는 것이었겠죠?
이렇게 얘기하던 슈텐도지는 점점 취해 주
연을 파하고 결국 빙으로 쉬러 갑니다. 기
회가 온 거죠."

이야기의 절정이 다가왔다는 것을 모두
가 알 수 있었다. 교수의 목소리 덕분인지,
워낙 흥미진진한 이야기 덕분인지 졸던 학
생들도 다시 눈을 뜨고 이야기에 집중하고
있었다.

▲ 오에 산 입구에 서 있는 쇠몽
둥이를 든 귀여운 오니
자료 개인 블로그 はいねの食べ歩
き http://uesama.at.webry.info
/200711/article_3.html

"객실로 간 일행은 즉시 무장을 시작합
니다. 특히 요리미쓰는 아까 받은 투구를
썼고, 다들 중무장을 한 채 슈텐도지의 방으로 가서 쇠밧줄로 그의 몸
을 묶습니다. 이 과정에서 잡혀 온 여자들의 도움을 받는데, 결국 인과
응보라는 것이겠지요? 슈텐도지의 목을 내리쳐 베지만, 그 목은 하늘
을 날아다니면서 요리미쓰를 공격합니다. 아마 그 투구가 없었으면 요
리미쓰는 무사할 수 없었을 텐데, 덕분에 상처를 입지 않고 일행은 슈
텐도지를 죽이게 됩니다.

▲ 잠든 사이 목이 날아가는 슈텐도지와 분리된 그의 목에 머리를 물린 요리미쓰
자료 일본 도깨비 교류 박물관 사이트 http://www.city.fukuchiyama.kyoto.jp/onihaku/densetu/index.html

현대일본의 요괴문화론

슈텐도지가 죽자 마술이 풀리면서 성이 무너지기 시작하고, 부하 오니들은 도망치거나 모두 죽임을 당하게 되죠. 얼마나 잘 싸웠으면 여섯 명이서 모두를 당해냈나 싶은데, 그만큼 일행이 뛰어난 무사였다는 점을 강조하고 싶었던 게 아닌가 해요. 이렇게 슈텐도지 일당은 토벌당하고, 잡혀온 사람들을 이끌고 내려옵니다. 슈텐도지의 목은 나중에 보물창고에 수납되었다는 이야기도 있고, 어디론가 날아갔다는 이야기도 있는데 이건 확실하지 않아요. 그리고 안타깝게도 구니카타 경의 딸은 슈텐도지가 안주로 쓰기 위해 죽이고 말아, 가족들은 모두 출가했다고 전해지네요. 사람들은 요리미쓰 일행을 성대하게 맞이했고, 천하는 다시 태평성세를 누리게 되었다고 합니다."

M교수는 가져온 물을 한 모금 마셨다. 옛날이야기치고는 스펙터클하고 긴 편이라, 이쯤 이야기하면 목이 타게 마련이었다.

21 **3** 9:40 - 유사 설화 소개

"여러분, 어때요? 칠백 년쯤 전에 만들어진 이야기라고 생각하면 꽤 재미있지 않나요? 이 설화 말고도, 오에 산에는 「마로코麻呂子 친왕 설화」, 「히코이마스日子坐 왕 설화」라는 게 전해집니다. 슈텐도지보다 훨씬 전인 고대에 천황가 사람들이 오에 산의 오랑캐를 토벌했다는 이야기죠. 그리고 오카야마 현의 기비쓰吉備津 신사에는 「우라溫羅 설화」라는 이야기도 전해집니다. 신사 근처 산에 살던 우라라는 흉포한 오니를 야마토 조정에서 보낸 황족이 죽이고 신사에 모셨다는 이야기죠. 그런데 중요한 것은, 이것들이 역사적 사실을 반영할 수 있기는 하지만 모든 것이 진실은 아니라는 데 있습니다. 정말로 이 오니들이 나쁜 존재였고, 백성을 괴롭혔을까. 승자의 기록이라는 면에서, 실제 사건이 크게 왜곡되어 전해지고 있을 가능성도 배제할 수는 없겠지요. 슈텐도지 설화 역시 그런 면에서 다시 한번 바라볼 필요성은 있다고 생각해요…."

그는 핸드폰을 만지작거리는 몇몇 학생들을 보며 내심 한숨을 쉬었다. 하지만 사전을 찾는 것일 수도 있고, 대학에서 굳이 그런 것까지 지적해야 하나 하는 생각이 지적을 멈추게 했다. 자신이 공부할 때와는 이미 다른 환경에서 수업을 해야 한다는 점은 사실 그리 쉬운 일이 아니었다.

"그럼 쉬는 시간을 가지기 전에, 마지막으로 등장인물들에 얽힌 설화도 보도록 할까요."

슬라이드가 넘어가고, 큰 거미 그림이 나타났다.

▲ 호랑이를 닮은 거대한 거미, 쓰치구모의 배에서 쏟아져 나오는 사람들의 해골
자료 도쿄국립박물관 화상검색 土蜘蛛草紙
http://webarchives.tnm.jp/imgsearch/show/C0006853

현대일본의 요괴문화론

"주인공 요리미쓰는 일본에서는 이른바 「고스트버스터즈」로 인기가 높습니다. 이 그림은 14세기에 만들어진 『쓰치구모조시土蜘蛛草子』라는 그림 두루마리예요. 요리미쓰가 사천왕 중 한 명인 쓰나와 같이 교토 의 가구라오카神楽丘라는 곳에서 거미 괴물을 쓰러뜨린다는 이야기예 요. 부하인 사천왕들에게도 이런 이야기가 많이 전해져요. 아까 말한 쓰나의 칼은 '오니를 벤 칼'이라는 '오니기리마루鬼切丸'라는 이름으로 지금도 전해져요. 긴토키는 괴력을 가진 어린아이의 이미지로 유명한 데요. 아시가라足柄 산에서 요리미쓰와 만나 가신이 되었다고 합니다. 스에타케는 요괴가 준 포대기를 태연히 받아들고 걸어가 귀신도 질려 했다는, 담이 큰 무사였지요. 마지막으로 사다미쓰는 자신을 모욕한 상대를 그 자리에서 베어 넘겼을 정도로 자존심이 강했다고 전해집니 다. 지금 보면 말도 안 되는 일이지만, 당시의 기준에서는 훌륭한 무사 의 행동으로 칭송받을 만하죠. 이렇게 사천왕은 모두 힘과 용맹을 갖 춘 진정한 무사라는 이미지가 설화를 통해 퍼지면서 굳어지게 됩니다. 지금 들어도 저는 이게 참 재미있거든요. 중세 사람들은 영화, 드라마, 대본소도 없었을 테니 이런 이야기가 얼마나 재미있었겠어요. 설화에 는 이렇게 엔터테인먼트적인 요소도 분명히 포함이 되어 있다는 점에 주목할 필요가 있습니다. 그럼 5분 쉬고, 다시 시작하지요. 중간에 도 망가지 말고요!"

21 4 10:05분 – 헤이안쿄 건설의 사상적 배경

M교수는 잠시 나가서 녹차를 한 잔 뽑아 마신 뒤, 가볍게 몸을 풀고 들어왔다.

"그럼 다시 수업을 시작하죠. 아직 세 명 정도 안 온 것 같은데, P학생, 얼른 자리에 앉아요. H는 도망친 걸로 간주하고 결석 처리. 여러분도 조심하도록 하세요. 그럼 이번에는 이 설화의 배경에 대해 알아보도록 하죠. 모든 설화에는 역사적인 면과 사상적인 면이 반영이 되어 있다고 보아도 무리가 아닙니다. 단군신화에 나오는 곰과 호랑이가 토템을 모시는 부족들을 상징한다고 하는 해석은 그를 잘 보여 주지요. 이제 슈텐도지 설화에 반영된 사상적인 면과 역사적 사실을 보도록 하겠습니다."

그는 슬라이드를 넘겼다. 거기에는 헤이안 시대의 사상이라는 제목이 나타나 있었다.

"우선 헤이안 시대 이후, 중세 사람들의 사고방식을 보도록 할까요. 수도인 헤이안쿄는 철저한 도교적 「사신상응四神相応」의 원리에 의해 건설된 도시입니다. 이게 무슨 뜻인지, 저기 셋째 줄 가운데 여학생 한 번 대답해 볼까요?"

긴 생머리가 인상적인 여학생이 머뭇머뭇 입을 열었다.

"음…. 좌청룡 우백호는 알겠는데 남쪽하고 북쪽은 잘 모르겠어요."

"좋아요. 남쪽은 주작, 북쪽은 현무죠. 일본인들은 이렇게 수도를 건설하였는데, 서쪽으로 통하는 길인 산요도山陽道, 동쪽의 가모鴨 강, 북쪽의 후나오카船岡 산, 남쪽의 오구라巨椋 못을 각각의 동물에 대응하여 배치했습니다. 즉, 새 수도 헤이안쿄는 풍수지리학에 입각해 건설되었던 겁니다. 또 「귀문鬼門」이라 하여 외부의 불순한 세력이 침입해 들어

현대일본의 요괴문화론

온다고 여겨지던 동북쪽에는 히에이比叡 산에 절을 짓는 등 다양한 노력을 통해 사상적으로 수도를 방어하기 위한 제반 시설을 갖추었습니다. 중국의 『산해경』에서 유래한다는 귀문은 고대 이래 일본인들이 아주 꺼렸던 방위였기 때문에, 동북쪽은 영 꺼림칙하게 여겨지는 곳이었지요. 여기엔 기본적으로 내부와 외부를 철저히 갈라 평안함과 청결함을 지키고자 했던 당시 일본인들의 사고방식이 반영되어 있어요. 괜히 수도 이름이 헤이안平安이었던 게 아니죠. 그럼에도 불구하고 헤이안쿄는 「마경魔境」이라 불릴 정도로 다양한 요괴들과 기이한 일들이 발생하는 장소로 여겨졌습니다. 영화 음양사에서 헤이안 사람들이 저주와 요괴를 두려워하는 이유가 그 때문이죠."

그는 잠시 교토에 갔을 때를 떠올리며 슬라이드를 넘겼다.

"오에 산 역시 서북쪽에 위치하면서 교토의 경계로 여겨지던 지역이죠. 설화에 반영된 다른 부분들을 표로 정리했으니 잘 보세요. 시험에 나올지도 모르니까요."

이 말에 학생들은 긴장하며 필기를 시작했다.

◀ 헤이안쿄를 둘러싼 사신四神.
동쪽의 청룡, 서쪽의 백호, 남쪽의 주작, 북쪽의 현무, 중앙의 황룡이 각각 배치되어 있다. 풍수지리와 중국 장안성의 배치에 큰 영향을 받았다.
자료 개인 블로그 西陣に住んでます
http://ameblo.jp/kazue-fujiwara/entry-
10284440744.html

10:18 - 슈텐도지 설화에 나타나는 사상

M교수가 만든, 슈텐도지 설화에 반영된 사상들

사상 및 특징	내용	설화에 반영된 부분
게가레穢 (부정)	외부에서 들어오는 질병이나 위해, 혹은 내부에서 생리 및 출산으로 발생하는 출혈 및 살해 등을 '더러움'으로 간주함	슈텐도지는 내집단(조정)을 위협하는 악귀
하라에祓 (정화)	'게가레'를 정화하는 신도 의식	요리미쓰의 슈텐도지 토벌
이인異人	외부에서 찾아오는 낯선 이(stranger). 이들은 내집단에 의해 배격되거나 경외시되며, 융화되기는 지극히 어려움	슈텐도지의 존재 그 자체
경계境界	내부와 외부를 가르는, 어느 쪽에도 속하지 않는 중립지대	오니의 성으로 가는 길에 있는 「바위문」, 오에 산
야마부시山伏	수행승이면서도 지상의 세상과 오니의 세상을 넘나드는 존재	야마부시로 변장한 일행
구슬珠	권력, 영혼을 상징	슈텐도지의 「목」 그 자체. 이를 취함으로써 조정의 위엄을 회복할 수 있음

"잘 보세요. 일본 민속학이나 역사, 사상과 관련된 내용들이라 세세하게 설명할 필요는 없고, 여기서는 간략히 보도록 하죠. 게가레, 하라에, 이인…. 그리 친숙하지 않은 용어들이죠? 일단 게가레는 「부정, 더러움」이란 뜻입니다. 다만 물질적으로 더럽혀진다기보다는, 추상적으로 더럽다는 의미가 있어요. 직접적으로는 피를 보는 것이 기피되었는데, 슈텐도지는 피가 뚝뚝 떨어지는 살점을 안주로 내놓았으니 그야말로 괴물로 여겨졌겠죠. 게다가 경계 밖에서 왕권을 위협하는 짓을 했으니 국가적인 '게가레'로 여겨졌을 가능성이 큽니다. 그리고 하라에는 「물리치다, 떨쳐내다」라는 뜻이니, 이런 더러움을 의식을 통해 없앤다는 의미를 가집니다. 설화 내에서는 요리미쓰 일행의 토벌 자체가 「하라에」의 역할을 한다고 보아도 될 겁니다. 그 대상이 되는 슈텐도지는

인외마경의 존재이니, 그야말로 이인이죠. 왕권을 위협하는 거대한 세력을 쓰러뜨리고 그 목을 수도로 가져온 것은 천황의 권위를 세우고 천하를 태평하게 하는 것이니 이 부분은 「구슬」이론으로 설명할 수가 있겠습니다. 자, 그럼 여기서 공통된 요소는 무엇일까요?"

학생들은 잠잠해졌다. 곧 학과수석 B가 손을 들었다.

"내외의 확실한 구분과 배타적인 성격… 아닐까요? 모두 내집단을 중심으로 여기고, 바깥을 두려워하고 막으려고 하는 모습이 보이는 것 같습니다."

"정답이에요. 바로 그겁니다. 당시 사람들은 아주 외부에 대해 배타적이었어요. 지금처럼 정보가 많이 들어오는 시대도 아니었고, 치안이 좋은 것도 아니니 외부에서 갑자기 나타나는 사람이나 세력에 대해 우호적이기 어려웠겠죠. 슈텐도지 설화는 중세 일본인들의 사고방식을 보여 주는 좋은 사례입니다. 당시 사람들이 경계 너머에 있는 「저쪽 세계」하고, 그 어딘가에서 나타나는 이인들에 대해 가지던 경외심과 공포는 우리가 감히 짐작할 수 있는 것이 아니었을 거예요."

모두들 고개를 끄덕였다. M교수는 우리나라에는 본격적인 도깨비 퇴치 설화가 널리 인기를 얻은 적이 없기에 더더욱 흥미를 끄는 게 아닌가 하는 생각이 들었다.

21 6 10:35 − 슈텐도지 설화의 역사적 배경

"그러면 다음으로, 역사적인 사실에 대해 알아보도록 할까요? 슈텐도지 설화가 진짜 있었던 일인지, 그리고 비슷한 일들이 있었는지 보면 재미있을 거예요."

슬라이드가 넘어갔다.

"헤이안 시대는 흔히 귀족문화가 꽃핀 우아한 왕조시대라는 이미지가 있죠? 하지만 사실은 율령제가 붕괴되면서, 장원이 발달하고 무사들이 힘을 얻으면서 점점 중세 봉건사회로 나아가는 과도기적인 시대였어요. 그리고 드디어 지방에서 거점을 잡은 유력 호족들이나 낙향한 귀족들, 그리고 유력한 농민 등은 스스로 세력을 확대하며 무장을 하게 됩니다. 여러 반란을 무사가 평정하고, 점점 중앙에까지 영향을 미치게 되는 시대가 바로 10-11세기, 바로 슈텐도지 설화의 배경이 되는 시대죠. 특히 무사들 사이의 주종관계가 분명해지고 중심 씨족들을 우두머리로 하여 뭉치게 됩니다. 요리미쓰는 그런 중심 씨족 중에서도 최고위에 있었던 세이와 겐지의 유력한 분파인 셋쓰 겐지의 우두머리였던 거죠. 그는 섭관가와 긴밀한 관계를 맺어 권세를 누렸던 무사 귀족입니다."

M교수는 계속 슬라이드를 넘기면서 설명했다.

"자, 지금까지 시대적 배경을 보았으니 이제 설화에 대해 살펴볼까요? 슈텐도지 설화는 과연 사실이었을까요, 아니면 완전한 허구일까요? 그걸 이제부터 보도록 하죠. 슬라이드를 보세요."

슬라이드에는 어떤 고문서가 나와 있었다.

"여러분은 고문古文을 안 했을 테니 읽기 어려울 거예요. 간단히 말하면, 요리미쓰가 오니를 토벌하라

▲ M교수가 보여 준 고문서, 「미나모토노 요리미쓰 오에 산 이적 퇴치 기원장源賴光大江山夷賊退治祈願状」
자료 Digital Humanities Center for Japanese Arts and Cultures, Ritsumeikan University
http://www.dh-jac.net/

는 칙령을 받고 신에게 기원하는 문서입니다. 그런데 문제는 이 문서가 만들어진 날짜나 연도, 내용 등을 보면 위조된 것 같다는 데에 있죠. 그럼 다음 자료들을 볼까요?"

다음 슬라이드에서는 역시 새로운 표가 나타났다. 학생들은 다시 긴장하기 시작했다.

▼ M교수의 관련 사료 정리

사료	시기	내용
『일본국사략 日本国史略』	993년	여러 지방에 도적떼가 일어나 겐지, 헤이시平氏 무사들을 시켜 토벌함
	1017년	궁궐에 도둑이 들어 호위병들이 사살함
	1021년	미나모토노 요리미쓰 사망
『고이치조천황실록 後一条天皇実録』	1017년	궁궐 서중문 남쪽에 도둑이 들어 호위병들이 체포함

"이번 건 어려우니 시험에도 안 나올 거고, 일단 참조만 하세요. 자, 이걸 보면 슈텐도지의 설화 배경이 되었던 시기에 오니 토벌 이야기가 하나도 나오지 않는다는 것을 알 수 있습니다. 왜냐하면 설화가 나타난 것은 14세기 이후, 즉 설화의 배경으로부터 300년이나 지난 뒤의 이야기이기 때문이죠. 결국 슈텐도지 설화 자체는 역사적으로 근원이 될 만한 사건이 있기는 하지만, 전반적으로 허구성이 짙다고 보면 되겠습니다. 이런 사실은 슈텐도지 설화가 역으로 최소한의 역사적 사실에 수많은 상상력과 전설이 덧붙여져 만들어졌다는 것을 의미하는 것으로 봐도 되겠지요."

21

7 10:46 – 슈텐도지 설화의 의문점

시간은 슬슬 막바지를 향해 가고 있었다.

"이 외에도 많은 의문점들이 남아 있기는 해요. 대표적인 문제로, 등장인물인 후지와라노 야스마사, 음독해서 호쇼라고도 하는데, 이 사람은 대체 왜 나온 것일까요? 그리고 오에 산은 두 군데라는 이야기가 있는데, 대체 어디가 진짜 배경일까요? 슈텐도지의 정체는? 이 부분은 아직 여러 설들이 있고 명확히 밝혀진 바는 없습니다. 간단히만 설명하고 넘어갈게요. 야스마사는 사실 당시에 오에 산이 있는 단고 지방의 행정관이었고, 사실 요리미쓰와 동급이거나 그 이상의 무사였다고 합니다. 하지만 지명도는 현저히 떨어졌고, 그래서 주인공이 되지 못한 것 같다는 생각을 해요. 그리고 오에 산은 아까 슬라이드 지도에 나온 교토부 북쪽에도 있지만, 교토 시 서북쪽에 있는 '오이노사카老ノ坂'라는 언덕이라는 설도 있어요. 특히 오이노사카에는 목무덤이 있어서 그 배경인 것처럼 여겨지기도 합니다. 하지만 한참 뒤에 만들어진 것 같고, 특별히 그곳에 오니가 있을 만한 험한 지형이나 메리트는 존재하지 않아요. 반면 오에 산은 자원이 풍부한데다 산세가 험준해서 오니가 숨어 있기에 딱 좋다는 장점이 있지요. 당시 사람들도 그걸 모르지는 않았을 텐데…. 다만 이 두 곳 모두 '경계'의 지역으로 여겨졌다는 많은 증거들이 있습니다. 그렇기 때문에 이에 대한 판단은 보류하도록 하지요."

현대일본의 요괴문화론

◀ 요즈음의 오이노사카
자료 개인 블로그 保津川下りの船頭さん
http://blog.goo.ne.jp/hozugawa/e/b87877
c4457b44a64f30563c933d0575

21 ## 8 10:52 - 강의 마무리

남은 10분 동안, 이제 결론을 내릴 때가 되었다. M교수는
이때 항상 기분이 좋았다.

"지금까지 많은 요소들을 통해서 슈텐도지 설화를 살펴봤습니다. 설
화에는 당시 사람들의 사고방식과 사상, 그리고 역사적 사실들이 어느
정도 반영되어 있다는 점을 다시 한 번 확인할 수 있었죠. 그런데 중요
한 것은, 여기에 상상력이 덧붙여졌다는 부분입니다. 이런 여러 가지
배경에 누군가가 살을 덧붙이고, 수많은 사람들의 상상력이 더해져서
완성된 것이 지금의 슈텐도지 설화예요. 저는 제가 맡은 강의들에서
요괴문화를 중심으로 하고 있는데, 요괴는 실존하는 어떠한 현상을 상
상력을 통해 이미지를 부여한 것이라고 했지요? 슈텐도지 설화 역시
마찬가집니다. OSMU, 즉 「One Source Multi Use」를 통해 우리는 여전
히 살아 있는 슈텐도지 설화의 생명력을 체험할 수가 있습니다. 이렇
게 새로운 생명력을 얻어서 끊임없이 변용하는 점이 바로 요괴 설화가
가지는 가장 중요한 의미가 아닐까 싶어요."

마지막으로 한 모금 물을 마신다.

"이러한 상상력에서 우리는 옛사람들의 시각, 사상, 생각을 엿볼 수가 있죠. 시공을 넘나들어 전해지는 그런 설화의 본질이야말로 슈텐도지 설화가 시금껏 인기를 유지해 온 비결이 아닐까요. 그냥 무사가 나쁜 요괴를 퇴치한 이야기로만 받아들이면 재미야 있겠지만, 여러분은 공부를 하는 학생입니다. 설화의 본질을 파악하고, 거기서 유의미한 무언가를 찾아내는 것이 바로 우리가 해야 할 일이 아닐까요. 슈텐도지 설화는 분명히 그런 면에서 유용한 이야기이고, 이 강의를 통해서 여러분이 일본의 요괴 문화에 대해 무언가 깨달은 바가 있었으면 좋겠습니다. 그럼 이걸로 오늘 수업은 마무리하도록 하지요. 시간상 질문이 있으면 메일을 보내거나 나중에 따로 찾아오도록 하세요. 수고 많았습니다." ✿

현대일본의 요괴문화론

요괴명칭일람

ㄱ

- 가마할아범釜爺
- 가마이타치カマイタチ
- 가미키리髪切り
- 가오나시カオナシ
- 갓파河童
  - 가앗파カーッパ
  - 가와라노토노川の殿
  - 가와라보즈河原坊主
  - 가와타로川太郎
  - 엔코猿猴
- 강시殭尸
- 겐문ケンムン
- 고다마木霊
- 고양이猫
- 고양이 소녀猫娘
- 고양이 요괴猫又/ 化け猫/ 怪猫/ 猫鬼
- 고질라ゴジラ
- 곳쿠리상コックリさん
- 구라마야마의 덴구鞍馬山の天狗
- 구미호九尾の狐/ 九尾狐
- 기름요괴油すまし/ 油赤子
- 기린송자麒麟送子
- 기요히메清姫
- 기타로鬼太郎
- 긴쵸너구리金長狸

ㄴ

- 나찰羅刹
- 낙두落頭
- 너구리狸
- 노모리野守
- 노쓰고ノツゴ
- 누라리횬ぬらりひょん
- 누레온나濡れ女
- 누리카베ぬりかべ/ 塗り壁
- 누에鵺
- 눈알 아버지目玉おやじ
- 닛페라보ぬっぺっぽう

ㄷ

- 다마모노마에玉藻前
- 다이다라봇치だいだらぼっち
- 다이몬ダイモン
- 달기妲己
- 덴구天狗
- 뎃소鉄鼠
- 도깨비魑魅/ 魍魎
  - 독각귀
  - 도채비
  - 독갑이
  - 돗가비
  - 돗재비
  - 또개비
  - 또째비

- 도깨비불鬼火/ ふらり火
- 도로타보泥田坊
- 독충毒蟲

ㄹ

- 라쇼몬의 오니羅城門の鬼
- 로쿠로쿠비ろくろ首

ㅁ

- 마네키네코招き猫
- 마미미マミミ
- 마이쿠비舞い首
- 말화馬化
- 메기鯰
- 모래뿌리기 할멈砂かけ婆
- 모몬지百々爺
- 묘이저卯二姐
- 물고기 정령水魚
- 물귀신
- 미코시 스님見越し入道

ㅂ

- 바람의 마타사부로風の又三朗
- 뱀蛇
- 베개 뒤집기枕返し
- 분신사바
- 비蜚
- 비유肥遺
- 빨간 고양이赤猫
- 빨간 입赤口
- 빨간 혓바닥赤舌

ㅅ

- 사무토의 할매サムトの婆
- 사토리覚
- 산 동자山童
- 산모토고로자에몬山本五郎左衛門
- 생령生靈
- 생쥐인간ねずみ男
- 설녀雪女
- 유킨바ユキンバ
- 유키온바ユキオンバ
- 손오공孫悟空
- 쇼케라しょうけら
- 숲속 청색 요괴森の中の靑ばけもの
- 슈노본朱の盤
- 슈텐도지酒天童子
- 스네코스리すねこすり
- 스토쿠인崇德院
- 시라누이不知火
- 시치닌미사키七人みさき
- 식신式神
- 쓰쓰가무시恙虫
- 쓰쿠모가미付喪神

ㅇ

- 아다치가하라의 오니바바安達ヶ原の鬼婆
- 아마노쟈쿠天邪鬼
- 아마비코マヨヒガ/ アマビコ
- 아사노오케노케麻桶の毛
- 아야카시あやかし
- 아타케마루安宅丸
- 애기울음 영감子泣き爺
- 야마오토코山男
- 야마온나山女

현대일본의 요괴문화론

- 야마우바山姥
- 야마타노오로치ヤマタノオロチ/ 八岐大蛇
- 야마하하やまはは
- 야마히토山人
- 야차夜叉
- 얼굴 없는 부처ぬりぼとけ
- 여우狐
- 여우불狐火
- 여우신狐神
- 여우요괴妖狐
- 오니鬼
- 오니온나鬼女
- 오보로쿠루마朧車
- 오사와オサワ
- 오사카베히메長壁姫
- 오시라사마オシラサマ
- 오유키お雪
- 오이와お岩/ お岩の怨霊
- 오이테케보리おいてけ堀
- 오지의 여우불王子の狐火
- 오쿠나이사마オクナイサマ
- 오키쿠お菊
- 오토라 여우おとら狐
- 오토로시おとろし
- 옥졸獄卒
- 와뉴도輪入道
- 외눈박이一目連/ひとつ目小僧/ 目一つ坊
- 요괴수달獺
- 요마妖魔
- 요정妖精
- 우귀牛鬼
- 우라溫羅
- 우미보즈海坊主
- 우부메うぶめ/ 姑獲鳥
- 우산요괴唐傘/ 傘化け

- 우시고마에牛御前
- 우완うわん
- 우우우웨이ウウウウエイ
- 원령怨霊
- 원숭이猿
- 원숭이 요괴妖猿
- 유령幽霊
- 이누가미犬神
- 이리狼
- 이수異獣
- 이야야否哉
- 인면조人面鳥
- 인어人魚
- 잇탄모멘一反木綿

ㅈ

- 자고에몬蛇五右衛門
- 자시키와라시座敷童子/ ザシキワラシ
- 자코쓰바바蛇骨婆
- 자타이蛇帯
- 저팔계猪八戒
- 정령精霊
- 제강帝江
- 조로구모絡新婦蜘蛛
- 즌베라보ずんべら坊
- 짚신요괴わらじ

ㅊ

- 천장핥기天井嘗

ㅋ

- 카사네의 원령累の怨霊

◆ 케사란파사란ケサランパサラン

ㅌ

◆ 텐텐텐텐 테지마テン·テンテンテン·テジマア
◆ 토토로トトロ

ㅍ

◆ 팥 씻는 요괴小豆洗い
◆ 펜넨넨넨넨 네네무ベンネンネンネンネン・ネネム

ㅎ

◆ 하동河童
◆ 하시히메橋姫
◆ 한냐般若
◆ 혼돈의 신渾沌
◆ 화차火車
◆ 화피畵皮
◆ 황색 그림자 요괴黃色な影法師のばけ物
◆ 효스베ひょうすべ
◆ 휘버박사フゥフヰポオ博士
◆ 히노엔마飛緣魔

현대일본의 요괴문화론

참고문헌

〈학술논문〉

김선미, 홍강의(1983)「학령전기 아동의 귀신 및 도깨비에 관한 개념」『신경정신의학』제
　　　　22집 1호, 대한신경정신의학회

김용의(2007)「『도노 모노가타리(遠野物語)』와 일본인의 이향관(異鄕觀)」『일본학연구』제21
　　　　집, 단국대학교 일본연구소

김용의(2007)「도노 모노가타리(遠野物語)』의 요괴전승」『일본연구』제31호, 한국외국어대
　　　　학교 일본연구소

김용의(2011)「도노 모노가타리(遠野物語)를 통해 본 인간과 자연의 공생관계」『日語日文
　　　　學硏究』, 한국일어일문학회

김용의(2012)「일본 도노(遠野)지역 갓파(河童)전승의 관광상품화 양상」『일어일문학연구』
　　　　82집, 한국일어일문학회

김정숙(2010)「〈전등신화〉와 〈요재지이〉의 한일에의 전래 그 변화와 수요의 궤적」『한문
　　　　학논집』제 30호, 근역한문학회

김정숙(2008)「조선시대 필기・야담집 속 귀신・요괴담의 변화 양상」『한자한문교육』21권,
　　　　한국한자한문교육학회

김종대(2005)「도시에서 유행한 〈빨간 마스크〉의 변이와 속성에 대한 시론」『한국민속학』
　　　　제 41호, 한국민속학회

김종대(2008)「학교괴담을 통해본 전통문화의 수용과 변화에 대한 일고찰」『우리문학연
　　　　구』제 25호, 우리문학회

김홍겸(2011)「한중일 여우 이미지의 유사성과 차이」『동양학』제 50호, 단국대학교 동양
　　　　학연구소, pp.43-64

노성환(2007)「바다를 건넌 일본의 요괴-빨간 마스크의 도시괴담을 중심으로」『일어일문
　　　　학』제 36호, 대한일어일문학회

문명재(2001)「『今昔物語集』에 나타난 뱀의 이미지」『일본연구』제 17호, 한국일본학회,
　　　　pp.163-187

박기용(2010)「초등 국어교과서에 나타난 도깨비 형상연구-일본 오니 형상과 비교를 중
　　　　심으로」『어문학』제 109호, 한국어문학회

신혜숙(2011)「日本の妖怪「鬼」にまつわる言語表現－韓国の「クィシーン」(귀신・鬼神)表現
　　　　との対照を中心に－」『日本語教育研究』제 21호, pp.117-136

이경미(2010)「韓・中・日 고전문학 속에 보이는 여성과 뱀」『石堂論叢』제 46호, 동아대학교

부속 석당전통문화연구원,　pp.123-158

이봉녀(2011)「일본 만화와 애니메이션의 원류인 '백귀야행 에마키(百鬼夜行繪卷)'에 관한 연구」『한국엔터테인먼트산업학회논문지』제 14호, 한국엔터테인먼트산업학회

이성우(2010)「에곤 실레 작품의 조형성 분석과 이를 응용한 패션 일러스트레이션 연구」국민대 테크노디자인전문대학원 석사학위논문

정용연(2007)「갓파에 관한 고찰-민화속의 갓파와 현대적 이미지」경희대 교육대학원 일어교육

Patrick W. Galbraith(2009)「Moe Exploring Virtual Potential in Post-Millennial Japan」『electronic journal of contemporary japanese studies』

朴庚卿(2011)「猫の表象をめぐる日本と韓国の比較文化」『国際日本学論』第8号,　法政大学,　pp.26-50

飯倉義之(2010)「妖怪マンガは世につれ 世は妖怪マンガにつれー妖怪マンガの変遷とその時代」『子どもの文化』第42号-6, 子どもの文化研究所

柴佳世乃(1993)「藤原保昌考-その2面性と説話形成」『お茶の水女子大学人文科学紀要』第46号, お茶の水女子大学

中村行雄(1994)「信楽焼」『京都大学　防災研究所　技術部通信』第25号

〈단행본 - 국내〉
고마쓰 가즈히코(2009)『일본의 요괴학 연구』민속원
김용의(2005)「물가에 맴도는 요괴 갓파(河童)」,『일본의 요괴문화』한누리미디어
김용의(2013)『일본설화의 민속세계』전남대학교출판부
김용의역(2009)『도노 모노가타리』전남대학교출판부
김윤아(2003)『포켓몬 마스터 되기』살림
김종대(2002)『한국의 학교괴담』다른세상
김종대(2008)『도시, 학교, 괴담』민속원
김종덕 위(2008)『그로테스크로 읽는 일본문화-〈고지키(古事記)〉에서 〈센과 치히로의 행방불명〉까지』책세상
나카노 교코 저, 이연식 역(2012)『무서운 그림으로 인간을 읽다』이봄
동방삭 저 김지선 역(2008)『신이경』지만지고전천줄
리원길 저, 오승은 역(1993)『진본 서유기』동반인
박전열 외(2005)『일본의 요괴문화』한누리미디어
백문임(2008)『월하의 여곡성』책세상
수전 J. 네피어(2005)『아니메-인문학으로 읽는 제패니메이션』루비박스
시미즈 마사시(2004)『미야자키 하야오 세계로의 초대』좋은책 만들기

쓰네미쯔 토루(2002)『일본의 도시괴담』다른세상

아즈마 히로키저, 이은미 역(2012)『동물화하는 포스트모던』문학동네

윤열수(2010)『신화 속 상상동물 열전』한국문화재보호재단

이연식(2009)『유혹하는 그림, 우키요에』아트북스

이연식(2013)『괴물이 된 그림』은행나무

임찬수(2005)「가면무극 속에서 춤추는 오니」『일본의 요괴문화』한누리 미디어

최경국(2005)「오니의 도상학」일본학 연구

포송령 저, 김혜경 역(2002)『요재지이』민음사

한홍구(2009)「괴담의 사회사-여고괴담에서 광우병괴담까지」『특강, 역사의 한복판에서
　　　　　길을 묻다』한겨레출판

헬렌 매카시(2004)『미야자키 하야오-일본 애니메이션의 거장』인디북

황의웅(1998)『(일본 애니메이션의 거장) 미야자키 하야오의 세계-토토로를 아시나요』예송

〈단행본 - 국외〉

BAD TASTE 編(2005)『甦れ！妖怪映画大集合』竹書房

江澤隆志(2012)『百鬼夜行と魑魅魍魎』洋泉社

京極夏彦・多田克己編(2002)『妖怪図巻』国書刊行会

高柳俊郎(2003)『柳田國男の遠野紀行』三弥井書店

高田衛編, 校注(1989)『江戸怪談集』(中) 岩波書店

谷川健一(1972)「解説」『遠野物語』大和書房版

谷川健一(1986)『神・人間・動物-伝承を生きる世界』講談社學術文庫

宮田登(1983)『女の霊力と家の神』人文書院

吉野裕子(2007)『吉野裕子全集5』人文書院

多田克己(2003)『竹原春泉　絵本百物語-桃山人夜話し』国書刊行会

島亨 補注, 谷川健一 解說(2010)『遠野物語 新装版』大和書店

柳田國男(1976)『遠野物語・山の人生』岩波文庫

馬淵和夫 外(2002)『今昔物語集』4 小学館

馬場あき子(1988)『鬼の 研究』筑摩書房

服部幸夫(1975)『変化論』平凡社

石內徹(1996)『柳田國男遠野物語作品論集成』大空社

石井正己(2011)『昔話と観光』三弥井書店

石川純一郎(1985)『河童の世界』時事通信社

小松和彦(1997)『酒呑童子の首』せりか書房

小松和彦(2000)『怪異の 民俗學④ 鬼』河山書房新社

小松和彦(2008)『百鬼夜行絵巻の謎』集英社

小松和彦(2009)『妖怪文化研究の最前線』せりか書房

小松和彦(2011)『妖怪学の基礎知識』角川学芸出版

小松和彦(2012)『妖怪文化入門』角川学芸出版

小松和彦(2013)『日本怪異妖怪大事典』東京堂出版

小松和彦, 内藤正敏(1999)『鬼がつくった国・日本』知恵の森文庫

松谷 みよ子(2003)『現代民話考〈1〉河童・天狗・神かくし』筑摩書房

水木しげる(1981)『水木しげるの妖怪事典』東京堂出版

水木しげる(1981)『水木しげるの妖怪事典』東京堂出版

水木しげる(1985)『水木しげるの世界妖怪事典』東京堂出版

水木しげる(1990 『水木しげるの中国妖怪事典』東京堂出版

水木しげる(1992)『妖怪画談』岩波新書

水木しげる(2003)『妖怪道五十三次』やのまん

水木しげる(2004)『大水木しげる展』朝日新聞社

柴田宵曲(2008)『奇談異聞辞典』筑摩書房

安藤 操外(1993)『河童の系譜−われらが愛する河童たち』五月書房

岩井 宏実, 近藤 雅樹(2000)『図説 日本の妖怪』河出書房新社

野間佐和子(1996)『中国妖怪人物事典』講談社

若森繁男(2009)『図説 妖怪画の系譜』河出書房新社

遠野市(2009)「遠野市勢要覧」

遠野市民センター文化課(2009)「遠野遺産公式ガイドブック」

紫式部著, 与謝野晶子訳(2008)『全駅源氏物語一』角川文庫

蔵田敏明(2009)『京都・魔界への招待』淡交社

田中貴子 外(1999)『図説 百鬼夜行絵巻をよむ』河出書房新社

鳥山石燕(2005)『画図百鬼夜行全画集』角川書店

佐脇嵩之, 京極 夏彦(2000)『百怪図巻』国書刊行会

竹原春泉(2006)『絵本百物語』角川書店

中右瑛(2005)『江戸の劇画・妖怪浮世絵』里文出版

中村禎里(1984)『日本人の動物観』海鳴社

中村禎里(1989)『動物たちの霊力』筑摩書房

中村禎里(1990)『狸とその世界』朝日新聞社

池田啓(1995)「タヌキの虚像と實像」『動物と文明』朝倉書店

知切廣歳(2004)『天狗の研究』原書房

真下三朗, 饗庭孝男監修(1969)『新編日本文学史』第一学習社

川森博司(2000)「觀光の場のなかの昔話と語り手−岩手縣遠野の事例から−」『日本昔話の構造と語り手』大學出版會

村上建司編著(2005)『日本妖怪大事典』角川書店

村上政市 監修(2011)『酒呑童子由来』アットワークス

村上春樹(2009-2010)『1Q84』1・2・3 新潮社

諏訪春雄(2002)「幽霊・妖怪の図像学」, 小松和彦編『日本妖怪學大全』小学館

湯本 豪一(2007)『図説 江戸東京怪異百物語』河出書房新社

湯本豪一(2005)『百鬼夜行絵巻ー妖怪たちが騒ぎだす』小学館

河童連邦共和國 監修(1991)『日本のかっぱ』桐原書店

河合祥一郎(2010)『幽霊学入門』新書館

후기

　사람들은 자신의 경험이나 지식으로 이해되지 않는 미지의 현상이나 세계를 접한 뒤, 이것을 남에게 전하고 설명하기 위하여 가공의 존재를 만들어 낸다. 이런 가공의 존재는 도깨비나 여우가 되기도 하고, 갓파나 덴구가 되기도 하고, 뱀파이어가 되기도 한다. 이를 요괴라는 용어로 통칭할 수 있는데, 요괴는 나라나 지역, 시대를 반영하며 다른 형태로 묘사되고, 인간처럼 생로병사의 과정을 겪으며 새로 나타나거나 변형되며 더러는 생명력을 잃고 사람들의 관심에서 사라져버리기도 한다.

　인간의 불안이나 공포 혹은 강한 호기심에서 시작되는 요괴는 이야기나 그림 혹은 연극이나 영화라는 스토리텔링 양식을 빌려 흥미의 대상, 즐거움의 대상으로 변천되어 간다. 뿐만 아니라 만화, 애니메이션, 완구, 일상용품에 이르기까지 대중문화와 생활문화의 영역까지 침투되어 있다.

　일본문화에 흥미를 지니고 일본을 방문한 사람들은 도처에서 요괴를 발견할 수 있으며, 많은 연구성과가 축적되어 있음에 놀라지 않을 수 없다.

　문화의 연구 자체가 그렇지만, 일본의 요괴연구도 에믹emic이라는 시각과 에틱etic이라는 시각이 병행되어야 한다. 에믹은 일본인이 스스로 말하거나 묘사하는 내재적인 시각이며, 에틱은 외부에서 보는 관찰자의 시각을 말하는데, 이 책에서는 이 두 가지 시각을 병행하면서 가능한 한 개별 요괴의 현상과 상징성을 상세하게 논의하고자 노력했다.

일본문화에 나타나는 수많은 요괴의 전모를 파악한다는 것은 한 권의 책으로 가능한 일은 아니지만, 이 책은 현대의 일본문화로써의 요괴에 대한 이해를 심화한다는 공동목표에 따라 연구회를 거듭하며 이루어낸 성과물이다.

이 책이 나오기까지 오랫동안 연구회의 기획과 진행에 참여하고 원고를 작성한 멤버들과 원고의 수집과 정리 편집에 노고를 아끼지 않은 김도연, 박소은, 김혜윤 양에게 찬사를 보낸다.

일본의 문화인류학, 민속학계에서 요괴학 연구를 이끌어가고 있는 국제일본문화센터 고마쓰 가즈히코小松和彦 소장은 한국의 연구자들과도 활발한 연구교류를 전개하시며 한국의 요괴연구에도 많은 흥미를 지니고 계시다. 그간 이 책의 간행을 성원하시며 서문을 보내주신데 진심으로 감사한다.

작금의 각박해진 출판계 사정을 마다 않고, 정성껏 이 책을 만드신 제이엔씨 출판사 윤석현 사장님과 편집에 정성을 다해주신 김선은 대리님 그리고 J&C 여러분에게도 감사의 뜻을 전하고 싶다.

2014년 3월 20일
박전열·임찬수

찾아보기

ㄱ

가나와 339
가라네코 82
가미키리 33
가부키 211
가쓰시카 호쿠사이 213
가얏파 349
가와노토노 349
가와라보즈 349
가와타로 349
가이 117
가치카치야마 181
갓파 99, 140, 348
갓파 산페이 112
갓파고마비키 102
갓파고마비키고 359
갓파마키 355
갓파부치 101
갓파의 세계 352
갓파쿠와 여름 367
강시 279
개구리 89
게가레 394
게게게의 기타로 57, 112, 239
겐리흐 알트슐러 30
겐지 이야기 82, 256, 292, 318
겐페이 전투 352
고내기 각시 84
고마쓰 가즈히코 231, 270, 375
고사기 311
고시무스메 46
고양이 소녀 124

고이즈미 야쿠모 47
고헤찌 219
곤자쿠 이야기 77, 257, 292
곳쿠리상 143
공기계 71
관광자원 18
관용구 74
괴수 다이몬 233
괴화 271
교고쿠 나쓰히코 29, 117
구렁이 색시 79
구미호 24, 270, 371
구스코 부도리 전기 155
굿놀이 174
귀문 392
귀신 134
귀신이 산다 230
귀왕신사 343
귀혼 196
그로테스크 220
그리스신화 334
그림자 요괴 165
금오신화 176
기름요괴 233
기쓰네 81
기요히메 309
기자쿠라 365
기타로 야화 122
김용의 68
꼬비꼬비 207
꽃뱀 92

ㄴ

나마즈에 299
나마하게 341
낙두민 276
날아라 슈퍼보드 207
남자신 173
너구리 291
네코마타 82, 194
노 211
논논할매와 나 112, 120
논어 16
누라 리쿠오 372
누라리한 372
누라리혼 21, 49, 369
누레온나 32
누리카베 117, 127
눈알 아버지 124
눗페라보 37
니시키에 212

ㄷ

다다 가쓰미 117
다마모노마에 81
다케토리이야기 75
단군 175
달마대사 300
대마신 237
데라다 도라히코 24
덴구 가쿠시 294
덴구 쓰부테 293
덴구 와라이 293

현대일본의 요괴문화론

도깨비 21, 85, 170
도깨비 방망이 87, 178, 191
도깨비불 37, 185
도노 모노가타리 98
도노 이야기 154
도로론 염마군 49
도리야마 세키엔 122, 242, 306
도스토옙스키 253
도시괴담 206
도시오토코 342
도카이도 요쓰야 괴담 213
도쿠가와 이에야스 297
도플갱어 253
독각귀 175
동해도 오바케 여정 246
동해도 요쓰야 괴담 325
드라큘라 204
디지캐럿 58

ㄹ

라 자포네즈 225
로켓맨 115
로쿠로쿠비 35

ㅁ

마메마키 342
마쿠라노소시 82
마키노 쇼조 236
만다라 313
망량 176
머틸도사 14
메리 인형 146
메밀묵 171
메종 드 아야카시 69
모래뿌리기 할멈 117
모모타로 181
모에 57
몬스터 주식회사 230

묘지의 기타로 239
문화변용론 21
문화콘텐츠 19
물도깨비 87
미나가타 구마구스 106
미나모토 요시쓰네 336
미노타우로스 334
미성지옥 333
미소녀 59
미야타 노보루 231, 306
미즈키 시게루 47, 57, 112, 239, 270
미즈키 시게루 로드 127
미즈키 시게루 기념관 128
미코시 스님 37

ㅂ

바케모노 그림두루마리 29
바케모노 모음집 29
박물지 278, 323
반슈사라야시키 215
반요 380
반인반수 334
배틀만화 68
백괴도감 29
백괴도권 49
백귀야행 207, 377
백귀야행 두루마리 그림 29, 242
백여시 90
백원전 278
뱀 309
변소 귀신 206
볼프강 카이저 227
분신 254
분신사바 143
빨간 마스크 133, 205
빨간 입 38

ㅅ

사랑과 영혼 230
사슴 109
사신 310
사신상응 392
사투르누스 225
산 동자 32, 361
산해경 271, 321, 334, 393
삼국사기 12
삼국유사 79, 197
삼국지 288
삼장법사 286
새국어사전 75
생쥐인간 125
샤미센 302
서유기2 15
석보상절 183
설녀 24
성보살 274
세계요괴회의 117
세쓰분 342
세종대왕 142
세토의 신부 65
센과 치히로의 행방불명 20, 230
소년 선데이 116
소년매거진 116
소달기 272
소로리 이야기 260
소호 272
속담 74
손오공 283
손진태 274
쇼케라 35
수호전 288
슈겐도 290, 304
슈겐자 290
슈텐도지 371, 384
스토리텔링 355

스토쿠인	293, 371	양부지옥	313	용천담적기	177
스티븐슨	254	에곤 실레	221	우게쓰 이야기	77, 264
시가라키	291	에도괴담집	260	우리 집의 여우신령님	65
시가마 아내	45	에마 쓰토무	24	우부메	45
시바무라 진	67	에이가 이야기	292	우산요괴	233
신보왜년대기	177	에조	338	우와나리우치	313
신세기 에반게리온	58	에토키	316	우완	38
신이경	282	엔넨	304	우우우웨이	164
신형삼십육괴선	326	엔코	349	우키요	212
신화전설사전	44	여교	274	우타가와 구니요시	220
쓰네미쓰 도루	133	여씨춘추	274	원숭이	109
쓰라라	49	영감놀이	174	유관순	142
쓰레즈레구사	82	오노에 마쓰노스케	236	유교사상	84
쓰루야 난보쿠	213, 325	오니	88, 329, 382	유령	38, 134
쓰키오카 요시토시	220, 326	오니곳코	344	유키메	49
씨름	172	오니기리마루	391	유키온나	43
		오니온나	220	유키조로	44
		오에 산	389	유키코히메	50
ㅇ		오와리·지타	297	유킨바	46
		오유키	48	육도회도	120
아라마타 히로시	117	오이	355	은하철도의 밤	154
아마테라스	312	오이와	250	음양도	280
아베노 세이메이	385	오키나구사	261	음양사	373, 375, 385
아스클레피오스	310	오키쿠	215	이나리	80
아야카시	322	오토기조시	383	이나리신사	111
아오이노우에	318	오토로시	33	이노우에 엔료	228, 231
아즈마 히로키	59	왕따	201	이리	109
아쿠타가와 류노스케	364	외눈박이	33	이매	176
악마 군	112, 239	요괴 괴이 데이터베이스	19	이수	287
안친	315	요괴담의	122	이순신	142
애기울음 영감	117, 125	요괴도감	29	이시다 에이치로	359
야나기다 구니오	47, 122	요괴영화 시리즈	231	이웃의 토토로	20
야나기타 구니오	98	요괴화	117	이인	394
야마부시	105	요괴화담 전집	122	인현왕후	13
야마오토코	104	요괴화보	123	일본 옛날이야기	49
야마온나	104	요리미쓰	388	일본국어대사전	75
야마우바	46	요마	271	일본민담대성	91
야마타노오로치	311	요재지이	197, 281	일본서기	292
야마하하	104	요정	271	일본요괴대전	116
야마히토	104	용재총화	176	일상계	71
야만바	205				

현대일본의 요괴문화론

입 찢어진 여자 205
잇탄모멘 117, 126

ㅈ

자시키와라시 99, 106, 162
자코쓰바바 321
장자 283
장희빈 13
저팔계 285
전등신화 204
전승의 합리화 42
제가이보 그림 292
조상 귀신 188
조선왕조실록 13
조선의 민화 274
족자요녀 197
주신구라 213
주왕 272
지귀 197
지옥 이야기 333
지옥선생 누베 49
지킬 박사와 하이드 254
진순검매령실처기 278

ㅊ

차대왕 12
철경록 279
추격자 148

ㅋ

캐릭터화 55
켄타우로스 334
클로드 모네 223

ㅌ

테레비 군 115
텐텐텐텐 테지마 159
트리즈TRIZ 29

ㅍ

팔괘로 285
패트릭 라프카디오 헌 47
페티시즘 70
펜넨넨넨 네네무 158
펜넨넨넨 네네무 전기 154
포대화상 300
포락지형 273
포켓몬스터 208
폼포코 너구리 대작전 296
피에로 인형 187

ㅎ

하구로 35
하라에 394
하윤 13
학교괴담 133
한국문화상징사전 84
한냐 317, 340
현대용어의 기초지식 58
현명한 며느리 84
혜통 15
호랑이 87
호법동자 106
혹부리 영감 180
혼혈 373
화도백귀야행 49, 122, 369
화장실 138
환성사 363
효스베 35
후지사와 모리히코 122
휘버 박사 160

히치콕 204

기타

1Q84 252
OSMU 399

대표저자

고마쓰 가즈히코小松和彦
국제일본문화연구센터 소장
문화인류학자, 민속학자. 요괴론, 샤머니즘, 민간신앙 등 연구
〈이인론異人論〉, 〈가미가쿠시와 일본인神隱しと日本人〉, 〈전설은 왜 생기는가「伝説」はなぜ生まれたか〉 등

박전열朴銓烈
중앙대학교 교수
일본문화론 전공. 일본의 연극사, 요괴론, 다도론
〈가도즈케의 구조門付けの構造〉, 〈남방록 연구〉, 〈일본전통문화론〉 등

임찬수林贊洙
중앙대학교 교수
일본 시가詩歌문학 전공. 일본의 요괴문화, 전통연극 노能
〈겐지모노가타리〉, 〈100명의 시인과 100편의 노래 百人一首〉, 〈패러디 해학 문화콘텐츠로 바라본 백인일수〉 등

나카자토 료헤이中里亮平
중앙대학교 교수
일본 민속학 전공. 일본의 마쓰리현장 연구

김용의金容儀
전남대학교 교수
일본민속학 전공. 한일 비교문화 연구. 동아시아의 설화, 일제강점기 문화변동, 오키나와 민속문화 연구
〈종교민속학〉, 〈일본설화의 민속세계〉, 〈일본의 스모〉 등

김종대金宗大
중앙대학교 교수
민속학 전공. 문화의 상징, 도깨비연구
〈우리문화의 상징세계〉, 〈한국의 도깨비연구〉, 〈한국 민간신앙의 실체와 전승〉 등

김정숙金貞淑
단국대학교 학술연구교수
한국한문소설 전공. 한중일 요괴, 귀신담 관련 연구
〈조선후기 재자가인소설과 통속적 한문소설〉, 〈일본 한문괴담집 야창귀담〉 등

현대일본의 요괴문화론